中国
近代教育管理
研究系列

张新平　主编

上海文化发展基金会图书出版专项基金资助项目

全国教育科学"十三五"规划2016年度国家重点课题"义务教育学校标准化建设研究"
（AHA160006）的阶段性研究成果

民国教育督导研究

吴长宏　著

上海教育出版社

丛书主编

张新平，南京师范大学教育科学学院教授、博士生导师，南京师范大学教育领导与管理研究所所长，南京师范大学中国陶斯研究院院长。兼任中国教育发展战略学会现代教育管理专业委员会常务副理事长，中国教育学会教育管理学科专业委员会副理事长，中国教育学会教育效能学术委员会副理事长，江苏省教育学会教育管理专业委员会理事长，美国TAOS INSTITUTE研究人员，《中小学管理》《教学与管理》、人大复印资料《中小学学校管理》等期刊编委。主要研究方向为教育领导与管理、基础教育改革发展。发表论文200余篇，出版《教育组织范式论》等多部著作。主持在研国家社科基金重点项目一项，主持完成国家社科基金一般项目两项。曾获得江苏省哲学社会科学优秀成果奖励和全国教育科学优秀成果奖励。

本书作者

吴长宏，教育学博士，南京航空航天大学附属高级中学教师，南京航空航天大学兼职教育硕士研究生指导教师。主要研究方向为教育管理、教育督导、中学英语课程与教学论。参与国家重点课题及部级规划课题各一项，江苏省教育科学"十二五"规划课题两项；主持南京市"十三五"规划个人课题一项，江苏省教育科学"十三五"规划课题一项。参编教材教辅资料三部，主译论文两篇。在《教育文摘周报》《中小学教师培训》《教学与管理》《山西师范大学学报》《中小学教材教学》《江苏教育》《中学课程辅导·教师教育》《高考》等报刊发表论文、教学随笔数十篇。

最初产生编纂这套丛书的念头,还要追溯到 2004—2006 年,我们承担了江苏省哲学社会科学基金一般项目"陶行知的民主教育管理思想与实践及其当代价值研究",对陶行知的教育管理实践与思想进行了深入探究。在重新认识陶行知的过程中,我们也走近中国近代教育管理的实践与思想世界,并日益强烈地感受到对于这段历史的无知、误解或偏识,从而有了较为全面地整理近代教育管理实践与思想的意识和决心。

展开来说,我们编纂这套丛书,有着三个方面的动力和意图。第一是"补缺"。毛礼锐先生在 20 世纪 80 年代末就曾指出:"过去,我们对历史上的教育实践取士制度和教育家的研究比较注重,在管理体制方面从文教政策和学校教育制度方面也有许多探讨,而对教育管理体制、学校管理的经验教训、教育家的教育管理实践与思想等的研究,则较薄弱,至于近现代教育管理方面的重大问题,几乎没有作出专题研究。"①尽管从 20 世纪 80 年代末开始,国内出现了一些教育管理史方面的成果,但一如我 2001 年所强调的,教育管理学的历史研究整体上仍然薄弱和贫乏。② 编纂这套"中国近代教育管理研究系列",正是加强教育管理学历史研究,弥补我们对自身实践、思想及学科发展历史"了解不够"的一种努力。

编纂这套丛书的第二个动力和意图是"纠偏"。"了解不够"往往又会造成"认识不全"的问题。即,人们在不了解相关历史事实或观念的情况下,容易产生"自以为知"的错误,作出不符实际的或以偏概全的判断。譬如,由于不了解我国教育管理学科发展的基本历史,一些教育管理学教科书中会出现"学校管理学是一门年轻的新兴教育学科""学校管理学这一门学科创立时间还不长""学校管理学初创时属于教育学的一个组成部分"之类的错误观点。再有,很多人会将"均权治理、民主参与、自主管理、团队合作"等视为

---

① 程斯辉. 近代教育管理史[M]. 武汉:武汉工业大学出版社,1989:序言.
② 张新平. 关于我国教育管理学发展中的五个问题[J]. 教育理论与实践,2001(1).

新时期的教育管理理念,殊不知,这样的理念在我国20世纪早期的教育管理实践中就已经提出。借用英国公共管理研究著名学者胡德(C. Hood)的话说,整理和研究近代教育管理实践与思想,是为了避免因忽略历史而"产生荒谬的结果",为了"穿越当下的时尚和潮流","治疗盲目接受新观念的幼稚病"。①

"究新"是编纂这套丛书的第三个动力和意图。我们希望通过对历史材料的重新诠释或深入挖掘,避免对相关历史"理解不深"的问题。一方面,立足于教育管理学的视角,对一些已经熟知的教育历史作出新的解读,比如,从教育领导者和教育行政学者的角度,重新理解陶行知的办学治校实践和思想,从而突破大多数研究运用教育学框架讨论陶行知教育思想的惯常理路;另一方面,在总结我国近代教育管理实践经验与思想传统的基础上,思考其在当代的价值,探索当下教育管理实践与教育管理学科发展的新思路。

本丛书包括《中国近代教育行政体制研究》《民国教育督导研究》《中国近代中学组织结构演变研究》《民国教育管理学文选》《中国近代教育管理学科研究》《民国教育管理名家研究》和《陶行知的教育管理思想与实践》七部著作。之所以进行这样的总体设计,既是深化先期研究成果,以及尊重学术团队成员的研究旨趣,也是基于上述意图,为了更全面地反映近代教育管理实践与思想的内容。

《陶行知的教育管理思想与实践》一书,是课题组围绕"陶行知的民主教育管理思想与实践及其当代价值研究"这一课题,在共同学习和研讨陶行知教育实践与思想的过程中形成的一项集体成果。对于陶行知教育管理思想与实践的探究,是我们萌生编纂这套丛书念头的原因所在。因此,《陶行知的教育管理思想与实践》自然成为第一本进入本系列丛书的著作。在此基础上,我们认为近代教育管理的实践和思想可以通过实践、学科和人物三个主题加以梳理与呈现。《中国近代教育行政体制研究》《民国教育督导研究》和《中国近代中学组织结构演变研究》是对"实践"的研究。其中,《中国近代教育行政体制研究》侧重于宏观的教育行政,《中国近代中学组织结构演变研究》侧重于微观的学校管理,《民国教育督导研究》则聚焦于一项具体的教育管理职能或活动。虽然它们无法囊括中国近代教育管理实践的全部内

---

　　① [英]胡德. 国家的艺术[M]. 彭勃,等,译. 上海:上海人民出版社,2004:17—18.

容,但能够从大的方面反映概貌。《民国教育管理学文选》和《中国近代教育管理学科研究》涉及对"学科"的研究。编纂这两本书既是为了考察中国近代教育管理学科发展历史与学术研究状况,也是为了进一步展现近代教育管理中人们所关注的一些核心问题及相关思考。《民国教育管理名家研究》和《陶行知的教育管理思想与实践》这两本是有关"人物"的研究。在我们看来,近代教育管理实践和思想的发展,与一些重要人物的影响密不可分;而且,围绕人物进行历史的梳理与分析,能够较好地体现近代教育管理实践与学术研究的深入互动。

《中国近代教育行政体制研究》以重大历史事件为标识,全面梳理了自清末至南京国民政府结束统治这一时期,中国近代教育行政体制变迁的四个阶段:清朝末年的初创期(1898—1911),民国初期的发展期(1912—1926),民国中期的遽变期(1927—1928)和民国后期的定型期(1929—1949)。该书认为,就渊源而言,中国近代教育行政体制是传承旧制与西制东渐的统一,但以西制为主,具有强烈的开放性特征;就变迁过程而言,中国近代教育行政体制曲折反复、变化多样,在整合妥协中向前推进;就发展特征而言,中国近代教育行政体制具有明显的科学化、民主化、政治化、独立化、学术化和开放性特征;就缺陷而言,中国近代教育行政存在体制紊乱、制度割裂、过于理想、方式激进和过于西化等问题。透过历史演变过程的事实整理与理性思考,该书强调,必须以全面分析和均衡发展的原则,处理近代教育行政体制发展过程中凸显的集权与分权、独立与依存、领袖制与委员制、专家与民众、学术与官僚、本土与西化、激进与保守、理想与现实、刚性与弹性、主体与边缘等关系范畴,并将教育行政体制的分析和建构置于宏大的社会背景之下,使教育行政体制与社会同发展、共进步。

《民国教育督导研究》从横向的要素与纵向的过程两个方面,考察了民国教育督导的概况。在横向要素分析方面,详细讨论了民国时期的中央、省和县三级教育督导机构,各级督学的任职资格,督导队伍的职业道德规范与专业化建设,以及督导前的准备、督导中的方法和督导后的反馈等问题。在纵向过程分析方面,为"知其所来,明其所往",该书对清末和民国时期的教育督导制度及其对当下与未来教育督导制度的启示作了专门考察和研究。书中指出,民国时期的教育督导制度具有行政权威强、专业水平高和管理实效显著等特点,同时也存在机构设置重复、人员名称混乱、工作职责不清及行政与视导联系不紧密等问题。结合当下教育督导现状,该书认为,民国的教育督导实践提示,必须提高教育督导机构的权威性,加强教育督导专业人员的培养,建立健全督学任职资格与选聘任用制度,完善教育督导法规建设,以及规范教育督导行为等。在此基础上,该书阐述了教育督导未来发展的若干方向:一是"政""学"兼督;二是"督""导"兼顾;三是教育督导职业化;四是教育督导专业化;五是教育督导的去行政化与开放性。

《中国近代中学组织结构演变研究》一书一方面从中学的产生、中学行政结构的分化与整合、中学性别结构的变化和中学科部结构的调整四个方面,细致梳理了清末和民国时期近代中学组织结构的生成与演变历程;另一方面从组织制度理论的视角,着重分析影响这些组织结构生成与演变的因素。就近代中学的产生问题,该书重点讨论了认知性制度要素的影响,认为作为近代中学产生背景的现代学校教育制度的建立,不是政治自觉的结果,而是世界观转变后一种理所当然的信念。就近代中学行政结构的分化与整合问题,该书突出了规制性制度要素的影响,认为近代中学行政结构的形成与变化,在 20 世纪 20 年代间接地受到公共领域各种力量的建构性影响,到 20 世纪 30 年代则直接地受政府制度与政策的影响。就近代中学性别结构变化问题,该书主要从规范性制度要素出发,围绕女子中学的出现、男女同校以及男女分校回流等问题,探讨作为规范力量的传统道德与现代知识对于学校组织结构的影响。同样是关注规范性制度要素的影响,该书讨论近代中学由分校制向分校分科制发展,由分校分科制向合校分部制转变,再由合校分部制回归分校制的历史过程,并分析了教育群体的专业规范对学校组织的影响。综合四个方面的考察,该书提出用"追求合理性"与"寻求合法性"来解释"近代学校何以如此"的思路。

《民国教育管理学文选》是在广泛浏览、精心筛选民国时期主要的教育类杂志、教育管理学教材和专著及相关教育著作的基础上,以全文选编或节录形式汇集而成的。它以发掘民国教育管理学的主要文献,呈现民国教育管理学研究的基本面貌为目的,某种程度上可以视为《中国近代教育管理学科研究》一书的一种注解或一份附录。为了更好地揭示民国教育管理学研究的内容及其内在关系,文选没有以相关成果的发表时间作为文章编排的依据,而是以"教育管理的含义、理念与背景""教育政策法规与学校制度""教育行政体制与组织机构""教育经费、教育视导与教育调查""教育局长、行政人员与校长""教师与学生管理""学校组织与管理"和"教育管理学科与研究"八个能够反映民国教育管理学研究内容的主题作为文选组织的基本框架。文选至少可从四个方面增进我们对民国教育管理学研究的认识:一是展现了民国时期从事教育管理学研究的一些代表性人物;二是反映了民国时期教育管理学研究重点关注的问题;三是彰显了民国时期在教育管理理念和原则方面的追求;四是呈现了民国时期教育管理学研究的基本方法与规范水平。

《中国近代教育管理学科研究》在把握近代社会背景的前提下,从学科知识进展和学科制度建构两个角度,梳理了中国近代教育管理学科产生与发展的五个阶段及其特征:一是学科酝酿阶段(1862—1900),在西学东渐的社会背景下,新式学校管理实践的开始与近代教育制度知识的传入,在实践、认知和心理上酝酿着教育管理学科的诞生。二是学科诞生阶段(1901—1915),在"以日为师"的社会背景下,我国引进了第一本《学校管理法》,师范学校开设了教育管理学科课程,并出现了对教育管理问题的早期研究。三是学科初兴阶段(1916—1926),在"转向美国"的社会背景下,美国的效率与民主管理思想开始影响中国,国内的大学也启动了专业的学校行政研究。四是学科自觉阶段(1927—1937),在"立足本土"的社会背景下,开始从比较的、历史的、社会的等多角度研究教育管理问题,中国的教育管理学进入了系科发展、研究规范、出版繁荣、人才辈出的成长高峰期。五是学科沉积阶段(1938—1949),在"面临危局"的社会背景下,学科发展速度趋缓,人才培养目标被忽视,研究工作出现转向,但学科的思想体系、内容体系和方法体系得到全面而系统的总结。基于历史梳理,本书提出了教育管理学科建设专业化、本土化、科学化和自主性的命题。

《民国教育管理名家研究》研究了民国时期20位具有代表性的教育管理学和教育管理实践名家。这些教育管理名家中,既有曾从事中央或地方教育行政管理工作的教育家,如蔡元培、范源濂、马叙伦、雷沛鸿、袁希涛等,也有长期从事大学或中小学学校管理工作的管理名家,如郭秉文、蒋梦麟、梅贻琦、张伯苓、竺可桢、陈宝泉、陶行知、廖世承、俞子夷、经亨颐等,此外还有对我国教育管理学科的诞生和教育管理学理论发展作出重要贡献的教育管理学家,如夏承枫、常道直、杜佐周、邰爽秋、罗廷光等。该书始终将人物思想和实践置于时代的大背景中来理解,力图通过对不同类型、不同领域教育管理名家的群像研究,较为典型、真实地反映民国时期教育管理理论和教育管理实践所取得的成就,为当下我国教育管理理论与实践的发展提供借鉴。

《陶行知的教育管理思想与实践》以总论与分述相结合的方式,着重从"教育领导""学校管理"和"领域教育管理"三个层面,阐述了陶行知的校长领导、道德领导、学校民主法治、学生自治、教学管理、经费管理、物资管理、乡村学校管理、师范教育管理等思想与实践。该书的要旨在于从教育管理学的角度,重新识读和领会陶行知的教育思想,以此强调陶行知不仅是中国教育史上伟大的教育思想家,也是杰出的教育领导者和教育管理思想家。在内容上,该书通过对教育领导、学校管理、乡村学校管理、师范教育管理等内容的讨论,展现了陶行知教育管理思想与实践所具有的大教育管理的特征。在性质上,该书通过深入分析陶行知的教育思想与其教育管理思想的高度渗透和融合,论证了陶行知教育管理思想与实践所坚持的教育学立场。此外,该书还认为,陶行知是知行合一的典范,他的教育管理思想与实践具有高度的统一性和互动性。他的思想是行动的思想,他的行动是思想的行动;他不仅力倡民主的和道德的学校管理,而且本身就是一个受人尊敬的民主的教育管理者和道德的教育领导者。所有这些,对于当下的教育管理研究与实践都有着重要的启迪。

尽管上述研究还不足以涵盖近代教育管理实践和思想的丰富内容,但我们仍然可以深切地体会到近代教育管理实践与思想的一些重要特征。

其一是教育管理与社会发展紧密关联。教育管理与社会发展显然总是相互关联的,但我们想说的是,中国近代教育管理与社会发展的关联尤其紧密和明显。首先,社会状况对于教育管理产生强烈影响。近代中国是典型的"乱世",政治动荡、战争频仍、思想多元,急剧的社会变动严重影响了教育管理的稳定性与连续性。这既体现为教育宗旨的不断变化,也体现为教育政策的朝令夕改;既表现为行政首脑的频繁更换,也表现为管理体制的反复无常;既反映在行政机构的混乱设置上,也反映在学校形式的不断调整上。近代中国也是典型的"衰世",生产力遭到极大破坏,社会生活艰苦,贫弱的社会现实对教育管理同样产生重要影响。可以看到,教育经费短缺一直是困扰近代教育管理的重要问题,不仅直接限制了教育发展的水平与教育管理的能力,而且间接引发了教育独立、教师兼职、学校风潮、学校合并设置等问题。其次,近代教育管理与社会发展的紧密关联还体现在人们对教育管理之于社会发展作用的认识上。无论是早期的"教育救国论",还是20世纪20年代中期兴起的"国家主义教育思潮",抑或是抗战时期提出的"战时须作平时看"的教育建国方针,都将教育事业的管理与国家、社会的命运联系起来,视教育变革为社会发展的重要途径。

其二是外国影响与本土思考的交织。中国近代学校教育制度的最初建立,是受外国教育模式影响并整体移植日本教育制度的结果。这种移植具有复杂性:它既是教育制度上的模仿,也决定了我们在教育管理实践和教育管理知识方面要向其他国家学习。张百熙等人当年便提到,学堂发展更重要的是有管理学堂之人,在无人有管理新式学堂经验的情况下,就要考察外国学堂的制度及一切管理教授之法,学习外国如何办理学堂。[1] 罗振玉也强调,教育兴衰取决于教育行政是否得人,因此研究教育行政之学便成了第一要务,而考究他国学校行政之法,翻译相关书籍则是研究教育行政学的基本途径。[2] 可以说,整个近代教育管理实践与思想的产生与发展,与日、德、美、法等国教育制度与观念的影响分不开。

不过,在不同阶段,我们向国外学习的自觉程度是不一样的。19世纪,我们的学习几乎是被动的,甚至有教育被殖民的意味;到20世纪初建立近代学校教育制度之际,虽然从大背景上看仍有"不得不为之"之意,但具体的学习过程显得更为主动;自20世纪头十年始,在主动学习中又有了基于本土情境而对"仪型他国""全盘西化"或"囫囵吞枣式模仿"的反思,强调教育制度与教育管理要"谋适合、谋创造",要"合中国社会之需要","努力使其中国化"。也正因为一方面注重向国外学习,另一方面注重学习中的反思和创造,中国在20世纪20—30年代的教育管理实践和思想,与当时的世界水平保持了高度的同步。换言之,从教育管理的开放性与理论水平的角度看,当时教育管理实践与思想的发展状况甚至要胜过当下。在"昔不如今"的进化论思维或片面的"反移植"论下,这一点常常为我们所忽略。

其三是传统与现代的紧张。在近代,外国与本土的关系很大程度上又表现为现代与传统的关系。在近代教育管理的发展过程中,外国影响与本

---

① 舒新城. 中国近代教育史资料(上)[M]. 北京:人民教育出版社,1981:199.
② 璩鑫圭,唐良炎. 中国近代教育史资料汇编·学制演变[M]. 上海:上海教育出版社,2007:157—158.

土思考相互交织,同时,人们也感受到近代教育管理的现代追求与传统影响之间的紧张。一方面,作为管理新式教育的"新教育管理",近代教育管理在努力提升自身现代性的过程中,遭遇到传统的制度、观念、规范、方法等因素的窒碍。郭秉文在讨论20世纪初的学校暴动问题时便指出,新式教育制度强调自由平等,但当时的学生并不能真正理解自由平等的含义,当时学校的管理者也多来自旧制学校,不懂得与学生自由平等交往的方法。林砺儒批评近代中学普通教育与职业教育分合反复现象时也指出,问题不在于两种制度孰优孰劣,而是传统的生产方式、落后的生产力决定了这两种制度都不可能促进职业教育的发展。另一方面,所谓现代的教育管理还被认为不一定优于传统的教育管理。在近代教育管理现代化的初始阶段,人们便对教育管理的现代性有了反身性思考。在陶行知看来,洋教育与传统教育一样糟糕,它不仅将教育限"死"于书本和学校,且制造了教育上的不平等。舒新城则认为,新式学校组织及其管理方法,在某种意义上看甚至是一种倒退,它没有旧学校(私塾)所具有的经费自给、学生自动、良好的师生关系、个别化的教育方法等精神。

其四是对科学与民主的追求。胡适曾说:"自从中国讲变法维新以来,没有一个自命为新人物的人敢公然毁谤'科学'的","科学"这个名词"几乎做到了无上尊严的地位"。① 同样,我们发现,"科学"也一直是我国近代教育管理发展过程中的一个核心价值追求。从实践层面看,近代教育管理的科学化追求有着多方面的表现,如,平衡教育结构的努力与有效教学组织形式的探索,教育行政体制的不断调整与学校组织结构的日益完善,教育管理人员职责的逐渐明确与教育管理工作程序的逐步细化,对标准化、效率、经济等管理原则的强调与文件管理、会议管理、监督反馈等方法的运用,等等。从研究层面看,科学化的追求除了在内容上直接体现为对于科学理念的强调和效率问题的研究外,还间接地体现在研究的科学方法与态度上。我们看到,自20世纪头十年始,不仅调查、测量、实验、统计等科学方法成为教育管理研究的基本方法,而且,教育管理研究成果表达与呈现的规范化程度也不断提高。

---

① 胡适.科学与人生观[M]//亚东图书馆.科学与人生观.上海:上海书店,1926:序,2—3.

　　在近代教育管理发展过程中,还有一种与"科学"等量齐观的价值追求,它便是"民主"。近代教育管理的民主追求,主要是从20世纪头十年开始出现并逐步发展的。在此之前,我们的教育方针侧重于军国民教育,但第一次世界大战中德国的战败、新文化运动的启蒙以及杜威思想的影响,使得军国民主义教育很快为个性主义教育、民主主义教育所替代。这种转变不仅涉及教育目的的调整,也涉及教育管理方式的转变。于是,从20世纪头十年的中期以后,我们看到越来越多的有关教育管理民主问题的讨论和实践。如,在宏观层面,主张通过开放学校、鼓励私立学校、发展女子教育、改良文字等,保障人民的受教育机会;通过改良机械的学校教育制度,促进学生的个性自由发展;通过在教育行政机构中设置审议机关,提高教育决策的参与性与合理性,等等。在微观层面,强调学校管理者要革除长官独裁之旧习;要求教师尊重学生,与学生合作共事;鼓励并指导学生自治,养成他们互助、合作的习惯,等等。

　　其五是热情与理智的兼有。我们能够在不少近代教育管理实践者与研究者身上,感受到他们探索实践或探究学理过程中的饱满热情。这种热情首先体现在思想层面,近代教育管理思想表现出较为突出的理想主义特征。如,"教育救国""教育独立""教育无宗旨""社会即学校"等主张,都具有很强的教育乌托邦色彩。它们从侧面反映了当时的人们对于教育管理的信心满怀,以及面对困难的无所畏惧。其次,近代教育管理实践者与研究者的热情也体现在他们的语言上。可以发现,无论是政策评议还是学术言论,近代的教育管理话语都有着较强的情绪性,甚至常出现过激的语言。这显然不是简单的语言风格问题,而是因为人们对问题本身投入了强烈的情感。再次,最能体现近代教育管理实践者与研究者热情的是,他们不仅敢"想"、敢"说",且坚决去"做"。我们看到,诸如"壬戌学制""大学院制""男女同学"等教育管理变革之所以成为可能,很大程度上并不是建立在理性分析基础之上的,是追求某种信念的激情提供了"动"力。可以说,如果没有"热情"作为支撑,在近代社会局势与教育条件下,教育管理实践与思想的发展是难有作为的。

　　同时,在热情之外,我们又能看到近代教育管理实践者与研究者理智的一面。这集中体现为他们对于教育管理专业化的强调与追求。前文提到,罗振玉在近代教育管理实践展开初期,就强调了研究教育行政学的重要性。

这也可以看作我国早期的教育管理专业化思想。此后,陶行知、李建勋、邰爽秋、常道直、夏承枫、罗廷光等人,都极为重视教育管理人员或教师队伍的专业化问题。之所以强调教育管理专业化,是因为人们意识到,在教育管理实践日益复杂化的背景下,仅凭经验、常识、小聪明或高涨的热情已难以适应不断提高的合理设岗、用人、办事等方面的要求,必须对教育管理活动作细致考察和深入研究,形成教育管理的科学知识与专业技能,在此基础上对教育管理人员进行专门训练,明确教育管理的人员资格、工作规范和职业精神等。从另一个角度看,强调专业化建设,即是希望突破经验管理的局限,避免无知管理的盲目,杜绝人为管理的随意,扭转激情管理的偏失,以提高教育管理判断的理性水平、教育管理行为的审慎程度和教育管理思维的自觉意识。

最后是理论与实践的互动。我国的教育管理理论是应办理新式学堂及实施师范教育的需要而出现的,它在产生之初完全是应用性的。譬如,在早期的教育管理教科书中,对管理之性质、管理之意义、管理之类型等学理性问题的阐述很少,而对于学校制度、学校选址、班级编排、学生升级、课程编订、视学方法、学生管理、学生用桌椅的尺寸式样、黑板的制作、门窗的比例、教室采光换气取暖方法、学生体格检查及传染病防治、校历编制等办学治校实务的说明则非常细致。此后,教育管理理论虽不断发展与深化,但理论与实践之间的互动仍极其紧密。一方面,教育管理研究者并不一味地在书斋中做学问,而是强调学术研究要关注管理实践,总是从实践出发构建理论。程湘帆为了更好地撰写教育管理教材,甚至专门到教育行政单位服务,以了解情况,收集资料;另一方面,教育管理研究者还积极地投身实践,参与到教育管理的实际改造中。如,程其保从大学讲坛走上了地方教育行政的领导岗位,庄泽宣为地方教育行政改革担任顾问;李清悚、俞子夷等人虽也在大学任教,但基本上没有离开过中小学办学实际,他们或兼任中小学校长,或从事中小学教育实验;陶行知、邰爽秋、刘百川等人则毅然离开了大学象牙塔,走到教育基层,从事办学治校的改革实验。

我们是携着与陶行知的教育管理实践与思想相遇所产生的兴奋、惊奇与惭愧之情而投入到近代教育管理实践与思想的研究中的,但坦率地说,在研究初期,我们也隐隐地有着一种焦虑。这种焦虑不是担心历史研究方面的课题难以立项或相关研究成果无处发表,也不是担心没有精力与能力完成这项任务,而是觉得放着那么多重要且急需思考与回答的教育管理现实问题不顾,一头钻到故纸堆中,是不是有点"避实就虚",无视教育管理学作为应用学科的使命。① 然而,随着研究的逐步推进,最初的焦虑不仅慢慢淡化,而且转化为我们做好这项工作的动力与信心。一方面,我们发现,上文提到的"教育管理与社会发展、外国与本土、传统与现代、科学与民主、热情与理智、理论与实践"等关系,同样是当下的教育管理实践与思想建设过程中需要面对并有待解决的基本问题。因此,对于近代教育管理问题的梳理与探讨,可以从正反两个方面为当下教育管理实践与思想的发展提供借镜。另一方面,我们还认识到,"过去"不仅仅是"现在"可资参照的样本,它本身即是"现在"的构成部分,在"现在"身上有着许多"过去"的影子。因此,我们只有了解"过去",才可能清晰地认识"现在",把握"未来"。

基于上述认识,我们在探究近代教育管理实践与思想的过程中,还进一步丰富了对教育管理研究方式的理解。我在 2000 年时提出了教育管理实地研究的概念,并在此后几年中运用该方法组织开展了一系列研究。当时我认为,教育管理研究方式可分为思辨研究、实证研究和实地研究三种。其中,思辨研究和实证研究是我国教育管理研究者面对问题、提出问题、思考问题和解决问题的两种传统套路,它们具有相应的价值与合理性,但也存在自我独白、孤芳自赏或忽视意义、价值与个殊性追问等诸多缺失。而以"脚踏实地"为基本特征,以理性地反思和阐释教育管理实践行为与实际问题为主要任务的实地研究,则能够较大程度地弥补思辨研究与实证研究的不足。

概括地看,思辨研究追求"深",实证研究关注"广",实地研究强调"近",它们虽以不同的方式丰富了我们对教育管理现象的认识与理解,但所采取的主要是一种"以当下观当下"的视角,往往只能提供"当下"的"快照"。一如米尔斯(C. W. Mills)所指出的,"以当下观当下"是运用"抽样"方法认识现实。② 一旦意识到,过去、现在和未来是相互联结的,我们就会发现,"当下"其实只是我们认识眼前现实的一个时点,而且只是阶段性"终点",并不是"起点"。涂尔干(D. É. Durkheim)便提醒我们,不能局限于我们自己所处的特定时代,而必须把自己移送到历史的时间刻度的另一端。将过去作

---

① 张新平,褚宏启.教育管理学通论[M].北京:高等教育出版社,2012:34—39.
② [美]米尔斯.社会学的想像力[M].陈强,等,译.北京:生活·读书·新知三联书店,2001:159.

为"起点",沿着这条道路走下去,我们会达到今日的处境。通过历史考察,捕捉种种具有同等正当性的需要与必要性之间的差异,我们将会避免屈从于兴盛一时的激情与偏向所产生的备受尊崇的影响,从而接受一种客观冷静的考察,全面展现教育活动的复杂性。① 因此,在思辨研究、实证研究和实地研究之外,我们又提出了教育管理研究的第四种方式——历史研究。②

我们认为,教育管理应是"瞻前顾后"的,既要意识到教育管理"不徒重视现在,抑且重视未来,不徒着眼成人生活的改善,抑且期求儿童和青年福利的增进"③,知道"往前看";也要意识到"许多管理现象是十足的历史问题,而不是严格意义上的管理问题",懂得"往回看"④。教育管理也应是"且行且停"的,一方面要敏锐地辨识教育管理现实问题的症结所在,敢于变革与创新,努力实现教育管理实践的不断改进;另一方面要保有谦逊与冷静的态度,懂得总结与坚守,能够对理所当然、急功冒进的做法进行反思。相应地,教育管理研究也要更加多元、饱满、稳重、深刻,要能够在偏于平面化分析的实证研究与实地研究的基础上,借助历史研究方式,在考察、分析现实过程中渗入一种纵向思考,以此更为立体、全面地认识教育组织及其管理现象。

最后,要感谢本系列各位著作者对于丛书的支持与投入;感谢上海教育出版社教育编辑室主任袁彬一丝不苟、尽心尽责的工作;感谢"江苏高校优势学科建设项目"对于本系列丛书出版的资助。

尽管我们投入了极大的热情,也付出了最大的努力,但受历史材料搜集困难及处理材料能力的影响,丛书定有不当或错讹之处,还望各位读者批评指正!

张新平
2013 年 12 月

---

① [法]爱弥尔·涂尔干.教育思想的演进[M].李康,译.上海:上海人民出版社,2006:18.
② 张新平,等.教育管理学的方法体系[M].北京:科学出版社,2012:87—96.
③ 罗廷光.教育行政[M].上海:商务印书馆,1942:15.
④ Eugenie Samier. Educational Administration as a Historical Discipline:An Apologia Pro Vita Historia[J]. *Journal of Educational Administration and History*, Vol. 38, No. 2, August 2006:125—139.

As is the supervision, so is the teacher.

As is the supervision, so is the school.

——瓦格涅(C. A. Wagner)

3

第一章

绪　论

鸦片战争以后,西方教育体制及教育管理理论的输入速度大大加快,中国教育随同整个社会被裹挟上资本主义战车,开始了它艰难的近代化征程。在这样一个历史过程中,传统的教育管理模式及教育管理观念的转变日益加剧,新与旧、传统与现代、民族与世界、社会与国家等种种力量在各个方面发生碰撞,由此推动整个社会走上近代化的道路。教育在这一过程中曾广受追捧并有所发展,对教育进行规范调整的教育行政与管理制度在近代化过程中也较早地实现了形式化。洋务运动以来,通过移植外国相关教育制度并有所创新,中国完成了近代教育行政与管理体制的初步构建。

民国教育行政在清末新教育行政制度"草创"的基础上,经历了 1912—1927 年的"建立时期"、1927—1928 年的"试变时期",再到 1928—1949 年的"改进时期",①渐趋规范化和制度化。作为现代教育行政主要环节与功能的教育督导,

---

① 史学界对民国教育史的分期主要有三种类型:一是沿用政治史或革命史模式,以五四运动为界标,将鸦片战争以后至 1949 年的中国教育分成旧民主主义教育和新民主主义教育两个时期;二是按照民国时期中央政权的更替,确定教育史分期;三是按照民国时期教育自身的发展变化,确定教育史分期。由于"对民国教育史分期的不同观点,出自不同的研究主体,产生于不同的研究阶段,形成对历史认识的不同层面",反映了教育史研究者的不同收获,因此"各有其存在的理由与不足"(参见:李华兴.论民国教育史的分期[J].上海师范大学学报,1997(1))。目前较有代表性的观点是,把民国教育史分为五个时期,即"由传统教育向近代教育转化(1862—1911)","民国教育的创始(1912—1915)","新文化运动与教育改革(1915—1927)","民国教育的发展与定型(1927—1937)","民国教育的演进与衰落(1937—1949)"。这种分期"以民国教育的自身演变为根据,观照政权更替的实际影响,把握中国教育从中世纪走向现代化、从封闭走向开放的基本趋势,将教育功能置于社会转型的大系统中进行考察",以便"准确地揭示民国教育发展的阶段特征、内在联系和历史定位。"(参见:李华兴.民国教育史[M].上海:上海教育出版社,1997:6—13)。尽管这种历史分期中"一些具体问题仍可再加斟酌",但它"充分注意了民国教育嬗演的内在逻辑关系,摈弃了以往用革命史、政治史取代教育史或用教育史比附革命史、政治史进行历史分期的做法,无疑具有重要的理论意义和学术价值。"(参见:宋恩荣,李剑萍.民国教育史及其研究中的几个问题——李华兴主编《民国教育史》读后[J].历史研究,2000(3))。本书以民国教育督导为研究对象,涉及民国教育史分期的提法参考李华兴的观点,并借鉴了有关学者在分析民国教育行政制度时所界说的"建立时期""试变时期""改进时期"。

其组织机构的设置、督导队伍的管理、督导工作的实施等,对这一时期教育发展的影响是不容忽视的。研究这一时期的教育督导制度,既有利于从一个侧面展示中国教育在民国社会、政治、经济大变革进程中的历史概貌,也有助于揭示这一进程背后的组织、制度等原因。

一、 研究意义与思路

民国史和民国教育史,是 20 世纪 80 年代以后才逐渐从近现代史和近现代教育史研究中独立出来的。① 有人对民国教育的整体状况作过综合研究,也有学者对民国教育督导作过专题考察,出现了一批颇有见地的论文、论著等研究成果。但对民国教育督导的历史沿革、队伍管理、督导方法、督导过程等具体问题的讨论在广度和深度上还有很大空间。正如学者所言:"尚未发现建国后关于民国时期教育视导制度的研究专著。"②本书试图对此进行系统考察,比较全面地展示民国教育督导的历史运作,更加全面地了解民国教育的历史面貌;通过梳理民国教育督导渐进的历史脉络,分析民国教育行政与管理的得失,以期对当前转变教育督导职能,推进教育行政制度改革,提供借鉴和参考。

(一) 研究意义

本书以民国教育督导为研究对象,分别从民国教育督导机构的历史沿革、督学任职资格及其变化、督导队伍管理、督导过程等方面,考察民国教育督导制度的运作,并从中央、省、县三级教育行政的起落与督导机构的兴废、教育事业发展与督学资格变化、社会期待提升与督学队伍管理、教育制度完善与督导过程规范等方面入手,对民国教育督导的机构、人员、过程等作深入讨论;同时,试从静态结构的视角分析民国教育督导制度的实际状况,以动态运行的观点,考察不同历史时期民国教育督导的发展轨迹。

1. 历史的视角

选择民国教育督导作为研究对象,对民国教育督导及其运作状况进行专题

---

① 在被认为是第一部研究民国教育史的论著中,熊明安说:"本世纪 80 年代初,开始搜集中华民国教育史的资料,计划对民国时期的教育作些初步探讨。后来因为给学生讲《中国现代教育史》课,于是将初步获得的资料加以编撰,写成《中华民国教育史》初稿。"参见:熊明安.中华民国教育史[M].重庆:重庆出版社,1990:421.

② 周茂江,李丽华.近代中国教育视导制度之沿革及研究述略[J].求索,2007(11).

研究,是基于历史和现实的双重考量。就历史意义而言,通过对教育与政治、教育与文化、教育与经济、教育与社会等时代背景的勾连,考察民国教育督导制度的运作,分析其成败利钝的原因。如,罗炳之曾对当时的教育督导制度提出尖锐批评:"人选标准欠高;地位嫌低;责任不专;视察时间过短;准备不充分;调换过频致前后不衔接。"①杜佐周亦批评说:"不过视察大概情形;没有具体的批评,对于教学改进甚少贡献;敷衍从事,从未有新学说或新方法的介绍;拘守成法,关于学务调查及成绩考核等,鲜能应用新近的科学方法,如量表及测量等;所有报告不明晰,不真确,不切实际;关于扩充教育事项及宣传教育需要,亦无可见的成绩。"②还有学者批曰:"视学资格限制太宽;视学之职务混淆不清;权力太微而难于进行;职责太泛,难期专精;多主观批评,而乏建设的指导;视学团无相当之联络;偏于纸片之督责。"③可见民国教育督导制度从建立之初起,就不断受到批评和责难。甚至有人认为:"吾国视学制度,宜可以废矣!"④然而,1941年和1942年两次全国教育督导会议的召开,对"后来的教育督学制度的发展给予了极大的推动作用,使教育督学工作在诸多方面产生了变化",⑤并且,"从1930年到1949年,逐步形成了一套比较完整的督学制度",⑥可见,民国"视学之无成绩,非视学制根本之不良",⑦其中既有教育督导自身的问题,也有民国的社会问题在教育领域的反映,更是由于民国的教育受社会、政治、经济、文化和政策调整等因素的影响。虽然弄清这些因素之间的关系无济于历史的改变,但至少可以丰富我们的知识,增加我们的经验,使我们在今后的工作中有所借鉴,少走弯路。

2. 现实的视角

就现实意义而言,研究民国教育督导,不仅仅是为描述那段历史,更重要的是汲取经验教训,为今天的教育改革与发展服务。在当前我国政府职能由行政管理转向依法管理,由部门管理转向行业管理,由直接管理转向间接管理,由微观管理转向宏观管理的背景下,对民国教育督导的职能状况进行考察,有助于为当下教育督导职能的转变、教育督导制度的完善提供历史的鉴照。

---

① 罗炳之. 罗炳之教育论著选[M]. 南京:江苏教育出版社,1987:122.
② 杜佐周. 我国教育视导所应改良之点[J]. 东方杂志,1933,30(10).
③④⑦ 张季信. 教育行政[M]. 南京:南京教育合作社,1928:116—117.
⑤ 刘淑兰. 教育评估和督导[M]. 上海:华东师范大学出版社,2000:201.
⑥ 黄崴. 现代教育督导引论[M]. 广州:广东高等教育出版社,1998:8.

中华人民共和国成立后的教育督导制度在构建从中央到地方组织网络的进程中,经历了从建立到废除,再到恢复重建的嬗变。1949 年 11 月 1 日,中华人民共和国教育部成立伊始便设立视导司作为教育部五个内设司(厅)之一。1953 年,教育部进一步明确视导司的职能。① 1958 年始,整个视导工作渐趋停止。1983 年 7 月,全国普通教育工作会议根据教育部《建立普通教育督导制度的意见》,提出在县以上各级教育行政部门都要设立督导机构。翌年 8 月,国务院批准教育部设立视导室,但各省市并未立即响应。

1986 年 9 月,国务院办公厅转发《关于实施〈义务教育法〉的意见》,进一步指出:"逐步建立基础教育督学(视导)制度。国家和地方逐步建立基础教育督学(视导)机构,负责对全国或本地区范围内义务教育的实施进行全面的视察、督促和指导。"同年 10 月,国务院批准教育部视导室更名为国家教委督导司,这标志着我国教育督导制度正式恢复建立。为了推动教育督导步入法制化的轨道,确保教育督导工作有法可依、有章可循,国家教委于 1991 年 4 月颁布了《教育督导暂行规定》。

1995 年 3 月,第八届全国人民代表大会第三次会议审议通过《中华人民共和国教育法》明确规定,"国家实行教育督导制度和学校及其他教育机构教育评估制度",从而奠定了教育督导的法律地位。1998 年 7 月,国务院批准教育部设立独立的教育督导团办公室,使之成为教育部 18 个职能司(厅)之一。2000 年 1 月,中央机构编制委员会办公室批准将原教育部教育督导团更名为国家教育督导团。

至此,自 1986 年至 2008 年,全国 31 个省(自治区、直辖市)全部成立了人民政府教育督导团(室、委员会),新疆生产建设兵团也成立了教育督导团,全国省级教育督导机构共有教育督导人员 184 人,专职督学 121 人,兼职督学 1 814 人。全国 99.7% 的地(市)建立了教育督导机构,拥有教育督导人员 1 826 人,专职督学 1 183 人,兼职督学 8 475 人。全国 31 个省、市、自治区和新疆生产建设兵团共有 2 802 个县(市、区、团)建立了督导室,共有教育督导人员 11 106 人,专职督学 4 481 人,兼职督学 24 751 人。② 全国 32 个省级(含新疆生产建设

---

① 视导司的职能共有九项:对各级教育部门执行中央有关教育方针、政策、法令、决议的情况组织视察;对各级各类学校教学工作进行视察和研究;组织力量进行重点视导与典型调查;对有关教育政策、法令、制度、编制及教育行政问题进行研究;部长交办的专题视导工作;各种教育工作总结、报告与重大问题的研究和处理;对部内各业务司、处工作情况的了解及研究改进;涉及几个业务司、处之重大问题的组织处理;负责其他有关视导方面的工作。

② 参见:教育部.中国教育年鉴 2008 年[M].北京:人民教育出版社,2008:171.

兵团)人民政府教育督导团(室)中,有 20 个省、自治区、直辖市(含新疆生产建设兵团)设有专职正、副厅级总督学或副总督学,河南省、新疆维吾尔自治区人民政府继辽宁、广西、西藏 3 个省(自治区)由副省长、自治区副主席兼任总督学之后,也确定了由副省长兼任总督学。这 5 个省(自治区)由副省长、自治区副主席兼任总督学以来,建立了定期召开教育督导会议研究部署教育督导工作的制度,有力地推动了素质教育的实施,使教育督导成为这五个省(自治区)教育改革与发展的有力保障。地区(市、行署)除个别地级单位外,已经全部建立了教育督导机构,全国有 93% 的县(市、区)建立了教育督导机构。地、县级教育督导机构的一把手基本上由政府主管教育的副市长、副县长或教育行政部门的一把手兼任,不少地方都高一级配备了专职教育督导负责人。① "目前,我国已初步形成了具有中国特色的社会主义教育督导体系,走出了一条行之有效的教育督导新路,基本形成了中央、省、市、县四级教育督导网络,初步建立了一支专兼结合的督导队伍,为办好让人民满意的教育做出了重要贡献。"②

在教育督导队伍建设方面,注重督学任职资格和专业能力,既重视熟业务、会管理、善沟通等基本素质,又强调教育教学方面的专业技能,严控督学入口关,保证了督学质量。同时,各地特别重视对督学的培训工作,仅 2007 年,各级督导机构共有 10 964 名督导人员参加培训,占全国专职督导人员的 83%,督导队伍的专业水平得到整体提升。③

不仅如此,全国教育督导人员的平均年龄呈年轻化趋势。据统计,2007 年全国省级督导人员平均年龄为 45 岁,比 2003 年平均年龄降低了 2.7 岁;地市及县级督导人员平均年龄 44 岁。特别是近年来,督导队伍的学历构成也发生了明显变化,学历呈逐年上升趋势,省级专职督导人员中研究生学历的有 20 人,占督导人员总数的 11%。地级督导人员中研究生学历 148 人,占督导人员总数的 8.1%;本科学历 1 663 人,占督导人员总数的 91.1%。县级督导人员中研究生学历 374 人,占督导人员总数的 3.4%;本科学历 7 061 人,占督导人员总数的 63.6%。④

在督导对象和督导内容方面,范围不断扩大。1994 年以前,义务教育学校在很长一段时间内几乎成为教育督导的主要对象,甚至是唯一对象。1994 年以后,随着教育事业的发展和教育督导作用的凸显,纳入督导范围的学校类型扩

---

① 参见:教育部. 中国教育年鉴 2008 年[M]. 北京:人民教育出版社,2008:171—172.
② 同上:173—176.
③④ 同上:172.

展到所有中等及以下学校。如 1994 年颁布的《残疾人教育条例》第十三条规定:"县级以上各级人民政府对实施义务教育的工作进行监督、指导、检查,应当包括对残疾儿童、少年实施义务教育工作的监督、指导、检查。"1996 年国家教委颁布的《幼儿园工作规程》第五十六条规定:"幼儿园要接受上级教育督导人员的检查、监督和指导,要根据督导的内容和要求,切实报告工作,反映情况。"1996 年通过并实施的《中华人民共和国职业教育法》规定:"县级以上地方各级人民政府应当加强对本行政区域内职业教育工作的领导、统筹、协调和督导评估。"1997 年颁布的《社会力量办学条例》规定:"教育行政部门、劳动部门和其他部门应当加强对社会力量办学工作的监督管理,县级以上地方各级政府应加强对行政区域内教育机构的办学水平、教育质量的督导评估。"由此可见,教育督导的对象从较为单一的义务教育学校扩大到整个中等教育及中、小、幼、成人等各类学校。

在教育督导方法方面,从对单一的重要专题或某个时期的热点问题开展的专项督导,向对一个地区、一个部门或者一所学校的教育工作进行全面系统的综合督导发展。例如,2007 年 1 月 22 日,教育部印发了《关于规范普通中小学校检查、评估工作的意见》,要求:"各级教育督导机构建立和完善对学校综合督导评估制度,要将学校办学条件、教育经费、校长教师、教学管理、教育质量、安全、卫生等内容全部纳入综合督导评估体系,定期对学校进行综合督导评估。"① 目前我国开展综合性督导评估的地区还比较少,但这已成为教育督导发展的一种趋势。②

我国在教育督导实践中,还探索、建立了区域教育工作督导评估制度。《教育督导条例》规定:"国家建立对地方各级教育行政工作进行督导检查的制度。"即建立区域教育工作督导评估制度,检查区域内政府主要领导依法治教、依法行政、改革发展教育的情况。2004 年 1 月 17 日,国务院办公厅转发了《教育部关于建立对县级人民政府教育工作进行督导评估制度的意见》,明确了对县级人民政府教育工作督导评估的原则、内容、程序及县以上各级人民政府在实施此项工作的责任和相关部门的职责,推动和促进了"督政"与"督学"有机结合的督导评估机制的建立,加大了督导评估工作的执行力。

然而,中华人民共和国成立以来,特别是近 20 年来,教育督导作为一种教

---

① 参见:教育部.中国教育年鉴 2008 年[M].北京:人民教育出版社,2008:170.
② 参见:马顺林.试析我国教育督导的历史、现状与未来[J].当代教育论坛,2008(3).

育行政制度、一种教育管理方法运作得如何？有关研究认为,我国教育督导机构经过近 20 年的探索和发展,其职能的发挥并不理想。究其原因,主要是督导机构权力缺失,具体表现在权限不明确和权力缺乏独立性两方面。[①] 而我国教育督导机构独立性的缺乏,又严重影响和制约了督导职能的行使。[②] 还有学者认为:"我国区县教育督导机构名称不合理,隶属关系不明确,教育督导权力软化、泛化与离散化现象比较严重,教育督导职责定位不合理。"[③]孙绵涛等通过实地调查发现,我国地方教育督导与评价工作现状的主要问题表现为:对教育督导与评价工作的地位和作用认识不够;工作范围和职责权限不清楚;编制与经费尚未落实;督导人员数量少、年龄大,有的成员素质低。核心问题是教育督导机构的权力来源和体系不明确。[④] 甚至有学者对目前教育督导评估标准的科学性、教育督导方法的可行性以及教育督导结论的真实性与客观性提出质疑:"督导评估要素都是要求在实事求是的条件下运作,以准确的事实与量化得分认定被督导单位的工作,按所查的事实认定被督导单位工作的优劣。可这个查实标准在具体的督导过程中一直难以较好地完成。"[⑤]有研究发现,目前有些地方教育督导机构的设立、地位更令人担忧。[⑥]

对于这些质疑和担忧,从教育发展的现实和社会政治经济的角度进行分析固然不可少,但对制度形成过程的历史追问或许也有启发。因为,近现代中国的教育督导制度建设不是一蹴而就的,更不是全盘袭用外国制度的产物。它包含当时中国优秀知识分子和教育精英对相关教育问题的思考,体现了人们寻求

---

① 参见:贺慧,王小琴.我国教育督导机构中的权力缺失问题及其对策[J].科学论坛,2007(9).

② 参见:李卓.我国教育督导机构独立性之探讨[J].教育探索,2004(9).

③ 苏君阳.我国区县教育督导体制的现状、问题及对策[J].国家教育行政学院学报,2008(4).

④ 参见:孙绵涛,刘卫华,陈彬.地方教育督导评价工作现状调查[J].教育研究与实验,1990(2).

⑤ 张连儒.督导评估内容难以查实的原因及对策[J].辽宁教育,2003(2).

⑥ "扶绥县教育督导室莫主任认为,虽然说教育督导是教育行政执法非常重要的保障机制,其工作职责涉及教育工作的方方面面,但是该室由于受编制、经费的限制,督导工作实际上很难开展。一般来说,他们几乎没有独立开展过教育督导工作,大多数情况下是上面来了工作任务,明确要求教育督导室参加的,他们才会被邀请参加其中的工作,如果没有明确说要督导室参与的,教育局这边一般也不让他们参加,除非是工作任务太重,忙不过来的时候。由于沦落为县教育局的一个内设机构,既没有编制又没有办公经费,所以谈不上对政府教育财政投入与落实情况、政府和各中小学贯彻落实教育法规的情况的督导,对县教育局的工作更是谈不上督导了。"参见:陈应鑫.教育行政执法研究——扶绥县的个案考察[D].北京:中央民族大学,2007.

建设合乎中国国情的教育管理制度的努力。这种思考和努力,随着历次中央及地方教育督导方案的颁布、施行而逐渐加强。在这一过程中,对中国传统教育管理模式的继承,对现实需求的考量,以及对国外教育管理经验的借鉴,构成了近现代中国教育督导制度建设的基本方式。因此,近现代中国教育督导制度虽然远较古代帝王幸学更具有系统性、科学性和先进性,但其建设本身同样经历了一个制度化的过程,并在与传统教育的对峙与融合中逐步实现了现代化。从这一点来说,否认近代以前存在的视学制度,甚至无视民国时期的教育视导制度而检讨现行的教育督导,或许正是源于对制度化本身是一个过程的性质的忽略。

(二) 研究思路

1. 历史研究与现实关注相结合

民国教育督导的研究显然应当将揭示制度的建立、内容、特征、效率,以及它们对后代教育发展明显的或潜在的影响置于优先地位。借用 20 世纪 30 年代中国教育史学家陈青之的观点,教育史研究者的任务,第一在于说明历代教育制度及其学说之变迁的原因;第二在于比较各时代各地方教育之异同与升降;第三则在于阐发教育与政治、经济的关系及统治阶级对于教育之如何利用;第四尤在于以客观的态度批评历代教育之得失,并标明其特异之点。

除此之外,教育制度史的研究也是进一步探索、理解、改进、完善乃至变革现行教育制度的基本前提。作为一种历史存在物,某一教育制度的发展本身是一个不断对自身进行扬弃的过程,其演进的形态大体上呈现出渐进性积淀和革命性变革两种方式。在渐进性积淀方面,制度的演进体现为前一时期的制度按照一定的合理性原则转化为后一时期的制度的构成部分。在这一点上,制度追求的是合理、规范和稳定,昨是今非,朝令夕改,都是与制度的建立意图相违背的。然而,唯其追求这种稳定性,制度本身也容易产生惰性而趋于保守,从而使合理规范实践的功能蜕变成束缚和扼杀实践创造性生机的桎梏。因此,对制度进行革命性变革往往是赋予制度以活力的重要手段。但是,对制度的随意破坏和践踏,以及急于求成、草率从事、匆忙定论,不是制度的革命性变革的题中之意。从这两方面来说,教育制度史的研究,可以在揭示历史上各种教育制度的特性及其在不同历史条件下演进的历程和规律的同时,将历史的经验和教训变成一种精神财富,使我们变得更聪明一些,少做蠢事,超越前人。

其实,对于这种历史研究与现实关注相结合的研究目的,早有学者作过阐述和肯定。加拿大历史学家威廉·德雷(William Drey)认为,历史研究可分为"描述的历史"和"解释的历史"。前者是强调编年叙事,弄清事情来龙去脉的

"记述性历史";后者则强调对历史的理解与阐发,着重历史对现实的启迪与借鉴,即所谓的"问题性历史"或"问题史学"。法国年鉴学派也认为,历史并不是完全消逝了的过去,而是过去和现在持续不断的对话。"历史研究过程就在于交替地看待历史和现实,以便识别连续性和差异性。而任何对当代的思考,任何分析当前教育形势的尝试,都暗示着过去的某种联系。"①而且,"历史总是为生活服务的,它提供范例,评价过去,或者把目前这个时刻安放到生成——演变中去。"②因为我们无法按照自己的理性建构未来,只有从以往的传统中演化历史。现代主义历史观代表克罗齐(B. Clloce)称,一切历史都是当代史。按照克罗齐的观点,"任何描述过去的史学都试图把曾经发生的事情同现在结合起来,因此,是对现在的富有生命力的兴趣促使我们撰写过去的历史"。③这就是说,历史是过去的现实化。历史将过去变为当代,它只有在研究现实问题的过程中才能复活和重现生机。

2. 研究方法

基于上述历史研究观,研究民国教育督导,显然不应该仅仅将史籍中的一些材料归纳转述成现代语言,也不应该是依据现代的教育体系去构造历史。这一研究需要做的,不仅在于准确地解释记载民国教育督导制度本身及其演变的材料的语词含义,而且在于弥合我们所理解的这些材料的语词含义与制度提出者的实际意图之间的断裂。而要弥合这样的断裂,并不是简单地从历史现象中抽象出一些共同特征就可以做到的。虽然这种抽象对我们把握历史发展的进程是重要的,但过分关注这一点,则会忽视制度发展纷繁复杂的历史过程,而有将制度变成一种形而上的东西的危险。

鉴于这一点,在制度史的研究上,任何预定的假设和狭隘的功利追求,以及单纯的对号入座或贴标签式的牵强附会,都会影响我们解释记录制度的史料的真实性和准确性,从而导致对制度提出者的实际意图的歪曲。我们所要做的,是客观地审视材料,以保证在材料的取舍上不致产生偏差。同时,我们也需要作为一个思想的代理人进入到史料本身,以深察制度提出者的思想逻辑和内涵,保证我们对其实际意图的理解准确无误,从而有助于丰富我们的头脑,增长我们的智慧。

①③　邓明言.西方教育史方法论五题[J].华东师范大学学报(教育科学版),2003(9).
②　[法]雷蒙·阿隆.历史哲学[M]//田汝康,金重远.现代西方史学流派文选.上海:上海人民出版社,1982:108.

二、 相关概念释义

概念是人类创造的反映认识对象特有属性的思维形式。人借助所创设的概念体系认识自然、社会和自身。但人类并不是随意创造概念,"在实践的基础上,从事物中抽象出的特有属性的结果,都属于理性认识阶段"。① 概念是可变的,不仅体现在时间和空间的变量上,而且反映在视角和方法论相异的不同认识主体之中。不同的认识主体对相同的文字概念会产生不同的理解,甚或同一认识主体在不同语境中对概念的理解也不尽相同。这无疑强化了理论研究中概念界定的必要性。就民国教育督导研究而言,有几个概念需予以明确。

(一) 民国

民国,即中华民国,首先指称从清朝灭亡至中华人民共和国成立期间的国家名称,亦即本研究使用的国家名称。1905 年 7 月,孙中山在日本东京召开中国同盟会筹备会议,并为参加同盟会的同志主持加盟仪式,在他亲自拟订的《中国同盟会盟书》中,提出了"驱除鞑虏,恢复中华,创立民国,平均地权"的同盟会纲领。1905 年 8 月,在日本东京中国同盟会成立大会上,孙中山正式并公开提出"中华民国"国号。

其次,民国是一个时间概念,指一个历史时期,是本书讨论的时间跨度,上限起自 1912 年 1 月 1 日,即民国元年,下限止于 1949 年南京国民政府终结。

再次,民国还指称政治实体。在民国 38 年的历史中,由于军阀混战、外寇入侵,曾先后建立过若干政权。"教育可以改造政治、经济、社会和文化,成了政治、经济、社会和文化的工具;从另一方面说来,政治、经济、社会和文化可以推进教育,而为教育的动因。"②作为上层建筑组成部分的教育制度及教育督导制度,"总是与一定阶级的利益相关"。"政府、执政党往往对教育机构从组织上进行直接领导",对教育的"制约作用波及到教育的一切方面"。③ 因此,就政治实体而言,本书提到的"中华民国"只涉及南京临时政府、北京政府、广州国民政府和南京国民政府等。之所以做如此安排,是出于以下三方面的考虑:第一,1912年 1 月 1 日,中华民国临时政府在南京成立,随即成立了民国教育部,开始了废

---

① 《简明社会科学词典》编辑委员会. 简明社会科学词典[M]. 上海:上海辞书出版社,1984:1042.

② 陈翊林. 最近三十年中国教育史[M]. 上海:上海太平洋书店,1930:2.

③ 叶澜. 教育概论[M]. 北京:人民教育出版社,1999:146.

除私塾、推广新学制、普及义务教育等一系列教育改革,民国教育督导制度也随之逐步形成;1949 年是新旧时代的转折点,随着中华人民共和国的成立,南京国民政府的统治即告终结,民国教育督导制度亦随之停止了运作。既然本研究以民国教育督导制度作为研究对象,则理当将研究下限设于是年。史学界通常把这一段时间称为民国时期,即本研究所指民国时期。第二,虽然中华民国成立于 1912 年 1 月 1 日,但由于派系争权夺利,列强鱼肉蚕食,中华民国中央及地方政权更替频繁。在此期间还出现了伪政府或其他政权组织,由于它们或者存在的时间较短,或者号称"全国"但实际上影响范围相对有限,或者充当外国的侵华工具和利益代表,所以这些政权及其附属的教育行政机关所制定颁布的教育督导规制皆不在讨论范围之内。第三,由于笔者学养所限,也为了便于对研究材料进行相对集中的分析,本书也未讨论民国时期中华共和国人民革命政府(福建人民革命政府)的文化委员会,以及中华苏维埃共和国临时中央政府、抗日民主政府、解放区人民政府的教育督导制度。

最后,民国也是一个空间概念。历次中华民国宪法(包括宪法草案)对中华民国领土的定义有不同表述。例如《中华民国临时约法》第三条表述为"中华民国领土为二十二行省、内外蒙古"。《天坛宪法草案》的表述是:"中华民国国土依其固有之疆域。国土及其区划,非以法律不得变更之。"中华民国训政时期约法第一条规定:"中华民国领土为各省及蒙古西藏。"五五宪草第四条的表述是,中华民国领土为江苏、浙江、安徽、江西、湖北、湖南、四川、西康、河北、山东、山西、河南、陕西、甘肃、青海、福建、广东、广西、云南、贵州、辽宁、吉林、黑龙江、热河、察哈尔、绥远、宁夏、新疆、蒙古、西藏等固有之疆域。中华民国领土,非经国民大会议决不得变更。等等。本研究所涉民国领土不涉及争议问题,故省去了界定的麻烦。

(二) 教育督导

民国前期,教育督导称为"视学"或"教育视导",视导人员称"视学官",这主要是因为民国教育部成立之初沿用前清旧制,称督导人员为"视学(官)",称督导机构为"视学室""视学处"。如 1913 年的《视学规程》、1914 年的《视学处务细则》及《视学室办事细则》、1918 年的《省视学规程》及《县视学规程》等都以此名相称。直到 1926 年广州国民政府成立教育行政委员会,"委员之下,设行政事务厅,以参事、秘书、督学三处构成之"。① 督学室虽因故未能成立,但"督学"这一称呼开始通用。这一点,只要考察一下此后国民政府教育部颁布的与教育督

① 孙邦正.教育视导大纲[M].北京:商务印书馆,1944:14.

导相关的法规、法令,就更清楚了。如 1929 年 2 月 2 日颁布但未及普遍推行的《督学规程》,1931 年 6 月颁布的《省市督学规程》,8 月颁布的《教育部督学规程》以及 9 月颁布的《教育部督学办事细则》等。在这些文件的文字表述中,20 世纪 20 年代中期以前教育督导规程中通称的"视学",均改称"督学"。

要一劳永逸地给教育督导下定义并不是一件容易的事。虽然民国和当代学者均有论述,但由于历史背景和立足点不同,譬如,有的阐述教育督导的属性和目的,有的关注教育督导的功能和方法等,教育督导的内涵因时而变,因人而异。民国学者对教育督导的理解主要有两种观点。一种观点侧重自上而下的行政检查与监督,强调"视学一职,为教育行政作用之一。受教育行政长官之指挥,代表其耳目,用以视察地方教育行政机关与学校,对于中央所颁之计划,是否照行,而加以相当之指导,与视察实况,以备相当之处置,前者曰行政视察,后者曰教育视察"。① 另一种观点提倡辅助指导,以利教学效能的提高,认为"教育视导乃依据视导的原则和标准,运用科学方法对于教育事业和教学活动,由精密的观察、调查和考核,进而作审慎的考量、明确的评判,更给予妥善的指示、同情的辅导,并计划积极建设改进的方法,使教学效能增加,教育日在改造、扩充、伸长和进展的历程中,得以有效地达到美满完善的境地"。② 这两种观点的碰撞或交替,应该与当时的社会期待及教育需要密切关联。

民国初期的教育视导以行政检查监督为主的特点,顺应了中国社会大变革的趋势,即"专制政治大变为民主政治,家庭经济大变为国民经济,宗法社会大变为国家社会,旧文化大变为新文化"。③ 特别是符合民初民主与法制建设的政治环境与诉求。一般认为,"国家的法律和制度,就是法制"。④ 法律制度"作为制度的典型形态","无疑是构成现代国家制度体系的基本要素"。⑤ 教育法制就是法制被适用于对教育事务的管理和对教育关系的调整,⑥"是教育法律规范、教育法律制度、教育法律秩序的有机统一,其内容包括教育立法、教育执法、教育司法、教育守法和教育法制监督"。⑦ 民国初期,随着教育的独立、推广与普及,无论是统治阶层还

---

① 张季信.教育行政[M].南京:南京教育合作社,1928:97.

② 周邦道.教育视导[M].南京:正中书局,1935:2.

③ 陈翊林.最近三十年中国教育史[M].上海:上海太平洋书店,1930:7.

④ 董必武.论社会主义民主和法制[M].南京:人民日报出版社,1979:25.

⑤ 顾培东.中国法制建设若干问题散论[M]//法制现代化研究(第 2 卷)[M].南京:南京师范大学出版社,1996:19.

⑥ 参见:郝维谦,等.各国教育法制比较研究[M].北京:人民教育出版社,1999:1.

⑦ 邹渊.教育执法全书[M].北京:民主与法制出版社,1998:252.

是普通民众,对教育都有了更高的要求和期待,需要有一套维系、组织和管理教育活动的教育法规来保证教育满足各方面需求。为了推行从受教育者本体着想、与君主时代不同之新教育,①提倡以人民而不是以政治为标准的教育,并把教育的自由发展与社会的民主进步联系起来,培养出国家和社会所需要的共和国民;②也为了推进从人治到法治的教育行政管理制度的转变与建立,民国政府及其教育部从教育宗旨、学校组织、学制,到义务教育、师范教育等,制定颁布了大量教育法规。③由于"学校较多,法令渐密,教课设备及教学方法,更觉日新月异,势非详细考查,即难免不减少教育效率"。更为着在教育领域冲破前清遗老及仇视共和、伺机复辟的顽固势力的抵抗与包围,推动维护共和政体的教育法规的贯彻执行,势必"须有健全之视导制度,妥善之视导方法"。④

然而,随着民初"教育革命的趋势,由专制政治的教育变到民主政治的教育,家庭经济的教育变到国民经济的教育,宗法社会的教育变到国家社会的教育,旧文化的教育变到新文化的教育"。⑤ 民国政治、经济、社会、文化等各项事

---

① 参见:陈青之.中国教育史[M].北京:东方出版社,2008:534.

② 参见:蔡元培.对于新教育之意见[M]//蔡元培全集.杭州:浙江教育出版社,1997:9—19.

③ 相关研究显示,1912—1927 年制定的教育法规约有 340 件,1927—1937 年有 510 件,1937—1945 年有 560 余件,1945—1949 年则颁布了 130 多件(参见:李露.中国近代教育立法研究[M].南宁:广西师范大学出版社,2011)。这些法规从横向来看,可分为教育行政组织、通则、国民教育(幼稚园、小学教育和义务教育)、中等教育、师范教育、职业教育、高等教育、社会教育、边疆教育和侨民教育等,法规内容几乎涉及教育的所有领域。从纵向来看,法规体系可分为五个层次:最高层次是宪法;第二层次类似于"教育基本法",如《中华民国教育宗旨及其实施方针》等;第三层次是教育专门法,如《教育部官职令草案》《教育部组织法》《大学法》《专科学校法》《学位授予法》《中学法》《小学法》等;第四层次为"规程"和一些比较重要的单项性"条例",如《捐资兴学条例》《教育部教育研究委员会组织条例》等,规程是教育专门法的具体化;第五层次是大量的"规则""细则""办法",一般主要是法规的配套法和有关某一问题的详细具体的规定,有很强的可操作性。不同层次的教育法规由不同的机构颁布实施。第一、二层次的法规由国民政府制定颁布实施;第三层次的法规一般由教育部提请行政院审议通过,有的还须送立法院审议通过,由国民政府颁布实施;第四、五层次的法规由教育部以部令或训令公布。这样,五个层次的法规体系自上而下形成了一个树形结构,上级法规是下级法规的主导,下级法规是上级法规的具体化。各层次间通过教育目标这根主线相互贯通,彼此支持。

④ 国立编译馆.教育行政(上册)[M].上海:中华书局,1948:148.关于教育视导在宣讲解释、监督推行教育政策法令中发挥的作用,民国学者有着普遍共识。如陆传籍认为,教育政策和法规既经决定,期能切实推行,才不有负使命。否则教育事业若不依政策而行,则违反法令事小,害国病民事大,然则如何使教师遵循法令切实推行,唯有赖视导的工作。从视导的工作之中,才可以知道教师、学校、教育机关是否遵循法令以行,因而可分别奖惩,予以鼓励或督促,同时从视导的工作之中,才可以解释各种法令的意义,使教师、学校、教育机关彻底明了。参见:陆传籍.国民教育行政[M].上海:交通书局,1942:201.

⑤ 陈翊林.最近三十年中国教育史[M].上海:上海太平洋书店,1930:8.

业在动荡中艰难前行,包括小学教育、中等教育、职业教育、高等教育等在内的民国教育实现了从封建教育向资本主义教育的过渡,从古代教育向近现代教育的转变,各级各类教育迅速发展,人们对教育的预期也从对数量的满足转向对质量的诉求。教育督导的监督检查已不能满足教育规模的扩大和社会对教育的期待,教育督导开始转向对教育教学的辅助指导与行政检查监督并重,甚至偏重于辅助教师、策进教学。究其原因,综述如下。

首先,人们对教育行政的理解发生了变化。就教育行政的作用而言,民国学者认为,教育行政的作用有四:规划、设施、视察、指导。教育行政的目的本为增进学校学业之效用,其行政组织适用与否,行政处分相当与否,学校制度之完善与否,教职人员优良与否,无不以学生学习成绩为标准。但学生学业之良窳又以教学为转移,教学方法而善,则学生学习之成绩或无不良。故教学之事,实为教育行政事业之中心。然直接担负教学之责任与学生学习之成绩有直接关系者,为教师。故教师问题实为教育行政之中心。无论行政上之组织、之设施、之改良,盖无不以便利教师之教学为归宿。① 更有学者向教育行政当局提出了自己的期望:"大概各县教育局之下,除设有县督学外,并有区教育委员之设,本来区教育委员的设置是要辅导本区内各学校进行校务的,但现在的区教育委员,却做了些行政工作便无所事事,所以希望各县的区教育委员一律要下乡,尽力指导本区内学校实施普及教育。""教育行政当局对于乡村教师给他们职务上的保障,又给他们相当的指导与鼓励。"②要求行政当局根据指导员、督学、局长、课长的调查、考察,通过培养、登记、检定、训练等手段补救教师的缺点。③ 可见教育行政从对规划、设施等日常事务的关注,转移到对人、对教师教学工作的关注,特别是对教师业务能力提升的关注。

就教育行政的特征而言,民国教育行政学者认为:"教育行政为助长行政,不是监督行政;是最积极的行政,不是消极的行政。""教育行政与其他的行政不同,需要专门知识的地方很多。往昔只以监督为能尽教育行政的职责的时代,凡能通一般行政法的知识者,都可充任。居今日而言教育行政,仍依样画葫芦的做去,实难全其职责。最小的限度,要通达教育一般的理论,有几分实际教育上的体验,且具有教育的识见的了。"④教育督导不等于监督检查,监督检查也非

① 参见:程湘帆.小学视察及指导问题[J].中华教育界,1924,14(1).
② 李楚材.鸿英乡村教育区之设计与现况[J].教育杂志,1935,25(4).
③ 参见:赵裕仁.今日小学教师的缺点及其补救[J].教育杂志,1935,25(7).
④ 马宗荣.教育行政的特质[J].教育杂志,1929,21(8).

教育行政的全部内容。强调教育行政机关在活动过程中通过鼓励、协调、帮助、示范引领等来促进教育事业的发展,而不是用强制性的监视、督促、管束来达到预定目标,凸显了教育行政的建设性和不可替代的专业性。

就教育行政的功能而言,夏承枫认为,教育局应改为教育辅导局。"教育之需行政管理,不仅在教育开始及结束之时,而尤当于进行之中有所策助。省督学与县长之工作在教育设施发端以及教育结果时之收获而已。然收获有丰歉则贵灌溉之勤,所谓灌溉,必无时或废,必雨露均沾,又必精于技术不致揠苗助长,此则非县长之所能,亦非省督学一人所得而普遍,现代地方教育行政,趋向以辅导为中心,非无故也。我国县教育局为事务所困,为行政问题所阻,遂难以应用专家政治之原则。理想之教育局应为教育研究之枢纽,为地方教师之保姆,为一切教育资料之源泉。所有人员各尽其一部辅导责任,各具有一部有关辅导之工作,无论为局内研究或就地指导,此一机关关系教育之进步为最巨大。"①这一观点实际上反映了当时教界、学界对教育行政功能转变的期待,由此再来理解民国教育督导从检查监督转向对学校教育工作的指导、对教员教学方法的辅助、对教员业务能力提升的策进就不足为奇了。

其次,缘于教育的实际需要。一方面,各地教师队伍素质参差不齐,亟待提高。根据陈东原的调查,当时国民教育"应有的师资,较预定标准相差五倍;现有师资有三分之二不合格",②特别是小学教师,在量与质方面都不能满足迫切的需要,各省县合格师资大多不满教师总数的二分之一。③据省市县督学的报告,有些省教育厅"发现小学师资滥竽充数的极多"。④贵州省"一因受过师资专业训练之教师少,不敷聘用,二因地方教育恒多为土豪劣绅所把持,因是师范毕业生亦不易插足,所以小学师资中颇多滥竽充数之人,本身既未受过什么训练,以之教人,自无成绩之可言"。⑤《吴研因视察湖北教育报告》:"二十一年度湖北省五十二县之统计,小学教员为 7 119 人,师范学校毕业者 2 339 人,其他学校毕业者计 3 900 人,非学校毕业者 880 人。是曾受师范训练之教师尚不及全体小学教师之半数。"⑥"有的受了五年的师范教育还不知怎样教书的——他只知

---

① 参见:夏承枫.地方教育行政理想组织[J].教育杂志,1935,25(3).
② 陈东原.师范教育的质和量[J].教育通讯(复刊),1947,3(3).
③ 参见:赵裕仁.今日小学教师的缺点及其补救[J].教育杂志,1935,25(7).
④ 角今.湖南省政府近年的教育设施[J].教育杂志,1935,25(2).
⑤ 叶元龙.贵州的教育[J].教育杂志,1936,26(7).
⑥ 王徜.乡村教育视导问题[J].教育杂志,1935,25(7).

道拿到一本课本在讲堂上向着学生诵读。"①而教育部督学戴夏在关于浙江教育的视察报告中亦批评说:"小学教员资格,除附属小学外,县立区立完全小学,尚有聘用师范学校毕业生,余如初级小学,大都以初中或旧制高小毕业生充任,甚且有非学校毕业生者。"②这些"未受训练的学校出身的教师,高等小学出来的学生,有好多在那里做国民小学教员,开通的地方少些,越到内地去越多。我们何能叫十三岁左右的高等小学毕业生去做教员?"③

面对师资队伍的短缺和素质的参差不齐,各地除了加快师范教育发展外,借助督学的工作,加强对在职教师的进修培训也是一项既经济又方便快捷的举措。对此有学者深表赞同:"教师的成功固有赖于专业的训练,但服务时的督导工作尤属重要。因为教育科学时刻进步,苟仅凭训练之所得,而不知继续研究,乃不能适应潮流,势必落伍。所以教育工作必须时时刻刻加以研究,才能藉此改进。但教师的上进则有赖于行政上的督导工作了,所以视导是督促教师上进的有效工作。"而且,"视导人员对于教师虽不敢云指导有余,但至少在指示和督促一点上说,确有相当的功效。倘若缺乏视导,则教师乏人指导,改进无由,同时无人督促,每致敷衍"。④ 这些观点既反映了当时师资队伍参差不齐、整顿提高的事实,也反映了督学在教师队伍建设中发挥的重要作用。

另一方面,私塾改良加剧了教学辅导的紧迫性。民国初期,随着新教育政策、教育宗旨和新学制的颁布,废除私塾,创办新式学堂、新式学校成为教育变革的当务之急。然而据史料记载,在新教育、新学制、新式学校推广 24 年后,即便在社会经济、教育、文化比较发达的省份,私塾数、塾师数、在塾学生数仍然居高不下,私塾改造任务依然艰巨,而且严重阻滞民国教育的发展。

表 1-1　1935 年全国部分省份私塾概况表⑤

省 份	私塾数(所)	塾师数(人)	学生数(人)
江 苏	24 259	24 299	436 647
浙 江	4 609	4 634	88 360
江 西	2 652	2 658	38 957

① 唐珏.中国小学教师问题[J].中华教育界,1924,14(2).
② 王祷.乡村教育视导问题[J].教育杂志,1935,25(7).
③ 陶行知.陶行知全集(第一卷)[M].长沙:湖南教育出版社,1983:218.
④ 陆传籍.国民教育行政[M].上海:交通书局,1942:201.
⑤ 参见:中国第二历史档案馆.中华民国史档案资料汇编(第五辑)[M].南京:江苏古籍出版社,1994:683.

省　份	私塾数(所)	塾师数(人)	学生数(人)
福　建	3 018	3 167	55 944
安　徽	14 384	14 424	188 935
广　东	6 109	6 440	143 703
广　西	651	651	13 047
湖　南	9 117	9 120	121 337
湖　北	6 656	6 680	134 418
四　川	13 924	14 044	246 874
贵　州	1 480	1 481	24 673

就全国而言,各省市私塾塾师达到 101 813 人,已改良的塾师有 36 011 人,则未改良之塾师为 65 802 人。全国各省市之私塾数为 101 027 所,其已改良之私塾为 35 394 所,未改良者有 65 633 所。[1]

陶行知通过调查发现,即使通过改良,科举出身的教师还是很多,恐怕十年之内他们的数目不会大减。甚至连南京、广州这样的政治、经济、文化中心也有成百上千的私塾,且塾师多科举出身,在他们势力下的学生各以万计。针对这种现象,陶行知发出强烈呼吁:"既有许多科举出身之人实际上在那里操纵儿童的教育,我们绝不能不设法使他们得些相当的训练,因为谁在那里教,就该教谁;塾师在那里教,就该教塾师;一天有塾师,即一天要训练塾师如何提高。"[2]陶行知的调查和观点可以让我们从一个侧面了解当时对私塾、塾师进行改造,对教师业务素质和教学能力进行辅导的重要性和紧迫性。

再次,义务教育的实施、学制的延长等也加剧了师资的短缺。例如:"皖省因推行义务教育之迫切,短期小学在二十五年度,势必由一千二百所再增一倍,需要教师数在二千以上。此时短小师资,已罗致殆尽,明年学校再增,即生问题。如依现在师范制度三年毕业,实属缓不济急,学生亦多不满意。"[3]因此该省于 1934 年冬试行地方教育辅导制度,订立《安徽省地方教育辅导办法》,将全省划分为六个师范区,每区设一辅导委员会,以师范学校为中心,并设置视导员若干人,专任视察辅导工作,辅导员除辅导学校外,直接间接推动地方

---

① 参见:私塾改良[N].大公报,1936 - 10 - 20.
② 陶行知.陶行知全集(第一卷)[M].长沙:湖南教育出版社,1983:218.
③ 皖省加紧训练短小师资[N].大公报,1936 - 09 - 08.

教育之推进。① 而山东省则"于实施义务教育时,亦先分区举办短期小学教员训练班,历年复令准各县办理小学教员短期训练班及塾师训练班"。"对于中等学校教员亦于每年暑期由本厅分别选送国立山东大学及北平南京各大学,参加专科讲习会。"②湖北省各县视察教育人员,"过去仅设县督学一人,视察难期周到;第一期实施义务教育时学校数量激增,虽然各县联保教育委员会有考查学校之责,但恐教育非所素谙,难收实效,又根据该省行政区,酌各设义务教育视察员一人,轮赴区内各县视察指导、督促,推进义教。"③由此可见,通过进修培训提升教师的业务能力已成为教育行政工作的主要内容,作为教育行政耳目的教育督导,其工作重心随之转向,实在情理之中。

最后,也是更重要的原因,当时不少基层学校和教师自觉自动地希望在教学上得到外界的帮助和指导,以提升学校的办学质量和个人的业务素养。担任过省县督学的王徜在担任乡村小学教员、校长时,曾"感觉到许多的困难得不到他人来辅导,如何改进教学方法,如何选择教材,如何训练儿童以及如何处理校务等等"。"吾们总希望有人来指导指导,然而始终是希望而已,希望是没有兑现过。县督学虽然在一个学期中来过一次,但还没有谈过几句话,已经又踏出校门了!吾们准备的问题预备和县督学讨论的,也就成了空头纸币"。后来王徜充任县督学,视导了一百余所乡村学校,更加深切"感觉到许许多多的乡村学校都得与教师谈半日至一日关于学校之设备、课程之更变、教学之方法以及儿童之训练等等,他们有许多问题如经费之筹措、学生之招收等问题来要求吾们解答。有时甚至于因附近好几个乡村学校之教学方法太劣,不得不延长时间作示教之举。甚至于有时要替他们解决其所提出的关于乡村的事件。自己在这时又深深地感觉到如果只在视察而不指导,是会使教师感到无限的失望而且会促成教师在作伪作假"。④ 教师们也表示"在教学、训育和个别适应三方面最需要视导员的帮助。能力较差的教师需要训育方面的帮助较多,优良教师需要教学方面的帮助较多"。⑤ 教师们自下而上的期待成为民国教育督导从检查监督转向教学辅导的根本动力。

当代学者对教育督导的定义虽有各自不同的理解和表述,但整体而言可以归为两类。一类以我国台湾学者为代表,如孙邦正、雷鼎国、吕爱珍、谢文全、陈

---

① 参见:祝雨人.我国义务教育最近实施概观[J].教育杂志,1937,27(4).
② 何思源.近八年来之山东教育[J].教育杂志,1936,26(11).
③ 参见:祝雨人.我国义务教育最近实施概观[J].教育杂志,1937,27(4).
④ 王徜.乡村教育视导问题[J].教育杂志,1935,25(7).
⑤ Barr, A. S. & Reppen, N. O.教师对于视导的态度[J].陈选善,译.(The Attitude of Teachers toward Supervision)教育杂志,1935,25(10).

金进、李祖寿等,他们在研究西方教育管理理论后认为,西方学者对教育督导的定义基本上都是以对学校教学工作的督导为对象,类似我国的"学校工作督导",并将其定义为:对"以改进教师的教学行为为中心而展开的,包括安排教学,开展课程建设,提供教职人员、设备和教材,评价教学效果等一系列学校教学管理工作的视察和指导"。同时指出,西方学者之所以多使用"教育视导"而非"教育督导","实际上体现了一种倾向,即强化督导的指导、辅导和技术性服务功能,而弱化督导的监督功能"。对于上述观点,我国学者认为,其局限性与西方学者大体类同。而"我国学者对教育督导概念的界定基本较为统一"。① 其中,黄崴的观点较有代表性。黄崴在《现代教育督导引论》(1998)中评述了美国学者阐发的关于教育督导的六种具有代表性的定义,并在分析了国内相关著作对教育督导概念的解释后提出,教育督导是由教育督导组织及其成员根据教育的科学理论和国家的教育法规政策,运用科学的方法和手段,对教育工作进行监督、检查、评估和指导,以期促进教育效率和教育质量提高的过程。②

(三) 视察与指导

关于视察与指导的区别,常道直③的解释最具代表性:"视察与指导不同,视察为消极的作用,侦察所属机关办公人员之勤怠,学校教职员是否遵从上级官厅之规程训令,学校功课之教材选择、时间支配,是否合于上级官厅所规定之标准,以及学生程度之考核教师能力高下之评定等等,皆属视察方面所有事。"而"指导至少应包括以下各点:一是教学方法之改进;二是教材之选择与组织;三是智力与学力测验之应用;四是在职教师之教育等。总言之,视导员对于教师乃为辅助者、为鼓励者、为同情的合作者;其对于教师若有非难的批评,必须立时随以建设的改进方法之提示。故教师对彼常望之如益友,而非为令之凛栗不安之审判官或力图规避之侦探"。常道直认为:"就此种意义而言之,与其谓视导员为一种行政机关之官吏,勿宁谓其为教师之一类。换言之,彼非仅为行政官厅之耳目,其尤重要之任务,乃立于教师方面,为教师自身及其职务上谋利益者。"④

(四) 教育督导与教育视导

朱琦等人认为:"教育督导在某些地区也被称为教育视导。在英语中,'督

---

① 朱琦,杨辛,蔡雯卿. 问题与探索:当代教育督导研究[M]. 天津:天津教育出版社,2006:2—6.

② 参见:黄崴. 现代教育督导引论[M]. 广州:广东高等教育出版社,1998:2.

③ 常道直,又名"常导之"。中国教育家。

④ 常导之. 增订教育行政大纲[M]. 上海:中华书局,1935:314—315.

导'(inspection)一词突出强调监督、检查、审查的作用,且监督、检查活动以一定的权力和强制力为支持;视导(supervision)虽然含有监督之意,但更强调的是一种非强制性的视察、指导和建议,乃至包含管理的意味。"①刘淑兰认为:"教育督导也常被称为教育视导。教育督导和教育视导经常是在同一个意义上使用。但严格地讲,两者是有所不同的。""前者通常是在强调突出监督、检查作用时使用,而后者常常是在强调指导、建议作用时使用。一般说来,监督、检查活动要为权力所支持,而指导建议多为非权力性的。教育督导虽然较之教育视导更强调监督检查作用,但并不排斥指导建议作用,实际上两者是辩证统一的。"②

三、 研究述评与本书框架

我国现代视学制度始于清末。学部建立之初,从近代日本教育体制中得到启发,在订立官制时规定:"拟设视学官暂无定员,约十二人以内,秩正五品,视郎中。专任巡视京外学务。其巡视地方及详细规则,当另定专章奏明办理。"③同时,于各省学务官制中确定每省设 6 名视学官,各府、厅、州、县亦设视学人员,④由此,从中央到地方的三级视学体制初现雏形,但是对视学理论未能顾及,致使"在二十世纪的前二十年里,中国的视学理论几乎是个空白"。⑤ 虽然以"民国教育督导"为专题的著作或文章不是很多,但与其相近或相关的研究比较丰富。这些研究多集中在教育行政史、教育管理史、教育制度史、教育通史类论著以及教育行政学、教育管理学等著作中,根据内容的相关性综述如下。

(一) 教育视导论著

1. 民国时期的教育视导文献

清末民初,特别是 20 世纪 20—40 年代,国内学者在翻译介绍西方相关理论的同时,开始了教育督导的本土化研究,根据世界各国教育视导制度的理论和实践,结合当时国内教育视导工作的状况,撰写了一批具有自身特点的教育视导专

① 朱琦,杨辛,蔡雯卿.问题与探索:当代教育督导研究[M].天津:天津教育出版社,2006:2—7.
② 刘淑兰.教育评估和督导[M].上海:华东师范大学出版社,2000:193.
③ 学部奏酌拟学部官制并归并国子监事宜改定缺额折[M]//朱有瓛,戚名琇,钱曼倩,霍益萍.中国近代教育史资料汇编·教育行政机构及教育团体.上海:上海教育出版社,2007:15.
④ 参见:学部奏陈各省学务官制折[M]//朱有瓛,戚名琇,钱曼倩,霍益萍.中国近代教育史资料汇编·教育行政机构及教育团体.上海:上海教育出版社,2007:43.
⑤ 江铭.中国教育督导史[M].北京:人民教育出版社,1994:173.

著。从研究内容上看,这些论著可以归为两类。一类是关于教育督导概论方面的,主要讨论教育督导的性质、意义、目的、作用、方法以及教育督导与教育系统内部其他部门之间的关系等。如王光鹫的《视学纲要》(商务印书馆,1919),从视察的重要性到视学与改良学校教学内容的关系、视学与改良教授方法的关系、视学与改良学校管理的关系、视学与改良教育行政事务的关系等方面进行了详细分析,特别是对视学的专业学识和勤勉、忍耐、至诚、公平等职业修养的阐述成为该书的亮点,也为之后的民国教育督导研究确立了分析框架。还有杜定友应广东省教育委员会改视学制为督学制之需而编辑的《学校教育指导法》(中华书局,1925),虽然此书因是现代中文书籍中最早附有"书后索引"①而更受关注,但该书作为民国早期教育督导专著,从学校指导意义、指导制度、行政方法、指导方法、视察方法、报告方法等方面对学校教育指导进行了论述,且鉴于著者在菲律宾研读、讲学的经历,其对教育督导的理解和阐述更接近西方学者的观点。

比较有代表性的研究是孙邦正的《教育视导大纲》(商务印书馆,1944)。该书从教育视导的基本概念、效用、基本原则等要义,到我国教育视导制度的演进、各国教育视导制度列举、我国教育视导制度的检讨与改进、教育视导人员的地位和责任、视导人员的资格任用和待遇、职务和权限、教育视导人员应有的修养、教育视导方法,再到教育视导研究等,进行了系统分析,可以认为是民国教育视导研究的集大成之作。

此外,《教育视导》(周邦道著,正中书局,1935)、《教育视导》(程时煃著,江西县政训练所,1936)、《民众教育视导》(许公鉴著,商务印书馆,1937)、《义务教育视导》(陈鸿文著,中华书局,1939)、《国民教育视导纲要》(郭有守著,四川省教育厅,1940)、《教育视导纲要》(梁春芳著,中华书局,1949)等均属此类。

另一类论著是关于教育督导实务的,重点介绍教育督导的具体方法步骤或教育督导工作经验。如郝耀东的《教育观察和视察后的感想》(商务印书馆,1925),第一部分介绍对学校进行视察时因循的几个步骤,第二部分通过一位日本学者的谈话,介绍欧美教育视察情况。邵鸣九的《学校各科视察之研究》(商务印书馆,1933)介绍了学校各科视察之意义、学校各科视察之需要、学校各科视察之范围等,并对分科视察作了详细阐述。

程本海的《教育视导之路》(教育书店,1948)"是作者本着二十多年的实际经验,专为推进教育视导工作,因而编辑的一本书"。"这不是些用说教式的姿

---

　　① 潘树广.索引话旧[J].读书,1982(6).

态所表现的硬性的规章跟教条,而是活泼、新鲜,以亲切有味的笔调来叙述的有
关教育视导工作的写真;也是作者从事教育工作以来含辛茹苦的奋斗史。"这本
集子"可以使那些忽视教育视导工作的人,感到惊异跟惭愧","更可以使为教育
工作而努力的人们感到一种新的鼓舞,一种新的认识跟新的方向"。① 在这本书
中,著者根据自己的工作经历和成长历程,结合安徽省教育视导工作的实际状
况,阐述了视导人员应有的精神,视导人员应有的态度、修养、本领,以及视导人
员的任务,视导人员怎样培养自己,怎样完成视导任务,怎样成为一名理想的教
育视导员等。因此,这本书"绝非只是辅导制度过去的回忆,而对于辅导制度未
来的推进和发展,实有莫大的功用"。②

另外还有《城市平民学校视导法》(张哲农著,商务印书馆,1928)、《教育指
导》(程湘帆著,商务印书馆,1933)、《四川新教育视导之实际》(章柳泉著,西南
印书局,1941)、《乡村小学视导法》(盛振声著,商务印书馆,1941)、《国民教育视
导》(洪石鲸著,商务印书馆,1948)等,这些论著有的从行政学的视角探讨教育
视导工作的必要性和重要性,并对教育视导的组织机构、视导方法、视导程序进
行论证;有的则从学校管理的视角阐述如何开展对各级各类学校的视察指导;
有的从教学论的视角研究教育视导如何促进教师专业水平和教学能力的提高;
有的从课程论的视角讨论教育督导如何帮助学校开发课程、设置课程以及编写
教材;有的则介绍了地方教育视导工作的经验和做法。

同时,民国学者还通过各种途径把当时西方,特别是欧美先进的教育视导
理论和实践经验介绍到国内。如:易烈提的《城市学校的视导》(E. C. Elliott,
City School Supervision,1914)、马克斯韦尔的《教学观察法》(C. R. Max Well,
Observation of Teaching,1917)、克伯雷的《学校组织与行政》(E. P. Cubberley,
School Organization and Administration,1917)、格斯特的《视导研究》(A. L. Hall-
Guest,*Supervision Study*,1919)、南特的《教学视导》(H. W. Nutt,*The Supervision
of Instruction*,1920)、皮特曼的《视导的价值》(M. S. Pittman,*The Value of
Supervision*,1921)、柯林斯的《学校视导的理论与实践》(E. Collings,*School
Supervision in Theory and Practice*)、瓦格涅的《视学纲要》(C. A. Wagner,*Common
Sense in School Supervision*)、伯顿的《视导和教学改进》(W. H. Burton,*Supervision
and the Improvement of Teaching*,1922)等。上述著作,有的被译成中文在国内出

① 这是民国教育家吴研因为该书作序时对该书作出的评价。参见:程本海.教育视导
之路[M].上海:教育书店,1948:1.
② 同上:3.

版,如:马克斯韦尔的《教学观察法》经施仁夫翻译,由中华书局于1923年出版;瓦格涅的《视学纲要》由姜琦、杨慎宜译成中文,于1933年由上海商务印书馆出版发行。

除了撰写、翻译教育督导著作,较早走出国门的教育专家、学者通过实地考察,对当时西方教育现状有了近距离的接触和面对面的了解,他们将自己的见闻、感悟发表在具有全国影响的教育期刊上。这些文章有不少涉及包括教育视导制度在内的当时西方国家的教育行政制度(见表1-2)。

表1-2 民国时期知名学者撰写的研究教育行政的文章

作 者	标 题	登载刊物	期 号
唐 珏	丹麦教育制度和行政	《中华教育界》	第十三卷第七期
余家菊	英国之教育行政	《中华教育界》	第十四卷第一期
常道直	旅美参观学校纪略	《教育杂志》	第十七卷第十号
李清悚	一个新进共和国的教育近况	《教育杂志》	第十九卷第三号
舒新城	最近英德美三国之教育方法	《教育杂志》	第十九卷第四号
常导之(道直)	法国初等教育概观	《教育杂志》	第二十二卷第六号
常导之(道直)	法国中等教育之近况	《教育杂志》	第二十二卷第六号
孙邦正	波兰教育的新趋势	《教育杂志》	第二十六卷第十号
丁重宣	各国教育视导概观	《教育杂志》	第二十七卷第八号
陈友松	五十年来美国之教育科学运动的贡献	《教育杂志》	第三十卷第九号

不容忽视的是,当时还有许多述及教育督导的西文被选译成中文摘要,在国内报纸杂志上登载。如陈选善编译的《教师对于视导的态度》(A. S. Barr & N. O. Reppen, The Attitude of Teachers toward Supervision,《教育杂志》,第二十五卷第十号)从人际关系的角度理解教育视导,认为教育视导就是教育视导人员帮助学校成员建立良好人际交流关系,提高学校工作效率;《教学演示与视察》(J. R. Shannon, Demonstration Teaching and Directed Observation, Educational Method,《教育杂志》,第二十五卷第九号)从教学的角度来理解教育视导,认为教育视导就是视导人员通过与学生、教师、校长一道工作,改进教学、发展课程、提高教学质量的过程;《视导的改进》(A. S. Barr, Expressing the Scientific Spirit Through Better Supervision,《教育杂志》,第二十六卷第四号)

从管理学角度理解教育视导,认为一所学校成功的重要因素在于学校领导层的能力和学校管理的质量,如果领导层心胸宽广,具有长远的眼光,知道事情的轻重急缓,就能实现预期的办学目标。陈友松选译的《最近美国县教育局长之法定的职责》(F. W. Cry & K. Andrew, Legal Responsibilities of the County Superintendent in the United States,《教育杂志》,第二十六卷第一号)从行政管理的角度来理解教育视导,认为教育视导是学校行政管理的一个环节,强调的是对教育系统中适当的教学目标的达成;《地方教育视导的方法》(W. F. Himmelreich, Elements of Supervisory Techniques Feasible in a Small School System,《教育杂志》,第二十六卷第三号)从课程的角度理解教育视导,把视导看作对课程的编制和改进,为教学提供依据,并对教学进行评价的活动。

特别是胡祖荫选译自巴尔(A. S. Barr)和伯顿(W. H. Burton)合著的《教学视导之科学的研究》(The Supervision of Instruction,《教育杂志》,第二十五卷第四号),介绍了罗士劳(E. E. Rosenow)、马立逊(H. C. Morrison)、布鲁克勒(Leo J. Brueckner)、巴尔、威普尔斯(Douglas Waples)等人对教学视导的科学研究,探讨如何运用科学的方法解决教学视导中出现的问题。还有更多的文献被国内学者广泛引用,作为批评当时教育督导制度弊端和立论的依据。

如果认为民国后期教育督导制度渐趋完善,教育督导方法更趋科学,"应该说这与民国时期对国外研究的积极引进及开展我国的研究与实践有一定关系"。①

值得一提的是,当时一些颇具影响力的报刊②也发表了相当数量的专门探

---

① 刘淑兰.教育评估和督导[M].上海:华东师范大学出版社,2000:198—199.

② 这些报纸杂志主要有《中华教育界》《教育杂志》《教育周报》《东方杂志》等。《中华教育界》是上海中华书局于1912年1月创办的教育月刊,是中国最早出版的教育期刊之一。该刊问世之时,适值"国基方才奠定,政体突然变更",刊物本着"为民国服务"的宗旨,广泛探讨新兴教育思想、教育内容、教育政策、教育设施和教学方法等。该刊前期在内容上形成了教育评论、教育论著、中小学教育研究、国外教育译述、国内外教育新闻等比较固定的栏目,每期还附有数帧校舍或者学生活动的彩色插页。1937年8月,该刊出到第二十五卷第八期时,因日本侵略军进攻上海而停刊。1947年1月复刊,由《中华教育界》杂志社编辑,舒新城任社长。此后,该刊便致力于"教育普及于全国,文化深入于民间"以及传播新的教育学说和方法,除介绍资本主义国家教育理论和经验外,也介绍当时苏联先进的教育理论与实践经验,提倡科学教育、电化教育以及卫生与健康教育、生活教育等。同时,对中国共产党领导的解放区先进的教育经验也作了传播。中华人民共和国成立后,因中华书局业务方向改变,该刊于1950年12月停刊。《教育杂志》由商务印书馆于1909年创刊,止于1948年,共出刊33卷382期。历任主编有陆费逵、朱元善、李石岑、唐钺、周予同、何炳松、黄觉民、赵廷为、李季开等。该杂志在39年的办刊历史中因故停刊两次,第一次由于"一·二八"事变,此后杂志暂时休刊,1934年9月复刊,复刊后主编为何炳松。第二次休刊缘于1941年12月日军攻占香港,(转下页脚注)

讨教育督导的论文,撷要列为表1-3。

表1-3 民国时期有影响力的教育报刊刊发的探讨教育督导的文章

著 者	标 题	登载刊物	期 号
戴克敦	视学篇	《教育杂志》	第一年第十三期
贾丰臻	视学管见	《教育杂志》	第十卷第六号
杨贤江	学校调查问题	《教育杂志》	第十四卷第六号
毛礼锐	厉行乡校教学辅导计划	《教育杂志》	第十八卷第八号
盛朗西	视察乡村小学之标准	《教育杂志》	第十九卷第三号
张哲农	城市平民学校视导法	《教育杂志》	第十九卷第十号
王 徜	乡村教育视导问题	《教育杂志》	第二十五卷第一号
夏承枫	地方教育行政理想组织	《教育杂志》	第二十五卷第三号
曾大钧	中学校长应如何视导学校	《教育杂志》	第二十五卷第十一号
周佛海	江苏教育最近之设施	《教育杂志》	第二十六卷第七号
庄泽宣	从地方教育行政的困难说到辅导制度	《教育杂志》	第二十七卷第六号
丁重宣	整理一个县教育的回忆	《教育杂志》	第二十九卷第七号
孙邦正	战后中国教育视导	《教育杂志》	第三十二卷第四号
李季开	教育行政人员的专业道德	《教育杂志》	第三十三卷第四号
程时煃	从行政经验论教育专业道德规约	《教育杂志》	第三十三卷第五号
程湘帆	小学视察及指导问题	《中华教育界》	第十四卷第一期
夏雨侬	教育委员应当怎样去指导小学教师	《中华教育界》	第十五卷第十二期
江 澄	改革视学制之意见	《中华教育界》	第十五卷第十二期
夏承枫	教育视导之改制	《中华教育界》	第二十一卷第七期

(接上页脚注) 商务印书馆印刷设备被劫,此次休刊影响巨大,后至1943年杂志无以为继,编辑部解散。1947年7月恢复建制,主编为赵廷为、李季开二人联名。《教育杂志》设有言论、实验、图画、学术、教授管理、教授资料、史传、教育人物、教育法令、章程、文牍、文艺、谈话、杂纂、质疑问答、介绍批评、名家著述、调查等栏目,初期以西方教育思想与各国教育制度为主干内容,其教育理论除译介日本教育学、心理学等成果外,亦就国内教育问题予以分析。《教育杂志》按年分卷,每卷12期,发行达40年,至1948年12月停刊。《教育周报》是浙江教育会"为本会研究教育、发表意思之用",于1913年4月1日创办,该刊也是浙江省较早的一份专业性杂志,主要辟有言论、学术(思潮)、纪闻、时评、感言等栏目,每周出一期,约两万言。该会的骨干成员如孙增大、何绍韩、金学侔等先后主炳笔政。共出235期,止于1919年3月30日。《东方杂志》是商务印书馆创办的我国近现代期刊史上一份重要的大型综合性杂志,创刊于1904年3月11日,至1948年12月终刊。《东方杂志》以时事政治为主,辟有社说、谕旨、内务、军事、外交、教育、财政、实业、交通、商务、宗教、杂俎、小说、丛谈、新书介绍等栏目,还刊登中国和世界大事记。

著　者	标　　题	登载刊物	期　号
杜佐周	我国教育视导所应改良之点	《东方杂志》	第三十卷第十号
孙爱棠	行宪时期教育视导工作之检讨	《教育通讯复刊》	第五卷第二期
邰爽秋	视导员的任务问题	《江苏教育》	第四卷第五、六期

　　这些论著有三个特点。一是研究者或著者都是教育工作内行,他们有的是中小学教师,有的是大学教授或研究机构的专家,有的是教育行政机关官员,有的本来就是教育视导人员。二是他们对教育及教育督导的研究具有强烈的忧患意识,不做无病之呻吟。他们从事教育,热爱教育,关注教育,对所发现的问题勤于思考,敢于批判,勇于担当。三是他们对教育及教育督导的研究具有明显的致用意识,他们开展研究、著书立说的最终目的就是为解决当时教育领域及教育视导工作中出现的实际问题献计献策,以助制度的改进和完善。

　　从研究方法看,这些论著大多数以实地调查、个案分析或田野研究为主,其研究的出发点就是把在工作中遇到的困惑和对教育视导问题的思考呈现出来,供他人参考和讨论,引起当局的关注和重视。有的论著甚至是教育视导工作日记,用写实手法记录并再现教育视导的工作场景。其研究立场,即研究视角,从行政学到课程论,从社会学到教学论,呈现出多元化、多学科的特点。

　　从研究内容看,他们或是介绍当时教育督导的具体做法和经验,或是指摘当时教育督导工作中暴露出的弊病,并就如何改进提出自己的建议或改进措施,就视导工作的某一具体环节或问题展开讨论,还有的根据当时国内外教育督导理论的新成果,结合当时教育的实际需要阐述自己的教育视导观点,或设计"理想的"①视导制度。经整理和分析相关文献和当时的研究成果,其内容主要有四个方面。

　　其一,教育视导与教育行政的关系。教育视导是教育行政工作的一个重要组成部分,但又有别于一般的教育行政管理。关于它们之间的关系,当时出现了三种观点,一是教育视导隶属于教育行政,并以后者为主,教育视导为其服务;二是教育视导与教育行政并行,互相无隶属关系,分掌教育立法、执法与教

----

　　① 夏承枫认为:"理想之教育局应为教育研究之枢纽,为地方教师之保姆,为一切教育资料之源泉。所有人员各尽其一部辅导责任,各具有一部有关辅导之工作,无论为局内研究或就地指导,此一机关关系教育之进步为最巨大。"参见:夏承枫.地方教育行政理想组织[J].教育杂志,1935,25(3).

育监察之责;三是教育视导是教育行政的中心工作,教育行政机关的工作应专力于督导。①

第一种观点基本上延续了清末以来的视学制度,以中央、省、县三级教育行政机关为依托,在各级教育行政机关内部设一定数量的视学人员。视学人员的主要职责是根据国家法规和教育行政机关的指令,随时出发至指定地了解情况,提出改进意见,供教育行政机关制定和修改政策时参考,或就发现的问题勒令整改甚或实施处罚。在这种背景下,视学人员只是教育行政机关的外勤人员,是耳目、侦察员,是为教育行政机关服务的。持这种意见的人,或力主增加视学人员名额,或力主提高视学人员资格、待遇、地位,或建议视学人员加强同下级教育行政机关的沟通和联系,但在视学和行政两者的关系上,基本上认为前者隶属并服务于后者。

持第二种观点的学者依据三权分立理论,认为在教育系统内部也有集权与分权、执行与监督的问题。他们强调教育行政组织的职能是制定政策、推行政策,但政策好不好,推行是否有力,应另设一个职能部门来监督、检查,视导就是发挥这种职能的部门。因此,它不能隶属于行政,必须与行政并行。其代表人物有邱椿、庄泽宣等学者。他们在《建设中国新教育行政制度的讨论》一文中详细阐述了教育行政系统内部立法、执法、监察三权分立的构想。根据这一构想设计的行政构架,各级教育委员会是立法、审议、决策机关,院长、区长等是政策的执行者、推行者,各级督学则负检查、督促之责。②

持第三种意见的学者有程湘帆、常道直、夏承枫、章柳泉、刘百川等。他们认为:"教育视导在教育行政中是占了很重要的地位,尤其是地方教育,如果不从视导上下功夫,一切设施必不能收到良好效果,因为要想教育行政实施尽利,除了周密的设计、切实的执行而外,必须有严密的视导,才能克尽全功。"③因此,行政机关不能终日忙于行政事务,而忽视视导工作。如程湘帆建议,行政机关除了一些文件往来之类的琐务外,绝大部分工作都有很强的专业性。他认为可以设一些专职秘书处理琐务,将督学改为行政编制,和其他行政人员一起,按专长分掌各方面事务。凡是某一方面的全部事务,从制定法令、规程、计划,到安

---

① 参见:江铭.中国教育督导史[M].北京:人民教育出版社,1994:176.
② 参见:邱椿.建设中国新教育行政制度的讨论[J].教育研究,1928,4(3).同期杂志还登载了邱椿和庄泽宣合著的《建设中国新教育行政制度的讨论(二)》,该文以孙中山"五权分立"的政治构想为依据,阐述了在教育行政系统内部实行立法、执法、监察三权分立的观点。
③ 沈慰霞,章柳泉,刘百川.教育行政[M].上海:中国教育研究社,1942:104.

排教育设施、督察指导,均由一个行政人员担任。这样,教育行政机关中的大部分人都是督学,视察也就成了教育行政机关的中心工作。夏承枫也认为当时的视导制度因受经费限制,人员未能扩充,"惟有恢复教育局长为督学长之制,其一切文书事务责任另定办法,使现状下之教育局成一纯粹的视导机关"。① 还有人认为欲谋学校办学质量的改良,"行政机关必须极其全力于视导工作。现在行政机关人员,除少数督学负视导责任外,大部分都是办理公文,终日忙忙碌碌于例行公事和发号施令的工作,今后应改少行政机关内部办公人员而增设视导员"。同时,"行政机关,是为实际的教育事业而设立的,如果行政机关专做繁琐无谓的事情,而忘了实地的视察指导,非但不能达到教育行政的目的,而且不合行政经济的原则"。② 夏承枫甚至认为,地方教育行政的理想组织应该是各县设省督学,会同县长执行地方教育行政及事务工作。因为"今日县教育局之大病在权轻责重,论官阶不及文官委任末级,言责任则操数万至数十万民众数百至数千方里智愚贤不肖之大权。而教育厅长只尽监督之职,县长徒居节制之名"。"改革之方,当增加省教育行政长官与县长之责任,使彼等均得直接过问地方教育。然县长非专治教育一事,省教育行政机关亦断难涉及地方教育之细微问题。使县长而全权掌理地方教育,则县长于教育仅能兼理,窥诸专家政治原则亦有不合。使地方教育完全由省派员办理,则足以破坏县政之完整。""惟有以上级教育行政机关人员与本级地方行政长官合治之一途。""省督学每县一人常驻此县,其任务不在视察而在推进一省之教育政策。"③此观点旨在加强督学人员在教育行政工作中的地位。在这种"理想的"教育行政组织中,督学已然成了行地方教育之政的要员。尽管这只是一厢情愿的理论探索,但毕竟为教育督导与教育行政的关系提供了一个参考模式,增加了一个选项,在民国中后期实行的教育辅导制度中亦略见其思想痕迹。

上述三种观点,直接或间接影响了民国教育督导机构的设置、督导人员的选用、督导方法的科学性以及督导过程的实效性等。如庄泽宣等人提出的在教育行政系统内部实行立法、行政、监督三权分立的观点,在试行大学院和大学区期间就有充分体现。更为重要的是,这些思考和探索推动了民国教育督导理论的发展,填补了我国教育督导在20世纪头一二十年在理论领域的空白。

其二,视察与指导的关系。视察与指导的关系是民国教育督导研究中观点

① 夏承枫.教育视导之改制[J].中华教育界,1934,21(7).
② 吴研因,吴增芥.新小学行政[M].上海:儿童书局,1934:271.
③ 夏承枫.地方教育行政理想组织[M].教育杂志,1935,25(3).

冲突最激烈、遭受批评最多的话题。研究者往往基于自己所处的社会环境,按照当时的教育现状,根据自己的立场,表达自己对视察与指导关系的理解。他们认为视察之职在根据法定之标准,视察下级行政机关和学校实施之程度;指导则于视察之外加以详密之诊断,予以同情之辅导,使主事者乐就指导相抵于成。视察以事为重,用法定之标准,以利视察之事实;而指导则对事之外,尚需对人,人事既洽,尤须期其成效,视察为指导之初步,故指导包括视察。① 还有学者根据视察与指导发挥的作用来论述两者的关系:视察为消极的作用,侦察所属机关办公人员之勤怠,学校教职员是否遵从上级官厅之规程训令,学校课程与教材选择、时间支配是否合于上级官厅所规定之标准,以及学生程度之考核、教师能力高下之评定等,皆属视察方面所有事。而指导至少应包括教学方法之改进、教材之选择与组织、智力与学力测验之应用、在职教师之教育等。概言之,"视导员对于教师乃为辅助者、为鼓励者、为同情的合作者;其对于教师若有非难的批评,必须立时随以建设的改进方法之提示。故教师对彼常望之如益友,而非为令之凛栗不安之审判官或力图规避之侦探"。"就此种意义而言之,与其谓视导员为一种行政机关之官吏,勿宁谓其为教师之一类。换言之,彼非仅为行政官厅之耳目,其尤重要之任务,乃立于教师方面,为教师自身及其职务上谋利益者。"②对于这种观点,还有学者作了进一步阐述。他们认为,在一个完整的视察过程中,视察只是第一步,指导则是当然的最后一步。"'视'的目的在发现教师教学的实况、困难和缺点,而'导'的目的却在帮助他们去改进现状,解决困难和补救缺点,前者是手段,是近于消极的,后者是目的,是近于积极的,我们要发现短处,更要设法改进短处,我们要找到长处,更要尽力赞誉长处。"③视导人员不仅是教育行政部门的耳目、侦探,更应该是教师的朋友、医生。如果视察后不继以建议指导,则实为走马看花之巡视,于教师教学效率与学生学习成绩,均不能使之有丝毫的进益,视导制度也就失去了它建立时的初衷。这些观点的核心就是,在教育督导工作中,视察与指导不能持一元论,应该有视有导,督中有导,有批评有帮助,不仅能发现问题,而且能解决问题。

其三,综合视导与专项视导的关系。民初教育视导延续清末旧制,实行分区视察制。事实上,一个地区本身就是一个包罗万象的繁杂系统,视导人员一旦进入该系统,举凡初等教育、中等教育、高等教育、职业教育、社会教育,以及

---

① 参见:程湘帆.小学视察及指导问题[J].中华教育界,1926,14(1).
② 常导之.增订教育行政大纲[M].上海:中华书局,1935:314—315.
③ 曾大钧.中学校长应如何视导学校[J].教育杂志,1935,25(11).

地方教育行政与学校内的种种设施,都要求一人考察评定。即便是高明专家,富有学识和经验,也难以对每一方面都提出确切的批评和良好的指导。正如时人所评:"近来各专门科学日形发达,视察各种科学都须聘请专家,绝非'万能式'的视学员所能胜任。"①"而且一个人能力有限,决不会各种科学都是精通。"②因此,事务太繁、责任不专成为当时教育视导制度收效甚微的主要原因之一。当时有学者借鉴国外做法,特别是从美国在小学高年级和中学设置专科视学指导员的制度中得到启发,提出了教育视导专门化的建议,即视导内容专一化,视导人员专职化。就是在分区视察的基础上,再按教育阶段、事业性质、学校种类、学科内容等划分视学事项,每一事项各聘专员负责视察指导。如调查学校建筑,可请对学校建筑特别有研究并富有经验者负责;调查学校经济,可请长于学校经济研究者负责;调查各科教学和学生成绩,可请对课程教法和教育测验有研究者负责。这样,视导人员各展所长,实际工作中的优缺点可立即发现,有批评或指导,亦可对症下药,从而获得实效。甚至有人提出按照学校所设课程,如国语、文学、数理、工艺、农商、体育、英文、美术、家事等不同学科设置视学员。这一建议在当时确实得到了响应,只是由于条件所限,只在体育、卫生等学科设置了视学员。教育视导的专门化,也被看作救济当时教育视导制度弊端的良方。③ 尽管这一设想当时没有完全付诸实施,但今天我国各级教育行政部门设立的教学研究室以及按学科设立的教研员,应该与此设想同出一辙。

其四,视导者与被视导者的关系。关于这一问题的讨论既是民初"民主、自由、平等"的政治诉求在教育领域的反映,也是西方继科学管理理论后,人际关系理论对中国教育管理影响的反映。对此,民国学者、教育专家、学校教师持议颇多。孙邦正认为,教育视导之成功,最重要之关键在于"视导者与被视导者间建立推诚互信之关系,若视导人员不能取得被视导者之合作,则一切视导工作,将无法进行。但视导人员之态度,往往欠佳,或则威风凛凛,盛气凌人,或则冷讽热嘲,阴险叵测,或则吹毛求疵,或则窥伺侦探,以致被视导者望而生畏,难与合作"。④ 在教育视导活动中,视导者与被视导者似乎是一对天然的矛盾,视导人员为上级教育行政部门所派,握有评定教师及地方教育行政人员工作优劣的大权,容易将自己与被视导者看作隶属关系和上下级关系;被视导者亦易从自

---

① 郝耀东.学校视察与教育政策[J].教育杂志,1924,16(8).
② 何心冷.一个比检定小学教员还要重要的问题[J].教育杂志,1923,15(9).
③ 参见:江铭.中国教育督导史[M].北京:人民教育出版社,1994:181.
④ 孙邦正.战后中国教育视导[J].教育杂志,1947,32(4).

己的地位、利益出发,对视导人员产生惧怕和敌对情绪。"视导是一种通力协作的工作,它的效力有赖于视导者和被视导者双方的努力。"如果视导员的态度十分和气,与教师所想象的视导员形象截然相反,那么教师会觉得这位视导员是很能干、很中肯、很愿助人的,于是就乐于和他谈话,并十分诚恳地接受意见。[①]因此,视导者与被视导者之间的关系应该是民主的、建设性的。还有学者指出,在视导者和被视导者之间,矛盾的主要方面可能在视导员一方。因地位和工作性质的关系,他们容易盛气凌人、居高临下、目空一切,动辄批评、鄙视学校教员或下级教育行政人员。改变视导人员的态度,是解决这对矛盾的关键。

上述论文、著作或介绍国外教育视导的概况和经验,或批评现行视导制度的弊端,或就如何建设中国视导制度提出建议。它们不仅推动了民国教育视导的理论研究,而且影响了民国教育视导的实践。这些文献是本书的主要参考资料。

2. 中华人民共和国成立后出版的教育督导著作

中华人民共和国成立后,民国教育督导的专题研究开始淡薄稀疏,特别是20世纪50年代至80年代初,更是寥若晨星。"文革"结束后,我国教育督导制度得到了较快的恢复与发展,教育督导研究也随之取得了一定的进展。从1988年我国出版第一本教育督导著作起,到2010年,共出版教育督导著作60余本。其中,比较有代表性的著作有20世纪90年代初期北京师范大学顾明远主编的督学培训教材(包括《中国教育督导史》和《外国教育督导》)、中山大学黄崴撰写的《现代教育督导引论》(1998)、华东师范大学霍益萍撰写的《法国教育督导制度》(2000)、原国家教育督导团办公室主任钱一呈主编的《外国教育督导与评价制度研究》(2008)、北京师范大学王璐撰写的《英国教育督导与评价:制度、理念与发展》(2010),等等。这些著作的出版为提升我国教育督导的研究水平起到了非常重要的作用。它们在回顾中国教育督导的历史沿革时,顺便略述了民国教育督导的概况。例如,向宏业主编的《现代教育督导学》(湖南教育出版社,1995)从教育督导机构和督导法规的制定、督学队伍管理、督导工作实施三个方面介绍了民国教育督导制度。黄崴的《现代教育督导引论》(广东高等教育出版社,1998)将我国教育督导制度的历史演进划分为四个阶段,其中第二阶段从1911年到1930年,即民国建立初期的教育视学制度;第三阶段从1930年到1949年,即民国后期的督学制度。由于研究重点不同,该著作对民国教育督导

---

① 曾大钧. 中学校长应如何视导学校[J]. 教育杂志,1935,25(11).

的发展进行历史分期后,在深度和广度上没有拓展。刘淑兰的《教育评估和督导》(华东师范大学出版社,2000)简述了民国教育督导制度的发展历程,将民国教育督导的发展分为两个时期,即以南京国民政府建立为界分为民国前期和民国后期。这种划分与黄崴的观点大致相同。前期主要介绍民国教育督导制度的建立,体现为民初教育部制定、颁布一系列规章制度,如1913年的《视学规程》《视学处务细则》以及《视学留部办事规程》,1914年的《视学室办事细则》,1918年的《省视学规程》及《县视学规程》。后期主要以1931年南京国民政府教育部颁布的《教育部督学规程》和《教育部督学办事细则》为标志,增设督学人员,实行分区指导;制定统一的视导标准;加强部省督学和市县督学的联系;建立辅导制度,等等。受研究方向的限制,该书以督导规程的制定颁行为线索,对民国教育督导只进行提要钩玄的梳理。

在此期间,对民国教育督导研究比较深入的是江铭主编的《中国教育督导史》(人民教育出版社,1994)。该论著首先对民初视学制度与清末视学制度的异同进行了比较,对民国中央视察区域的划分、中央及地方视学人数的众寡、视学机构的设立、视学任职资格、视学人员的管理、视察内容和范围、视导过程、视察方法等分门别类地作了单独分析,对民国中央和地方视导制度的建立、运作及其在中国教育现代化过程中的地位给予充分肯定,并对视学的效果与存在的问题进行了考察,持论亦比较平实。顾明远的《外国教育督导》(人民教育出版社,1993)则介绍了英国、苏联等六个西方国家教育督导制度的发展。这些论著和齐红深、徐治中的《中国教育督导纲鉴》(辽宁大学出版社,1989),张晟丽编辑的《中国近代教育督导资料选编》(华东师大教育管理学院,1987)等,成为本研究的重要参考资料。

另外,黄昌明、王景孟主编的《教育督导概论》(山东教育出版社,1990),李金松主编的《教育督导学》(武汉工业大学出版社,1992),李素敏的《教育督导学》(河北大学出版社,1996),沈卫理的《教育督导概论》(辽宁师范大学出版社,1996),程培杰的《教育评价和督导》(辽宁师范大学出版社,1999),高文浩、黄昌明主编的《教育督导简明教程》(科学出版社,2000),沈配功等编著的《教育督导学》(甘肃教育出版社,2000),郭振有主编的《现代教育督导原理》(中国青年出版社,2003),李帅军、穆岚合著的《教育督导的理论与实践》(中国档案出版社,1999),苏君阳的《教育督导学》(北京师范大学出版社,2012)等著作,多为满足高校教学或教育督导培训之需,按教材体例编写,述及民国教育督导的内容不多。景时春、陶立志合著的《普通教育督导概论》(甘肃教育出版社,1988),夏宝棠、钱平青合著的《普通教育督导概论》（黑龙江教育出版社，1989），洪煜亮主编的《教育督导及教育督导评估》（北京师范学院出版社，1993），沈配功的《现代教育督导资料选》（甘肃教育出版社，1988），国家教育督导团办公室编写的《现代教育督导原理》（中国青年出版社，2003），陈元魁主编的《教育督导工作手册》（湖南师范大学出版社，2007）等论著，有的汇编地方教育督导法规，有的介绍地方教育督导工作经验，有的甚或就是论文集，与民国教育督导交集不多。

此间，我国台湾学者对教育督导的研究主要有：张德锐的《发展性教育评鉴》（五南图书出版有限公司，1996）、吕木琳的《教育视导理论与实务》（五南图书出版有限公司，1988）、邱锦昌的《教育视导之理论基础》（五南图书出版有限公司，1995）等。其中，李珀的《教学视导》（五南图书出版有限公司，2000）分专题讨论了教育视导制度的沿革与发展、教育视导的理论基础、教学视导的类型与范畴、行政视导的方法与技巧、视导人员基本职能与修养、各国视导制度之比较、教育视导制度的发展趋势等，特别在"教育视导制度的沿革与发展"这一章，对民国教育督导作了回顾和评价。另外，雷鼎国、吕爱珍、谢文全、陈金进、李祖寿等学者对教育督导也有专门研究，他们关于教育督导的观点与西方学者大体相同。这些研究或专著虽然不专门研究民国教育督导制度，但有助于拓宽本书的研究视野，具有一定的参考价值。

必须提及的是，在此期间，对国外教育督导理论的译介一直没有停止，代表性著作是由美国卡尔·D. 格利克曼、斯蒂芬·P. 戈登等撰写，黄崴主译的《教育督导学：一种发展性视角（第六版）》（中国人民大学出版社，2014）。全书以构造民主、宽松的学校治理环境理念贯穿始终，强调教育督导的合作性，而非等级性；倡导合作的、诊断的、发展的教育督导模式，而非监督的、等级式的、终结性、鉴定性的教育督导模式。这种教育督导理念并不新，是对学校、教育和民主理想的再思考、再探索和再总结。它发轫于 20 世纪初的人际关系理论，一直影响西方主要国家的教育督导理论与实践，亚洲的日本、菲律宾等国的教育督导理论与之一脉相承。

（二）相关论著

研究民国教育督导，若不考察民国的教育境况，研究就会失去赖以生存的土壤、养分，也就没有生命力。因此，很有必要从当时的教育史研究中吸取营养，找寻素材，获得启发。这些研究成果主要包括教育史、教育思想史、教育制度史、教育行政等方面的论著。

1. 20 世纪初至中华人民共和国成立前出版的相关论著

19 世纪末 20 世纪初，随着新式学堂的创立和中国第一个近代学制"癸卯学制"的颁布实施,新式课程开始进入课堂,中国教育史学科被列为大学堂和师范学堂的正式科目。起初多靠引进外国教材或讲义的教育史课程,主要以翻译、编译、述译日本学者的《内外教育史》《东西洋教育史》之类的著述作为应急教材。同时也开始筹划、编写本土教材。最具代表性的成果,是黄绍箕于1902年至1904年着手准备,1906年拟就大纲,后由柳诒徵于1910年5月撰成的中国人自编的第一部《中国教育史》。

"壬子癸丑学制"颁布后,中国的新教育又向前跨了一步,新式学堂的数量、规模、类型有了进一步发展,各级各类学校教材需求大增,中国教育史的研究著述和教材编写再度活跃。除继续编译日本学者的著述外,中国学者的著述也有所增加,如杨游的《教育史》(商务印书馆,1914)、李步青的《新制教育史》(中华书局,1915)。

随着1922年"壬戌学制"的颁行,中国教育史学科的发展进入一个空前繁盛的阶段。在不足20年的时间内,中国教育史的著述数量大增,种类繁多,研究领域扩大,研究内容更加丰富充实,研究方法也有新的进展和突破,整体水平达到一个新的高度。最具代表性的成果有:王凤喈的《中国教育史大纲》(商务印书馆,1925,一说1928)、陈青之的《中国教育史》(1926年出版上卷,1934年完成中、下卷,1936年商务印书馆出版全书)、陈翊林的《最近三十年中国教育史》(上海太平洋书店,1930)、舒新城的《中国新教育概况》(中华书局,1931)、陈东原的《中国教育史》(商务印书馆,1935)。此外,还有周谷城的《中国教育小史》(上海泰东书局,1929),黄炎培的《中国教育史要》(商务印书馆,1930),余家菊的《中国教育史要》(中华书局,1934),等等。1929年,世界书局出版李浩吾(杨贤江)的《教育史ABC》,这是一部史论性的教育史著作,独具特色,被公认为中国第一部以马克思主义理论为指导编著的教育史论著。

正是在这一时期,中国近代教育史的研究也引起了更多关注,形成中国教育史学科研究中的一个热点。除一般中国教育史研究普遍涉及近代部分外,还涌现出一批专门研究中国近现代教育史的著述。其中最具代表性的成果是中华书局1928年出版的舒新城的《近代中国教育史料》(四卷本),被称为中国近代教育史研究资料搜集方面的开山之作。还有舒新城编著的《中华民国教育史料》(中华书局,1931)、《中华民国之教育》(中华书局,1931),周予同的《中国现代教育史》(上海良友图书公司,1934,书中附有"中国现代教育纪事年表"),陈翊林的《最近三十年中国教育史》(上海太平洋书店,1930),庄俞、贺圣鼎的《最近三十五年之中国教育》(上海良友图书公司,1934),丁致聘的《中国近七十年来教育纪事》(南京国立编译馆,1934),等等。

此外还有大量有关近代学制、教育思潮等方面的专题研究和论著。如舒新城的《近代中国教育思想史》(中华书局,1928),陈宝泉的《中国近代学制变迁史》(北平文化学社,1927),周予同的《中国学校制度》(商务印书馆,1931),蔡芹香的《中国学制史》(世界书局,1933),姜书阁的《中国近代教育制度》(商务印书馆,1934),等等。最值得注意的是郭秉文的《中国教育制度沿革史》(商务印书馆,1916),该书叙述了远古至中华民国初年教育制度的发展沿革,详考了近代以来新教育制度的发展缘起与过程。该书虽为教育制度通史,重点却在研究中国近代教育制度的建立和发展,第一次将中国近代教育纳入教育史研究范畴,可谓开中国近代教育史研究之先河。书中在评价民国教育督导制度时认为,1913 年教育部颁布《视学规程》"以代前清之视学官章程","所有前清视学官职权中之含有专断性质者皆不列入,不过负有启迪之责任而已"。

这批关于中国教育史、中国教育思想史、中国教育制度史的研究成果虽然对民国教育督导述及不多,但可以为本研究提供范例,相关史料和观点亦可引证。

这段时期出版的与民国教育督导研究关涉度较高的研究成果是一批教育行政著作。其中有的从撰史的角度,有的从学科建设的角度,[①]有的从教材编写的角度阐述教育行政系统,对当时的教育宗旨和教育政策发表评论,并针对存在的问题提出自己的设想,经世致用的立意比较明显。还有的论述教育行政系统与其外部系统,诸如与立法机关、司法机关、内务行政、外务行政、军务行政、财务行政、考试制度等的关系。

从 20 世纪初我国学者开始自己撰写教育管理学著作始,至中华人民共和国成立前出版的 200 多本教育行政或教育管理著作中,教育督导因"广泛运用于现代教育的科学管理之中",并"在国际上已经作为一种普遍通行的强力手段",几乎毫无例外地被作为"教育行政过程的主要部分"和"教育行政的重要功能",单独安排章节加以论述。其中有两本最具代表性,一本是杜佐周的《教育与学校行政原理》,另一本是罗廷光的《教育行政》。《教育与学校行政原理》(商务印书馆,1930)首次明确地将教育行政与学校行政区分开来,为我国现代教育管理学体系发展奠定了基础,亦被认为是中国学校管理研究迈向科学化的开始。《教育行政》(重庆商务印书馆,1945)是罗廷光的重要著作之一。该书的问

---

① 就教育管理学在我国的发展而言,在古代,教育管理学还不是一门独立的学科,对教育管理的论述夹杂在对教育的论述中,停留在经验描述水平。

世,既是教育管理学在我国发展的必然,又是当时教育行政实践发展的要求和反映。此书分上、下两册,上册为教育行政本论,下册为学校行政。上册论述了教育行政的意义、学制系统、各级教育行政机构、教育人员、教育经费、教育视导;下册论述了教育行政组织、教务、训育、事务、体育卫生、研究与推广六个方面。在"教育视导"部分,首先论述了教育视导的目的,即了解学校教育教学及管理情况,辅导教师改进教法,发展学生学习潜能,从事专项研究,统一教育行政等。接着分析教育视导的功效,即沟通教育机关与学校的联络,推进教育法令政策的贯彻实施,推广普及先进教法,正确评价学校并推动学校发展。再提出按德才标准严格选拔、任用视导人员。书中还提出教育视导应遵循的原则,即尊重被视导人员的人格并以其利益为前提;和蔼同情,争取被视导人员的合作;发展被视导者的创造、自信、自立的能力和精神;分工合作;以改进教学为主、行政视察为辅;良好的组织和计划等。此外,该书最后还附有民国时期重要的教育政策和法规文件,为本研究提供了可资引证的资料。其他较有代表性的教育行政研究著作撮要列于表 1-4 中。

表 1-4 民国时期出版的较有影响的教育行政研究著作

著 者	书 名	出版机构	出版时间
姜琦 邱椿	《中国新教育行政制度研究》	商务印书馆	1927 年
张季信	《教育行政》	南京教育合作社	1928 年
夏承枫	《现代教育行政》	中华书局	1932 年
杜佐周	《教育与学校行政原理》	商务印书馆	1933 年
吴研因 吴增芥	《新小学行政》	儿童书局	1934 年
薛人仰	《中国教育行政制度史略》	中华书局	1934 年
张季信	《中国教育行政大纲》	商务印书馆	1935 年
常导之	《增订教育行政大纲》	中华书局	1935 年
李清悚	《小学行政》	中华书局	1935 年
夏承枫	《地方教育行政》	正中书局	1935 年
辛增辉	《地方教育行政》	黎明书局	1935 年
杨鸿烈	《教育之行政学的新研究》	商务印书馆	1939 年
周邦道	《教育行政》	商务印书馆	1946 年
刘 真	《教育行政》	中华书局	1946 年

总体来看，虽然这一时期关于中国教育史、教育思想史、教育制度史、教育行政等方面的研究达到了高潮，成果也非常丰富，但由于是时正值民国教育行政初立，上述论著对这一时期教育督导制度的分析未能详尽，加上缺乏必要的审视时距，著者对当时教育行政制度评价的深度与广度难免受到限制。

2. 中华人民共和国成立后的相关研究成果

中华人民共和国成立后至 20 世纪 70 年代，由于各种原因，我国对中国教育史特别是中国教育制度史方面的研究仍然不多。1961 年，人民教育出版社重新整理舒新城的《近代中国教育史料》，出版了《中国近代教育史资料》三册，作为教学参考资料。书中按照阶级斗争的观念和近代史分期法，对原书进行了大量删除，取材范围相对狭小，使其史料价值大为削弱。虽然此间也出版了不少教育史著作，但这些著作或者不涉及民国教育督导及教育行政制度，或因受意识形态的影响，评价不够客观。改革开放以后，正常的教育秩序得以恢复，为应对教学急需，出现了一批教育史教材，如陈景磐的《中国近代教育史》（人民教育出版社，1979）、华东师范大学教育系编著的《中国现代教育史》（华东师范大学出版社，1983）等。这些教材往往将革命史作为划分历史阶段的依据，虽名为教育史，但对教育规律关注不够，论述也未尽恰当。

20 世纪 80 年代后期至今，随着社会政治经济的发展和有关资料的发掘、整理，以《中国教育通史》的出版为标志，中国教育史研究进入繁荣时期，且研究范式也打破了原来意识形态的桎梏。这些研究成果多体现在教育通史、教育管理史、教育制度史以及教育行政学著作中。综述如下：

其一，出现了鸿篇巨制型的教育史著作，此方面尤以《中国教育通史》（毛礼锐、沈灌群主编，山东教育出版社）、《中国教育制度通史》（李国钧、王炳照总主编，山东教育出版社）、《中国教育思想通史》（王炳照、阎国华主编，湖南教育出版社）为代表。《中国教育通史》共六卷，通过中国教育发生、发展的历史，揭示了教育发展的客观规律，总结了中国传统教育的特点。例如，高度重视教育的作用，坚持以统一的语言文字进行教育和教学，在教育思想上各学派百家争鸣等。在教育制度上，学校教育、社会教育、家庭教育并重，官学和私学互补，普通学校和专门学校并存，童蒙教育和成人教育兼顾。该书资料丰富，立论平实，其中第四卷的一部分和整个第五卷专论民国教育。《中国教育制度通史》是一部全面反映中国教育制度发展进程的通史类专著。全书由八卷构成，起笔自远古时代的教育，收笔于 20 世纪末，囊括各种社会形态和各个历史阶段的中国教育制度问题。该书从教育制度本身的特点出发，精密考证了重要的教育史实，详细描述了中国教育制度的形成演变过程,深入把握中国教育制度的历史发展轨迹,客观地评价了教育制度的利弊得失,其中第七卷专论民国时期的教育制度部分,对民国教育督导有不少分析。《中国教育思想通史》亦分八卷,该书努力突出以研究教育思想流派、教育思潮为主的特点,改变了过去教育思想研究中每个历史阶段选择几个孤立的教育家,使教育思想发展变成人物思想、传记汇编的传统写法,重点阐明教育思想流派、教育思潮的形成、发展和演变,不同教育思想流派、教育思潮的基本内容和特色,以及它们之间对抗、论争、吸收、融合的关系,展示出中国教育思想发展的整体面貌,以及不同历史阶段主导的教育思想流派、教育思潮的特点,其中第六卷和第七卷专论民国时期的教育思想。此类著作篇幅浩大,对有关民国教育思想的论述较为充分和从容,但对民国教育督导分析不多。

另外,熊明安的《中华民国教育史》(重庆出版社,1990)、申晓云主编的《动荡转型中的民国教育》(河南人民出版社,1994)和李华兴主编的《民国教育史》(上海教育出版社,1997)虽谈不上是鸿篇巨制,但也各有特色。《中华民国教育史》是中华人民共和国成立以来出版的第一部专论民国教育的断代史著作,对民国教育史料"进行了比较系统的收集整理,奠定了基本研究框架,实有筚路蓝缕之功"。① 著者采用纵向研究和横向研究相结合的体系和结构,将全书分为八章。前五章纵向系统考察了南京临时政府、北京政府、国民政府初期、抗日战争时期、抗战后到国民党政府在大陆败亡等五个时期的教育;后三章则横向论述了私立学校教育、边疆少数民族教育和华侨教育。该书引用大量原始材料,对民国时期各个阶段的教育进行了较为细致的研究,并简要分析其变革的原因,评述其利弊得失及所发挥的作用。特别是在前五章,著者按照自己对民国教育的历史分期,在每章都辟专节对民国教育制度、教育政策、教育宗旨、教育管理措施等进行论述,且观点较为客观,这就为民国教育的历史演进提供了较为清晰的线索。其中第五章第三节专门评述民国教育视导制度。

《动荡转型中的民国教育》"探讨了民国教育的发展性质和运动轨迹"。虽然"在探讨不同时期、不同阶段民国教育制度、政策的利弊以及带规律性的问题方面显得较为薄弱",但是,在民国史研究中的分期观点以及"对民国历史的概貌、政治、经济、军事、重要人物进行重新审视和实事求是的评价"方面,提出了

---

① 宋恩荣,李剑萍.民国教育史及其研究中的几个问题——李华兴主编《民国教育史》读后[J].历史研究,2000(3).

一系列新的见解,"具有开拓性"。^①

《民国教育史》"更能借鉴前人,有所创新,有所深入"。^②该著作综合运用哲学、教育学、行政管理学和历史学的理论,以史学方法为指导,将民国时期的教育思想、学制变化、教育行政制度的演变、各类教育的发展等内容,置于中国教育现代化的进程中去考察。该书的"学制篇""思想篇""管理篇"以及"办学篇"的部分内容为民国教育督导研究提供了参照和思路。由于著者旨在"依据基本的历史事实,将民国教育的演进,置于中国传统教育向现代教育转变的全过程中进行分析",以"清理和研究民国教育这份遗产,发掘其底蕴,洞见其本原",^③因而难免因体系的原因使"许多内容未能涵盖",^④尤其是该书由多人著成,论述思路和行文风格前后不够一致。

值得一提的是,20世纪90年代以后,各地开始重视地方教育史料的挖掘、搜集与整理,并组织力量编写了一批质量较高的地方教育志、教育史、教育年鉴等。如赵宝琪、张凤民主编的《天津教育史》(天津人民出版社,2002)介绍了自清中期以前的天津古代教育起,直至中华人民共和国成立前各个时期天津的教育发展进程。而商务印书馆出版的《南京教育史》(徐传德主编,2006)论述了历史文化名城南京从先秦一直到当代的教育发展状况,开省会城市编写教育史的先河。这为本书讨论民国时期地方教育督导的运作状况提供了较翔实的材料。

其二,中华人民共和国成立后30余年,有关教育管理史的研究虽零星见于报刊,在一般的中国教育史教材中也有提及,但没有受到特别重视。这一状况自20世纪80年代后期起有了重大改观,一批教育管理史著作相继出版,从教育管理、教育制度、教育行政方面展开研究的成果更多,它们涉及教育督导的某些方面,并或多或少地对民国教育督导有所评述。如程斯辉的《中国近代教育管理史》(武汉工业大学出版社,1989)、梅汝莉的《中国教育管理史》(海潮出版社,1995)、李才栋等主编的《教育管理制度史》(江西教育出版社,1996)、孙成城的《中国教育行政简史》(地质出版社,1999)、王建军的《中国教育管理史教程》(广东高等教育出版社,2003)等。其中,孙培青的《中国教育管理史》(人民教育出版社,1996)以历史唯物主义为指导,研究中国自古以来直至中华人民共和国

① 孙宅巍.研究民国教育的开拓之作——简评《动荡转型中的民国教育》[J].学海,1995(4).

② 宋恩荣,李剑萍.民国教育史及其研究中的几个问题——李华兴主编《民国教育史》读后[J].历史研究,2000(3).

③ 李华兴.民国教育史[M].上海:上海教育出版社,1997:1—2.

④ 同上:16.

成立前教育管理发生发展的历史过程,主要内容包括教育方针政策、教育法规、教育管理制度、教育领导和行政组织、教育经费的管理、教育人员的任职条件和考评、学校管理、教育管理思想等,通过总结经验教训,探索不同历史时期教育管理的具体特点和共同规律,弘扬中国教育管理的优秀传统,为现代教育管理改革提供借鉴。

黄仁贤的《中国教育管理史》(福建人民出版社,2003)通过清晰的描述、严密的逻辑、晓畅的文字,简明扼要地展示了我国教育管理理论与实践之精华,全面揭示中国教育管理历史的轨迹,总结具有中国特色的教育管理模式,探求中国教育管理演变的规律,为改革与完善我国的教育管理制度提供了翔实而丰富的历史资料。作者以贯穿中国上下五千年的教育管理为研究对象,从宏观的行政管理、微观的学校管理和教育家的管理思想三个层面勾勒出我国教育管理发展的脉络。特别是现代教育研究部分,专论了中华人民共和国成立后的教育管理,在某种程度上填补了目前国内学术界的空白,可以被认为是国内最完整的一部中国教育管理史。

刘德华的《中国教育管理史》(河南教育出版社,1990)详今略古,注重对制度的分析,认为"新学制的建立是清政府推行'新政'的产物,但实质上它是近代经济与近代教育发展的必然结果,是中外文化教育撞击交流的必然结果",[①]并对民国以来教育制度中的民主化倾向表示赞赏。熊贤君的《中国教育行政史》(华中理工大学出版社,1996)下编详细介绍了清末、南京临时政府、北京政府、南京政府各时期的教育行政制度、组织、机构,注重铺排陈述,略于分析评论,作者的见解隐而不彰。这些著作都较好把握了教育管理史和一般教育史的关系分界,着意从文教政策、教育宗旨、教育行政、教育制度等管理学角度考察问题,并且每部著作皆有相关篇、章、节论及民国时期的教育行政,也为民国教育督导研究提供了可资引证的素材。

20世纪末以来,教育行政学、教育管理学研究受到重视,专题论著日渐丰富。如萧宗六、贺乐凡的《中国教育行政学》(人民教育出版社,1996)、孙绵涛的《教育行政学》(华中师范大学出版社,1998)、刘文修的《教育管理学》(河北教育出版社,1996)、孙成城的《中国教育行政概论》(安徽教育出版社,1999)等。陈孝彬主编的《教育管理学》(北京师范大学出版社,1999)运用公共管理学和公共行政学的理论作为观察和思考当前中国教育事业发展的理论工具,并加入教育

---

① 刘德华.中国教育管理史[M].郑州:河南教育出版社,1990:325.

信息的管理与公开以及学校建筑管理这一亮点。教育信息的管理与公开是教育管理向民主化发展过程中技术层面的问题;学校建筑管理虽然不是一个新领域,但是在我国教育管理教材中始终没有得到反映,而学校建筑不仅是物质的建设,更是文化的建设,没有教育界对现代教育建筑的理解和参与,学校建筑的实践就可能缺少现代教育的内涵,也缺少个性。著者通过"积累经验和积累思考","说出属于自己的话"。①

吴志宏、冯大鸣、周嘉方合著的《新编教育管理学》(华东师范大学出版社,2000)按照教育管理原理、教育管理体制和机构、教育政策和法律、教育人员和教育对象管理、教育实务管理等内容,将宏观行政与微观管理串联论述,较好地体现了理论与实践的关系,即在阐述理论的同时,充分考虑管理的实践性和政策性,并使之有机结合起来。

吴志宏主编的《教育管理学》(华东师范大学出版社,2001)以案论理,尽可能从案例中折射出各种教育管理现象,便于读者自己分析对比。在案例风格上,力求多样、灵活、实用,有经验介绍型、问题探究型,也有综合型。案例作者绝大多数为中小学从事教育和教学管理工作的校长、教师。因此,这些案例不仅反映了我国实行社会主义市场经济制度以来出现的各种教育管理的新问题,而且注重借鉴国外教育管理经验,关注国外教育管理动向,书中有些案例直接译自国外教育管理案例教材。

黄崴的《教育管理学:概念与原理》(广东高等教育出版社,2002)在吸收国内外研究成果的基础上对教育管理的一些基本问题进行了思考,提出了一些新的观点。孙绵涛的《教育管理学》(人民教育出版社,2006)对教育管理学的理论范畴及理论逻辑进行了新的探索,对提高教育管理学的理论品位和改善教育管理学的知识状况,以及对改变教育管理学的学科形象进行了一次尝试性的探讨。

在台湾地区,1957 年 7 月,张逎藩受命主持编写了《第三次中国教育年鉴》(上海书店 1981 年复印本,原版时间为 1957 年 7 月,由正中书局印行)。该年鉴取材的时间范围为 1947 年至 1956 年 6 月,体裁与《第一次中国教育年鉴》(开明书店,1934)、《第二次中国教育年鉴》(商务印书馆,1948)一脉相承,所收内容极为广泛,举凡教育宗旨、教育行政、教育经费、各类教育的总体发展状况及各省、市、县教育的概况等皆收录于内。这样,三次教育年鉴上下衔接,连同中国第二历史档案馆编、江苏古籍出版社于 1994 年和 1997 年出版的《中华民

---

　　① 　陈孝彬.教育管理学[M].北京:北京师范大学出版社,1999:序言.

国史档案资料汇编》等,为民国教育督导的研究提供了较为翔实的史料。1971年,台湾正中书局出版了孙邦正编著的《六十年来的中国教育》。该书共分十章,描绘了1912年以来教育发展的历史轨迹,"每章均先叙述其沿革,俾明其源流,然后就民国以来之史实,分期叙述,俾能明了各时期之特色,最后说明今后发展之途径,作为今后革新教育之参考"。① 书中所附的大量图表、附录、引用的原文以及作者对民国教育所作的系统梳理,为研究民国教育督导提供了不少素材。雷国鼎的《中国近代教育行政制度史》史料翔实,线索明晰,对近代各阶段、各层次教育行政制度、官制、组织特点和得失进行分析,有些观点比较新颖。如评价备受批评的大学院制时,认为各地教育行政在"行政学术化"浪潮中有所改进,"经费逐次增加",任务也由上传下达"变为从事研究工作",②称这种教育行政改革值得肯定。

另外,台湾学者雷国鼎的《教育行政》(台北正中书局,1966)、谢文全的《教育行政》(台北文景出版社,1986)、林文达的《教育行政学》(台北三民书局股份有限公司,1989)、秦梦群的《教育行政》(台北五南图书出版有限公司,1997)、王如哲的《教育行政学》(台北五南图书出版有限公司,1998)等教育行政著作也相继问世。这些著作尽管与民国教育督导关联不大,但都辟有单独篇章讨论教育视导问题。譬如,雷国鼎的《教育行政》在第六篇用四章的篇幅讨论教育视导的意义、设备与原则,教育视导制度,教育视导的方法等。这些著作或从专题或从相关学科的视角,为民国教育督导的研究提供了一定的背景资料。

国外关于教育行政和教育管理的新成果也被陆续译介到国内。如美国学者韦恩·K. 霍伊和塞西尔·G. 米斯克尔合著的《教育管理学:理论·研究·实践》(范国睿主译,教育科学出版社,2007)阐述了学校作为一个开放的社会系统,其发展不仅受外部环境的影响,而且需要从外部环境获得资源。学校内部存在科层制与专业化的结构性矛盾,存在权力与政治的矛盾。学与教是学校的技术核心,个体发展是学校发展的基础,学校组织文化与氛围在学校变革与发展过程中发挥着重要作用。追求以学业成绩为核心的绩效责任制正成为学校改进的焦点,学校领导肩负着为学校效能负责,引领学校发展方向等多重职责。弗瑞德·C. 伦恩伯格(Fred C. Lunenburg)和阿兰·C. 奥斯坦(Allan C. Ornstein)编著的《教育管理学:理论与实践》(Educational Administration:

---

① 孙邦正.六十年来的中国教育[M].台北:正中书局,1974:31.
② 雷国鼎.中国近代教育行政制度史[M].台北:教育文物出版社,1983:4.

Concepts and Practices,中国轻工业出版社,2004)是一部综合介绍教育行政管理和学校经营的著作。它系统介绍了教育管理中的组织结构和组织文化、教育行政管理体制、学校财务和人力资源发展、学校的课程与教学工作,以及教育领域从业人员的专业成长问题。著者通过精心设计的思考题、正反观点的辩论等,引导读者深入理解书中的观点和方法。

3. 国外学者的相关研究

20世纪50年代至70年代末,国外学者对中国近代史的研究日趋活跃。新资料、新观念的引进,新视角、新范围的开拓,使他们的研究令人耳目一新。与本研究相关的综合性著作,代表性的有刘东主持编译的"海外中国研究丛书",包括费正清主编的《剑桥中华民国史》以及罗兹曼主编的《中国的现代化》中的相关部分。如《剑桥中华民国史》(刘敬坤等译,中国社会科学出版社,2006)第二部记述了1911—1949年的中华民国历史,内容包括近代中国的国际关系、南京政府时期的国民党中国、共产主义运动、土地制度等。在论述1911—1949年的教育状况时,认为"1911年后,中国政府的虚弱为革命教育家们提供了不同寻常的机遇",[1]这一观点为理解教育制度的主导力量提供了思路,但受限于理论模式,书中论题涉入不深。罗兹曼主编的《中国的现代化》(江苏人民出版社,2010)是美国一批著名学者近年研究中国现代化事业的综合性著作,它从晚清中国与西方交手并着手现代化说起,一直写到中共十一届三中全会,从国际环境、政治结构、经济发展、社会整合和科技进步等五方面,论述了中国现代化事业在晚清、民国初年、北洋军阀、国民党政府和新中国成立后各个时期的起步、彷徨、动摇、发展、挫折、再发展的艰难历程。作者对中国问题的探讨持论颇为客观。在介绍清末民初转变前后的教育制度时,认识到虽然"中国决定采用西方——日本式的教育体系是在压力下被迫作出的",但这"并不意味着这种教育模式对中国精英分子没有内在的吸引力",说明他们注意到了中国教育近代化的某种"自觉性"。作者分析其受挫的原因,认为是"对具有普遍性与实用性的新式教育的期望,忽略了政治的、经济的及其他方面的限制条件",其中突出的是"中央政府从没在教育上下本钱"。[2] 这种经济视角的分析确实令人信服,但也未能从社会、文化等方面进一步深入。

---

① [美]费正清.剑桥中华民国史[M].章建刚,等,译.上海:上海人民出版社,1991:394.

② [美]吉尔伯特·罗兹曼.中国的现代化[M].国家社会科学基金"比较现代化"课题组,译.南京:江苏人民出版社,1988:516—522.

总的来看,这一阶段相关研究的数量大幅增长了,质量也有大幅度提高。虽然研究者在教育通史、教育管理史、教育制度史、教育思想史、教育行政学等领域做了大量相关研究,或是出于学科视域,或是为了构筑体系,使得教育督导研究在一定意义上成为许多学科的公共领地,这就在相当程度上影响了对民国教育督导自身发展状况及其与各方关系的深入发掘。但对已有研究成果的梳理发现,可供参考的材料是如此之丰富,不仅为民国教育督导研究提供了不同的视角和学科间的借鉴,也为本研究的开展和本书的撰写提供了可能,并给本研究留下了很大的用力空间。

(三)本书框架

本书依照"综合—分析—综合"的逻辑思路,以历史沿革、督导机构、督学资格、督学管理、督导过程为主线,对民国教育督导制度的运行机制及民国教育督导理论研究进行专题考察。全书内容由七章组成。

第一章"绪论",阐述研究意义,界定相关概念,并对民国教育督导研究相关文献进行梳理,为后续章节的进一步讨论提供相应的背景和铺垫,也为此后具体考察民国教育督导的各项运作提供整体轮廓。

第二章"传承与变革",以我国近代教育的兴起、发展为切入点,回顾我国近代新教育制度以及近代教育行政制度的创立,在考察清末视学制度的基础上,评述我国近代教育督导制度在纵向传承与横向借鉴中实现本土化,并从制度初创走向制度成熟的历程。重点介绍民国教育督导制度的历史沿革,从三个维度分析其创立的历史必然和现实必然。

第三章"教育行政与督导机构",主要考察民国教育督导机构的嬗变,试图从政治背景、经济基础、长官意志、教育改革、学务发展等方面,对民国各时期中央、省、县三级教育督导机构的沿革、兴废、起落的原因进行分析、比照和梳理,探明民国教育督导机构发生、发展、嬗变的路径。本章以教育督导"组织"为立足点,一方面描绘民国教育督导逐渐制度化、正常化的轨迹,另一方面揭示其具有直接行政权和健全组织网络的特点。

第四章"教育政策与督学资格",从民国教育督导任职资格入手,依据当时中央及地方制定颁布的一系列法规,对不同时期、不同层级教育督导人员的任职资格进行纵向比较和横向整理,勾画出民国教育督导人员任职资格从注重行政经验,到行政经验与专业能力并重,再到偏重专业能力的动态渐变趋势。在此基础上,从教育政策、社会期待、教育发展、现实需要等方面考察其转向的原因,揭示其逐步专业化和督学督政并行、监督指导并重的特征。

第五章"监督考核与督导队伍管理",从民国社会、政治、经济、文化等背景入手,介绍民国时期特别是民初公职人员的考绩制度、惩戒制度、监督制度,继而简述因监管乏力致民国教育视导工作出现的问题。在此基础上,提出对督导人员进行管理的必要性,并从国家法规、教育督导单行条例以及当时社会对教育督导人员的职业道德期待三个层面,围绕工作纪律、职业道德、专业知识和技能培训等要素,阐述民国教育督导队伍的管理及特点。该章与第四章以"人"为立足点,通过队伍管理探讨民国教育督导制度的实际运作,揭示其法律体系完备的特点。

第六章"计划标准与督导过程",立足民国教育督导的工作过程,先对民国教育督导视导前的准备进行考察,包括编制视导计划大纲,确定视导内容,安排视导行程,订定视导标准等,继而从规范视导程序,改变视导态度,提高视导效率等方面讨论民国教育督导视导的运作情况,再从督导报告制度的建立、督导报告的形式与内容、督导报告的客观性与时效性三方面论述民国教育督导视导中对视导意见的反馈、落实与改进。本章以"事"为立足点,按照教育督导工作推进时序,描述教育督导过程及具体环节,揭示民国教育督导渐趋科学性的特征。

第七章"民国教育督导述评",通过对民国教育督导制度和民国教育督导研究的述评,对民国教育督导的研究方向作出判断,并就现行教育督导制度的发展趋势阐述笔者的理解和设想。

第二章

传承与变革

可则因,否则革。①

教育督导在我国源远流长。《礼记·文王世子》记载:"天子视学,大昕鼓征,所以警众也,众至然后天子至,乃命有司行事兴秩节祭先师先圣焉。"《礼记》曰:"天子视学有四:养老一也,简不帅教二也,出征受成三也,以讯馘告四也。"这是我国教育督导的最早萌芽。而天子视学的主要目的在于宣示王权以及对士林的恩宠,以笼络士心并为统治阶级服务。正如元朝马瑞临在其《文献通考》中解释:"古者天子之视学,多为养老设也,虽东汉之时犹然。自汉以后养老之礼浸废,而人主之幸学者,或以讲经,或以释奠,盖自为事矣。"

隋唐时期,伴随着社会政治渐趋稳定和经济的繁荣,科举制度和学校教育获得空前发展,唐中央政府在各府、州、县设督学官,以察士子之德行,督察的内容以学生的德行道艺为主。而督学官制度的确立将"天子视学"扩大为学官督学的形式,"督学"一词由此在我国历史上正式登场。宋徽宗崇宁二年(1103 年)全国各路设提举学事司,负责所属州、县学事。据《宋史·职官志》记载:"岁巡所部,以察师儒之优劣,生员之勤惰。"这一时期,督学设立的等级更加完善,内容和目的更加明确。

蒙古中统二年(1261 年),诸路设提学官,对学校进行视察和监督,第一次把学校作为督察的对象。明代,为策进地方办理教育,在各省设提学官负责地方教育行政事务,并兼负躬历学校、督率教官、化导诸生之责,督导的任务也由以往的监督、检查扩充到引导、指导。如此,经过隋唐到宋、元、明的不断发展与完善,督学机构的设立越来越层次化、立体化,中央乃至府、县都设有各级督学机

---

① 摘自西汉扬雄所著《法言·问道》。大意:对于过去的遗产,合宜于现在的,就继承;不合宜于现在的,就变革。

构;督导内容也越来越具体,不仅督察学生的知识和能力,还督察生徒的德行修养;在督导功能上,不仅有了监督、检查之意,还有指导之意。至此,我国教育督导制度雏形已基本形成。但需要指出的是,这一时期及此前的督学官还没有独立设置,基本上还是教育行政官员兼行督导责任,且地方行政首脑虽然也有"督促教官,化导诸生",兼负教育督导之责,但与我国近代建立起来的教育督导制度有别。

一、 清末视学制度简述

清代教育制度基本上因袭明制,学校和科举相辅相成。中央的国子监及八旗子弟的官学,各地的府学、州学、县学、小学及大小书院,以及私人设立的私馆和经馆,不是为取得科举资格,就是为科举做准备和补习,学校实际上是科举的附庸。科举制度则更加腐化。考试作弊已经习以为常。孙中山在 1897 年写的《中国的现在和未来》一文中说,老师冒充学生下场顶替代试,已经全然不是什么不平常的事了。买取贡生、监生、举人等名额的事更是屡见不鲜,并美其名曰捐纳。加之统治者大兴"文字狱",提倡义理、考据和辞章等无用兼无实的学问,士林风气败坏,旧学已成为强弩之末,旧的教育制度已远不能满足时代的要求,变革传统教育已成为大势所趋。

(一) 近代教育的兴起和发展

在西方列强的坚船利炮打开中国国门前后,许多有识之士[①]已开始讨论教育变革问题。他们因为最早睁眼看世界,有机会最早了解西方世界,从而提出涉及人性问题、对古典经学的整理问题、科举制度的存废问题以及如何看待西方国家的典章制度、人文风貌、经济发展等新命题。然而这些思想多停留在口头,很少付诸实践,而且因为受条件和时代的限制,他们对西方也多是一知半解,其见解难免有粗浅孤陋之处。但不可否认的是,这些思想正是中国近代教育的发轫。

真正尝试实施近代教育的,是狂飙般兴起的太平天国运动。太平天国运动在相当程度上冲击了腐朽的封建教育体制,表现在以下几个方面:首先,去孔子牌位,禁阅和焚毁儒家经典,颁行新的教材和经书,改革教育内容。其次,以太

---

① 如以龚自珍、魏源、林则徐等为代表的封建地主阶级改革派开始睁眼看世界,倡导"经世致用"的学习风气,提出了适应时势培养多种类型人才的教育主张和"师夷长技以制夷"的思想。

平天国官书为依归,以选拔实用人才为目的,建立了无论何人均准予考录用的新的科举选官制度。再次,太平天国极力倡行明白易懂的文风,文书中用大量简化字,官印用宋字,文书加标点符号。最后,太平天国实施了一系列大众化教育措施。如设立育才馆或义学,倡行师徒结对制度;定期组织儿童到礼拜堂学习,多渠道改革儿童教育;倡导妇女教育、男女平等,妇女可以参加科举考试,带兵打仗,做官治土。除了注重教育的大众化、民主化、平等化,太平天国还注重教育的时代性,坚持在平等的基础上学习西方。由于太平天国政权存在时间短,中国教育失去了一次本可以走上教育近代化道路的机会,但不可否认,它是推动中国教育由传统走向近代的一剂催化剂。

真正意义上的近代教育,是从洋务运动开始的。其中一项重要内容,便是以"中体西用"为指导思想的洋务教育。洋务教育包括西文、西艺和留学等方面的内容。洋务派举办了一些新的语言学校,培养西文人才。如京师同文馆(1862年)、上海广方言馆(1863年)、广州同文馆(1864年)、湖北自强学堂(1893年)等。这些学校一般以招收正途人员为主,年龄要求渐趋年轻化。学习的语言以英语为主,后来扩大到法语、德语、俄语等,并要求由浅入深地学习西方的历史、地理及科学技术。西艺方面,主要设立了一些军事学校和专业技术学校。如上海江南制造局及其附设的机械学校(1865年)、福州船政局及其附设的船政学堂(1866年)、天津水师学堂(1880年)、广东陆师学堂(1887年)、广东水师学堂(1887年)、天津军医学堂(1893年)、湖北武备学堂(1896年)、南京陆军学堂(1895年),以及技术方面的天津电报学堂(1880年)、上海电报学堂(1882年)、湖北铁路局附设的化学堂、矿学堂(1892年)和工艺学堂(1898年)等。同时,注意介绍和翻译西学知识,形成了江南制造局翻译馆、北京同文馆译员班及来华西人的广学会三个西学传播中心。从19世纪70年代开始,洋务派派出了多批学生赴西方留学,最著名的是留美幼童,从同治十一年(1872年)起,分四批赴美,学习军政、船政、步算、制造诸学,以期以西方之学术灌输中国。① 在这段历史时期,中国教育逐渐挣脱以宋明理学为规范的科举制度的束缚,不断借鉴和吸收西方先进的教育思想和方法,并参照中国传统教育的有益经验,以寻求一条拯救教育、拯救中国的有效途径。

---

① 1872年赴美幼童是近代官派最早的留学生,其最早倡导者是容闳。赴美幼童共120人。1881年6月因故提前撤回26人(含在洋病故),其余94人分三批撤回,这样,由容闳倡导,曾国藩、李鸿章竭力促成的中国教育近代化的一项重要举措以失败告终。尽管如此,这批幼童后来大多成为铁路、电报、北洋水师、外交等领域的杰出人才。

而维新派认为变法迫切需要"开民智",所以其后来实施的变法内容多涉及教育革新,其内容包括:废八股,改试策论,借以选拔"体用兼备""通经济变"的人才;筹办高、中、小各级学堂,兼习中学和西学,统一印行中小学课本;改各级书院为中西学兼修的大小学堂,民间的祠庙一律改为学堂,奖励捐建学堂者;筹办京师大学堂;创办农务学堂,促进农务;在产丝茶区设茶务学堂及蚕桑公院;设立翻译局及编译学堂;鼓励出版书报,自由开设报馆学会,开放言论,鼓励上书;筹设医学堂;鼓励设备种实业学堂,鼓励新著作和新发明,等等。

值得一提的是,在中国教育近代化的历程中,"新政"时期的留日高潮对唤醒国人,传播新知,推翻清政,建立民国,促进中国教育近代化等方面产生的影响也不可忽视。在晚清最后十年中,留日学生在清末废科举、兴学堂这场中国教育史上具有革命性意义的大变革中,站在时代的前列,以空前的规模和深度引进近代西方的教育体制、教学内容、教学形式和教学方法,使近代教育理论、教育学说、教育观念第一次在中国得到较为广泛的传播,为中国近代教育制度的初步确立,近代教育理论的建构作出了重大贡献。①

综上所述,中国教育的近代化是在资本主义列强步步紧逼的背景下起步的,是在传统封建教育势力强大、影响根深蒂固的基础上起步的。它发轫于"经世致用"和"师夷长技以制夷"的先进思想,经历了太平天国运动、洋务运动、维新运动、留日高潮,见诸引进反映西方近代资本主义教育学说、教学制度、教学内容,冲击和改变了人们的旧教育观念和社会心理、风俗时尚,从一个侧面,在一定程度上为中国教育近代化扫除了心理障碍,加速了封建教育的解体,推动了教育近代化的历史进程。

(二) 近代新教育制度的建立

经历了以"中学为体,西学为用"为宗旨的洋务教育和维新派从"人权天赋"角度提出的教育革新,②历史的书页翻到了20世纪,新的教育制度开始建立。

1902年,清政府颁布《钦定学堂章程》,即"壬寅学制"。将学校分为七级:

---

①　最有代表的是"癸卯学制""壬子癸丑学制"的颁布,它们都以日本明治时期的学制为蓝本,将学习西方教育的想法落实到学制的课程设置中,初步根据儿童、青少年身心发展阶段确立各级各类学校的培养目标、教学要求,体现了近代教育的特点。由于学制的施行,新式学校大量涌现,这使废除科举取士制度提上议程,使学校摆脱了附庸地位,也催发了教育行政管理机构的改革。

②　维新派认为,变法之本在育人才,人才之兴在开学校,学校之立在变科举,而一切要其大成,在变官制(见《时务报》第三册,光绪二十二年七月二十一日)。虽然由于维新派的软弱和反对派的强大,维新派倡导的教育革新遭遇失败,但维新运动对中国教育的发展产生了深远的影响,特别是从此掀起的兴学热,实为我国教育史上的又一新发展。

蒙学堂 4 年,寻常小学堂 3 年,高等小学堂 3 年,中学堂 4 年,高等学堂或大学预科 3 年,大学堂 3 年,大学院无定期。儿童 6 岁入学至大学毕业共 20 年。此外,与中学堂并行的有中等实业学堂和中学堂附设的师范学堂,与高等学堂并行的有高等学堂附设的高等专门实业学堂、仕学馆和师范馆。受多种因素的影响,"壬寅学制"未得实行。而 1904 年颁布的《奏定学堂章程》(也称"癸卯学制")是第一个在全国颁行实施的学校教育制度。"癸卯学制"共分三段七级,长达近 30 年。第一段为初等教育,分蒙养院 3 年,初等小学 5 年(学生 7 岁入学),高等小学 4 年,共三级 13 年。第二段为中学教育,设中学堂一级共 5 年。第三段为高等教育,分为高等学堂或大学预备科 3 年,分科大学堂 3—4 年,通儒院 5 年,共三级 11—12 年。与此并行的有实业教育和师范教育系统。师范教育分为初级师范学堂(中等教育性质)及优级师范学堂(高等师范学堂性质)两等,修学 8 年;实业教育除艺徒学堂和实业补习普通学堂外,分初等实业学堂(程度相当于高等小学堂)、中等实业学堂(中等教育性质)、高等实业学堂(高等教育性质)三等,修学共 15 年。此外,还设有译学馆及方言学堂,属于高等教育阶段,修学约 5 年;为新进士学习新知识设立的进士馆,为已仕官员设立的仕学馆,都属于高等教育性质。

新教育体系的建立,带动了国内教育的发展。据统计,1907 年、1908 年和 1909 年,全国幼稚生的人数分别为 918 586 人、1 179 958 人、1 522 793 人,而后两年的女学生人数分别为 755 人、13 498 人,处于明显的增长趋势中。1909 年,全国官立高等学堂已达 123 所,其中法科学校 47 所,学生 22 262 人,法科学生 12 282 人。这与当时的"法政热"有关,也呈现出高等教育的发展趋势;[①]但因疏于管理,至民国初期,法政学校的办学目的、教员资质、学生素质、学校管理等流弊百出,民国教育部不得不委派部视学对以营利为目的、管理混乱的私立法政学校加以取缔,这是后话。

这种发展还与新的教育行政机构的建立和教育宗旨[②]的厘订有关。清朝初

---

① 参见:陈景磐.中国近代教育史[M].北京:人民教育出版社,2007:181,182.

② 关于教育宗旨,清政府曾厘订两次,第一次是在 1904 年的《奏定学堂章程》中规定,学堂应以忠孝为本,以中国经史之学为基;而后以西学瀹其智识,练其艺能。1906 年,学部规定的教育宗旨为"忠君、尊孔、尚公、尚武、尚实"。可见,两次教育宗旨都没有超出"中体西用"的范畴。但教育宗旨的厘订,足以说明半封建半殖民地的教育体系取代了封建的科举制而确立起来。与此同时,资产阶级革命派一直要求革命与教育并行,倡行包括推翻清朝统治,恢复天赋的自由平等人权和培养政治法律观念为核心的革命教育,用革命的教育来动员群众同情和支持革命活动,反对传统的封建性的奴隶教育和改良派的改良主义教育。

年,中央政府无教育专管机关,各省设提学道。1906 年 12 月 6 日,清政府成立了中央教育行政机关——学部,以荣庆为学部尚书,管理全国教育事务。下设总务司、专门司、普通司、实业司、会计司及司务厅,司下设若干科,并附设国子监、编译图书局、京师督学局、学制调查局、高等教育会议所、教育研究所等机构。部内还设置了左右承、左右参议、参事官、咨议官等各项事务官,并有视学官视察全国学务。1911 年,学部尚书改称学务大臣,左右侍郎改称学务副大臣。学部是中国近代最早设置的中央教育行政管理机关,它的设置结束了过去中央与地方教育行政互不统属的局面。

省级在 1906 年裁撤学务司,设立提学使司,设提学使一员,下设总务课、专门课、普通课、实业课、会计课和图书课。另外,设视学、议长、议绅若干名,巡视各州县,并辅佐提学使。

同年设府厅州县劝学所,设总董一人,由县视学兼任,下设若干劝学区,由劝学员负责。

随着清末科举既废,学校大兴,遂有奏请"由中央派遣大员视察地方教育"之举,但"那是钦差临时查事性质,无永久性,故非教育行政上所讲的积极的教育视导,自无制度可言。我国正式的教育视导发端于光绪三十二年(1906 年)学部奏定之官制"。[①] 1906 年,清廷学部建立之初,从近代西方教育行政体系中得到启发,在订立学部官制时规定:"拟设视学官暂无定员,约十二人以内,秩正五品,视郎中。专任巡视京外学务。其巡视地方及详细规则,当另定专章奏明办理。"[②]因此,"视察之制,在学部中仅略具规模,人无定员,职亦仅限于巡视",[③]而且"这也是计划,并未实现"。[④] 鉴于当时学部所设之视学官,专司京外各地学务之巡视,其京师之内各级学校,则由京师督学局负责督率指挥。京师督学局内设师范教育、中等教育、小学教育三科。同时,各省学务官制中也确定每省设 6 名视学官,各府、厅、州、县亦设视学人员,[⑤]由此初步建构了从中央到地方的三级视学体系。

(三)《视学官章程》与学部视学

学部初建时部务繁忙,而学部视学官品秩较高,难以物色合适人选,其编制

①④ 姜书阁. 中国近代教育制度[M]. 上海:商务印书馆,1934:64.

② 学部奏酌拟学部官制并归并国子监事宜改定缺额折[M]//朱有瓛,戚名琇,钱曼倩,霍益萍. 中国近代教育史资料汇编·教育行政机构及教育团体. 上海:上海教育出版社,2007:15.

③ 薛人仰. 中国教育行政制度史略[M]. 台北:中华书局,1983:69.

⑤ 学部奏陈各省学务官制折[M]//朱有瓛,戚名琇,钱曼倩,霍益萍. 中国近代教育史资料汇编·教育行政机构及教育团体. 上海:上海教育出版社,2007:43.

因各司人少事繁而被占用,加之视学官职能的重要性与必要性还有待检验,学部《视学官章程》直至 1909 年才制定颁布。是时,推行视学制度已成刻不容缓之势。首先,各省已普遍设置视学官并取得显著成效,也积累了一定经验,证明视学官在教育行政中的作用不可或缺。其次,某些边远省份的学务人员对学部章程法令或熟视无睹、各行其是,或阳奉阴违、执行不力,使全国教育发展的不平衡性加剧,这在一定程度上妨碍了近代学务的进一步发展。再次,加速预备立宪的政治改革已将普及教育提上议事日程,学部"自非随时派员视察,不能因时制宜,徐图整顿。派遣视学之举,实不容缓"。① 因此《视学官章程》的出台瓜熟蒂落,水到渠成。"政府颁布《视学官章程》之后,视学制度方正式实行。"②《视学官章程》的颁布标志着我国近代中央教育视学制度的正式确立,也是我国教育史上第一部视学法规,"虽有学习西方的一面,也是我国近代新教育发展的必然结局"。③

《视学官章程》根据全国行政区划将全国分为 12 个视学区,明确了视学官的任职资格和职责权限。其任职资格必须符合两个条件:其一,"宗旨正大,深明教育原理";其二,须精通外国文及各种科学。视学的业务范围包括:巡视各省学务公所、各厅州县劝学所、全学区教育行政情形;各种官立、公立、私立学堂教育情形;学堂卫生情形;学堂经费情形;各项学务职员、教员办事教授情形;学堂学生风纪情形;有关教育学艺诸种之设施;学部规定的特别事项。该章程还规定了视学官外出视察的日期、期限、行程及视学经费等。可见,清末视学巡视的内容比较全面,既有对下级教育行政机构的督导检查,也包括了学校工作的方方面面,既有宏观层面的工作督导,也有具体事务的督导。

视学官的权限主要有五方面:一是会议召集权。视学官每次巡视,应约会该省学务议长、议绅、教育会长或省视学、县视学,筹议各项教育改良、扩充办法。二是监督权。视学官可以监督教育行政部门对学部决定、规章的执行情况,申述旨意,劝导办理;对省学务公所有违学部章程或未能实行的事项,视学官应妥商该省提学使改正、整理。三是调查权。视学官在规定的视学区域内,可以随机检查或突击检查,巡视学校办学情况,毋庸预先通知;凡各省学务公所、各厅州县劝学所、学区及各学堂所存之案卷簿册,视学官得随时调取阅看;

① 学部奏陈各省学务官制折[M]//朱有瓛,戚名琇,钱曼倩,霍益萍. 中国近代教育史资料汇编·教育行政机构及教育团体. 上海:上海教育出版社,2007:21.
② 姜书阁. 中国近代教育制度[M]. 上海:商务印书馆,1934:64.
③ 孙培青. 中国教育管理史[M]. 北京:人民教育出版社,1997:411.

视学官还可在视察各学堂时随时考试学生,调取教师讲义稿本,查阅档案资料和图书目录,并将调查情况呈报学部。四是指导权。视学官在巡视中对发现的问题,应指导办事者改进;对教员在教学中出现的困难,视学官要指示其科学的方法,并给以示范;对学科知识方面的疑惑,视学员可以和教员一起讨论。五是罢黜权。视学官所视察之学堂,发现学校管理员、教员如实有不能称职及旷假太多、虚縻经费、营私舞弊的,视学官可向提学使说明详细情形,商由提学使即行撤换;对地方有关教育事务的争端,可移交提学使或地方官办理。①

为了保证视学效果,《视学官章程》还重视对视学官队伍的管理。一是培训研讨。为了提高视学官的执务能力,该章程规定:"视学官奉派之后,得于一月内在部设视学事宜研究会。各司人员应轮流到会,俾该视学官得考询讨论各地方学务及风土人情,并研究教育行政法、教育学教授法、管理法、视学规制方法及东西各国教育情形,以为视学之预备。"二是定区域定行程。"视学官于巡视以前,应将所查省份业经报部之学务册籍摘要记录,以为巡视时征实之据";②视学在三年内须将区内各地视察一次;为避免视学官"走马观花"或"下车伊始"造成的片面性,规定"视学官每次巡视,除途中往来日数不计外,每一省视察之日,至少以八十日为度,年假、暑假日期不得合算"。三是定经费明纪律。视学官在外巡视期间的一切费用均由学部报销,"视学官沿途食宿均须自给,不得受地方官供应","如有收受地方馈送及干预权限以外之事者,经部查实,立即分别撤参";"如有敷衍瞻徇,视察不能认真,报告不能切实者,经部查明,立即撤换"。③

仅就条文而言,清末学部《视学官章程》已比较周全严密,较之以往,此阶段视学制度的进步不仅体现在单独设立视学官,而且体现在有了专门的视学规章,增强了视学工作的目的性和可操作性,为视学工作的开展提供了法律依据和保证。只是当时吏治腐败,恶风横行,视学制同样难免官场积弊,流于官样文章。有教育评论家揭露:"学部之派视学官与各省提学使之派视学员于各府厅州县,使命络绎,冠盖载途,走马看花,为时至暂。是以据其所报告,往往注重形式而遗其精神。"对于办学不力的官绅教职员,"调查者间或亦能

---

① 参见:朱有瓛,戚名琇,钱曼倩,霍益萍.中国近代教育史资料汇编·教育行政机构及教育团体[M].上海:上海教育出版社,2007:22—24.

② 学部奏拟定视学官章程折并单[M]//朱有瓛,戚名琇,钱曼倩,霍益萍.中国近代教育史资料汇编·教育行政机构及教育团体.上海:上海教育出版社,2007:22.

③ 朱有瓛,戚名琇,钱曼倩,霍益萍.中国近代教育史资料汇编·教育行政机构及教育团体[M].上海:上海教育出版社,2007:24.

摘发一二,以昭示其惩劝之功",但亦不免"或碍于情面,或震于虚声,即有所见,不敢遂发,况其视察未周,不易为准确之判决"。① 这就使得清末教育视导制度实行起来不免走样。而清朝很快覆亡,又没有给这一视学制度留下改进落实的时间。

(四) 地方视学

1906 年 4 月 25 日,政务处、学部会奏遵议裁撤学政,各省改设提学使司及提学使一人,统辖全省学务,归督抚节制。提学使司成为省级教育行政机构。提学使司设提学使一人,其下设学务公所(由原学务处改设),为赞襄议事部门,内分总务课、专门课、普通课、实业课、会计课和图书课,每课设课长、副课长、课员,分隶曹事。另设学务议绅四人,议长一人,协助提学使规划全省学务。设视学六人,巡视各府州县学务。1908 年 9 月 14 日,学部通令各省将学务公所六课改为六科,即改为总务科、专门科、普通科、实业科、会计科和图书科,其课长、课员均改为科长、科员。

1906 年 5 月 13 日,学部奏定《劝学所章程》。规定各府厅州县在本城设劝学所一处,负责管理当地教育行政事务,劝导当地人民兴办学校。劝学所以地方长官为监督,并设总董一人,由提学使委派县视学充任,秉承地方长官总理所内事务,巡察各乡村市镇学堂,指导稽查教育事宜。1911 年,劝学所总董改称劝学员长(后又改称劝学所长),并在所内置劝学员若干人,分掌所内事务及各学区劝学事宜项。

1906 年 7 月 26 日,学部奏设京师督学局,直属学部。负责管理京师地方学务,奏派孟庆荣为局长,并在局内设师范教育、中等教育、小学教育三科。1912年改称京师学务局。

作为地方学务管理体系的重要组成部分,学部规定提学使以下设省视学六人,"承提学使之命令,巡视各府厅州县学务"。省视学均为六品,其任职资格为"曾习师范或出洋留学并曾充当学堂管理员、教员,积有劳绩者"。与此相应,各府厅州县劝学所设视学一人,兼充学务总董,"选本籍绅衿年三十以外,品行端方,曾经出洋游历,或曾习师范者,由提学使札派充任;即常驻各厅州县城,由地方官监督办理学务,并依时巡察各乡村市镇学堂,指导劝诱,力求进步。给以正七品虚衔;其办理实有成效者,准其擢充课长,以示鼓励"。② 虽然学部在《各省

---

① 沈颐.论缩短立宪期限与教育之关系[J].教育杂志,1911,6(1).

② 朱有瓛,戚名琇,钱曼倩,霍益萍.中国近代教育史资料汇编·教育行政机构及教育团体[M].上海:上海教育出版社,2007:47.

学务官制折》中对省县视学资格均有规定,"但甚笼统,以故各省县视学的人选多半迁就"。① 因此,无论是省视学还是县视学,"其资格极宽"。②

1909 年以前,清廷中央政府虽然规定在地方各级教育管理机关设置视学人员,但并没有制定统一的省县视学章程,各省为便于开展工作,遂各自拟定规程,因而各地视学的任职资格、视察权限、视察内容、视察范围等各不相同。如江苏省视学主要"考察其教授管理之合理与否,学科程度之相当与否,经费之虚糜与否,以为报告之据"。③ 江西省视学制度一向设省视学四员,县视学每县各一员,自教育司裁撤后,巡按遂有变更视学制之意,于八月间请准中央,将以前省视学一律取消,改设全省总视学一员,副总视学二员,道视学各一人,视察各区中学,分视学十二员。全省计七十二县,每员各视察六县。至道县视学,皆归总视学统属,总视学是否亦出发实行视察,则属自由行动,并不规定。④ 四川省视学视察范围比较宽,除学堂环境、建筑及教员、学生、经费等情况,还须了解学堂与地方的关系,各级学堂的学制与生源衔接等。

对视学结果的处理,浙江的做法颇具特色,视学人员在视察过程中一旦发现问题,即用折条记录,与该学堂教职员"开一改良协商会,逐一提议,要其认可改良。办事员、教员经允改良者,即署名条下,为认可之证。不能速改者,亦定期改之。如认后至第二次,往查尚未改良,应报告本司核办。有别项理由不能改者,许办事员、教员条辩,若由视学员认可理由,即将某条注销。若各执一说,协商未妥,亦应将各情报知本司酌核"。为了保证视学效果的落实,视学员提出的意见或建议在学堂有关人员协商后,还"须由该教习签押,仍须校长并押,以专责成"。⑤ 概言之,清末对地方视学虽然没有统一规定,但各地广泛认可视学在教育管理中的重要性,并在教育管理中根据各地特点制定了颇具特色的视学规程,这为民国建立后自下而上倒逼教育部颁布全国统一的省县视学规程创造了有利条件。

就视察对象和视察内容而言,虽然各地做法不尽相同,但省视学基本以全省各府厅州县的劝学所及其所辖各级各类学堂为考察对象,考察内容涉及:各地学务管理机构的设置及人员配备、办学成绩和存在的问题;各级各类学堂的

① 姜书阁. 中国近代教育制度[M].上海:商务印书馆,1934:65.
② 薛人仰. 中国教育行政制度史略[M].台北:中华书局,1983:98.
③ 直隶学务处. 江苏省视学暂行规程[J].直隶教育杂志,1907(8):65—68.
④ 参见:教育杂志社. 江西学务之刷新[J].教育杂志,1914,6(12).
⑤ 浙江学务公所. 文牍[J].浙江教育官报,1908(3):23—25.

学生情况,如招生数额、在校人数、纪律风气、缴交学费等;各学堂课程设置、使用教材、实际授课时数、教师水平及教学办法;各地办学经费收支、教职员薪金;劝学所办公地点、学校校舍建筑及环境卫生。从当时各省教育官报公布的考察报告看,省视学官大多素质较好,熟悉教育管理理论和操作办法,能够认真执行学部的各种章程及有关规定,发现问题亦能及时提出适当的处理意见或改良建议。①

(五)清末视学制度的特点及影响

1. 清末视学制度的特点

清末视学制度从初创到形成制度,有一个不断探索、实践的过程,其中有一些合理因素值得借鉴,但也存在一些问题,由此构成清末视学制度的特点。

其一,从建制上看,设有中央视学、省视学、县视学三级视学网,为学部及时了解各地办学情形,发现问题,制定措施提供了基本保证。但视学不属于专门的行政机构,视学官多为兼职,由部中人员及直辖学堂管理员或教员担任,他们不可能专心研究学堂督导问题,提高业务能力,从而不能保证督导功能的发挥。特别是,三级视学网的重点是中央视学,《学部奏定视学官章程》主要适用于中央视学,对省视学、县视学的业务范围、视学权限没有明确划分,使这两级视学的作用不能充分发挥。

其二,明确了视学的权限和业务范围,使视学官在工作中有法可依,有章可循,对于理顺视学与地方教育行政的关系起了一定作用。但视学范围如此宽泛,而每一视学区只派两名视学官,极易造成走马观花、不深入实际的不良风气和工作作风。

其三,视学官关于省级教育行政的视察报告为学部决定省提学使的撤换、留任或提升有重要的决策参考价值,从而提高了视学工作的权威性。但对于如何增强视学官的工作责任心,提高自身的素质,则没有相应的行之有效的措施。

其四,为了防止视学官滥用职权,谎报实情,规定视学官在视学期间不准接受馈赠以及干预权限以外之事;视学官凡敷衍塞责、马虎从事、报告不实者,经查明立即撤换。但对认真工作、成绩突出者如何奖励没有规定,难以调动视学官的工作积极性。

2. 清末视学制度的影响

清末视学制度是中国近代教育督导制度的雏形和发源,它对改变整个教育

---

① 参见:关晓红.晚清学部研究[M].广州:广东教育出版社,2000:137.

管理结构,提高教育行政效率有很大帮助,尤其对当时的教育发展起到了一定的促进作用。

其一,视学的视察检查,能够在一定程度上帮助学部了解当时全国学务开展的真实情况。清末,政府曾规定,凡各级教育行政官,三年考评一次,凭办学成绩升迁。因此,设了多少学校,招了多少学生,上课情况怎样,便成为考核的硬指标。但不少地方官为此常常弄虚作假,多报、谎报的现象普遍存在。正如刘锦藻所言:"搞教育统计有利亦有弊,在监督促进各地学务发展的同时,容易助长相互攀比之风。""为此,学部派遣视学官到各地视察,依照填报的数据逐项核实,所报不实者予以通报批评和处分,并追究当事者及其上司的责任,这对虚夸之风有所扼制。"①在这种情况下,各级视学官据实所写的视察报告,就成为教育行政部门和上级行政长官了解、考核地方办学情况的重要途径。例如,1908年视学蔡映辰调查江苏泰州姜堰镇后发现:"姜镇商务甚发达,而学务尚晦暗。去年该校初开,闻风向慕,不远七、八里送其子弟来镇就学者,入学后,觉其不如私塾个人教授,未免失望。几疑国中学校,不过如斯,年假遂相率引去,所余十数人内,尚有职员之子弟充数。下学期招考,增广名额,迄无应者。近日博采舆论,异口同声,皆谓该校办理不善,若不改弦更张,全体解散且在意中,岂止腐败而已哉。"②

其二,对教育教学方法、应遵守的教学原则以及学堂管理等提出了一些颇具针对性和操作性的改进意见。除了反映各地办学情况外,清末各级视学官还常根据所闻所见,就视察中发现的共性问题,或撰文发表讨论,或向教育行政长官和有关部门、人员提出合理的改进意见。例如,直隶省视学在视察天津各学堂后指出,"是各学堂徒有六、七班之虚名,岁费巨款,而造就却属无几。将来宜令续招,或归并,以免虚糜。初等体操,亦于高等一律用武员教授,恐于童稚身体之发达有碍,宜按学年而为适宜之教授"。③ 视学张弼良查视河北大名乡高等小学堂时,经过当面交流问询,发现该区朱苾、徐继芳两位学董语言支离,不知学堂为何。通过访谈还得知朱苾素望不佳,徐继芳则玩陋而无能力。认为该堂种种腐败,实由于管理之非人,遂向当地教育主管机关指出:"欲加整顿,除更换

---

① 学部奏派员查学事竣大概情形折[M]//刘锦藻.清朝续文献通考(二).上海:商务印书馆,1936:8633.

② 李桂林,戚名琇,钱曼倩.中国近代教育史资料汇编·普通教育[M].上海:上海教育出版社,2007:121.

③ 省视学高奎照、张良弼、陈恩荣、焦换桐等查视天津学堂情形报告[M]//李桂林,戚名琇,钱曼倩.中国近代教育史资料汇编·普通教育.上海:上海教育出版社,2007:97—98.

学董之外,别无善策。"①由于视学官亲临学堂坊间,再加上他们上级官厅大员的身份头衔,他们提出的意见和建议大多能被地方行政首长采纳。例如直隶省根据省视学陈恩荣的视察报告,发现"各府州县官私两等小学虽已设立,而与私塾比较,尚不敌其十分之一",②于是发文通饬各属实行改良私塾。由此可见,清末各级视学官对清末教育又起了"参谋"和"咨议官"的作用。正如学者所言,学部派出视学官视察了解各地教育推广情形,"将他们所提的意见和建议作为整顿辖区学务、实行奖罚的主要依据"。③

其三,推动了地方兴学运动。清末中央政府虽然颁布了《奏定学堂章程》,但因传统势力的影响和阻挠,创办新式学校、推广新式教育并不是一件容易的事情。加之两次鸦片战争的失败、割地赔款条约的签订、农业生产方式的原始落后、工业经济的一穷二白,整个社会经济极度贫乏,在连糊口度日都捉襟见肘的生活境况下,人们无钱也无意把子女送学堂念书,因此,如何广设学校始终是各级官吏面临的问题。视学官作为朝廷钦差、学部及提学使司的代表亲赴各地巡视,地方官一般都能认真对待。在视学官到来之前,地方官都要想方设法地办几所学校,以显示政绩。例如,山东长山自设劝学所,派人至各约庄分头劝谕。南路劝学员李栗亭所劝办公塾十一处,其处各路亦俱劝有效。④再如:"赣省新设之虔南厅,地瘠民贫,筹款不易,是以改设已三年,学堂尚未开办,近经新任陈司马邀集绅士竭力开导,始募得二千二百余元,先在归有义塾及陈姓祠内各设两等小学一所,业已开校。"⑤由此可见,不管是主动还是被动,有一点应予承认,因为设置了视学并四出察查,地方官有了压力和责任感,客观上有利于推广新式学校和新式教育的普及。清末的县视学,本身兼劝学总董,负有劝民设学的法定义务,不少县视学在这方面作出了成绩。从当时的资料来看,清末学堂数增长迅速,学务质量有所改进,教育发展较快,各级视学所做的工作特别是县视学所做的工作功不可没。

总之,清末各级视学制度,一方面吸取中国传统教育的视导功能,与当时的行政区划相配套,密切了学部成立后中央专管教育机构与地方的联系,加强了学部

① 省视学张良弼查视邯郸县、大名乡学务情形报告[M]//李桂林,戚名琇,钱曼倩.中国近代教育史资料汇编·普通教育.上海:上海教育出版社,2007:118.

② 直隶学务处.江苏省视学暂行规程[J].直隶教育杂志,1908(7):27—28.

③ 关晓红.晚清学部研究[M].广州:广东教育出版社,2000:139.

④ 参见:商务印书馆.教育东方杂志[J].1907,9(3).

⑤ 参见:省视学高奎照、张良弼、陈恩荣、焦换桐等查视天津学堂情形报告[M]//李桂林,戚名琇,钱曼倩.中国近代教育史资料汇编·普通教育.上海:上海教育出版社,2007:100.

的威信;另一方面借鉴西方和日本的经验,将视察与行政监督分开,运作更加专门化,不仅自成体系,与学部构建的整个教育行政管理系统相匹配,而且从实际运行的效果看,对清末教育改革和发展,以及帮助学部强化对地方学务的管理起到了明显的推动作用。清末各级视学制度在运行过程中所积累的经验和暴露的弊端,为民初视学制度的创立、改进、完善与发展奠定了基础,并"提供了可资借鉴的宝贵经验,虽然这一新举措没有很长的实践时间,但它的历史影响是不可低估的"。①

二、 民初视学制度变革

南京临时政府成立后,于1912年1月9日将清朝的学部更名为教育部,统管全国教育工作,蔡元培被任命为第一任教育总长。当时教育部下设三司一厅,即专门司、普通司、社会司和总务厅。各司设司长,总务厅设厅长,负责各方面的工作。地方上,教育行政并未统一,各省或由都督府的教育科,或由省公署的教育司总理全省教育事务,各县则仍沿用劝学所制,并于每县设视学一人至三人,劝导视察全县教育。

作为一种历史存在物,某项教育制度的发展本身是一个不断对自身进行扬弃的过程,其演进的形态大体上呈现出渐进性积淀和革命性变革两种方式。在渐进性积淀方面,制度的演进体现为前一时期的制度按照一定的合理性原则转化为后一时期制度的构成部分。民国教育督导制度虽然远较古代帝王幸学更具系统性、科学性和先进性,但其建设本身同样经历了一个沿袭与变革的过程,并在与传统教育的对峙与融合中逐步实现了现代化。

(一) 民初对清末视学制度的沿袭

1912年民国政府废学部,成立教育部后,即在部内特设查视全国学务的专职人员。从1913年起,教育部先后颁布了有关部视学的若干规定,其中有1913年1月的《视学规程》、3月的《视学处务细则》、12月的《视学留部办事规程》,1914年12月的《视学室办事细则》和1917年2月的《修正视学公费规程》。从这些规制中可以发现,民初教育部对部视学的若干规定,不少内容沿袭了清末视学的做法,主要表现在以下五个方面。

1. 视察内容和范围

按规程,民初部视学的视察范围、内容主要包括七个方面:一是教育行政状

---

① 孙培青.中国教育管理史[M].北京:人民教育出版社,1997:414—415.

况;二是学校教育状况;三是学校经济状况;四是学校卫生状况;五是关于学务各职员执务状况;六是社会教育及其设施状况;七是教育总长特命视察事项。①与清末视学视察范围相比,删除了措辞比较含糊笼统的"有关教育学艺诸种之设施",并增加视察社会教育的内容。

2. 视学的权限

民初有关章程规定,视学至各地方视察学校,毋庸向该校预期通知。视学遇下列各事项,应该向主管者传达、反馈意见:一是与教育法令抵触事项;二是部议决定事项;三是学校教授管理事项;四是社会教育设施事项;五是教育总长特命指示事项。②此外,"视学于所至各地方,应先与地方长官、省视学及国立学校校长等接洽讨论,借知该地方学务已往之历史、现在之实况及将来之计划"。③必要时,视学可变更教授时间,调阅各项簿册,测试学生成绩。

3. 视察前的准备

视学在出发前,应该召开各种研究会,研究讨论关于视察进行及规划事项,呈请总长召集参事、司长进行研究;关于视察应准备事项,由各视学自行集会进行研究;关于特别事项,与主管各司或各科人员进行研究。

4. 视察经费及行旅食宿

视学出京后,每月每人给视学公费200元,可随带书记一人,月给薪水、川资旅费150元,邮票电报等费另行开支。视学返京后第二日,即停止支给视学公费。视学视察时,可借宿学校或与学务有关之公共处所,但一切费用概由自备,不得接受地方官厅或学校的供给。

5. 视察报告

视察完毕除面陈概要外,应提交视察报告或年度总视察报告。对视察中发现有与章程不合或未能实行者,或教授学科的方法未能合度者,应责令其改正整理。

上述规定基本沿袭和继承清末视学的做法,实际上也反映了教育视导所因循的一些基本的共通的原则、程序和规范。如视察内容和范围,要求视学外出视察前必须先明确目标,对视察的内容做到心中有数;视察前的准备要求视学行前对视察的全过程有通盘考虑;视学的权限以及视察经费和行旅食宿体现了对视学队伍的管理,即权有边界不可越,费由公出不可贪;视察报告既是下情上传的诊断书,也是视学在某一段时间内的工作汇报。这些环节是构成一次完整的视察活动最基本的要素,缺一不可。

---

①②③ 参见:教育杂志社.法令[J].教育杂志,1913,5(3).

（二）民初对清末视学制度的变革

民初《视学规程》对教育部视学所作的若干规定,既沿袭了清末某些做法,也有相当的变革之处,主要体现在以下八个方面。

1. 重新划定视察区域

民初将全国视学区由清末的 12 个重新划分为 8 个:(1) 直隶、奉天、吉林、黑龙江;(2) 山东、山西、河南;(3) 江苏、安徽、浙江;(4) 湖北、湖南、江西;(5) 陕西、四川;(6) 甘肃、新疆;(7) 福建、广东、广西;(8) 云南、贵州。把蒙古、西藏暂作为特别视学区域,其规程别定之。①

2. 设置视学专员

清末学部视学不定专员,需要视察时,随时调学部人员或直辖学堂教职员等职分相当者派充,实为临时差委性质。民初不仅设岗定员,还设置专职视学人员:教育部初设视学 16 人,最多时增至 40 多人,甚至还设有女视学。

3. 区分视察种类

民初将教育部视察明确分为定期视察和临时视察两种。定期视察每年自 8 月下旬起,至次年 6 月上旬止,并规定定期视察时限,每省约在 2 个月以上 5 个月以内。临时视察,依教育总长特别命令执行。

4. 明确视学任用资格

《视学规程》规定,教育部视学须有简任文官资格而合于下列各项之一:一是毕业于本国或外国大学或高等师范学校,任学务职一年以上;二是曾任师范学校、中学校校长或教员三年以上;三是曾任教育行政职务三年以上。②如前所述,清末学部视学人员多由官僚充任,对其教育学识、办理教育经验等无具体明确的规定。③ 而民初所定的视学任用资格,明显突出了两方面条件:一是荐任文官资格,此条件仍强调视学的行政经验和经历;二是专业学识(含学历、教育经验、教育行政工作经验等),实际上反映了近代视学人员逐渐由官僚型向专家学者型的转变。

5. 设置视学机构

民初教育部在部内特设视学室,这是近代设在中央教育行政机关内的第一

---

① ② 参见:教育杂志社. 法令[J]. 教育杂志,1913,5(3).

③ 参见:《视学官章程》规定"视学官以宗旨正大、深明教育原理者为合格;每区所派视学官须有精通外国文及各种学科者一人,以便考察中学以上之教法。"教育杂志社. 法令[J]. 教育杂志,1909,1(13).

个视学机构,它是教育部视学集合开会、研讨视察问题的场所。视学室有《视学规程》、教育法令、部视学的视察报告、各地视学姓名和履历表、各省省视学的视察报告等,供视学查阅、参考。

6. 规定视学留部期间的工作安排

《视学留部办事规程》规定,视学除在外视学外,其他时间应按日到部服务。其工作内容概括起来涉及三个方面:一是由教育总长分派至各司办事;二是参加各种应行事件的讨论会;三是按日到总务厅传阅部内已发的文稿,并可随时查阅部内收藏的文件。

7. 规定部视学报告的种类

民初规定,视学需随时向教育部报告视察情况,并按性质将视察报告分为两种:一种是每年度的总报告,按照规定视察的事项,分省撮要说明;另一种是临时报告,有的是视察一两个月后的例行报告,有的是呈请总长咨行及颁发训令、指令的特别报告,有的是表达自己意见、感想、感受的报告。①

8. 加强对高等教育的视导

民国初期,随着"新学制"的颁行,发展高等教育也被提上日程。为了弥补高等教育的不足,许多私立学校纷纷升格为大学,而许多专门学校的程度又参差不齐,加之外国人在华设立的教会学校须经教育部认可等原因,教育部设立了专门以上学校视察委员会。这是清末视学制度中所没有的。

上述视学制度的变革,放在民初浩繁的教育法令和新规制中虽是沧海一粟,但也小中见大,管窥一豹,既反映了教育督导要顺应新成立的共和政体的教育方针的需要,又从诸多侧面反映了民国初期教育领域所发生的巨大变化和呈现出的新气象。

就地方视学制度而言,清末中央政府没有制定统一的视导规程,各地教育行政制度比较紊乱,视导制度基本参照学部办法各自为政。民初自省教育行政机构划一为教育厅后,随着《省视学规程》和《县视学规程》的公布,各省、县视学制度渐趋统一,不仅逐步在中央一级教育行政机关和地方各级教育行政机关内部设立了专门教育督导机构,建立了全国性的教育督导体系,而且颁布了一系列教育督导法规和实施办法,使教育督导活动的开展有了组织上和制度上的保障。也由此,我国教育督导制度从萌芽、雏形初现、逐步完善,发展到基本成型。

---

　　① 参见:江铭.中国教育督导史[M].北京:人民教育出版社,1994:115—116.

三、 民初视学制度创立的背景

近现代中国教育督导制度建设不是一蹴而就的,更不是全盘袭用外国制度的产物。它包含当时中国优秀知识分子和教育精英对相关教育问题的思考,体现了人们寻求建设合乎中国国情的教育管理制度的努力。这种思考和努力,随着历次中央及地方教育督导方案的颁布、施行而逐渐加强。在这一过程中,对传统中国教育管理模式的继承和否定,对现实需求的考量,以及对国外教育管理经验的借鉴,构成了近现代中国教育督导制度建设的基本方式。借此,清末视学制度这一旧时代的成规能在新时代重生并得到发展,除了历史前进的车轮留下的惯性使然,我们的目光还应在新时代纷繁杂乱的背景中搜寻。

(一) 民初教育改革的失败

站在历史唯物主义的立场看,民国初年厘订的教育宗旨、学制和教育行政令,形成了一套比较完整、科学、合理而又平等的教育体系。这个体系后来虽经过多次修改和调整,但其富有新意的教育体系形式和基本精神一直延续下来,对整个民国教育的发展有着相当的影响力,在某种意义上,可以说是后来民国教育制度的蓝本。

但民初教育改革也受到了政治风浪的不断冲击。袁世凯上台后,所有教育计划都被打破,初期的民主风气也逐渐被压制下去。1915 年,他以大总统令的形式发布《教育要旨》,更是提出"爱国、尚武、崇实、法孔孟、重自治、戒贪争、戒躁进"。称帝、复辟,加之后来的军阀混战,民国教育被糟蹋得乌烟瘴气,一塌糊涂。

首先,尊孔气息浓厚。由于"法孔孟"被列为教育要旨,各地纷纷成立孔教会,并要求把孔教尊为国教,列入宪法。孔教会活动频繁,几乎遍及全国。受此影响,学校所教的无非经史文学,即使读几本外国文科或理科教科书,也是与近代西洋教育真谛相去甚远。

其次,鬼神迷信思想在学校和社会中极为流行,甚至有人鼓吹"鬼神之说不张,国家之命遂促"。他们仇视科学,复辟帝制,颠覆新建的民主共和政体。

再次,废读经名存实亡。各中小学校多半是死抱经书不放,即便没有读经,也是以修身科来代替,而修身科多以宋儒格言为教材蓝本。而袁世凯、张勋、段祺瑞每复古一次,读经与尊孔又重提一次,教育界复古气息弥漫。

还有,女子教育在歧道上缓慢行进。据中华教育改进社的调查,五四以前,

65

政府开设的女中仅剩 9 校,学生人数仅 622 人;女子职业学校更少。更严重的是,统治者违背了民初发展女子教育的民主本意,教育总长汤化龙甚至在《整理教育方案》中要求女子教育"勿骛高远之谈,标志育成贤妻良母主义",实则又退回到了封建时代。

(二) 民初教育行政的需要

民国在几千年的封建废墟上立基,百纲待举,万物沐新,教育自不可能置身局外。1912 年,教育部颁布了《普通教育暂行办法》、"壬子癸丑学制"、《小学校令》《中学校令》《大学令》《专门学校令》《师范教育令》等一系列教育法令、教育政策,具体规范了各类学校的教育宗旨和学习科目,试图对清末教育进行全盘改革。如学堂一律改为学校,旧教材一律禁用,小学可男女同校,专设女子中学和职业学校,禁止小学读经,废除忠君、尊孔的教育宗旨,允许私人办学等,这些都体现了民主、男女平等的新气象。民国教育督导正是在这种新的政治、经济、社会背景下,通过纵向的历史沿革和横向的借鉴学习,在传承与变革、借鉴与否定中,从初创走向成熟。

教育督导适应教育行政的需要,是指作为"现代教育科学管理体系重要组成部分"[1]和教育行政内容及工作方法[2]的教育督导必须满足教育发展的需要,亦即"教育的需要",[3]并为教育事业的发展服务。民初"教育的需要"至少有两个层面的内涵。

一是推行"新教育"的需要。"新教育"正如蔡元培所讲,"民国教育与君主时代之教育,其不同之点何在? 君主时代之教育方针,不从受教育者本体上着想,用一个人主义或用一部分人主义,利用一种方法,驱使受教育者迁就他之主义。民国教育方针,应从受教育者本体着想,有如何能力,方能尽如何责任;受如何教育,方能具如何能力。从前瑞士教育家沛斯泰洛齐[4]有言:'昔之教育,

---

① 洪煜亮.教育督导及教育督导评估[M].北京:北京师范学院出版社,1993:序言.

② 孙绵涛在《教育行政学概论》中讨论了教育行政组织、人事、工作、效能等专题,并在第四篇第一章对教育督导作为教育行政的内容和工作方法进行了论述(参见:孙绵涛.教育行政学概论[M].武汉:华中师范大学出版社,1989:181—189)。台湾学者谢文全认为:"教育行政之需要教育视导,犹如人之需要耳目一般,不可或缺。故刘真先生云:'健全的教育行政应处处含有视导的作用;而有效的视导更必须深入于教育行政组织之中,以使其本身成为教育行政机能的一部分。'"参见:谢文全.教育行政[M].台北:文景出版社,1986:320.

③ 夏承枫指出:"近代各国急切地要求设立专管教育的机关,归纳地说,因为有三方面的需要:一、政治的需要;二、社会的需要;三、教育的需要。"参见:夏承枫.现代教育行政[M].上海:中华书局,1932:2—4.

④ 沛斯泰洛齐,现通译"裴斯泰洛齐"。

使儿童受教于成人;今之教育,乃使成人受教于儿童'。何谓成人受教于儿童?谓成人不敢自存成见,立于儿童之地位而体验之,以定教育之方法,民国之教育亦然。"①蔡元培在《对于新教育之意见》中提倡以人民而不是以政治为标准的教育,把教育的自由发展与社会的民主进步联系起来,并提出要培养当时国家和社会所需要的共和国民,必须实施军国民教育、实利主义教育、公民道德教育、世界观教育、美育"五育并举"的新教育方针。② 而"欲期教育目标之实现,须有健全之视导制度,妥善之视导方法"。③

二是维护政府行教育之政的需要。在民国38年的存续时间里,从教育宗旨、教育方针到教育机构、课程开设,从国民教育、社会教育到边疆教育、留学生教育,从学制到教育行政等领域,颁布了逾千部教育法规法令,而要确保这些教育法规法令得以贯彻执行,必须建立一套完善的监督制度,因为"从现代管理体制上来讲,对教育事业实行科学管理的保障是形成'三位一体'的教育行政管理系统,即决策系统、执行系统和监督系统。只有决策、执行两系统而没有监督系统,必然会使教育决策缺乏科学论证,执行缺乏检查监督","教育法规的制定就只能是纸上谈兵,教育法规也只是一纸空文"。④

(三) 民初的政治需要和社会需要

视学制度之于民初的政治需要,一定程度上说,是出于维护新政权和国家长远发展的需要,包含两个方面。

一方面是顺应中国社会大变的趋势,即"专制政治大变为民主政治,家庭经济大变为国民经济,宗法社会大变为国家社会,旧文化大变为新文化"。⑤ 特别是符合民国初期民主与法制建设的政治环境与诉求。一般认为,"国家的法律和制度,就是法制"。⑥ 法律制度"作为制度的典型形态","无疑是构成现代国家制度体系的基本要素"。⑦ 教育法制就是法制适用于对教育事务的管理和对教育关系的调整,⑧"是教育法律规范、教育法律制度、教育法律秩序的有机统一,

---

① 陈青之. 中国教育史[M]. 北京:东方出版社,2008:534.
② 参见:蔡元培. 蔡元培全集(第二卷)[M]. 杭州:浙江教育出版社,1997:9—19.
③ 国立编译馆. 教育行政(上册)[M]. 上海:中华书局,1948:148.
④ 刘淑兰. 教育评估和督导[M]. 上海:华东师范大学出版社,2000:198—199.
⑤ 陈翊林. 最近三十年中国教育史[M]. 上海:上海太平洋书店,1930:7.
⑥ 董必武. 论社会主义民主和法制[M]. 北京:人民日报出版社,1979:25.
⑦ 顾培东. 中国法制建设若干问题散论[M]//法制现代化研究(第2卷). 南京:南京师范大学出版社,1996:19.
⑧ 参见:郝维谦,等. 各国教育法制比较研究[M]. 北京:人民教育出版社,1999:1.

其内容包括教育立法、教育执法、教育司法、教育守法和教育法制监督"。① 民初，随着教育的独立、推广与普及，无论是统治阶层还是普通民众，都对教育有了更高的要求和期待，需要有一套维系、组织和管理教育活动的教育法规，以保证教育能满足各方面的需求。为了推行从受教育者本体着想、与君主时代不同之新教育，②提倡以人民而不是以政治为标准的教育，并把教育的自由发展与社会的民主进步联系起来，培养出国家和社会所需要的共和国民；③也为了推进从人治到法治的教育行政管理制度的转变与建立，民国政府及其教育部从教育宗旨、学校组织、学制到义务教育、师范教育等制定颁布了逾千部教育法规。④ 由于"学校较多，法令渐密，教课设备及教学方法，更觉日新月异，势非详细考查，即难免不减少教育效率"。更为着在教育领域冲破前清遗老及仇视共和、伺机复辟的顽固势力的抵抗与包围，推动维护共和政体的教育法规的贯彻执行，势必"须有健全之视导制度，妥善之视导方法"。⑤

另一方面，政治需要诚如夏承枫先生所言，现代政治家的目光已打破了"民可使由之不可使知之"的传统观念，而真实地承认"民为邦本"，于是深知民族精

---

① 邹渊．教育执法全书[M]．北京：民主与法制出版社，1998：252．

② 陈青之．中国教育史[M]．北京：东方出版社，2008：534．

③ 蔡元培．对于新教育之意见[M]//蔡元培全集．杭州：浙江教育出版社，1997：9—19．

④ 相关研究显示，1912—1927 年制定的教育法规约 340 件，1927—1937 年有 510 件，1937—1945 年有 560 余件，1945—1949 年则颁布了 130 多件（参见：李露．中国近代教育立法研究[M]．桂林：广西师范大学出版社，2011）。这些法规从横向结构来看，可分为教育行政组织、通则、国民教育（幼稚园、小学教育和义务教育）、中等教育、师范教育、职业教育、高等教育、社会教育、边疆教育和侨民教育等，法规内容几乎涉及教育的所有领域。从纵向结构来看，法规体系可分为五个层次。最高层次是宪法。第二层次类似于"教育基本法"，如《中华民国教育宗旨及其实施方针》等。第三层次是教育专门法，如《教育部官职令草案》《教育部组织法》《大学法》《专科学校法》《学位授予法》《中学法》《小学法》等。第四层次为"规程"和一些比较重要的单项"条例"，如《捐资兴学条例》《教育部教育研究委员会组织条例》等。规程是教育专门法的具体化。第五层次是大量的"规则""细则""办法"，一般是主要法规的配套法和有关某一问题的详细具体的规定，有很强的可操作性。不同层次的教育法规由不同机构颁布实施。第一、二层次由国民政府制定颁布实施；第三层次一般由教育部提请行政院审议通过，有的还须送立法院审议通过，由国民政府颁布实施；第四、五层次的法规由教育部以部令或训令公布。这样，五个层次自上而下形成了一个树形结构，上级法规是下级法规的主导，下级法规是上级法规的具体化。各层间通过教育目标这根主线相互贯通，彼此支持。

⑤ 国立编译馆．教育行政（上册）[M]．上海：中华书局，1948：148．对于教育视导在宣讲解释、监督推行教育政策法令中发挥的作用，民国学者有着普遍共识。如陆传籍认为，教育政策和法规既经决定，期能切实推行，才不有负使命。否则教育事业若不依政策而行，则违反法令事小，害国病民事大，然则如何使教师遵循法令切实推行，唯有赖视导的工作。从视导的工作之中，才可以知道教师、学校、教育机关是否遵循法令以行，因而可分别奖惩，予以鼓励或督促，同时从视导的工作之中，才可以解释各种法令的意义，使教师、学校、教育机关彻底明了。参见：陆传籍．国民教育行政[M]．上海：交通书局，1942：201．

神思想的团结一致乃巩固国家的要素。一个民族的存亡是寄托民族中的所有分子,不仅是如罗马所谓自由人负责,亦不是几个领袖或贤者所能完全负责的。根据这种理由,第一要统一团结民众的精神思想,第二要培养增进民族生存的能力。要达到这两种目的,教育机会不能凭民族中各个分子自己的命运,应由政府来管理支配,使得机会普遍而均齐;教育标准不能各行其是,应由政府建立各种教育制度以资准绳。夏承枫认为国家的生存和发展,需要全体国民的参与,更需要全体高素质国民的参与,而培养高素质的国民,关键在教育。

视学制度之于社会需要,正如夏承枫先生所解释的:"社会的范围逐渐扩大,内容愈加复杂,教育由家长的任务进步到社会的业务。进步到现代,要希望全民族中没有不受教育的分子,教育便成了新兴的繁重的企业。社会只能投资,乃不得不委托政府为有组织的计划和管理。至于过去的家庭教会和地方自谋的教育,因为事业的内容逐渐扩大,有力难胜任的情形,亦迫切地希望政府收回教育管理权。不能胜任的原因,一方面由于普及教育责任过重的关系;一方面由于教育本身的进步。课程不止于以前的读、书、算;学校种类为适应社会生活起见,亦不似以前的简单。这些都使得私人方面感觉能力不给,而需要专家来办教育;专管机关来主持一切。"①尽管夏承枫上面所讲的这段话析及的是建立独立、完备的国家教育行政机关的重要性以及教育行政制度的建设问题,但他在论述教育行政与视导组织的关系时指出,"视察指导为教育行政的主要功能。但视导必有相当的组织和地位,乃能实现其功能",②并强调,民国教育督导制度的建立"绝不是为了行政制度的点缀,更不是为人设事的骈枝机关"。③

上述观点论证了作为教育行政乃至国家行政组成部分的教育督导发生、发展的政治需求、社会需求和教育自身的需求,回应了民初视学制度在传承与变革中创立的历史必然和现实必然。而民初视学制度建立、视导工作开展后,也没有辜负其使命,对民国教育改革和发展产生了广泛影响,从评判教师、学校优劣,到为国家教育方针、地方教育政策、教育法规的制定出谋划策等,都发挥了应有的作用。废私塾,整顿专门学校,参与兴办和整顿实业教育及职业教育等督导实践,证明了民初视学制度对清末视学的弊端进行变革的必要性,以及视学作为教育行政机器上不可或缺的齿轮的重要性。

---

① 夏承枫.现代教育行政[M].上海:中华书局,1932:2—4.
② 同上:431.
③ 同上:4.

第三章

教育行政与督导机构

组织机构的作用向来受到重视,它是管理的一项重要职能,正如美国管理学大师彼得·德鲁克(Peter F. Drucker)所说:"没有机构,就不会有管理。但是,如果没有管理,那也就是一群乌合之众,而不会有一个机构。"①管理部门是现代组织的特殊器官,正是依靠这种器官的活动,才有职能的执行和组织的生存。

教育督导作为一种古老的教育管理手段,从周朝天子视学、汉代帝王幸学、北宋提举学事,到清末乃至民国的视学制度,在长期的教育管理运行中逐步形成一种督导机制。它属于教育行政管理的范畴,但又不同于一般的教育行政管理,表现在三个方面:一是管理的趋向不同。一般的教育行政管理,是教育行政部门在所辖行政区域内,根据政府的决策行使计划编制、政策设计、指挥实施、组织调度等职权的活动,是一种教育行为过程的管理;而教育督导,则是政府或政府授权的教育督导部门对下级政府及其教育行政部门的教育行政行为、学校的办学行为、教师的教育教学行为所实施的监督、检查、评估和指导的活动,是一种教育行为效应的管理。二是功能作用不同。一般的教育行政管理,其特点是将国家教育法规和方针、政策,通过教育管理使之具体化、社会化、体系化,具有决策与执行双重功能;而教育督导,其特点则是依据国家教育法规和方针、政策,对下级政府及其教育行政部门、学校、教师的工作进行执法评价,具有监督功能。三是运行方式不同。一般的教育行政管理,它的运行模式基本上是上承下续,是一种垂直的纵向活动,着力于推动工作,所以从步骤上看,是先有综合再有分解;而教育督导的运行模式基本上是左右比较,是一种平行的横向活动,着眼于判断工作,所以从步骤上看,是先有分解再有综合。正是由于这三个基

---

① [美]彼得·德鲁克.管理:任务、责任和实践[M].孙耀君,等,译.北京:中国社会科学出版社,1984:872.

本点的差异,教育督导与教育行政的关系表现出既相互联系又相对独立,教育督导不能脱离教育行政,教育行政不能替代教育督导。虽然"视察指导为教育行政的主要功能","但视导必有相当的组织和地位,乃能实现其功能"。①

　　教育督导作为现代教育管理的重要环节,与旧制幸学、巡历也有本质的差异。它强调对教学与管理具体环节的考察,并不断调整其与目标的差距。而旧式幸学、巡历侧重考察结果,一方面显示统治者对士林的关怀和恩宠,另一方面宣示中央政权对教育、文化的控制权。两者的区别实质上反映了不同时代教育视导的作用和地位的差异。

　　辛亥革命胜利、资产阶级共和政体建立后,"一方面由于普及教育责任过重的关系,一方面由于教育本身的进步","而需要专家来办教育,专管机关来主持一切"。1912 年,中华民国教育部成立,主持全国教育行政事务。"教育机会不能凭民族中各个分子自己的命运,应由政府来管理支配,使得机会普遍而均齐;教育标准不能各行其是,应由政府建立各种的教育制度以资准绳"。② 民国政府在 38 年的时间里,从教育宗旨、教育方针到教育组织、课程开设,从国民教育到社会教育等,颁布了逾千部教育法规法令,而要确保这些教育法规法令贯彻执行,必须建立一套完善的监督制度,因为"从现代管理体制上来讲,对教育事业实行科学管理的保障是形成'三位一体'的教育行政管理系统,即决策系统、执行系统和监督系统。只有决策、执行两系统而没有监督系统,必然会使教育决策缺乏科学论证,执行缺乏检查监督"。"教育法规的制定就只能是纸上谈兵,教育法规也只是一纸空文。"③民国教育督导作为"教育机器中不可缺少的齿轮",④在沿袭清末传统,借鉴西方经验的基础上,根据民初社会政治、经济、文化和教育发展的需要不断革新和完善。

　　机构,也称组织机构,泛指机关、团体或其他工作单位;或指机关、团体的内部组织。从比较的角度看,组织的内涵在不断变化和发展。虽然人们对机构本质的认识愈来愈深刻,但分歧也随之明显地扩大了。要对机构下一个一劳永逸、没有争议的定义几乎是不可能的,至少是一件很不容易、很吃力的事。好在本章要讨论的并不是没有限制的各种类型的机构,而是范围相对有限的民国教育部及省、县等教育行政部门设置的教育督导机构,这就为我们直接切入主题,开展讨论提

---

① 　夏承枫.现代教育行政[M].上海:中华书局,1932:431.

② 　同上:2—4.

③ 　刘淑兰.教育评估和督导[M].上海:华东师范大学出版社,2000:198—199.

④ 　霍益萍.法国教育督导制度[M].北京:人民教育出版社,2000:107.

供了方便,免去了在什么是机构、什么是教育行政机构、什么是教育督导机构这类概念上做文章的诸多麻烦。我们认为,在一个相对狭小的范围内观察和讨论民国教育督导机构的有关行为,值得关注的最重要的问题应包括:民国中央、省、县教育督导机构的历史沿革路径是什么? 各级教育督导机构有哪些职能? 各级教育督导机构的分工和协作情况怎样? 各级督导机构在民国教育的发展历程中发挥了什么作用? 等等。下面拟对这些问题加以探讨。

一、 教育部的沿革及中央视学机构

作为现代教育督导之滥觞,民国视学制度在纵向上沿袭历史传统,在横向上借鉴西方经验,形成了一套比较完备的体系。其中央视学机构从定员到置署,从裁撤机构到增冗人员等,制度有兴废,也在不断完善。尽管在执行过程中,时有视导人员徇私舞弊等丑陋现象,但民国时期构建的中央教育督导体系对推动和巩固民国教育革新和发展所发挥的作用不可低估。

(一) 教育部取代学部: 视学机构从置员到设署

在中央一级设立专管学术和教育的机构,在我国是很晚近的事。1905 年,清政府在中央设立了专门管理全国教育事务的机构——学部。此前,全国教育和学术事宜多由国子监、礼部等共同管理。1912 年 1 月 3 日,中华民国"临时政府成立于南京。中央教育行政根本改革,正其名曰教育部"。① 此改革系蔡元培参照欧洲国家,本着精简原则,循民主集权制思想进行。机构极为简单,除总长、次长由政府任命,其他工作人员概不呈请任命,均称部员。民国教育部以蔡元培出任教育总长,景曜月任教育次长。② 1 月 9 日,教育部在南京成立,直隶总统。1 月 19 日启用印信,3 月,教育部迁北京。③ "迨三月二十九日,唐总理在南京参议院宣布拟将任命之国务员姓名,仍以教育总长推蔡元培先生续任,旋得三十八票之同意。""三月三十日,临时大总统命令任命蔡元培为教育总长。四月八日,临时大总统命令,任命范源濂为教育次长。"④但"教育总长蔡元培,到京多日,先未莅任,缘次长范源濂以事去南。范在学部最久,于该部情形极为熟

① 蒋维乔.民初以后之教育行政[M]//陈学恂.中国近代教育史教学参考资料(中册).北京:人民教育出版社,1987:268.
② 教育杂志社.记事[J].教育杂志,1912,4(10).
③ 教育杂志社.记事[J].教育杂志,1912,4(10,12).
④ 教育杂志社.记事[J].教育杂志,1912,4(1).

悉,以及前有司员之贤否勤惰,无不周知。范于前日返京,蔡总长与之斟酌再四,遂于二十六日到教育部任,并派定十八人接受前学部事务"。① 1912 年 5 月 5 日,"教育总长出堂谕云,本部各厅司职员业经分别委任,兹定于五月六日开始办事。嗣后除星期日循例休假外,每日午前自九时至十二时,午后自一时半至四时半,为本部办事时间,望按时到部,各尽专责"。② 从教育部成立时拟定的《民国教育部官职令草案》,到 1912 年 8 月 2 日以临时大总统令公布实行的《参议院议决修正教育部官制》,以法令的形式使资产阶级共和国的中央教育管理机构从理论变为现实,确立了这一时期中央教育行政的基本构局。至此,民国教育部始步正轨。虽然后来部长官员频繁易人,但教育部作为"中央最高教育行政机关,始组织完全,沿用至十六年,无甚变更",③而且它对整个民国时期的中央教育行政都有影响。

1. 教育部视学设职定员

根据 1912 年 4 月《民国教育部官职令草案》,教育部设承政厅、普通教育司、专门教育司、实业教育司、社会教育司、礼教司、蒙藏教育司等办事机关。该草案没有提及设立视学机关,只是笼统规定教育部职员除各部官职令通则所定外,得置视学员、编纂员及技师、技手等。而且对视学名额、任职资格等均未作具体要求。同年 8 月公布的《参议院议决修正教育部官制》对教育部机构设置稍加变更,改承政厅为总务厅,原来的六个司仅保留普通教育司、专门教育司、社会教育司,尽管仍未设置专门视学机关,却明确规定设视学十六人,为荐任官,④承长官之命,掌学事之视察。而"教育部参事、佥事、主事定额,以部令定之"。⑤ 这不仅体现了对视学的重视,也为 1913 年《视学规程》的出台做了铺垫。

1913 年 1 月 20 日,教育部公布《视学规程》,对全国视学区的划分、视察的种类、视察时间、视察事项、视学的权限等作出具体规定。这是民国第一部教育督导单行法规,也是民国中央教育督导制度正式确立的标志,但该规程同样未提设置视学专门机构。有学者认为:"民国二年一月,教育部公布视学规程,规

① 陶英惠.蔡元培年谱[M].台北:台北中外印刷厂,1980:309.
② 教育杂志社.记事[J].教育杂志,1912,4(3).
③ 蒋维乔.民初以后之教育行政[M]//陈学恂.中国近代教育史教学参考资料(中册).北京:人民教育出版社,1987:270.
④ 民国时期官秩官等分特任、简任、荐任和委任四等。特任是由国民政府主席特别任命的高级官员,只设一级;简任是由政府主席选拔任命的官员,设八级;荐任是由机关(主要指五院各部、会及各省市)主管长官向政府主席荐请任命的官员,设十二级;委任是由机关主管长官直接任命的官员。
⑤ 教育杂志社.记事[J].教育杂志,1912,4(6).

定在教育部设视学室,并设视学专任官八人,负责视察教育行政、学校教育、卫生及有关学务职员执行任务、社会教育及设施状况等。这是民国时期设置教育视导机构和专任视导官员的开始。"①还有学者认为:"1912年4月,组成中央教育部,下分专门司、普通司、社会司和总务厅、参事室、视学处。"②甚至有人认为:"1912年1月教育部成立后,即在部内特设主持全国视学的专门机构和人员。"③我们以为,这些观点值得商榷。其一,从1912年1月至1913年1月,在民国中央政府和教育部颁布的法规法令中,一直未提设置专门视学机构,只在1912年4月颁布的《民国教育部官职令草案》中,规定教育部可根据事务繁简设特种机关。而对于这些特种机关中有无视学室或视学处,笔者所掌握的资料未见说明。其二,夏承枫在"民国初年教育行政组织系统图(民初至民六)"④中列出了专门教育司、普通教育司、社会教育司、总务厅、参事室及其他"特设"机构名录,未见视学室或视学处,只注明"视学十六人"。如果当时教育部内已设立与参事室及其他"特设"机构并列的视学机关,相关文献不会只提其他机构名称,而忽略视学室或视学处,或只提及视学的具体人数。其三,作为民国教育部主要创始人之一的蒋维乔曾回忆说:"南北统一而后,元年四月,……正式改组教育部。总次长以下,设参事三人。承政厅设秘书长一人,分文书、会计、统计、建筑四科。编纂、审查二处。设普通、专门、社会三司。""同年八月,依修正教育部官制,改承政厅为总务厅,设秘书、编纂、审查三处;文书、会计、统计、庶务四科。三司仍旧。""二年一月,公布视学规程,全部计参事四人、司长三人、秘书四人、视学十六人。"⑤这份回忆录详细记载了民国教育部建立之初部内机构设置及调整情况,没有提及视学室或视学处。鉴于蒋维乔的特殊身份,其内容的准确性几乎未受质疑,并作为研究民国教育的重要史料被收录或引用。笔者以为,1912年民国建立之初教育部内有视学职务之设,却无专门视学机构。正如梅汝莉等人所言,"当时部内的视学官,约半数以上在各司任事,不是专在视学室工作"。⑥

2. 设署视学机构

1913年3月28日公布的《视学处务细则》,对视学外出视察时食宿、出发前

① 熊明安. 中华民国教育史[M]. 重庆:重庆出版社,1990:318.

② 毛家瑞,汪仁. 我国教育视导制度的历史沿革[J]. 教育评论,1986(6).

③ 江铭. 中国教育督导史[M]. 北京:人民教育出版社,1994:114.

④ 夏承枫. 现代教育行政[M]. 上海:中华书局,1932:408.

⑤ 陈学恂. 中国近代教育史教学参考资料(中册)[M]. 北京:人民教育出版社,1987:270—271.

⑥ 梅汝莉. 中国教育管理史[M]. 北京:海潮出版社,1995:244.

应行准备事项、视察行程、视察顺序、视察后的报告等作了具体规定。① 这可能才是我国最早提及中央专职视学机关的规程,在述及此后民国教育部组织系统的文献中便常见"视学处"这一机构。② 同年12月30日的《视学留部办事规程》规定:"本部设视学会议处,为各视学集合讨论之所。"视学会议处应行讨论之事包括关于视察区域内发生之事项应行提议者,总次长及参事各厅司交议者,其他教育上之应行讨论者。同时规定:"教育总长得于视学中,指任驻处专员管理视学会议事务并一切文件。""视学会议处,设书记一人,司收发钞录等事。"③ 1914年7月11日公布的重新修正教育部官制,除了各厅司所掌事务有所增加外,教育部内设机构未见改变,只对教育部司长、秘书、视学、佥事、主事等名额作了具体规定。而且"其内容组织,似较前简单,而分科规程则较从前为详"。这一官制,"北京政府一直沿用到民国十六年试行大学院制止"。④ 同年12月24日颁布的《视学室办事细则》又重新界定视学室职责,内容变化不大。可以推断,视学室应该在视学会议处后设立,而且是视学会议处的常设办事机构。正如该细则第一条开宗明义:"本室办事细则,依本部《视学留部办事规程》规定之。"⑤在述及此后民国教育部组织系统的文献中,"视学室"这一称呼便屡见不鲜。如张季信在1928年8月出版的《教育行政》第24—25页"教育部之组织及其职务"附表中,⑥列出视学室,并与参事室等机构并列。在1934年出版的《中国教育行政大纲》中,张季信不仅列出了视学室,其名下工作职责亦与《视学规程》相同。⑦

至此,基于1913年的《视学规程》《视学处务细则》《视学留部办事规程》和

① 参见:教育部总务厅文书科.教育法规汇编[M].北京:教育部总务厅文书科,1919:25—27.

② 例如,朱有瓛主编的《中国近代学制史》认为:"教育部直隶于大总统,管理教育、学艺及历象事务。下设普通教育司、专门教育司、社会教育司,及参事室、视学处等机构。"(参见:朱有瓛.中国近代学制史(第三辑,上册)[M].上海:华东师范大学出版社,1990:81—82.又见:朱有瓛,戚名琇,钱曼倩,霍益萍.中国近代教育史资料汇编·教育行政机构及教育团体[M].上海:上海教育出版社,1993:附录,"教育部组织系统图")。有学者在编制"国民政府成立前教育部组织系统表"时,将视学处与总务厅、专门教育司、社会教育司、普通教育司、参事室列为平行机构。刘德华主编的《中国教育管理史》亦指出:"除上述教育行政主干组织外,教育部下辖机构还有中央观象台、京师学务处、参事室、视学处等附属机构。"参见:刘德华.中国教育管理史[M].郑州:河南教育出版社,1990:369.

③ 教育部总务厅文书科.教育法规汇编[M].北京:教育部总务厅文书科,1919:28—29.

④ 张季信.中国教育行政大纲[M].上海:商务印书馆,1934:89.

⑤ 教育部总务厅文书科.教育法规汇编[M].北京:教育部总务厅文书科,1919:29.

⑥ 参见:张季信.教育行政[M].南京:南京教育合作社,1928:24—25.

⑦ 参见:张季信.中国教育行政大纲[M].上海:商务印书馆,1934:89.

1914 年的《视学室办事细则》,"部视学之规章遂以确立",①逐步形成了较为完整的教育部视学管理制度,它成为整个中央教育行政管理体制的一个有机组成部分。

鉴于部视学对高等专门以上学校顾及欠周,又因当时私立学校纷纷升格为大学,专门学校发展迅速,且各种学校程度参差不齐,需经教育部认可,而教育部视学因学识、经验所限,很难胜任高等专门以上学校视导,致"视察之结果有为学问所限莫能赞一辞者",加之"外人所设学校,大都按照外国办法,其课程类用西文教授,试卷亦多用西文,自非派有学问之西洋留学生不能当视察之任",②教育部遂于 1920 年 12 月 31 日颁布《专门以上学校视察委员会规程》,成立专门以上学校视察委员会,设常任委员八人,指派教育部部员充任,临时委员若干人,或由教育总长延聘或指派部外相当人员充任。并规定,视察委员会得在本部设立事务处,视察委员会设主任一人,由教育总长指派专门教育司司长兼任之,视察委员会设干事二人,由教育总长派部员兼任之。③ 由于这些视学委员多为临时性质,且大多数是兼职,其实际发挥的作用受到怀疑。1921 年初,专门以上学校视察委员会正式成立,教育部任命秦汾(参事)、任鸿隽(司长)、秦锡铭(佥事)、范鸿泰(佥事)、朱炎(佥事)、陈容(编审员)、万兆芝(编审员)七人为专门以上学校视察委员会委员,任鸿隽为主任。此七人均为教育部部员中曾留学外国而有学问者。另派部员胡家凤、李蒪兼视察委员会干事。④ 事务处附设在专门教育司内。实际上此时在教育部内出现了两个视学机构,一个独立设置,一个附设于专门教育司。1921 年 2 月 1 日颁布的《专门以上学校视察委员会视察细则》对视察委员的视察事项、视察过程、视察时应行注意点作了明确规定。专门以上学校视察委员会视察的专门以上学校包括:国立、公立及曾经教育部认可的私立专门以上学校,正在向教育部申请认可的私立专门以上学校,未经教育部认可的私立专门以上学校等。视察委员在视察某所学校时,应注意学校行政、经济、设备、教职员工作、所设科目及学科分配、学校原定工作计划及其他应行注意之事项。视察某种学科时,应注意该学科内容,设备条件,教员资格、学识和教授法,学生对于学科的兴趣等。⑤

① 姜书阁. 中国近代教育制度[M]. 上海:商务印书馆,1934:68.
② 教育杂志社. 记事[J]. 教育杂志,1921,13(2).
③ 参见:教育杂志社. 教育法令选[M]. 上海:商务印书馆,1925:95—98.
④ 参见:张季信. 中国教育行政大纲[M]. 上海:商务印书馆,1934:89.
⑤ 参见:教育杂志社. 教育法令选[M]. 上海:商务印书馆,1925:109—110.

但到民国后期,由于高等教育机关之视察多限于学校事务、学校财务、学校行政等方面,而缺乏对学科教学和教师辅导的实实在在的推助作用,因此,当时有学者提出没有必要设置高等教育视察委员会,可由教育部之高级职员轮值出发至各高等学校视察,甚至教育部设置专任视导人员也没有必要,部督学可以撤销。惟教育部仍设督学处,为全国教育视导工作统整机关。[1]

(二)从教育行政委员会到大学院:"督学"名存,机构暂废

1."督学"名存

1925 年 7 月 1 日,广州国民政府成立。次年 3 月 1 日,广州国民政府教育行政委员会成立,下设行政事务厅,内分秘书处、参事处、督学处。督学处设督学若干人,掌理教育法规之编订、法规实施现状之监督视察及教育行政上人事财务之监督审核事项。虽然督学处未正式成立,但作为一个独立的办事机构,在行政编制上得到了认可。据此,许多学者认为,这是中国负责视察指导的视学人员统称"督学"的开始。如孙邦正认为:"委员之下,设行政事务厅,以参事、秘书、督学三处构成之。""然督学室并未成立,但'督学'名称实肇端于此。"[2]毛家瑞等也认为广州国民政府"1926 年 3 月在广州成立教育行政委员会,会内设行政事务厅,厅内分参事、秘书、督学三处,这是我国督学名称的开始"。[3] 我们认为这一说法不够确切。

首先,杜定友在 1925 年出版的《国民教育指导法》弁言中谈道:"民国十一年九月,广东全省教育委员会改视学制为督学制,以实行学校指导方法。委员长与诸同事,以坊间缺乏督学用书,爰嘱定友编辑是籍,以应改组之需,及省县督学参考之用。定友不敢藏拙,历五阅月而脱是稿。惟督学事务,至为繁琐;于中国固属创举,即欧美诸邦亦鲜专书。定友乃于教育行政书中抽辑成册,略述督学之职务与指导学校教育之方法,以备教育行政人员、督学、视学及师范学生之参考。是书仅列纲要,未能详纂。此外,督学宜研究者甚多,是书各章,均详注有参考书目,阅者其自行参阅可也。"[4]此处,杜定友提及广东省教育委员会在 1922 年 9 月已将视学制改为督学制,而且该书多用"督学",或将"督学"与"视学"通用,说明在 1922 年或更早时候,广东已称省视学为省督学,至少在当时,督学、视学在广东已经通用。

---

① 参见:常道直.教育制度改进论[M].南京:正中书局,1947:70.
② 孙邦正.教育视导大纲[M].上海:商务印书馆,1944:14.
③ 毛家瑞,汪仁.我国教育视导制度的历史沿革[J].教育评论,1986(6).
④ 杜定友.国民教育指导法[M].上海:中华书局,1925:弁言.

其次,蒋维乔于 1923 年 7 月在为该书所作的序言中称:"杜君定友留学菲律宾大学,研究教育行政有年,既归国,广州当局界以省视学长及督学主任未就,而以暇时编辑学校教育指导法一书报之。"①由此不难看出,当时不仅有督学,更有督学主任一职。

再次,据《甘肃教育史志资料》记载,甘肃于"1917 年省教育厅成立后,视学改为督学,正式建立了教育厅督学处,在原有省视学 6 人的基础上又增设省督学 2 人"。② 可见我国视学改称督学,严格地讲,在部分地区,视学称为督学,或省视学称为省督学,应早于 1921 年,而与现代意义上的"督学"一词含义相近或相似的提法则出现得更早。③

1927 年 4 月 18 日,国民政府定都南京,即电招原广东国民政府教育行政委员会的部分委员北至上海。④ 4 月 27 日,国民党中央政治会议决议通过吴稚晖的提议,添请蔡元培、李煜瀛(石曾)、汪兆铭三人为委员。5 月,蔡元培、李煜瀛、褚民谊三人被推选为常务委员。同年 6 月,国民党中央政治会议通过《国民政府教育行政委员会组织法》,中央教育行政委员会始告成立,"掌管中央教育行政机关,并指导监督地方教育行政",⑤有统揽全国教育行政之权。但该委员会并未真正行使职权,旋即为中华民国大学院取代。这一时期的中央视学机构,正如张季信所言:"实则国民政府初次建立,又值军政时期,应兴应革之事,百般待举。教育改组,尚未就绪,故视察成绩,无系统可言,诚意中事耳。"⑥

2. 视学机构暂废

1927 年 6 月 13 日,随着"东南底定,教育建设,渐觉需要",⑦国民党中央执行委员会第 105 次政治会议通过教育行政委员会的提案,撤销教育行政委员会,仿法国大学院制,在中央组织中华民国大学院,挂牌于南京,作为全国最高

---

① 杜定友. 国民教育指导法[M]. 上海:中华书局,1925:弁言.

② 沈配功. 现代教育督导资料选[M]. 兰州:甘肃教育出版社,1988:26.

③ 例如,作为晚清学部附属机构的京师督学局中所用的"督学"一词。更早如,唐朝中央政府为督察士子之德行,在各府、州、县设立的督学官,把"天子视学"扩大为学官"督学","督学"一词在历史上正式登场。

④ 北伐开始后,革命步步胜利,不久会师武汉,国民政府乃由广州移至武汉,惟有教育行政委员会仍留广州;斯时教育行政委员会既不能与政府俱迁,而留守广州则无事可办,于是相继星散,委员会遂形停顿。1927 年 4 月 18 日,留守广州的教育行政委员会承南京政府之命北上至沪,并在沪设立机关,另在南京设立办事处。

⑤ 中国第二历史档案馆. 中华民国史档案资料汇编[第五辑第一编·教育(一)][M]. 南京:江苏古籍出版社,1994:22.

⑥ 张季信. 中国教育行政大纲[M]. 上海:商务印书馆,1934:185.

⑦ 薛人仰. 中国教育行政制度史略[M]. 台北:中华书局,1983:153.

教育学术及教育行政机关。6月17日,蔡元培任大学院院长。7月4日,国民政府公布《中华民国大学院组织法》,规定:"中华民国大学院为全国最高学术教育机关,直隶于国民政府,依法令管理全国学术及教育行政事宜。"且"大学院对于各省及各地方最高级行政长官之执行本院主管事务,有指挥监督之责"。① 大学院设院长一人,综理全院事务,下设秘书处、总务处、高等教育处、普通教育处、社会教育处和文化事业处,负责处理日常行政事务,管理各级各类教育。另设中央研究院、图书馆、博物院、美术馆、观象台等国立学术机关及各种专门委员会,以开展科学研究,推进学术进步。还设有大学委员会,作为最高评议机关,从事立法和审议等工作。是年10月1日,大学院正式成立,并在地方试行大学区制。

《中华民国大学院组织法》对大学院内设备部门员额及职责作了具体规定,但未明确大学院组织系统中视学名额,更未设立教育视导机构,对原视学的去留也未加说明。刘文修先生在考察民国教育督导制度演变时说:"1927年,国民党建都南京,成立中华民国大学院,管理全国学术及教育行政事宜,未设督学或视学。"②对此,张季信批曰:"自改组大学院后,对于视察之职务,将来临时增设,或另行设法代替,均未言及。中央视察制度曾一度于教育行政组织系统上,失去其相当之位置。"③孙邦正亦持相似观点,认为"中华民国大学院,管理全国学术及教育行政事宜,未曾设置督学或视学"。④ 当时还有不少教界专家、学者也对此提出质疑:"今以大学统属中小学,处处以大学为主体,中小学为附属品;法国大学内部,固另有评议会主持之,至全学区之行政,则亦有学区评议会及最重要之视学,分担立法与执行之责任,今浙江大学区或无评议会之设置,或并无视学之设置,仅由大学一部分支配全省教育,在江苏已处处发生困难,有妨碍中小学教育之危险。"⑤难怪张季信在评价大学院制时不无担忧地说:"法国视学制度最为完密,视察人员训练尤为严格,吾国采其教育行政制度,对于视学独缺,吾则有未解。夫视学制之存废,应以视学之本身有无功效为断,教育部视学制之不良,无可讳言。然视学为中央教育长官之耳目,三民主义教育之宗旨,地方是否实行,与其实行之程度如何,均须藉视学之调查,以为整顿之根据。将来恢复

---

① 中国第二历史档案馆.中华民国史档案资料汇编[第五辑第一编·教育(一)][M].南京:江苏古籍出版社,1994:33—34.
② 刘文修.教育管理学[M].石家庄:河北教育出版社,1996:330.
③ 张季信.中国教育行政大纲[M].上海:商务印书馆,1934:185.
④ 孙邦正.教育视导大纲[M].上海:商务印书馆,1944:14.
⑤ 教育杂志社.反对大学院制之继起[J].教育杂志,1928,20(9).

视学制度,予深望之。"①就连赞誉大学院制为"创举"的学者也认为:"本期的行政运行,明显地与过去不同之处,乃是偏重'计划'与'执行'的行政历程,而忽视了'考核'的步骤,将过去之视学处与省视学取消,虽可淡化了科层体制的色彩,但未必有助于行政绩效之提高。"恰如孙邦正断言:"自十六年至二十年七月期间,中央视学制度暂时废置。"②

这一结论基本符合历史事实。但我们认为有三点须补充说明,以免失之公允。其一,大学院时期虽然没有专设视学机构,也没有任命专职视导人员,但为了实地调查及倡导华侨教育,开展侨教督导,中华民国大学院于1928年2月颁布了《大学院驻外华侨视学员条例》,其职责包括调查所属华侨学校子弟求学情形,以及所办通俗教育事业,并依据华侨教育委员会所定表格,随时填报;视察所属侨校办理情形及通俗教育状况等,并依据华侨教育委员会所定表格,随时填报;所属有设立侨校之必要时,应由华侨视学员随时提倡设立,并将其情形报告华侨教育委员会;指导华侨办理教育方法,并随时将指导情形,报告于华侨教育委员会;通告所属侨校向华侨教育委员会登记事项;转达华侨请求华侨教育委员会办理教育事项等。同时规定驻外华侨视学员均为义务职,分区聘任,并强调驻外华侨视学员之地位介于华侨教育委员会与华侨之间,其任务极为重要。1929年召开的华侨教育会议还提出改良领事馆组织,主张:"领事之职责所在除商务保护指导外,应致力提倡教育。领馆之组织宜令适合于办理侨民教育,使领事官一面为商务官,一面为学务官。"③同时对侨教视学人员的素质也提出要求,"应随时遴派在海内外有资望的同志,分别前往各侨胞所在地,宣扬政府意旨,加以抚慰",并"宜遴派当地资深同志兼任视导人员,必要时中央亦应选派适当人员前往督促"。④

从实际执行情况看,《大学院驻外华侨视学员条例》的颁布以及后来侨教会议的召开,并非虚张声势或装饰门面,而是缘于近现代视察侨校、侨教的传统。如:1905年,两广总督岑春煊派刘士骥到南洋负责召集学务会议,敦促兴学。此后,清政府又陆续派汪凤翔、林文庆、钱恂、董鸿祎、陈华、林鼎华等人去南洋,或协助成立学务总会,或调查华侨教育情形,或宣讲中国传统文化。⑤ 1915年

---

① 张季信.教育行政[M].南京:南京教育合作社,1928:87.
② 孙邦正.教育视导大纲[M].上海:商务印书馆,1944:14.
③ 中国第二历史档案馆.国民党中央民众训练部华侨教育会议宣言[M]//中华民国史档案资料汇编[第五辑第一编·教育(二)][M].南京:江苏古籍出版社,1994:986.
④ 毛起雄,林晓东.中国侨务政策概述[M].北京:中国华侨出版社,1993:62—63.
⑤ 参见:刘锦藻.清朝续文献通考(第113卷)[M].杭州:浙江古籍出版社,1988:8717.

12月2日,教育部呈国务院核议陈守元请派司员驻督南洋荷属华侨一案,并请求"毋庸置议"。提案云:"惟荷国政府对于南洋华侨限制綦严,即本部派遣南洋华侨学务视察员与外交部往复咨商,尚拟将'视察'字样改为'游历',以免另生枝节,且本国亦无在外国领地设置行政机关之理,该生呈请特派司员,不无窒碍。"①当时广东省教育厅鉴于南洋华侨中广东省籍者占百分之八十以上,侨胞学校大多数为粤人经营,加之侨生每年回粤升学、转学者日益增加,认为自非详加视察,不易明了其实际情形。遂多次派员亲往南洋菲律宾、马来西亚、泰国各属视察。通过视察得知侨校经费多形拮据,设备多属简陋,课本多欠适用,师资多不合格。《大学院驻外华侨视学员条例》是试验大学院时期对民国教育督导制度的一项贡献,它与1945年颁布的《教育部设置边疆教育督导员办法》一样,使民国教育督导制度更加完整。

其二,中央教育行政机构由大学院恢复教育部后,尽管许多试行大学区制的省教育行政机构还没来得及恢复教育厅,教育部为了弥补试行大学院制期间对教育督导工作的淡化,迅速采取纠偏与补救措施,于1929年2月2日颁布《督学规程》,要求各大学区、各省教育厅设督学4—8人,各特别市教育局设督学2—4人,承主管教育行政长官之命,视察及指导各该管区域内教育事宜。虽然该规程与1918年《省视学规程》及《县视学规程》相比并无多少新意,甚至可以看作是对1918年的这两个规程的重申,且随大学院制试验的停止,该规程也没有得到很好的落实,但至少反映出此时中央教育行政机关已开始重视视学制度的恢复和重建。

其三,在试行大学院时期甚或取消大学院恢复设立教育部之初,教育部的视察工作虽无专人负责,但教育视导工作几未停滞。如1929年1月,教育部令派科长谢树英、赵乃逦视察文化大学,派杨廉视察四川教育状况。同年4月27日聘胡刚复,令派参事孟寿椿、司长陈剑俯、科长钟灵秀视察上海私立大夏大学。1930年1月6日,令科长谢树英、秘书金涂视察上海私立法政学院,令派代次长黄建中、司长朱经农视察上海私立中国公学。同年3月5日,令派科长戴应观前往北平,视察私立朝阳大学、私立中国大学、私立协和大学,并调查私立艺术专科学校事件、香山慈幼院请拨庚款案、北平大学女附中改隶女子师范学院争执案等。同年3月15日,教育部令广东省教育厅长金曾澄视察私立岭南大学,令派戴应观科长调查国立北洋工学院和私立南开大学。同年6月7日,

---

① 教育杂志社.记事[J].教育杂志,1915,7(1).

教育部令科员沈庆炽随江苏省教育厅所聘专员、中央大学农学院院长王善佺、浙江大学工学院教授陈庆棠、教育部医学教育委员会委员金宝善等视察私立南通大学,等等。

可以确言,虽然在试行大学院时期民国中央教育督导机构的设置被暂时废止,教育督导工作就整体而言处于停滞状态,但具有临时性、突发性、随机性的教育部督导工作仍能断续开展,而此间地方教育官厅的督导工作大多正常进行。

(三) 教育部的恢复及其督导机构

1. 大学院制试行失败

大学院的设置是因为"我国教育之行政机关,素为政客官僚所把持,任用人员,不求专才,贪污、土劣,人尽可官,一朝在位,辄思幸进,既乏专业之训练,自无建树之计划,是以终使行政机关,充满官气,办事人员,尽属腐化"。① 特别是"教育部处北京腐败空气之中,受其他各部之熏染;长部者又时有不知学术教育为何物,而专骛营私植党之人,声应气求,积渐腐化,遂使教育部名词与腐败官僚亦为密切之联想"。此所以"舍教育部之名而以大学院名管理学术及教育之机关也"。② 加之"近来官僚化之教育部,实有改革之必要。欲改官僚化为学术,莫若改教育部为大学院",③以体现教育决策科学化、教育行政独立化和教育规划民主化的诉求和理想。但由于理想过高,期以学术领导行政,使教育行政学术化,其结果因人谋不减,反使学术机关官僚化,非但未能增高效率,且使行政效能日趋低落,以致中央大学院制和地方大学区制实行不久便招致各界批评。

有人从政治背景出发,甚至对"中华民国大学院"的名称提出了质疑。如1928 年 8 月初,中执委经亨颐等人咄咄逼人地质问:"大学院的机关明明列在国民政府组织案中,当然在国民政府之下,和其他各部院同一性质,何以大学院门前所悬的招牌,不称国民政府大学院,大书特书而曰中华民国大学院? 是否表示教育独立,大学院和国民政府并列……难道教育独立必须独立在国民政府之外?"④朱霁青等人在国民党二届四次全会上提出的《设立教育部案》,也对大学院制的实施状况及其理论基础直接发难,该案云:"国民政府所以舍教育部之名

---

① 薛人仰. 中国教育行政制度史略[M]. 台北:中华书局,1983:154.

② 蔡元培. 发刊词[J]. 大学院公报,1928,1(1).

③ 中国蔡元培研究会. 提议设立大学院案[M]//蔡元培全集(第六卷). 杭州:浙江教育出版社,1997:39.

④ 中国第二历史档案馆. 中华民国史档案资料汇编(第五辑第一编·教育)[M]. 南京:江苏古籍出版社,1994:46—47.

改为大学院,据公报蔡院长发刊辞所称,仅仅因教育名词与腐败官僚为密切之联想。如此原因,大可不必! 其他各部岂可任其腐致? 应一律改为大什么院? 但腐败不腐败在人而不在机关之名。"①

实际上,在一定历史条件下,教育无法完全独立于社会政治之外。实行大学院制的一个重要目的就是要使教育独立化,教育独立的核心在于获得独立的地位,不受政党与宗教的把持。这一思想的提出旨在摆脱政治干预教育行政管理的状况,在理论上是成熟的,然而实际执行起来却与理想大相径庭。特别是南京国民政府在取得北伐胜利后,提出"以党治国"的口号,强调"军政统一""思想统一",在教育领域厉行"党化教育",而此时"要求经费独立,立法独立,人事独立"的大学院就显得不合时宜,与训政党治精神格格不入,必然招致国民党中央和各级党部的激烈反对。也有人从大学院制与教育行政的关系置评,提出:"大学与教育行政两套班子各自为政,行政效率降低,加重大学校长负担,影响大学教育教学。且大学教育教学畸形发展,学校偏重学术轻视教育,教育经费分配倾斜,造成基础教育与高等教育的矛盾。"②姜书阁认为:"在大学院最初之组织中,其大部分力量均集中于学术研究方面,其实际应付全国教育行政事务者,只教育行政一处,……此种组织法虽在矫正一向教育行政之官僚化,而使其变为学术与行政融而为一的机关,但矫枉过正,遂使行政方面不足以应付实际问题。且教育行政之内部各组,于事业之轻重、范围之大小,颇久斟酌。以故实行上颇感困难,不能不亟亟修改。"③孙邦正在整理中国近现代教育时写道:"大学院制之特色,在于使学术研究机关与教育行政机关结为一体,使教育行政具有学术气氛。但实行以后,二者难以兼顾。因此,实行不到二年,遭受各方反对。"④

2. 恢复教育部

在各方强烈反对下,1928 年 8 月 17 日,蔡元培辞去大学院院长一职。同年 10 月 8 日,国民党中央常务委员会召开第 173 次会议,决议改组国民政府,依据孙中山《建国大纲》构想,实行司法、立法、行政、考试、监察五院制,行政院下设八个部(后增为十个部),教育部为其中之一。10 月 25 日,国民政府行政院成

---

① 中国第二历史档案馆.中华民国史档案资料汇编(第五辑第一编·教育)[M].南京:江苏古籍出版社,1994:46—47.

② 李才栋,谭佛佑,张如珍,李淑华.中国教育管理制度史[M].南昌:江西教育出版社,1996:636—637.

③ 姜书阁.中国近代教育制度[M].上海:商务印书馆,1934:48.

④ 孙邦正.六十年来的中国教育[M].台北:正中书局,1974:124.

立,蒋梦麟被任命为南京国民政府首任教育部长。随后,蒋梦麟呈请行政院批准,任命了教育部常任次长、政务次长和各司司长。自此,南京国民政府新的中央教育行政机构——教育部宣告恢复成立。同年11月1日,国民政府下令所有前大学院一切事宜均由教育部办理。根据1928年12月11日国民政府公布的《中华民国教育部组织法》,教育部下设总务司、高等教育司、普通教育司、社会教育司和编审处,并设秘书处和参事处,作为教育部的基本职能机构。其人员构成包括部长1人,政务次长、常任次长各1人,秘书4—6人,参事2—4人,司长4人。① 次年7月1日,国民党中央执行委员会第二次全体会议明令停止大学区试验,恢复原制。大学院和大学区试验②遂告终止。但1928年12月11日,国民政府公布《中华民国教育部组织法》,"大学院废除,改设教育部,仍未设督学及教育视导人员。如遇视导事宜,多就部员中临时指派。"③

3. 设置督学,重建督导机构

《中华民国教育部组织法》自1928年公布后,为了适应战前教育发展、战时教育维持和战后恢复重建的需要,至1947年2月12日,前后经历10次修正。此间,教育部督导机构的设置及视导人数的增减亦随之变化,其变化情况见表3-1。④

表 3-1 《中华民国教育部组织法》修正概况一览表

修正次别	修正时间	主要修正内容
第一次	1929年 10月1日	1. 增设蒙藏教育司及华侨教育设计委员会;2. 增司长为5人。
第二次	1931年 2月21日	常任次长改为常务次长。

① 参见:陈东原. 第二次中国教育年鉴(第二编·教育行政)[M]. 上海:商务印书馆,1948:11—12.

② 有学者将1927—1928年称为我国教育行政的"试变时期",并评价大学院制,"在我国教育制度史上实属创举,在当初来说亦试办性质"。经亨颐等人在批评大学院制,建议仍拟改设教育部时也提出:"大学院制本是试行,据目前事实试验之结果,可谓专注重学术,忽视教育。"参见:中国第二历史档案馆. 中华民国史档案资料汇编(第五辑第一编·教育)[M]. 南京:江苏古籍出版社,1994:46—47.

③ 刘文修. 教育管理学[M]. 石家庄:河北教育出版社,1996:330.

④ 本表主要根据以下材料编制:陈东原. 第二次中国教育年鉴(第二编·教育行政)[M]. 上海:商务印书馆,1948:12—14. 中国第二历史档案馆. 中华民国史档案资料汇编(第五辑第一编·教育)[M]. 南京:江苏古籍出版社,1994:63—65. 中国第二历史档案馆. 中华民国史档案资料汇编(第五辑第二编·教育)[M]. 南京:江苏古籍出版社,1997:65—68. 顾明远. 中国教育大系·历代教育制度考(民国篇)[M]. 武汉:湖北教育出版社,1994:2187—2188.

修正次别	修正时间	主　要　修　正　内　容
第三次	1931年 7月6日	1. 增设督学4—6人,视察、指导全国教育事宜;2. 规定科长为14—18人,科员80—110人,分掌各科事务;3. 规定各级人员之任别,部长特任,次长、司长、参事、秘书2人及督学2人,简任,秘书、督学、科长荐任,科员委任。
第四次	1933年 4月22日	裁撤编审处,改设国立编译馆。
第五次	1935年 5月18日	1. 督学增为6—10人,科长改为14—16人,科员改为80—106人;2. 督学改为4人,简任。
第六次	1936年 10月31日	1. 增设会计主任、统计主任各1人,办理岁计、会计、统计等事项,受部长之指挥监督,并直接对国民政府主计处负责;2. 科长增为14—18人,科员增为80—110人。
第七次	1940年 11月16日	1. 裁撤普通教育司,分设中等教育司与国民教育司;2. 改会计室为会计处,会计室主任改称会计处处长;3. 删除大学委员会及华侨教育设计委员会之组织法条文;4. 秘书增为6—8人,参事增为3—5人,司长增为6人,督学增为8—16人,科长增为18—24人,科员增为100—140人;5. 增设视察员16—24人、技士2—4人,于事务必要时可酌用雇员。
第八次	1943年 1月7日	1. 裁视察员;2. 督学增为30—40人,4人简任,6人聘任,余荐任。
第九次	1944年 7月15日	1. 增设人事处,置处长1人,简任,掌理人事管理事务;2. 改统计室为统计处,统计室主任改称统计处处长;3. 增设办事员25—35人,必要时得聘用人员20—32人;4. 科长增为22—30人,科员增为128—188人;5. 秘书改为3人,简任。
第十次	1947年 2月12日	1. 增设国际文化教育事业处,处长1人,简任;2. 科长减为22—24人,科员减为77—125人,办事员减为21—27人。

1931年7月6日,教育部公布《修正教育部组织法》,规定教育部设督学4—6人,视察及指导全国教育。恢复教育部专任督学,但员额较前大减。8月31日,教育部公布《教育部督学规程》,对部督学视察指导事项、任职资格、职务权限等作出规定。同年9月23日公布《教育部督学办事细则》,其中第二条规定,督学应置办公室,由部长于督学中轮流指定一人处理一切事务,并酌设科员、书记佐理之。这标示着中央教育督导机构正式恢复重建,其应办事项包括:督学室往来文件之分配;各督学报告表册之整理;督学室报告簿册之保管;视察登记及稽核;各种会议之通知及记录;视察特刊之编辑,等等。根据《教育部督学办事细则》的相关条文,督学室的职能较民国初年视学室的职能更全面、更具

体。但随后由于德、意在欧洲吞并扩张,日本在亚洲侵略掠夺加剧等国际形势的恶劣变化,以及从"九一八事变"到"七七事变"抗日战争全面爆发,国民政府机构开始裁减人员并撤退至后方,加之战前人心惶惶,战时人员流动频繁,教育部督学室一度解散,至 1940 年 6 月才恢复。

抗战爆发后,为了办理战区各级学校学生转学及借读,组织战区中小学教师服务团,登记专科以上学校学生并分发到后方各学校借读,收容由战区退出之中小学教职员及地方教育行政人员,清理战区各省市教育存款等,①1935 年 5 月,第五版《修正教育部组织法》将督学编制增至 10 人,随后几年,教育部督学人数不断增加,从 1935 年的 6—10 人,增加到 1940 年的 40 多人(包括部督学 8—16 人、视察员 16—24 人、社会教育督导员 4 人、服务团视察 4 人)。这种局面的形成与战时教育的需要分不开,正如时人所评:"目前战事既然是长期的,各级学校教育及民众教育,不但无听其停滞之理,而且有加紧策进之必要;然而各地方往往以限于财力,或缺乏人才,以致教育事业限于停顿,或虽勉维现状而未能充分发挥其战时应有之功能。在如此情况下,非由上级教育行政机关,遍布干练视导人员于各地,予以切实之指导督率不为功。"②

20 世纪 30—40 年代初,随着抗战进入持久状态,一些因战争爆发而中断的制度开始得到整理、重建。1940 年 6 月,教育部恢复教育督导专门机构——督学室。虽然根据 1941 年 6 月《教育部视导规程》及《教育部视导室办事细则》,"督学视察员应设置办公室,称为视导室",③督学室又改为视导室,但中央教育督导机构的恢复重建没有受到影响。

1943 年 1 月,教育部公布第八版《修正教育部组织法》,督学增至 30—40 人,并取消视察员名义,统称督学,此制一直保持到 1949 年。同年 6 月,教育部制定分层负责办事细则,规定视导工作于必要时得设室以掌理之,由部长就督学中轮流指定一人负责处理日常事务。同年 11 月 29 日,随着《教育部督学服务规则》的发布,教育部视导室又改称督学室,同时对教育部督学视导的种类、视导前的准备、视导期间的注意事项、视导终了及在部期间的要求作了个别调整。该规则具有较强的针对性和灵活性,使民国教育督导内容、督导过程、督导

---

① 例如,教育部 1938 年 2 月公布的《清理战区各省市教育存款办法》规定,战区各省市教育行政机关和各学校的存款,由各地教育行政长官、秘书、督学、科长、校长、审计人员等组成教育存款清理委员会负责清理。参见:教育部. 教育法令特辑[M]. 南京:正中书局,1938:42.

② 常道直. 教育制度改进论[M]. 南京:正中书局,1947:63.

③ 教育部. 教育部公报[G]. 1940,13(11—12).

方法更能适应战时需要。①

1945年11月13日,教育部为推进边疆教育,颁布《教育部设置边疆教育督导员办法》,规定督导员以分区设置为原则,依边疆交通情形分察绥、甘宁青、新疆、西藏、川康、云贵六个区。督导员分专、兼职两种,专任督导员6～8人,兼任督导员为无给职。② 这一办法的出台表明抗战胜利后,作为战后恢复重建工作的组成部分,国民政府加强了对边疆地区思想、文化、教育等领域发展的重视与控制,同时使民国中央视学制度更趋全面和完善,教育督导工作的广度和深度进一步拓展。

至此,经过30多年的发展变化,民国中央视学机构经历了从无到有、从有到废、从废到恢复、从恢复到名存实亡,再到恢复运行的发展历程。尽管制度不断完备,但在执行过程中,视导人员徇私舞弊现象时有发生,责难针砭之声频起。就视导人员的态度而言,"视导人员之态度往往欠佳,或则威风凛凛、盛气凌人,或则冷讽热嘲、阴险叵测,或则吹毛求疵,或则窥伺侦探,以致被视导者望而生畏,难与合作"。③ 就视导人员的素质而言,"徒善不足以为政,徒法不足以自行"。④ 有的"不过走马看花,略加批评,大抵皆不着边际语也",甚或"敷衍塞责,拿钱不作事,与官厅往来,藉张声势而已"。⑤ 借用毛礼锐的观点:"视学员的精神,是冷枯的批评、官僚的态度,没有建设的精神和活泼的气象,好像是要人家畏而远之的样子。"⑥台湾学者雷国鼎在评价旧式教育视导人员时亦说:"此等视导人员,……甚至专横武断,故各级学校的教师,对于此等教育官员,无不深恶痛绝。"⑦因此,"如果仅以当时教育部公布的《教育部督学规程》《教育部督学办事细则》《视学留部办事规则》《省市督学规程》等有关文件为依据,就可能对当时的督导制度做出过高的估计,得出不符合实际的结论"。⑧

二、 省教育行政组织及其视学机构

省教育行政的建设,主要围绕教育机关的独立设置以及是否拥有较大的

---

① 教育部.教育法令[M].上海:中华书局,1947:36.
② 阮华国.教育法规[M].上海:大东书局,1946:545—546.
③ 孙邦正.战后中国教育视导[J].教育杂志,1947,32(4).
④ 洪石鲸.国民教育视导[M].上海:商务印书馆,1948:11.
⑤ 江澄.改革视学制之意见[J].中华教育界,1926(12).
⑥ 毛礼锐.厉行乡校教学辅导计划[J].教育杂志,1926(8).
⑦ 雷国鼎.教育行政[M].台北:正中书局,1971:570.
⑧ 张新平.教育行政组织的发展与创新[M].南京:南京师范大学出版社,2003:103.

事权。民国成立之初,尽管在中央成立了统辖全国教育事务的教育部(取代前清学部),但由于军阀割据、内战不断,加之地方财政入不敷出,行政经费更是捉襟见肘,省教育行政因无专管机关而举步维艰。虽因教育事业发展及学界、教界有识之士奔走呼请,省府始设主管全省教育事务的专门机构,但多因地位低下、经费有限、人员寥落而沦为其他官厅附属,既无独立性又乏执行力,教育行政执务更无章程可循。在此背景下,省视学鲜有专设机构,对辖内教育教学状况、县教育行政执务的视察检查虽然有所活动,也仅囿于前清旧制,做做形式,摆摆样子。直至1917年各省教育厅陆续成立,省教育行政地位才得以逐步提高,并有效推动了地方学务发展。及《省视学规程》颁布后,各省视学制度也渐趋统一,省视学机构设置、人员任用、视导工作开展等渐趋规范。大学院期间省教育行政采行双轨制,虽然试验区视导制暂废,然各地视导活动未曾停滞。教育厅恢复及抗战胜利后,各省纷置视学机构,增广视导范围,视学人数激增。

(一) 从纷乱走向统一的省教育行政组织及其视学机构

在隋唐以前,中国省级教育行政一直没有设立统一的组织机构,教育事宜由地方行政长官兼管。自宋朝始,陆续在各路设学官,到明朝再置提学官,地方省级教育等事务才有专人主持。清初各省设提学道,至1906年,清政府下诏各省设提学使司,作为省教育行政机构,统辖全省学务等事宜。

1. 纷乱的省教育行政

从1912到1917年省教育厅正式成立,省教育行政机关"官制未定,名称纷歧",①有的省设教育司,有的省于都督府内设教育科,隶于民政司,且制度屡废,地位起落不定。鉴于此,1912年5月10日,教育部电饬各省:"所有主管全省之教育长官,无论名称是否相同,均应一律遵照,改称教育司。"②1913年1月8日,《划一现行各省地方行政官厅组织令》又规定,各省行政公署下设教育司,与内务、财政、实业三司并列。③ 这两个饬令使省教育行政拥有政令制定、颁布、执行、监督权,具有明显的行政独立性,省教育行政地位得以提高。但好景不长,同年9月,国务院以"财政受困,非实行减政不足以维持"④为由通电各省,饬将

---

① 参见:教育杂志社.教育部电饬各省教育长官名称均应改为一律[J].教育杂志,1912,4(4).
② 教育杂志社.记事[J].教育杂志,1912,4(4).
③ 商务印书馆.中国大事记[J].东方杂志,1912,9(8).
④ 商务印书馆.中国大事记[J].东方杂志,1913,10(12).

教育、实业两司归并为内务司,设教育、实业两科,虽然湖北、广东、江苏、直隶等省仍旧,但总体而言,教育行政地位有所下降。

1914年6月,各省设巡按使公署,公署下设政务厅,取消原有的教育司,在政务厅下设教育科,从而使省教育行政机构几无独立性,地位再度下降。其后巡按使称省长,而教育科制仍旧,"位卑职小,只能办循例公文,而于本省教育之应兴应革,不敢有所主持,致行政效率大减"。① 故1912—1914年,省级教育行政机关无统一名称,其职能也随省府行政机构设置而频繁改变,既无独立性,又乏行政执务权威,从而使地方教育的发展缺乏强有力的领导机关,严重制约并影响了民初教育革新和地方学务发展。

面对如此形势,各方呼请省教育行政独立、倡设教育厅的诉求此起彼伏,其中既有教育界有识之士,也有教育行政官员。如1914年6月,直隶省教育会会长张佐汉商同京师、山东、奉天、山西、黑龙江、陕西、湖北、安徽、湖南、广东等省教育会正副会长具名联合呈请大总统设置地方教育独立官厅:"比年以来,士风不竞,议者多持学校制度不如科举制度之论,以妄事揣摩。实则校员苟得其人,则多数学生皆知努力习业,绝无骛外浮嚣之弊,而校长、教员之是否尽职,尤赖有上级教育组织官厅督察而进退之,乃能竭诚服务,日起有功。否则长官之督察不专,斯各属之奉行不力,而教育事业乃几乎熄亦。……巡按使为全省行政官,于教育行政只能提挈大纲,至于考核稽察之权,不得不分诸属吏,而教育科长分位不崇,即使勉力尽职,其实权亦不能稽核地方官吏。"②1914年12月,教育总长汤化龙亦亲自递呈大总统:"请各省组织教育厅,并请以各省政务厅中之教育科及视学官等组织教育厅。"③1915年,教育部还就各省教育厅设立后经费来源问题制定了具体计划和方案,为省成立教育厅做经济上的准备。④

在各方舆论推动下,地方省府设立教育厅渐成全国教育界共识。在1915年和1916年先后召开的第一届、第二届全国教育会联合会上,与会代表从教育事务的性质、教育行政机关的责任属性、中国教育行政的发展历史、世界各国教育行政的通例等方面论证各省设立教育厅的重要性和必要性,两次会议

---

① 蒋维乔.民初以后之教育行政[M]//陈学恂.中国近代教育史教学参考资料(中册)[M].北京:人民教育出版社,1987:270—271.
② 教育杂志社.记事[J].教育杂志,1914,6(6).
③ 教育杂志社.记事[J].教育杂志,1914,7(1).
④ 教育杂志社.记事[J].教育杂志,1914,7(8).

提案均请设各省教育厅,且提案语气一次比一次强烈,呈请级别一次比一次高,呈请范围一次比一次广。如第一届联合会议决提案使用的名称是"请设各省教育厅案",并特别说明"一面呈请于教育部,一面以联合会名义呈请大总统"。① 第二届议决提案的名称为"请速设各省区教育厅案",并要求"呈大总统、国务院、教育部并请愿国会"。② 在 1917 年第三届全国教育会联合会的议决提案中,仍有"请速设各特别区域教育厅"的提案。③ 1918 年 10 月,根据当时有些省区仍然各自为政,不遵中央要求设立教育厅的现状,在第四届全国教育会联合会议决提案中,又一次提出了"请续设各省区教育厅案",并放在这届联合会 15 个提案之首。④

2. 省教育厅与视学设置

1917 年 9 月 6 日,《教育厅暂行条例》终由大总统令发,规定各省应组织教育厅,设厅长 1 人,由大总统简任;厅下设 3 科,各置科长 1 人,省视学 4—6 人,科员 3 人。秉承省长执行全省教育行政事务,监督所属职员,暨办理地方教育之各县知事。于是"各省教育厅纷纷成立,省教育行政始有独立机关"。⑤ 各省教育行政也趋于统一。

民国成立之初,由于省教育行政尚未独立,加之经费困窘、地位低下,各省视学设置与否、员额众寡不尽相同,教育部对省视学职责权限、任职资格、视导范围、视导程序也未作统一要求。正如姜书阁等人所言:"在民国三年中央颁布各省区官制时,没有规定省视学一职。"⑥因此,在当时省级行政组织系统内,教育视导没有编制,或者说省教育视导的身份在中央层面还没有得到确认。

尽管如此,"民国成立以后各省仍旧沿袭清末遗制,保留了视学人员",⑦且各省教育视导工作几乎从未中断,有的省甚至在民初便制定颁布省县视学章程,委任视员,有的省还根据前清旧制,划定省视学区域,委派省视学前往各区督进学务等。如江苏于 1912 年 4 月 1 日颁行《江苏暂行视学章程》,明确视学

①　教育杂志社. 记事[J]. 教育杂志,1915,7(6).

②　教育杂志社. 记事[J]. 教育杂志,1915,8(12).

③　教育杂志社. 特别记事[J]. 教育杂志,1917,9(11).

④　教育杂志社. 特别记事[J]. 教育杂志,1918,10(11).

⑤　蒋维乔. 民初以后之教育行政[M]//陈学恂. 中国近代教育史教学参考资料(中册)[M]. 北京:人民教育出版社,1987:270—271.

⑥⑦　姜书阁. 中国近代教育制度[M]. 上海:商务印书馆,1934:69.

人数、视学资格、俸禄、视察事项、视学权限等。① 并于 1915 年依规委定"侯鸿鉴、蒋凤梧、邹楫、臧祜、郏鼎元、伍崇宜六人为省视学,分途视察藉以稽成绩而促进行"。② 同时"通令各县民政长,并分别转行所属各学校,一俟该省视学莅校时,妥为接洽"。③ 为了维护视学的权威,保证视学工作顺利进行,该省所颁《省立学校之通则》明令:"省立学校应随时受省视学之视察。"④1912 年,广西划全省为四个视学区,委京师大学师范科毕业生关黼钧为桂平、梧区视学员,广东优级师范选科毕业生廖璋为柳庆、浔郁区视学员,京师大学博物实习科毕业生李苏同为太龙、上武区视学员,广西省优级师范选科毕业生黄琨为泗镇、靖色区视学员。同时,将省视学员章程分发各校,遵照办理,并知照全省各地,视学员"现经唐司长钟元一一派定,行将出发,分往各地视察学务"。⑤ 在中央教育行政主

---

① 《江苏暂行视学章程》是在民国教育部没有出台统一的省县视学规程前,各省自行制定颁行的视学规程中较早的也是较全面的一例。该章程明确了省县视学的委任、任职资格、视察范围、职务权限等。具体内容包括:第一条,江苏教育行政机关为监督指导地方教育事宜,特设视学,分为二种如左(下):甲、省视学,全省六人,由都督任免之。乙、县视学,每县一人,由该县民政长任免之。县视学得以该县学务课长兼任之。第二条,合左(下)列各项之一者,得受委任为省视学:甲、曾任师范学校或中学校校长教员或各种中等实业学校校长至三年以上者。乙、毕业于中等以上各学校,曾任学务职二年以上者。第三条,合左(下)列各项之一者,得受委任为县视学:甲、具有省视学资格者。乙、具有高等小学校正教员资格,曾任高等小学校校长至三年以上者。第四条,视学之俸给及旅费额,由委任者视事务繁简定之。第五条,省视学视察事项组织概目如左(下):一、各属县教育行政之状况。二、学校教育之状况。三、学校卫生之状况。四、学校经济之状况。五、关于教员学艺及学校各种设施之状况。六、与学务有关各员执务之状况。七、关于社会教育之状况。八、其他特命视察之事项。第六条,前条所列各项之细目,每年由本省教育行政机关会议定之。第七条,县视学之职务如左(下)。一、监督指导所属市乡规划地方学务。二、监督市乡所定学校位置及校数之适否。三、监督所属市乡对于市乡经常费内教育费应占成数之规定。四、调查境内对于教育法令施行之实况。五、考核各地方学龄儿童之就学及出席状况。六、视察各校教授管理训育之状况。七、视察各校编制学级支配教员及厘定学科课程之状况。八、视察生徒之学业成绩及其风纪。九、视察学校职员及其他与学务有关各员执务之状况。十、视察学校设备及整理清洁之状况。十一、调查学校经济及生徒纳费之实况。十二、调查社会教育之状况并指导之。十三、其他民政长特命注意之事项。第八条,视学遇左(下)列各项,宜向当事者指示之。一、与法令相抵触之事项。二、省议会或县议会所议决之事项。三、关于授业法及学校管理法之事项。四、其他所属长官特命指示之事项。第九条,视学对于当事者或临集会时,得陈述关于教育之意见。第十条,视学视察之际,得请当事者到场或说明之。第十一条,视学遇必要时得变更教授时间。第十二条,视学遇必要时得查阅与学务有关系之簿籍。第十三条,视学遇必要时,得试验生徒之学业。第十四条,视学视察之结果,当叙述境内教育情形并附陈意见而报告之。第十五条,本令自元年四月一日起施行。参见:教育杂志社.法令[J].教育杂志,1914,6(12).

② 蒋维乔.江苏教育行政概况[M].上海:商务印书馆,1924:7.

③ 教育杂志社.记事[J].教育杂志,1912,4(4).

④ 教育杂志社.学事一束[J].教育杂志,1914,6(10).

⑤ 教育杂志社.记事[J].教育杂志,1912,4(12).

管机关对视学工作进行通盘考虑及部署前,在省教育行政地位飘摇不定的乱局中,各省视学(暂行)规程的出台以及视学活动的开展,不仅推动了地方学务发展,也自下而上促成1913年教育部《视学规程》和1918年《省视学规程》《县视学规程》的出台,既体现了制度的必然,也体现了行动的自觉。

　　然而,由于中央没有出台统一的具有法律效力的省视学规程,各省应对教育督导所采取的措施和做法大多取决于省行政长官的个人意志、学识水平以及对教育的重视程度,并随省行政长官的进退而起落不定,[①]具有明显的随意性和不确定性。如1911年4月1日颁行的《江苏暂行视学章程》第四条规定,视学之俸给及旅费额,由委任者视事务繁简定之。因为该章程对"事务繁简"没有统一标准和尺度,视学的俸禄及旅费怎么给付、给付多少仅由委任者说了算,难免给制度留下主观性和随意性的疤痕。虽然此时中央教育视导制度已建立,但就地方教育视导而言,全国尚无统一章法。各地对视学人员去留、视学制度废立迟疑徘徊、左顾右盼。1914年,北京政府颁布各省官制,仍无视学一职,于是各省巡按使纷纷电询裁留办法。教育部即据情于同年6月6日转呈大总统请示,拟仍留各省省视学以维学务。原呈云:"本部准奉天巡按使张锡銮电称,新省官制无省视学一职,原有各员应裁应留,请速核电示等因。窃维全省学务,每易分歧,必先熟悉情形,始可遍加整顿。固省视学一职,关系于教育之统一,至为重要。前清奏定各省学务官制,特设省视学六人。民国以来,沿行不改,现在公布省官制,虽无规定明文,而要职所关,未可中辍,况迩年乱事频仍,学风日下,将欲振兴教化,尤非先从视察入手,不能统筹并顾,救弊补偏,拟请仍留省视学一职,应由各省巡按使慎选宗旨正大、深明教育原理之员,委充斯任。""庶几,办学官绅各顾考成,地方学务,日趋正轨,实于教育行政裨益甚多。"[②]

　　教育部的呈文得到批准,于是各省相继制定视学规程,委派省视学,开展属内教育视导。如湖南省教育司将全省划分为六个视学区,并据部令委任程敉功、徐遂良、张乙震、张珍儒、杨钰充、刘兆田分充各区视学。[③] 湖北一边改定省视学区域,一边委任省视学,并拟定道区视学暂行章程,对道区视学的资格、职

---

　　① 正如陶行知在出席"万国教育会议"论及中国教育行政时所言:"教育厅长是对总长和省长双重负责的,这样一来,不同的省份,教育厅长的权力也就不一样,这主要取决于省长的意志。"参见:陶行知.陶行知全集(第6卷)[M].成都:四川教育出版社,1991:280.
　　② 教育杂志社.记事[J].教育杂志,1914,6(4).
　　③ 教育杂志社.记事[J].教育杂志,1913,5(12).

务、手续,以及视察权限、视察时间、视学薪俸等作详细规定。① 而江苏省在教育部准许前,早已设立道县视学。② 四川则沿袭清制,划学区,委视学,并积极筹划设立道县视学。事实上,当时不少地方已出现省、道、县三级督导体系。

针对各省咨询设立道县视学的吁请,1914 年 6 月 17 日,教育部通咨各省巡按使:"教育行政首重视察,必先周知弊害,始可徐图改良,故视学一职关系甚重。现在各省省视学业经酌留数人,惟员额不多,深恐耳目或有不周,即整顿难期尽效。自应另设道县视学,俾臻完备。其员额每道至少二人,由道尹详请巡按使委任;每县至少一人,由县知事详请委任,庶几范围较小,巡视益周。学务前途,俾益匪浅。"③

此后,各省道县视学相继设置。如江苏于"民国三年,添设金陵、苏常、沪海、维扬、徐海五道。每道置一道尹,有监督道属各县行政之权","并设道视学,以视察各县教育状况"。④ 但道视学设立不久,因事权不清,视察时常生障碍,"且如骈枝",⑤ 至 1917 年 10 月 15 日,教育部通咨各省:"查本部于民国三年第216 号通咨各省设立道视学,规定每道员额及委任方法。办理以来,各省有遵照设立者,亦有至今未设立者。兹经本部详加察度,道视学一职,于事实上无设立之必要,自宜即行裁撤,以昭划一。"⑥ 自此以后,地方视学制度仅有省县二级。

根据 1917 年颁布的《教育厅暂行条例》,教育厅设省视学 4—6 人,由厅长委任,掌管视察全省教育事宜。至此,全国省视学人数、委任权限等才有统一依据,省视学制度亦随之渐趋一致。由于该条例只是民国中央政府针对省教育行政组织机构设立、职权界定等事项的规范性文件,因此对省视学任职资格、视察权限、视察范围等未有具体规定,且当时省教育厅虽置视学职务,但并未设省视

---

① 湖北省《道区视学暂行规程》规定,道视学除视察省城各学校、省立第二和第三师范外,其事项为教育行政状况,学校教育、经济、卫生及关于学务管理、教员之职务,暨各种设施之状况,社会教育及其他设施状况,改良私塾状况,道尹特饬事项。视学的视察方法按道尹指示行之。视学的权限包括:道视学权限与省视学权限相同之点,其视察报告得有同一之效,惟意见歧异时,应以省视学报告为据。道视学视察时期自八月下旬起至六月下旬止。视学薪俸每员月支薪俸 40 元,视察期间另月支川资 30 元,均由道公署经费内支给。参见:教育杂志社.记事[J].教育杂志,1914,6(6).

② "沪海道尹接巡按使饬,开查本省暂行视学规程,前经修正饬行,刊登省公报第 278 期在案,兹准部咨核与规程并无抵触,除咨复外,合行饬知该道尹仰即分别转饬该道视学一体照办。"参见:教育杂志社.记事[J].教育杂志,1914,6(6).

③ 孙邦正.教育视导大纲[M].上海:商务印书馆,1944:19.

④ 蒋维乔.江苏教育行政概况[M].上海:商务印书馆,1924:12.

⑤ 江澄.改革视学制之意见[J].中华教育界,1926,15(12).

⑥ 教育杂志社.记事[J].教育杂志,1917,9(11).

学专门机构。同年 11 月 8 日,教育部核准《教育厅署组织大纲》,规定教育厅内设第一科、第二科、第三科。该组织大纲虽未提视学机构,但有些省已根据工作需要,在厅内设置了视学机构。如甘肃在 1917 年教育厅成立后,"视学改为督学,正式建立了教育厅督学处"。①

3. 统一省视学制度

在全国省教育行政中枢——教育厅成立后,地方各省级教育事业有了专管机关,为辖内各项教育事业的开展提供了制度保障和组织依托。教育部结合当时各省自行颁布的视学章程,于 1918 年 4 月 30 日颁布《省视学规程》,要求各省按辖内实情,置省视学 4—6 人,承省教育行政长官之命,专门视察全省教育事宜②。其内容包括如下五个方面。

一是委任权限与视察区域。省视学由省教育行政长官委任,报教育总长核准备案,不得兼任他职。但视学人数众寡依各省之等级而定,例如江苏 6 人,安徽 5 人,黑龙江 4 人。其视察区域也无确定办法,有的依视学人数将全省划为若干区域,每区由一视学担任视察指导事宜;有的由主管长官直接指定巡视区域,一经分任或指定之后,每次巡视皆由该员担任;也有由各视学员轮流视察的。而有关视察时间、视察事项等,皆由各省教育行政长官决定。

二是视学任职资格。《省视学规程》除了对视学的委任权限作了具体规定外,还统一了省视学任职资格,如须大学文科或高等师范学校毕业;师范学校本科毕业,曾任学务职五年以上,著有成绩者;曾任师范学校、中学校校长或教员两年以上,著有成绩者。资格条件突出省视学教育学识、教育经历和教育经验。

三是视察内容和视察范围。《省视学规程》要求省视学外出巡学,重点视察地方教育行政运行及当地经济状况、中等以下学校教育状况、社会教育及其实施状况、幼儿教育及特殊教育设施状况、学务职员执务状况、主管长官特命视察的事项以及部视学嘱托视察的事项,等等。

四是视学权限。省视学在履行视察任务时,不仅有权调阅各种簿册,必要时可以试验学生成绩,甚或变更教授时间。需指出的是,该规程对省视学外出视察时应循程序也提出了明确要求。如出发前视学应就视察内容及指导事项进行研究,写出书面意见呈请长官核定,然后按指定地点轮流视察;遇部视学莅省时,有义务向部视学报告省内教育情况;视察结束后要撰写详细视察报告呈

① 沈配功.现代教育督导资料选[M].兰州:甘肃教育出版社,1988:26.
② 参见:教育杂志社.教育法令选编[M].上海:商务印书馆,1925:102—105.

省教育行政长官,由省教育行政长官摘要汇送教育部。这些要求从制度上避免了视学在视察过程中的主观性和随意性。

五是俸给与旅费。《省视学规程》对省视学电报费、俸给、食宿、沿途川资、雇佣车马脚夫和书记员等费用均作了明确规定,使视学工作的顺利开展有了经济保障。

《省视学规程》是中国近现代第一部由中央颁布的有关省级教育视导的规程,它的颁布结束了自清末以来各省视学委任权限不清、视学资格标准参差、视学品行良莠不齐、视学职责范围混乱、视导办法不一、制度时设时废的局面,成为我国近现代省视学制度正式确立的重要标志。《省视学规程》颁布后施行了很长一段时间,直至1927年试行大学区制方始废止。依据这个规程,地方视学体制也基本确立。

从某种意义上说,《省视学规程》的颁布,其象征意义远大于实践意义。因为早在教育部颁行《省视学规程》之前,甚至在教育部《视学规程》颁布前,其或民国甫立,许多省份继续沿用清末视学旧制,制定颁布了《省视学章程》,而视学活动的开展更是几未中断。地方对于恢复视学制度的呼声,实则是要为自己颁布的规程争个"名分",得到中央的认可。"但值得注意的是,部省两级视学并无隶属关系,省级视学再次被更为明确地作为省级教育行政执行部门的一个附属机构。"①

(二) 大学区及其督导机构

1927年,为贯彻教育行政学术化的精神,中央教育行政模式仿效法国试行大学院制,全国各省亦拟采行大学区制以符一贯改革。同年7月,国民政府公布《大学区组织条例》,将全国分为若干大学区,每一学区设立国立大学一所,以大学校长综理本学区内一切学术与教育行政事务。经1928年1月27日、5月3日两次修正的《大学区组织条例》规定,每一大学区设秘书处,辅助大学校长办理一切行政事宜;设评议会,作为最高审议机关,评议会下设高等教育处、普通教育处、扩充教育处。另有研究院,"为本区研究学术之最高机关"。大学区试行初期,为稳妥起见,先择江苏、浙江、河南等省试办,其余各省仍以教育厅为省最高教育行政机构。因此,就全国而言,这一时期省级教育行政实为双轨制,即教育厅和大学区并存。

1. 双轨制下的视学制度

《大学区组织条例》没有规定各区视学名额,更没有要求设置视学机构。但1928年2月28日大学院公布的《试行大学区制省份特别市教育局暂行条例》规

---

① 孙培青.中国教育管理史[M].北京:人民教育出版社,1997:469.

定,特别市教育局可设督学。同年 5 月 15 日,大学院召开第一次全国教育会议,在"规定视察指导制度案"的议决案中提出:大学区内以教授兼任视察指导各级学校之责,如教授职务过重,得酌量增加教授人数;省教育厅应设督学,负视察指导省内各级学校之责;省督学应具备大学教授之资格,而有中学教育之经验与研究者。① 这次会议还授权并催促大学院尽快颁布省督学条例。

由于教育行政双轨制的存在,加之大学院迟迟没有颁布督学条例,"各省视学制度极为混乱,其办法、名称、员额都不一致,有称视学、督学的,有称视察员、指导员的,有称视察、导员的,等等,各行其是"。② 如山西称视导人员为教育督察员,安徽、湖北两省则称督学,广西称导学,江西称教育视察指导员,上海称分科指导员和视察员,江苏在大学区设视察委员会,称视导人员为视学委员。对此情形,就连教育部也承认:"各省学务视察人员,或称督学,或称视学,名称既不一致,任务亦未经确定。"③

不仅当时视学名称混乱,而且许多省市教育厅(局)内对督学及督导机构的设置也若即若离,忽冷忽热。如江苏"改组大学区后,暂将省督学缓设"。④ 或"平时不设专任督学,但临时得聘请大学教授、中小学教师或校长,或临时调用行政人员,任视察之责。于是省督学在省教育组织系统上,亦暂失其相当之位置"。⑤ "迨十七年一月,始行议复视学制度,先组织视学委员会,再有委员会推出常务视察员五人,于十七年四月方正式聘任,至是省视学制度,始复其旧观。"⑥1927 年 6 月 29 日,广西省政府颁布《教育厅组织条例》,将省视学股改为导学处,原有省视学改为指导员。1927 年,上海市教育局甫建,即设督导机构,开展教育督导工作。⑦ 1928 年 4 月,上海又废止督学制,由上海市教育局第二科负责对属内各校进行分类指导。安徽于 1927 年在教育厅下设三科,并有督学、秘书、会计三室。⑧ 1928 年,天津由县制提格为特别市后,于 8 月 28 日成立天津特别市教育局,代表市府处理教育行政事宜。建市后的教育局设学校教育、社会教育、总务三科,另设秘书、督学、会计、统计、人事五室。1931 年,天津

① 教育杂志社.记事[J].教育杂志,1928,20(6).
② 孙邦正.教育视导大纲[M].上海:商务印书馆,1944:19.
③ 教育部.教育部公报[G].1928,1(3).
④ 张季信.教育行政[M].南京:南京教育合作社,1928:110—111.
⑤ 张季信.中国教育行政大纲[M].上海:商务印书馆,1934:189.
⑥ 张季信.教育行政[M].南京:南京教育合作社,1928:105—106.
⑦ 参见:刘关袁.上海解放前教育督导制度的回顾与研究[J].上海教育科研,1989(1).
⑧ 参见:洪其华.安徽教育督导制度史略[J].安徽教育学院学报,1995(1).

市教育局依据1928年大学院颁布的《修正特别市教育局暂行条例》和《天津特别市政府组织条例》,设置了市教育局新的组织机构——三科三处,即第一科、第二科、第三科、秘书处、督学处、教育公报处。[①] 1928年4月,江苏大学区恢复视学制度,由杨允中、胡刚复、程湘庐、俞庆棠、孟宪承、郑晓沧、王季良七人组成视察委员会。同年5月,南京特别市教育局内设总务科、学校教育科、社会教育科,并在科下分设各股,负责专项教育事务。同年11月又增设教育研究科,下设编审、测验、统计等股,并设督学、视察指导员若干人。[②] 1929年,甘肃省取消督学机构,制定省督学补充办法,对省督学资格、视察范围、视察时间和地区等作了明文规定,仍将全省划为四个学区,规定督学分区定点视察。[③] 1930年,南京特别市教育局改为南京市教育局后,保留第一、第二两科,另设督学、指导员。

2. 各见所长的视学工作

尽管大学区试行时期各省视学名称混乱、员额不等、方法不一,但各省根据实际情况不断制定和完善教育督导规制。如1927年10月31日,广西教育厅颁布《教育厅导学处导学暂行条例》及《服务细则》。1928年1月13日,安徽省呈《安徽省教育厅督学暂行条例》,由大学院备案。同年1月19日,大学院核准《第四中山大学区视学委员会暂行条例》,规定督学资格、视察范围、权力、任期等。其中以浙江《省视学条例》最为具体,特别是"国内外督学教育科毕业有教育经验"的任职资格,"省视学对于各地方学校及其他教育机关之办法,认为不合格时,有直接纠正之责","省视学视察各地学校,及其他教育机关,得调阅各项簿册。省视学遇必要时得变更学校教授时间"[④]等条款,强化了民国省督学的

---

① 参见:赵宝琪,张凤民.天津教育史(上卷)[M].天津:天津人民出版社,2001:275.
② 参见:徐传德.南京教育史[M].上海:商务印书馆,2007:243.
③ 参见:甘肃教育志编辑室.甘肃教育史志资料[M].兰州:1986,12—15.
④ 教育杂志社.教育界消息[J].教育杂志,1927,19(6).浙江省《省视学条例》内容包括:第一条,浙江省政府教育厅,设省视学若干人,承厅长之命视察指导全省学务,以期教育之改进。第二条,省视学之资格如下:(一)国内外大学教育科、高等师范学校及师范大学毕业且有教育经验者。(二)国内外专门以上学校毕业、具有教育学识及两年以上之教育经验者。第三条,关于专门以上学校,及其他特殊事项,得派临时视学视察之。第四条,临时视学之资格如下:(一)国内专门以上学校毕业、曾任大学教授者。(二)对于某种事项有特殊学识及经验而著有成绩者。第五条,省视学对于各地方学校及其他教育机关之办法,认为不合格时,有直接纠正之责。第六条,省视学视察各地学校及其他教育机关,得调阅各项簿册。第七条,省视学遇必要时得变更学校教授时间。第八条,省视学于每学期出发前,应开视学会议,参照上学期改进方案,决定本期更进一步改善的指导方法。第九条,省视学于某区视察时,得召集该区教育人员开会讨论,共同计划改进方案。第十条,省视学出发视察,应将经过情形,随时报告于厅长。第十一条,省视学每年至少须将全省学校及其他教育机关视察一遍。第十二条,省视学服务细则另订之。

专业性和权威性。

尤其值得关注的是，试行大学区制期间，许多省份不仅注意督导规则的制度、督导机构的设立和督导人员的选任，而且教育督导工作也未停滞。如 1930 年度上学期，山东省特别区教育厅委派督学视导该区美术专修科、第一工科高中、第一中学、第二中学、第三中学、第四中学、第一学区 14 所小学、第二学区 9 所小学、第三学区 13 所小学，视察内容包括教职员服务及教学情形、训育状况、卫生状况、体育状况、学生成绩等六个方面，并提出具体改良意见。

山东省教育督导工作在试行大学区制期间更是取得了前所未有的进展，正如该省教育厅厅长何思源在《山东省政府教育厅视察报告第一集：自民国十七年六月至民国十九年六月（乙编）》序言中所讲："十七年夏，思源奉中央命令来鲁，司教育，部署稍就，即务炯知各县教育之情况。督学四出，视导并及，一载以还，泰以南考察几遍。""截止十八年度之末，胶东河北各县，亦多周历。""扶绥疮痍，嘉勉办学者维护之劳，俾不至再有中断之忧耳！"①这部视察报告集中反映了山东省教育厅从 1928 年 6 月至 1930 年 6 月开展的教育督导工作。其视导范围涵盖师范学校、职业学校、实业学校、中学、小学以及各县教育设施，省督学足迹涉 79 个县市，对各地教育行政，各校设施、学生、教员、经费等均有详细督查记录，大多数视察报告还提出了具体改进意见。如省督学马汝梅对荣成县教育状况综合视察后，提出："该县教育经费尚未完全独立，有碍学务进展，应饬该县县长，妥筹的款，准予独立，以利进行。""学校对于训育多不注意，以致学生行动多失检点，如涂抹墙壁、门窗写字、手脸不洗、衣服秽污等，殊不雅观，急应勤加劝戒，设法指导，以养成学生良好习惯。""该县初级小学，师资多高小毕业生，常识不足，教法欠佳，急应设法培养师资，以资救济。"②有的建议甚至点名道姓，如省督学王普于 1930 年 4 月视察省立第一中学后指出："英文教员高爱梅，学识优长，惟所用教授法，不适于初学学生，似可于其他高年级者调换，以求相当而增教学效率。"③此期山东省所开展的教育视导工作进一步证明，虽然"自十六年至二十年七月期间，中央视学制度暂时废止"，④但地方教育视导基本能正常运行，并有效推动了地方学务发展。

---

① 山东省教育厅.山东省政府教育厅视察报告第一集：自民国十七年六月至民国十九年六月（乙编）[M].1930：序言.

② 同上：225—229.

③ 同上：15.

④ 孙邦正.教育视导大纲[M].上海：商务印书馆，1944：14.

针对试行大学区制给视学工作带来负面影响的批评责难之声随 1929 年 2 月 2 日《督学规程》的颁布逐渐平息。该规程要求各大学区、各省教育厅设督学 4—8 人,各特别市教育局设督学 2—4 人,遇必要时各大学、各省、各特别市得聘任专门视察员,其职务权限与督学相同。督学均由各该主管行政长官遴选任用,呈报教育部备案。该规程虽然随大学院制和大学区制的废止而没有得到很好的落实,但甫从大学院制恢复原制的教育部就迫不及待公布《督学规程》,虽然在内容上与 1918 年的省、县视学规程相比并无多少新意,时间上亦显仓促,但它表明教育部对视学制度仍然是重视的,给了地方一颗"定心丸",其纠偏补救的用意更重,且为 1931 年《省市督学规程》的出台做了准备。

(三) 恢复教育厅之后的省督导机构

1929 年,国民政府裁撤大学区,各省恢复教育厅。1931 年 3 月,公布《修正省政府组织法》,规定教育厅为省政府组织之一部分,教育厅下设秘书 1—3 人,督学 4—8 人,并于必要时得设专门视察员,视察全省各项教育事宜。因行政色彩浓厚而被淡化的省视学制度得以恢复。

1. 大学区试验失败

和中央大学院制一样,大学区制的试行在地方也遭到反对。大学区的反对之声主要来自基层,而最先反对大学区的则是中央大学区所辖的中等学校。1928 年 6 月,中央大学区中等学校联合会因大学区忽略中等教育,请求设法变更。呈文中还列举了大学区易受政潮牵涉、经费分配不公、行政效率减低、影响学风、酿成学阀把持势力等五点弊端。

在北平,大学区制也受到抵制与排斥。1928 年 8 月,《北平大学区组织大纲》通过后,河北省政府、党部及北平各校学生均群起反对。河北省政府致电国民政府,认为大学区制是根据大学院制而产生,而大学院已取消,大学区也没有存在的理由;而且大学区有违"党化教育"。河北省党务指导会也致电蒋介石,认为实行大学区制无异于故意破坏河北教育,主张将大学区制根本取消,"以永断纠纷,而绝未来无穷之患"。

1928 年 11 月,北京大学学生举行示威游行,捣毁了办事处,砸碎了"北平大学办事处"和"北平大学委员会"两块牌匾。此后,北平学潮此起彼伏,不断扩大,北平终日处于扰攘与混乱之中。因此,1929 年 7 月 1 日,国民政府决议由教育部确定时间停止试行大学区制。至此,大学区制完全被取消,地方上又恢复了教育厅制度。历时两年的大学区教育制度改革以失败告终。

2. 教育厅恢复与省视学

随着各省教育行政全部恢复教育厅建制,1931 年 6 月 16 日,教育部对 1929 年的《督学规程》稍作修正,公布《省市督学规程》。该规程主要对省市督学任职资格的具体标准做了重新界定,其他内容变化无几。任职资格标准分三个层次:一是国内外大学教育学院或文学院教育学系毕业,曾任教育职务两年以上,著有成绩者;二是国内外专门以上学校毕业,曾任教育职务三年以上,著有成绩者;三是高中师范科或师范学校毕业,曾任教育职务七年以上,著有成绩者。[①] 与 1918 年的《省视学规程》相比,1929 年的《督学规程》和 1931 年的《省市督学规程》体现了"一紧一松"两个特点,紧的是更注重督学的教育背景、专业知识、教育经验和专业技能,松的是不再要求荐任、简任等官阶身份。这"一紧一松"使省市督学的任职资格既摆脱了行政色彩浓厚的官僚气息,又可以拓宽督导队伍的选人用人渠道。此后直至 1949 年,民国教育部未再颁布新的省市督学规程。

1932 年,教育部又令各省置主管体育的督学和指导员,由国内外大学体育系或体育科毕业并在体育界服务两年以上者充任。1934 年,为推进义务教育,各省市特设义务教育视导员,先由中央加以训练,再回省服务,其人数多寡,视各省义教设施之发达程度而定。1937 年 7 月 1 日,教育部公布《省市义务教育视导员规程》,将全国划分为十五个义务教育视导区,规定各省市教育厅局置义务教育视导员若干人,视导并推进全省、全市义务教育。省市义务教育视导员常驻省区,视导有关法令推行、计划实施、设备改进等项,并得兼理各地初等教育、民众教育及其他特殊教育视导任务。[②]

3. 战时视学制度

1937 年 7 月,抗战全面爆发,教育事业遭遇空前冲击,各省教育行政机构为适应变局,在战区采用党政军一元制的领导体制,对省教育行政机构大压缩、大裁减。省府只设总务、政务、军事三厅,将原有民政、教育两厅并入政务厅,设厅长一人,下设第四科,主管全省教育行政事务。第四科设科长 1 人、科员 6 人、督学 4 人、编审 2 人。在国统区仍由省教育厅主管全省教育行政,教育行政机构设置略为:秘书处掌管文稿、编制报告等事项;第一科主管高等教育、留学教育及经费审核等;第二科主管中等教育、师范教育及职业教育等项;第三科掌理教育行政人员的考核及国民教育等项;第四科主管社会教育以及文物、文献的

---

① 教育部.教育法令汇编(第一辑)[M].上海:商务印书馆,1936:119—120.
② 教育部.教育法令汇编(第三辑)[M].南京:正中书局,1939:8—9.

保管等项;督学室主管巡回辅导以及拟定省区教育之改进等。① 此间,多省改教育厅为教育科,将省教育行政机构缩并为省政务厅之一科,省教育行政地位下降,教育事业受到巨大冲击和影响。

为了加强战时教育管理并使全国教育有所补救和改正,1938 年 4 月,临时全国代表大会通过《战时各级教育实施方案纲要》,除了对学制、师资训练、学校、教材、训育等严格管理外,还要求设法完密各级教育行政机关,"尤应重视各级督学工作之联系与效能"。② 同年,教育部为督率各省市办理社会教育,公布《各省市社会教育督导员暂行规程》,规定各省以行政督察专员区为根据,每 1—2 区设社会教育督导员一人,院辖市设社会教育督导员一人,分驻各区巡回视察执行社会教育法令、筹划社教经费、考核社教机关成绩、为社教机关提供教材或介绍经验、负责社教人员的进修培训等事项。社教督导员应大学教育学院或教育系毕业,并具有社会教育的实践经验。③ 因此,当时在同一省或特别市,除专门视察地方教育行政和学校教育的督学外,还有体育督学、义务教育视导员和社会教育督察员。有些省还根据实际需要设置了卫生教育视导员,如甘肃"添设卫生教育视导员,视察各级学校卫生教育实施状况"。④ 江苏则根据《各县卫生教育指导员服务规程》,县府、教育局添设卫生教育指导员一人,由教育厅直接委充,专掌本县卫生教育事宜,每学期轮流视导全县学校及社教机关一次。这一阶段各省督学人数激增,督导活动几乎涉及除军事以外社会管理的各领域,为推动并维护战时包括教育在内的各项社会事业正常运作做出了努力。⑤

4. 战后视学制度

1945 年 8 月抗战胜利后,各省再度恢复教育厅制,厅内组织基本参照战前。同年 9 月,国民政府在重庆召开全国教育善后复员会议。会议认为,教育视导"对于教育政策及法令推行与各级教育之改进关系暨属密切,职责亦至繁重。

---

① 参见:刘德华.中国教育管理史[M].郑州:河南教育出版社,1990:493—494.
② 教育部.教育法令特辑[M].南京:正中书局,1938:129.
③ 参见:教育部.教育法令特辑[M].南京:正中书局,1938:120—121.
④ 《甘肃教育进行计划大纲》提出:"组织卫生教育推行委员会,计划并指导全省学校卫生事宜。各县局斟酌地方情形","添设卫生教育视导员,视察各级学校卫生教育实施状况"。参见:教育杂志社.记事[J].教育杂志,1936,26(8).
⑤ 例如,根据教育部《清理战区各省市教育存款办法》之规定,由战区各省市教育行政长官、督学、科长等组成教育存款清理委员会,对所有教育款项进行调查、登记、保管,以长期维持战区教育救济事业,并谋经济上之通盘计划。《各省市教育厅局收容由战区退出之中小学教职员及地方教育行政人员办法大纲》规定,对于战区退出之教育行政人员,可以派充办理地方教育辅导事项及视察各县推行义务教育事项。参见:教育部.教育法令特辑[M].南京:正中书局,1938:39—42.

爰是健全各级视导组织,加强视导工作,藉宏视导效能,实为迫切之需要"。会议通过了"健全各级教育视导组织,增进辅导效能,以适应复员后改进教育之需要"的议案。1946 年 1 月 26 日,教育部将该案议决各项办法咨送各省市,要求"省、市教育厅(局、处)设督学室,分中等教育、国民教育、社会教育三股,室设主任督学一人,每股指定督学一人主持之,人数以每一二行政区各设一人为原则,但得视其教育发达情形增减之"。① 这是民国教育部首次出文明确规定并要求在省市教育厅局设置专门督导机构,而且在督导机构内部又分设不同业务股室。这一时期是民国教育督导制度发展受关注、受重视最多的阶段。尽管早在1930 年前,个别省市已设有视导机构,如 1927 年上海市教育局设置督导室,1930 年东北特别区教育厅设有督学处,甘肃省"自二十五年三月一日实行合署办公后,所有全省教育行政事项,概由甘肃省政府教育厅处理之,其组织暂设秘书室、督学室、第一科、第二科、第三科","督学室设督学六人",②1940 年 9 月四川省教育厅设督学室作为全省教育视导网之中枢,秉承教育厅长主持全省教育视导事宜(其职责包括:经常及权宜调派各驻区省督学或视察员前往各地视导或交换视导;临时集中人员作特殊视导;实行分科视导;视导人员之任免及考绩等),③然而全国各省市统一设置视导机构,则在 1946 年以后。如 1945 年 9 月重建的上海市教育局设中等教育处、国民教育处、职业教育处、社会教育处、督导处以及秘书室、会计室、人事室和总务室等五处四室。督导处分中等教育、国民教育和社会教育三股,置主任督学 1 人,荐任督学 8 人,委任视察 10 人,另有科员 10 人,办事员 4 人,书记 4 人,总 37 人。1947 年,上海市教育局调整机构,改处为科,督导处改称督导室,人员从原来的 37 人扩充到 50 人,其中主任督学 1 人(简

① 齐红深,徐治中.中国教育督导纲鉴[M].沈阳:辽宁大学出版社,1989:199—200.该议案原文如下:"查教育视导固教育行政之重要部门,对于教育政策及法令推行与各级教育之改进关系暨属密切,职责亦至繁重。爰是健全各级视导组织,加强视导工作,藉宏视导效能,实为迫切之需要。本年九月,全国教育善后复员会议曾将'健全各级教育视导组织,增进辅导效能,以适应复员后改进教育之需要'一案提交大会议决通过,记录在案。兹抄录原案有关各项办法,咨请查照转饬教育厅(局、处)切实办理见复为荷。此咨各省市政府、台湾行政专员公署。"在附抄的"健全各级教育视导组织,增进辅导效能,以适应复员后改进教育之需要"第一部分"健全组织"中,要求:"1. 省、市教育厅(局、处)设督学室,分中等教育、国民教育、社会教育三股,室设主任督学一人,每股指定督学一人主持之,人数以每一二行政区各设一人为原则,但得视其教育发达情形增减之。2. 县、市教育局(科)于必要时得设督学组织,设主任督学一人,督学人数以每二三乡镇设一人为原则,但得视其教育之发达情形增减之。"
② 田炯锦.甘肃教育概况[J].教育杂志,1936,26(7).
③ 四川省教育厅编.四川省新教育视导制之实际[M].四川:四川教育厅,1941.

任),督学 10 人(简任 1 人,聘任 2 人,荐任 7 人),视察 16 人。① 1946 年,国民政府还都,南京于 1947 年恢复南京市教育局,设秘书室、督学室、人事室、会计室以及国民教育科、中等教育科、社会教育科、总务科等四室四科。②

短短几年之内,全国 31 个省市中,设有督学机构的大约有 27 个省,视导人员超过 20 人的有 8 个省,其中四川省的视导人员多达 65 人。③ 这种情况一直延续到 1949 年。尽管在战时及战后恢复重建时期,视导人员在各级教育行政机关中均已设立,"但就其所有员额观之,仍显未足负起规程上所列举之职责","各级教育行政机关所有室内办公人员与实地视导人员之比,约计在中央为二十与一,在各省为十与一,在各县为五与一;而实际上此少数视导人员尚以兼任其他职务为常,且对于视导工作亦往往无适当准备"。④

三、县教育行政组织及其督导机构

随着 1912 年民国教育部成立和 1917 年各省建立教育厅,中央及省级教育行政体制基本确立,现代教育行政的内涵也不断发展和丰富。直至 1923 年县教育局成立,教育行政的概念已不仅仅局限于视察、规划、检查,"理想之教育局应为教育研究之枢纽,为地方教师之保姆,为一切教育资料之源泉"。⑤ 人们对视学的期待也从"代表主管教育官厅分往各地,对于各地下级教育官厅及所属学校,为居高临下之督察",⑥转向"县视学乃一县之先知先觉者,对于小学之校长、教员似立于师友地位,与部省视学之无甚关系不同。且巡视本县市乡区域地迩时久,与部省视学之走马看花亦不同",⑦进而希望视学们"不要再用官样文章去批评人家,应该以同情的态度去辅导他们"。⑧ "视察之时,不仅指恶扬善而已,不仅记某教员教授如何如何、某职员管理如何如何而已。善者利导之,其次教诲之,其次整齐之。"⑨这种认识上的变化既反映了民国教育事业发展的实际需要,也与民国县教育行政及视学机构发展的路径基本一致。

① 参见:刘关哀.上海解放前教育督导制度的回顾与研究[J].上海教育科研,1989(1).
② 参见:徐传德.南京教育史[M].南京:商务印书馆,2007:243.
③ 参见:江铭.中国教育督导史[M].北京:人民教育出版社,1994:167.
④ 常道直.教育制度改进论[M].南京:正中书局,1947:63.
⑤ 夏承枫.地方教育行政理想组织[J].教育杂志,1935,25(3).
⑥ 常导之.增订教育行政大纲[M].上海:中华书局,1935:317—318.
⑦⑨ 贾丰臻.视学管见[J].教育杂志,1918,10(6).
⑧ 何炳松.浙江小学教育的现状及其罪人[J].教育杂志,1924,16(9).

（一）劝学所沿革与视学设置

中华民国建立后,虽然在各方面对清末许多旧制度,特别是对包括各级行政系统在内的国家机器进行了彻底革新,但当时的中国既有以南方革命党为主导的中华民国临时政府,也存在着实际权力控制在袁世凯手里的封建统治,加之随后称帝、复辟闹剧以及南北对峙,国家政治基本失去重心,导致国内变乱迭起,国外胁迫相继。据不完全统计,仅 1912—1914 年三年间,全国发生兵变三十余起,民变二十余起。① 如此失序、动乱的政治、社会环境,导致各级行政系统对处于官僚层级底部的旧秩序根本无暇顾及,无法顾及,也无力顾及,作为基层政权组成部分的县级教育行政组织乃保留清末的劝学所,办理地方教育事宜。

1. 劝学所沿革

民国县级教育行政组织在县教育局成立前,大致经历了四个阶段。

第一阶段——成立劝学所。我国县教育行政的正式奠立始于 1906 年,清政府颁布学部奏定的《劝学所章程》。是年,当局以为教育之兴贵在普及,而欲普及教育,则各地方不可不特设教育行政机关专司其事;故由学部一面传令各省提学使通饬地方调查境内一切有关教育事宜,以便分区办理;一面颁行《劝学所章程》十条,限期设置,以为全县学务总汇之处。劝学所内设监督 1 人,由县长任之;总董 1 人,由县视学兼任;劝学员若干人(每学区设 1 人),由总董就本地士绅中选其品行端正凤能关心学务者秉请县长委任之。劝学所之重要职务为筹措经费、劝导入学、调查学务及宣讲教育宗旨等事。

第二阶段——变更劝学所职权。1910 年,清政府颁布《地方自治章程》,劝学所地位与职权渐与自治事务发生冲突,因此又有 1910 年《劝学所章程》四章二十二条之修正,专管教育之劝学所至此遂一变为"教育行政之辅助机关,其于佐理官办学务之外,在自治机关未成立地方,对于自治学务有代其执行之职,其在自治机关已成立地方,对于自治学务有赞助监督之权"。② 劝学所之总董改称劝学员长,劝学员名称仍旧。劝学员长及劝学员之任用,由县长就本籍士绅中保送若干人,呈请提学使派充,并报部立案。

---

① 韩信夫,姜克夫.中华民国大事记(第一卷)(1912—1914)[M].北京:中国文献出版社,1997:45.

② 教育杂志社.法令[J].教育杂志,1911(2).

第三阶段——县教育行政机关呈紊乱状态。[①] 民国成立之初,各县教育行政机关之组织极不一致,有已设立地方自治机关并按照小学校令设有学务委员者;有仍循劝学所之旧规者;有裁劝学所,并入县公署者;有裁劝学所,并入县行政公署,而专设县视学者;有裁劝学所而另设教育公所者;有裁劝学所而设县教育款产经理处,专管县教育款产者;有裁劝学所而照从前学区设学务委员,受县知事之监督者。此外,更有劝学所业已裁撤,而县行政公署之专管教育机关尚未成立,以致一县学务无人过问者。此种紊乱情形严重影响地方教育。及1912年,临时大总统公布《现行各县地方行政官厅组织令》,其中第七条规定:设四科之县,以第三科掌理县区教育行政及省行政公署委任之教育行政事务,每科设科长一人、科员一人;设三科之县,以第三科兼长第四科;设两科者,以第三科、第四科并入第一科。至1913年,教育部鉴于教育必须专管,因亟谋暂时补救办法,通咨各省,凡地方自治未成立、未设有学务委员之处,须一律暂留劝学所,庶教育维持有人,不致中途停顿;一俟地方自治机关完全成立,设有学务委员,且确能维持学务时,则劝学所即行裁撤,其视学一职,仍照旧设置。1914年6月17日,教育部通饬各省"县视学一职,关系甚为重要,耳目或有不周,即整顿难期尽效",[②]进一步强调设置县视学的重要性,并明确保留各县视学。

第四阶段——恢复劝学所。1915年7月,教育部为确定县区地方教育行政机关而期整齐之效果起见,先后发布《地方学事通则》《劝学所及学务委员会章程》《劝学所规程》等。其目的在于强调恢复劝学所作为主管一县教育的行政机关对于地方学务发展的重要性:"地方教育,为事至繁。有责至于县者,有责至于自治区者。责于县者,不可无总汇之区;责于自治区者,亦宜有讯谋之地。查劝学所之设,始自前清,民国成立,或设或否,县自为政,不足以限划一。现拟恢复旧时办法,规定各县均应一律设置。至于该所职务,重在辅佐知事办理县属教育行政事宜。而对于各自治区学务,在自治未成立时,有代其执行之责;在自治成立以后,有实施综核之权。"劝学所内设所长1人,受县知事之监督、指挥,总理所内事务;劝学员2—4人,受所长之监督、指挥,分掌所内事务;书记1—3人,受所长之监督、指挥,分掌所内会计文牍事务。[③]

① 马鸿述.县教育局行政组织研究[M].上海:民智书局,1934:34.
② 张季信.教育行政[M].南京:南京教育合作社,1928:62—63.又见:胡家健.县教育行政机关之组织[J].教育杂志,1926,18(6).
③ 参见:胡家健.县教育行政机关之组织[J].教育杂志,1926,18(6).

随着《劝学所规程》的颁行,纷乱一时的县级教育行政机构才大体稳定下来。"至此,我国县教育行政制度方始初奠",直至 1923 年 3 月县教育局成立。

2. 县视学制度

民初由于各地县级教育行政机关混乱,县视学或设或否,更无统一办法。如奉天省规定,限三个月内将原视学全体解职,并规定县视学不得用本籍人士,以在高等师范选科或初级本科毕业或留学日本师范者为合格,由各道尹负责选择人员,报省批准后派充。浙江因县经济拮据,各县视学多由学务委员兼任。1912 年 4 月,《江苏暂行视学章程》规定:"县视学应由各该民政长按照规程,于四月一日施行期以前,委定呈报备案。""县视学得以该县学务课长兼任之。"后改由县知事呈请省教育厅行政长官委任,学务课长不再兼任。县视学应监督指导所属市乡规划地方学务;监督所属市乡对于市乡经常费内教育费应占成数之规定;调查境内对于教育法令施行之实况;考核各地方学龄儿童之就学及出席状况;视察各校教授管理训育之状况;视察各校编制学级支配教员及厘定学科课程之状况;视察生徒之学业成绩及其风纪;视察学校职员及其他与学务有关系各员执务之状况等。①

还有的地方对县视学设废观望摇摆,拿不定主意,于是纷纷致电教育部,咨询县视学的设置和员额配备。如四川省巡按使电询教育部,要求添设县视学:"县视学仍由省委,免致纷更,庶几,行政可昭划一,经费亦便撙节。"②针对各省咨设县视学的吁请,1914 年 6 月 17 日,教育部通咨各省巡按使:"教育行政首重视察,必先周知弊害,始可徐图改良,故视学一职关系甚重,现在各省省视学业经酌留数人,惟员额不多,深恐耳目或有不周,即整顿难期尽效。自应另设道县视学","每县至少一人,由县知事详请委任,庶几范围较小,巡视益周。学务前途,俾益匪浅"。③ 这份通咨在教育部出台《县视学规程》前,被各地视为设置县视学的政策依据。例如,1914 年安徽省巡按使便根据这份通咨,发文给所属各县知事遵照执行:"案查前准教育部咨开准湖南巡按使电开庚电敬悉,县视学一职,既定每县仍设一人,自应依照部定办法,一律详请道尹委任。除候部定县视学规程公布后随即饬遵外,兹由本署先将本省暂行县视学规程重加修正,通饬知照,俾资遵守,自此次通饬之后,所有各道委任所属各县视学,均应查照此项

① 教育杂志社.法令[J].教育杂志,1911,3(12).
② 教育杂志社.记事[J].教育杂志,1912,4(4).
③ 孙邦正.教育视导大纲[M].上海:商务印书馆,1944:19.

规程办理。"①此后,各省县视学相继设立,至 1914 年 9 月,各省县视学的设置"照办见复者已居十之七、八"。②

需补充说明的是,1914 年教育部因应各地咨请设立道视学的呼声,依据当时已有的行政建制,还在各省试设道视学。1916 年 6 月 17 日,教育部通咨各省巡按使:"现在各省省视学业经酌留数人,惟员额不多,深恐耳目或有不周,即整顿难期尽效。自应另设道县视学,俾臻完备。其员额每道至少二人,由道尹详请巡按使委任……"③如江苏于"民国三年,添设金陵、苏常、沪海、维扬、徐海五道。每道置一道尹,有监督道属各县行政之权"。"并设道视学,以视察各县教育状况。"④

但在执行过程中,由于道视学、县视学权限不清,地方官厅有政出多门的感觉,教育部又专门发文进一步厘清道视学的权限:"查中学、师范及各种实业学校,应视其所隶之官厅,定管辖之标准。各该校如属道立或县立者,道尹本有管辖之权,道视学自应一律视察。属于省立者,如受本省巡按使特别委任,道视学亦有视察之权。"⑤此后,各省道视学、县视学即按上述规定之职权范围分别视察。然而试行三年以后,道视学、县视学职权不清的矛盾仍很突出,没有从根本上解决,甚至因事权不清,视察时常生障碍,人员设置"且如骈枝"。⑥ 因此,1917 年 10 月 15 日,教育部通咨各省:"兹经本部详加察度,道视学一职,于事实上无

---

① 教育杂志社.记事[J].教育杂志,1914,6(9)."案查前准教育部咨开准湖南巡按使电开庚电敬悉,省道县如均设视学者,可设四人,道至少须设二人,似应呈由巡按使委任。县至少须设一人,似应呈由道尹委任,如道不设视学,省视学须设六人,可否? 仍乞示遵等因。查教育行政首重视察,必先周知弊害,始可徐图改良。故视学一职关系甚重。现在各省省视学业经酌留数人,惟员额不多,深恐耳目或有不周,即整顿难期尽效。自应另设道县视学,俾臻完备。其员额每道至少二人,由道尹详请巡按使委任,每县至少一人由县知事详请道尹委任。庶几,范围较小,巡视益周,学务前途裨益匪浅。除径复湖南巡按使照办外,相应咨行贵巡按使查照办理,并希见复等因到署,当以卷查县视学一职,曾于上年电准教育部,电开县视学员额,应暂依旧例,酌量委派等语,当经酌定,每县设视学一人,并拟订暂行县视学规程,登报公布,饬遵有案。兹准前因,所有道视学员额,每道酌定二人,应候道署成立后再行察酌情形,转饬照办。其县视学员额,每县仍设一人等语,通饬各县遵照在案,现在本省各道署,业经成立,所有道视学一职,应即由各道察酌情形,遵照办理,其道视学规程,应候教育部订定公布,再行转饬遵照。至县视学一职,既定每县仍设一人,自应依照部定办法,一律详请道尹委任。除候部定县视学规程公布后随即饬遵外,兹由本署先将本省暂行县视学规程重加修正,通饬知照,俾资遵守,自此次通饬之后,所有各道委任所属各县视学,均应查照此项规程办理。"

②③ 教育杂志社.记事[J].教育杂志,1914,6(9).
④ 蒋维乔.江苏教育行政概况[M].上海:商务印书馆,1924:12.
⑤ 江铭.中国教育督导史[M].北京:人民教育出版社,1994:120.
⑥ 江澄.改革视学制之意见[J].中华教育界,1927(12).

设立之必要,自宜即行裁撤,以昭划一。"①

1918年4月30日,教育部颁布《县视学规程》,②对县视学的任命、员额、工作职责、俸给、旅费、考核等作了详细规定。《县视学规程》颁布后,"各省所定县视学暂行规程,即行废止"。③ 各地县视学制度亦趋于统一,其内容主要包括以下三个方面。

其一,县视学的任职资格。各县设县视学1—3人,秉承县知事,视察全县教育事宜。县视学由县知事呈请省教育行政长官委任,报教育部备案。县视学不得兼任他职,因特别情形,经省教育行政长官许可,可暂由劝学所所长兼任。县视学须"师范学校本科毕业,任学务职一年以上者;中学校或二年以上简易师范科毕业,任学务职二年以上著有成绩者;曾任高等小学校校长或本科正教员二年以上,经省教育行政长官认为确有成绩者"。④ 从任职资格看,该规程注意了视学职务专业化的特点,突出了县视学的教育学识和执务能力。

其二,县视学的职责。《县视学规程》对县视学的职责也作了比较详细的规定,如督察各区对于教育法令施行及学务计划进行事项;查核各区教育经费、学校经济、学龄儿童之就学及出席实况;视察各学校设备编制及管理、课程教授及学业成绩、训育学风及操行成绩和卫生体育及生徒健康之状况;视察社会教育及其设施、幼儿教育及特殊教育设施状况;视察学务职员执务状况、主管长官或省视学所指定之事项;宣达主管长官指示之事项,等等。此外,县视学对于县属学务职员,还负有辅助指导的责任,并于必要时,可调阅各种簿册,测试学生成绩,变更教授时间。县视学视察完毕,应向县知事提出详细报告,由县知事摘要呈报省教育行政长官,遇部、省视学莅县时,县视学应报告该县教育情形。

其三,县视学的俸禄和考核。县视学的俸给、旅费等均由省教育行政长官掌管,省教育行政长官对县视学负有考核之责。⑤

《县视学规程》是我国教育督导史上第一部由中央颁布的对县级教育视导

① 教育杂志社.记事[J].教育杂志,1917,9(11).

② 教育杂志社.教育法令选[M].上海:商务印书馆,1925:105—108.

③ 据《县视学规程》第十四条规定:"各省所定县视学暂行规程,应自本令施行之日起,即行废止。"参见:教育杂志社.教育法令选[M].上海:商务印书馆,1925:105—108.

④ 教育杂志社.教育法令选[M].上海:商务印书馆,1925:105—108.

⑤ 《县视学规程》规定:"县视学俸给、旅费标准,由省教育行政长官定之。省教育行政长官,应随时考核县视学之成绩,并须增进其教育上之学识。"参见:教育杂志社.教育法令选[M].上海:商务印书馆,1925:105—108.

作出规定的单行规程,它使县级教育行政走上了依法视导的现代教育督导之路。它和《省视学规程》一样,标志着我国近现代地方视学制度的正式确立,也标志着民国时期中央、省、县三级视导网络的正式形成。《县视学规程》颁行后,虽然由于军阀混战,中央教育行政试行大学院制,部分省教育行政试行大学区制,甚至在"政治紊乱时期一度中断",①但该规程作为县视学制度运作的依据,所受影响甚微。《县视学规程》的颁布比县教育局成立先行五年,也反映了当时教育行政首重视察、以督代政的教育管理思想。由于受当时经济社会等客观条件和环境的影响,特别是在县级教育还没有成立稳定、独立的专管机关前,其执行的力度难免会走样,而且各地执行的情况差异很大,除学务较先进的江苏、湖北等省执行得比较好之外,《县视学规程》在其他省份并没有得到充分落实。

(二)教育局轮回与视学机构

1923 年颁布的《县教育局规程》正式确立并实行县教育局建制,市乡由教育局酌划学区,每学区设教育委员 1 人,受局长指挥,办理本学区教育事务。规定县教育局设董事会,为教育立法机关。董事会设董事 5 名,除县视学 1 人外,其余依据条件选举产生。但县教育局也经历了从废所设局,到科局并存,从裁局设科再到恢复设局的周折。

1. 从所制到局制

1915 年恢复劝学所,本是办理地方自治过渡时期一种不得已之救济法。各县地方自治成立后,都另设自治式教育行政机关,其官办式之劝学所,自无存在之余地。故劝学所制度非重新改造,不足以适应地方自治之精神,以免办事上之冲突。对此,当时就有学者提出质疑:"吾国兴学已久,一般人民对于新教育应有相当之信仰,似毋庸再劝学;况县教育行政机关对于一县教育实负有指挥、督促及改造之责,非劝学二字所能涵盖;故劝学所名称非重新改造,不足以副实在。抑有进者,按劝学所章程所载,所长须受县知事之监督指挥,办事多所掣肘;且劝学所长资格之限制太宽,难得有专门人才主持其事。故为保持县教育行政独立之精神,实行教育行政人员的专业化起见,劝学所之组织实有根本改造之必要。"②

迫于情势,1921 年的第七届全国教育联合会提出"改革地方教育行政制度案",1922 年教育部召集的学制会议上也出现了"县教育行政组织改革案"的决

---

① 庄泽宣.改造中国教育之路[M].上海:中华书局,1946:64.
② 上官和生.论县教育局之恢复设置——兼谈地方教育行政的改革[J].教育杂志,1948,33(12).

议。经审查委员会详密考虑、专家深入论证、教界长期吁请,改劝学所为教育局作为县教育主管机关已成各方共识。1923 年,北洋政府以国家第九号教育令公布《县教育局规程》,"于是县教育局成为地方教育之主管机关,县教育局长遂为一县教育之主干"。[①] 根据《县教育局规程》,地方教育行政以县区为单位成立教育局,以局长一人、视学及事务员若干人组织之,并设立董事会。教育局长商承县知事主持全县教育事宜,并督率指导该县的市乡教育事务。该规程有两个特点:一是在县教育局建立评议制度和董事会,作为县区教育立法机关和审议、咨询机关,体现并贯彻着民主自治精神;二是树立县教育行政的独立精神,赋予县教育局处理全县教育事务的全权。"于是地方教育,始有完备机关。"[②]但由于县教育局成立后,内部组织较为简陋,全县教育事务几乎全集中在局长身上,而且董事会也多未成立,从而在一定程度上又影响了县级教育行政机构的效能。

2. 科局并存

1927 年以后,由于试行大学区制,地方教育行政机构陷入混乱局面。如《江苏县教育局暂行条例》规定,县教育局以局长一人、县督学及事务员若干人组织之。根据《江苏省县教育局组织条例》要求,县教育局长直隶于国立中央大学行政院,商承县长,主管全县教育行政事宜;将原有董事会改为教育行政委员会,辅助县教育局长,谋全县教育行政之改进。浙江省则将原有教育局改为县政府教育科。其他各省大多沿袭旧制,设置县教育局,办理全县教育行政事宜。这一阶段,县教育行政出现了教育局与教育科并存的局面。而江苏、浙江等省虽然试行大学区,但"对于县教育行政机关之组织,无大变更,惟县视学改称县督学,局长资格与报酬,则较前提高"。[③] 而且江苏省"改组大学区后,暂将省督学缓设,县督学独留。且于县视学制度,颇多改善之处"。[④]

3. 从恢复教育局到裁局设科

1929 年,国民政府取消大学院,在中央恢复教育部,省府恢复教育厅,并于1929 年 6 月 5 日公布《县组织法》,规定县府设公安、财政、建设、教育四局,县教育局又得以恢复。教育局设有县督学室,置督学 2 人。1933 年,第二次内政会议决定,为了统一县政,搏节经费,发展事业,敏活行政起见,县政府以一律以设

---

① 上官和生.论县教育局之恢复设置——兼谈地方教育行政的改革[J].教育杂志,1948,33(12).
② 蒋维乔.民初以后之教育行政[M]//陈学恂.中国近代教育史教学参考资料(中册).北京:人民教育出版社,1987:271.
③ 张季信.教育行政[M].南京:南京教育合作社,1928:72—73.
④ 同上:110—111.

科为原则,①进一步推行"裁局改科",这是由"全局"经过"局科并行"到"全科"的变化。但各地教育人士多以地方教育正待积极充实为由,纷请维持原局,因而裁局设科并未普遍实行。

4. 科局急转

1935年,国民党军事委员会委员长南昌行营颁布关于县政府裁局改科的办法大纲,"裁局改科"便由中央的"认可"进至于"令行"。② 1937年6月27日,国民政府行政院颁布《县政府裁局改科暂行规程》,"裁局改科"更由特区的试行进至于全国的普行。可是,时隔不到一个月,行政院颁布《修正暂行规程》,在第三条主文后加上附文,单独规定"县政府教育事务以设局办理为原则",在人口较少、事务较简之县份,得由省政府酌量仍设科办理。在极短的一月之内,县教育政制发生急剧的轮回——由"局制"到"科制",马上便由"科制"再到"局制"。③这一方面反映了当时政界、教界在思想认识上对裁局改科存在巨大争议,另一方面也是当时国内你死我活的政治斗争和外寇入侵的民族危机等对教育影响的具体体现。

5. 再度裁局设科

1939年9月19日,为适应战时需要,实行新县制,国民政府公布《县各级组织纲要》,各县教育局一律裁撤,教育事务由县府设科代理。规定县长应"遵照教育法令及中央暨省教育计划,推行全县教育文化","奉行中央及省颁发教育命令,并执行其所委办事项"等。根据这些文件精神,这一阶段全县教育主管是县长,而非教育科长。县教育科长只能"秉承县长办理全县教育行政","签请"任免县各级公立学校校长以及文化机关主管人员。县设督学若干人,"秉承县长、省督学"之命,"视导全县教育"。④ 虽然裁局设科的理由是为了实现政教合一,"以教育改进政治,以政治推进教育",达到提高县长职权、收统一指挥之效,可是改科以后,成效未见睹,而流弊丛生。时人批评曰:"举其大者,约有数端:一是县长综理全县政务,头绪纷繁,即使不漠视教育,亦难兼顾,尤其是现在征兵征粮,上级功令,急如星火,倾全力以应付,还有被惩处的危险,哪有余力以顾及教育?况且做县长的,未必对教育都有信念,或甚有不知教育为何物的,所以教育一项驯至变成县政工作中的点缀品。二是教育科组织简单,人员稀少,而

---

① 实际上,在此以前,有些地方已实行局科并存,例如江苏在1931年因水灾紧缩,临时把教育经费在10万元以下的县教育局改为教育科。

②③ 严明.县教育政制的出路[J].教育杂志,1940,30(11).

④ 刘德华.中国教育管理史[M].郑州:河南教育出版社,1990:494—495.

事务则甚繁杂,难能发挥力量,况且科长不过一佐治人员,地位较低,不易罗致专才。至职权方面,科长不能对外负责,处处须秉承县长意志,并须会商有关各科办理,因此行政效率大为降低。三是教育经费自改科后变为统收统支,消失过去独立的性质。四是教育是国家百年大计,计划确定后,须经年累月不断的努力,方可见效。改科后因县长调动频繁,科长又往往随县长为进退,因此教育事业,难有远大计划,可以循序进行。"① 常道直等人认为:"县教育行政机关迭经变更,由劝学所而教育局,而教育专科,而建教合科,其地位每况愈下;劝学所及教育局尚具相当独立身份,改局设科以后,已降为县政府之一属僚,建教合科实行,曾受专业训练者几无立足余地。""此种机构对于地方教育之改进,几不能发挥任何功能。"② 教育局改为教育科后,"教育设施动辄牵制,国民教育的推行大受顿挫"。③ 甚至有人认为裁局设科使"具有五十年历史的初级教育,骤遭摧残,陷全国儿童于失学之境地"。④

6. 改科设局

1945年5月,随着抗战接近尾声,各行各业面临战后恢复重建。国民党第六次全国代表大会决议:"为谋基层教育之有效施行,应即恢复县市教育局制度,并提高教育人员专业精神。"国民大会四届一次大会亦作出"各县恢复设置教育局"之决议。同年9月,在全国教育善后复员会议上,教育部交议"收复区各省调整地方教育行政机构案",议决办法三项:"一是收复区各省应即恢复县市教育局,以使负责办理各该县地方教育复员工作,请教育部呈请行政院自三十五年一月起实施;二是关于县市教育局之组织,请教育部从速订定颁行;三是县市教育局局长务须由省教育厅遴选富有教育经验之干练人员充任。"1946年,国民大会也一致通过"提早恢复县教育局,及恢复地方教育经费保障制度,务期专款专用"之建议。⑤

教育部迫于各界一致要求恢复设置教育局的吁请,于1947年1月训令各省从速恢复设置教育局。原训令云:"今改科之制行已数年,而地方教育基础动摇破坏,几至不可收拾,教育经费常被挪移,学校设施亦少注意,以致教师罢教

---

① 沈金相. 宪政时期的地方教育[J]. 教育杂志,1948,33(12).
② 常道直. 教育制度改进论[M]. 南京:正中书局,1947:77—78.
③ 孙培青. 中国教育管理史[M]. 北京:人民教育出版社,1997:502.
④ 教育杂志社. 去年五月间四届国民参政会第三次大会关于教育报告的审查意见[J]. 教育杂志,1947,32(3).
⑤ 上官和生. 论县教育局之恢复设置——兼谈地方教育行政的改革[J]. 教育杂志,1948,33(12).

之风不息,学校停办者日多,紊乱情形,笔难罄述。良以改科之后,科长率由县长委派,权力既属有限,且往往随同县长进退,未能久于其位,而县政綦繁,县长或无暇顾及教育,其甚者,乃至假借权势,妨碍教育,无怪地方教育每况愈下。查中央六全大会、国民参政会四届一次大会,及全国教育复员善后会议,均有恢复设置县教育局之决议,各省及各县参议会,亦纷纷以言恢复县教育局为请,最近四川省简阳等十五县,恢复设置县教育局,由部呈院,已蒙国防最高委员会决议准予试办。可见时至今日,恢复县教育局,以挽救地方教育,已为各方一致之主张,况宪政实施在即,普及国民教育,提高国民文化水准,为行宪之基本工作,则恢复县教育局,以加速地方教育行政力量,究属刻不容缓之举。"并要求各省"从速计划在各县一律恢复设置县教育局,于本年上半年内完成之"。[①]

1948 年,教育部为谋国民教育之普及,以配合宪政之实施,再度通咨各省除绥靖区县份因情形特殊得暂缓设局外,在 1947 年度内已酌量设局之省份,并应就可能设局之各县尽量增设,即一时未能设局者,亦应按照县等规定,扩充专办教育行政人员之员额,以力求组织之健全。教育局之组织与编制,甲级县设局长 1 人、督学 4 人、科长 2 人;乙级县设局长 1 人、督学 3 人、科长 2 人。

从 1923 年县教育局成立,到大学院时期局科并存,战时裁局设科、改科设局又裁局设科,再到战后改科设局,县教育政制几番轮回。此间,县视学机构及视学人员的设置也起落不定,但县视学工作的开展几未停滞,表现在以下几个方面。

一是各地根据中央及教育部有关条例、规程,结合各省实际情况制定县督学规程或督学服务细则,明确县督学任职资格,规范督学行为。教育局成立后,各县视学设置基本按照 1918 年 4 月 30 日颁布的《县视学规程》办理。试行大学院时期,虽然县教育行政组织混乱,亦有"县督学应具中学教员资格,而有小学教育之经验与研究者"[②]之规定,因此各地视学设置非但未受影响,甚至地位有所提高。例如江苏"改组大学区后,暂将省督学缓设,县督学独留。且于县视学制度,颇多改善之处"。[③] 1929 年 2 月 2 日,教育部公布《督学规程》,规定市县教育局得设督学,其员额、资格、职务、待遇等由大学区、各省教育厅另定。1931 年 6 月 16 日,教育部颁布《省市督学规程》,此规程与 1929 年规程内容大致相同,虽然对县督学的设、废未作任何说明,但该规程的出台本身表明,教育

① 教育部总务司.教育部公报[G].教育部总务司,1947,19(2).
② 教育杂志社.法令[J].教育杂志,1928,20(6).
③ 张季信.教育行政[M].南京:南京教育合作社,1928:110—111.

部正在补救试行大学区制时期对教育督导工作的淡化,其用意各地自然心领神会,即试行大学区制使省教育行政改弦更张,大学区制既已停止,理当"纠偏补漏",而于县教育行政本应循规蹈矩进行。各地乃据 1929 年《督学规程》自定县督学规程。如江苏于 1932 年 9 月公布《县督学规程》,分七个方面对督学的员额、资格、职责、权限等作了规定。其中督学职权包括:指导各区学校及社会教育机关之设施;视察各校教学方法、训育方法及考核学校成绩,遇必要时得变更教授时间,考核学生成绩;视察各校设备及卫生事项,并考查其经费,遇必要时得调阅其簿册,并审核其收支账目;调查社会教育机关之内容及考核其成绩,遇必要时得调阅各项簿册,并察查其内部经济;视察及指导私塾教训方法并考核其成绩;视察某区学校及教育机关完毕后,遇必要时得召集该区现任教育人员开会讨论改进方法。还明确规定了视学视察次数,即每一学期至少须视察全县各级各类学校一周,且督学在任职期间不得兼任任何有给职务。该规程的另一个特点就是建立了督导报告制度,即督学应将视察所得之情形,报告县教育局长;将视察记录,送教育局分呈县政府及教育厅。[①] 督导报告制度有利于对督导结果的跟踪反馈与检查,促使督导工作中发现的问题得到纠正或改进。浙江省 1929 年 6 月公布县督学服务细则之标准,突出视导人员对教师教学的改进负有指导、示范之责,并从视导方法入手强调视导的科学性与有效性。"考察教育事业之现状,应寻出最重大而亟须改进之问题,与当事者共同决定解决之步骤与方法,并在第二次视察指导时,考核其改进之成绩。视察前应订定计划,使用合宜之标准与表格。视导时应将改进方法示范,并得召集有关系者共同参观、讨论、研究;必要时,得为当事者指定相当之参考书报,令其在规定时间内阅读,并汇报其学习心得。"[②]这些举措提高了教育督导的针对性,从以综合视导为主转向对某一特定教育问题、教育现象的调查、研究、解决,并从诊断性的视察检查转向对教师教学的帮助指导,有助于提高教育督导效能和教育行政效率,促进了民国教育督导的专业化、规范化和科学化。

二是各地根据县区教育事业发展之需,开展了各种专项督导,县级督导队伍不断扩大。1936 年,甘肃省教育厅要求各县教育局依照厅订《修正各县教育局组织规程》,设局长 1 人,局长之下设第一、第二两科,各县教育局设督学 1—3 人,专负视察及指导全县教育之责。[③] 1936 年 10 月 20 日,江苏省颁布《各县卫

---

①② 参见:孙邦正.教育视导大纲[M].上海:商务印书馆,1944:26—27.
③ 参见:田炯锦.甘肃教育概况[J].教育杂志,1936,26(7).

生教育指导员服务规程》，要求各县教育局、县政府添设卫生教育指导员一人，由教育厅直接委充，专掌本县卫生教育事宜，每学期轮流视导全县学校及社教机关一次。根据马鸿述对广东、广西、浙江、安徽、福建等省县教育局组织的调查，一般的教育局大多设有督学，而其设置的数目，以 1 人者为最多，占全体设置督学的县教育局的 42.79%，其次是设置 3 名的，占 41.15%，广西和安徽的县教育局以设置 2 名督学居多。① 1937 年 7 月 1 日，民国教育部为推进各地义务教育，颁布《县市义务教育视导员规程》17 条，要求县市教育局或县市政府教育科设义务教育视导员若干人，县视导员以原有之区教育委员或中心小学校长充任为原则，分区视导区内实施义务教育的小学，每学期至少视导两次。这一时期，无论是县督学人数还是督导范围，都显著增加，但就整体而言，"各县设置名额实在太少，不足分配"。"各县教育局对于局内业务甚或注意，而大都忽略于实地视导的工作"，而且，各县教育督导工作在向纵深发展的同时，也出现了重复检查、条块分割的情况。②

三是各地普遍设立县级教育督导专职机构。1945 年，全国善后复员会议关于"健全各级教育视导组织，增进辅导效能，以适应复员后改进教育之需要"的议决案，提出"县市教育局（科）于必要时得设督学组织，设主任督学一人，督学人数以每二三乡镇设一人为原则"。③ 1946 年后，河南、辽宁、辽北、广西、西康等省市均于县市教育局（科）内设置了视导机构，有的称督学组，有的称视导室，有的称督学室。这应该是我国最早的县、市教育视导专门机构。④

尽管民国时期不乏"巧设名目、藉以敛钱、视馈赠之多寡定品评之优劣"的视导人员，以及"拿几张印好的表格，走到甚么学校，把学校人员填写一通，以作报告"⑤的县视学人员，他们的"人品和资格大抵同第三科科长差不多"，"资格方面，老练有余，学识不足的居多"，"视察的任务，不十分履行，每年恐不到二次。甚至有托人代做视察报告的。报告中难得看见具体的批评，差不多统是敷衍模棱的话"，⑥但民国县视导队伍中也不乏"能摘发他人不经意处之谬误，而指导殊殷挚"⑦的品学兼优者，也有"每到一校，先把目的和教员讨论，然后做一次智力

---

① 参见：马鸿述.县教育局行政组织研究[M].上海：民智书局，1934：200—201.
② 同上：233—234.
③ 齐红深，徐治中.中国教育督导纲鉴[M].沈阳：辽宁大学出版社，1989：199—200.
④ 参见：江铭.中国教育督导史[M].北京：人民教育出版社，1994：172.
⑤ 中华教育界杂志社.短评[J].中华教育界，1923(1).
⑥ 何炳松.浙江小学教育的现状及其罪人[J].教育杂志，1924，16(9).
⑦ 金建陵.民国初期的江苏籍督学[J].江苏地方志，2007(2).

测验的示范,再和教员讨论测验的方法和理论","然后共同讨论研究改良方法的"①勤勉敬业者。他们在艰苦的条件下,奔走于"穷乡僻壤和崎岖道路","与教师谈半日至一日关于学校之设备、课程之更变、教学之方法以及儿童之训练",②为民国的教育普及特别是乡村教育的发展,作出了实实在在的贡献。

---

① 俞子夷.一个乡村小学教员的日记(上)[M].上海:商务印书馆,1927:173.
② 王祚.乡村教育视导问题[J].教育杂志,1935,25(7).

第四章

教育政策与督学资格

人力因素"对一个机构来说，就像人体中的血液"，它不仅帮助机构规划其所能提供的各种服务，拟定和实施达到目标所需的各种方案，而且总是不断地调整和修正这些方案，以便更好地适应和改造现实。因此，"一个组织即便有再好的正式结构、法规制度、学习课程、岗位责任和各种政策，但如果没有合适的人员利用它，那一切都将落空"。①

资格，有时也称任职资格，《现代汉语词典》的解释是"从事某种活动所应具备的条件、身份等"。② 传统的任职资格指某个特定岗位对任职者的要求，即任职者承担该岗位职责必须具备的条件，它是基于任职的工作需要，不同的岗位对应不同的任职资格。这种任职资格的定义相对狭隘，因为它只反映了当前某个特定岗位对任职者的要求。广义的任职资格包括对任职者知识、技能、受教育情况与经验、素质的要求，它基于任职的角色需要，不同的任职角色对应不同的任职资格。

任职资格具有客观性、类别性、层次性等特点。任职资格的客观性指任职资格与任职角色对应，反映相应的任职角色所需要的条件。任职资格的内容由工作的性质、工作内容和应负责任等实际的工作要素决定，同时，它会随着工作内容的变化而改变。因此，任职资格能够反映工作内容的根本要求，具有客观性。任职资格的类别性指不同岗位、级别、类别的任职角色对应的任职资格存在明显的差异性，这种差异性体现在内容的性质上。相同岗位类别的任职角色对应的任职资格的内容具有相似性，它们具有相近的知识、技能、受教育程度与

---

① Edgar L. Morphet, Roe L. Johns, & *Theodore L. Reller. Educational Organization and Administration.* Prentice-Hall Inc. , 1982：350 - 351.

② 参见：中国社会科学院语言研究所词典编辑室. 现代汉语词典（修订本）[M]. 北京：商务印书馆,2000：1662.

经验、素质要求，只是在范围和程度上存在差别。任职资格的层次性指由于任职资格反映相应任职角色所需要的条件，而同一岗位类别内的任职角色由低到高体现出所需条件的逐层发展。因此，同一岗位类别内任职角色对应的任职资格体现出层次性。

任职资格的构成要素包括知识、技能、受教育情况与经验、素质四个部分。知识指胜任某任职角色所必须具备的知识结构和知识水平，包括基础知识和专业知识两部分。基础知识包括本岗位类别所在专业的相关法律法规政策、国家规定，以及所在行业的相关政策、条例；专业知识指本岗位类别所在专业的相关知识。技能指胜任某任职角色所必须掌握的具体的操作活动，对于倾向管理性质的职位，任职者的管理技能会受到更多关注。受教育情况指胜任某任职角色所必须达到的教育水平，经验指胜任某任职角色所必须达到的相关专业工作的时间或有参与过相关专业工作的经历。素质是人的行为的内在本源，指那些直接影响活动效率，使活动任务得以顺利完成的心理条件和心理特征的总和，如思维能力、成就导向、团队合作等。

任职资格是法治社会的保证，是从人治到法治的必由之路。任职资格制度也是现代管理的特征和方法之一，任职资格管理就是根据工作要求，提炼出某一岗位类别某一任职角色的知识、技能、受教育情况与经验、素质的要求，形成任职资格标准，并在此基础上对任职人员进行任职资格评价，使从业人员的能力与任职资格标准相匹配，以保证工作的正常开展，同时也可以减少或避免任人唯亲等不公平现象的发生。

"教育视导要有健全的人员"，不仅仅因为"制度虽好没有好的工作人员，也是枉然"，更主要是因为"视导人员是事业的指导者，丝毫不能随便，选格要高，宁缺毋滥，务须保持专业精神"。① 因此，要慎用视导人员。民国初期教育界、学界，特别是教育行政专家普遍认为："视察指导为教育行政的主要功能。但视导必有相当的组织和地位，乃能实现其功能。"②教育督导制度的建立"绝不是为了行政制度的点缀，更不是为人设事的骈枝机关"。③ 人们对视学普遍寄予厚望。例如戴克敦认为，视学员为改良教育的最佳人选，因而"振兴学务、统一教育"也就"不能不深责望于视学员"。④ 尽管如此，时人对视学学识、能力、素质颇有微

① 沈慰霞，章柳泉，刘百川.教育行政[M].上海：中国教育研究社，1942：107.
② 夏承枫.现代教育行政[M].上海：中华书局，1932：431.
③ 同上：4.
④ 戴克敦.视学篇[J].教育杂志，1909,1(13).

词,如罗炳之批评当时"视学人选标准欠高"。① 还有学者批评"视学资格限制太宽"。② 曾任奉天省教育厅视学的王卓然在《改良视学制度管见》一文中指出,在当时的大众眼里"视学万能",实际上,即使视学员的学问博大精深,也不可能精通百科,以致视学员不能发挥预期的效果。但当时中国视学又不得不担任"万能"的角色,故不得不敷衍了事。所以要提高视察效率,必先从改革制度入手。而一个制度实施的好坏,关键看执行者办事能力如何,即所谓"为政在人,得其人则其政举",因此改革视学人选势在必行。王卓然在《改良视学制度管见》中提出了包括培养视学人才,提高任用标准,供给进步机会等具体改革措施。③ 还有学者认为,"现在视导缺点"表现在"视导员资格太滥","视导员自身的学识浅陋,要于视察时介绍新学说和新方法,难而又难",并指出视导员应该是"教育专家",只有"学历、经验、研究三者并重,方可罗致专家,收视导之实效"。④ 这些期望与批评实际上反映了当时社会各界对包括教育学识、个人素养、职业道德等在内的督学任职资格的高期待。

一、 督学任职资格述略

教育工作虽然不一定"要研究教育专门家去办,但是至少办理教育的工作"选人要"专精",且"必须经过一番的选择,督学和办理教育行政的科长,最好全是学过教育或办过教育而有成绩的人员"。⑤ 而"督学的工作可以说是比较的在外,所以他的修养出身,更是值得注意"。⑥ 民国教育视导人员的任职资格,从清末注重官阶品级,到民国初期官阶品级与学术资格(含学历、教育经验、教育行政工作经历等)并重,再到民国中后期偏重专业知识和教育学识,呈现出一条明晰的变化路径。揆厥原因,不仅可以帮助我们了解民国督导人员的资格要求,还可以沿着这条路径追寻民国教育发展的内在逻辑。

(一) 教育部督学任职资格

我国近代视学制度始于 1906 年清政府颁布的《学部官制草案》。该草案规定:"学部设视学官(暂无定员,约十二员以内),秩正五品,视郎中,由学部尚书

① 罗炳之.罗炳之教育论著选[M].南京:江苏教育出版社,1987:122.
② 张季信.教育行政[M].南京:南京教育合作社,1928:116—117.
③ 参见:周茂江,等.近代中国教育视导制度之沿革及研究述略[J].求索,2007(11).
④ 曾毅夫.地方教育行政[M].上海:商务印书馆,1935:200—201.
⑤ 杨保和,张乃璇.中小学区制的理论和实际[M].上海:上海长城书局,1932:序一.
⑥ 马鸿述.县教育局行政组织研究[M].上海:民智书局,1934:202.

侍郎奏补,专任巡视京外学务。"①"这是我国近代视学制度之滥觞,惟当时并未实行,视察职务则就各司员中临时派充。"②1909 年,寄望通过教育改革扭转颓局的晚清朝廷又制定了《视学官章程》,要求"视学官以宗旨正大、深明教育原理者为合格。每区所派视学官须有精通外国文及各种学科者一人,以便考察中学以上之教法"。③ 尽管突出了视学官的专业知识和教育学识,但对视学官的学历、资历要求比较含糊笼统。

1. 重视教育学识的督学任职资格

1913 年 1 月 20 日,中华民国教育部公布《视学规程》,首定"有荐任文官资格而合于下列各项之一者,得任用为视学:一是毕业于本国、外国大学或高等师范学校,任学务职一年以上者。二是曾任师范学校、中学校校长或教员三年以上者。三是曾任教育行政职务三年以上者"。④ 这些规定包含三方面的内容,即学历、教育经验和教育行政经历。其中第一项突出了视学的学历和教育经验,第二项仅涉及视学的教育经历和教育经验,但第三项"教育行政职务"弹性甚大,因为在有着几千年士绅社会历史传统的政治环境和社会环境中,特别是在清末中国广大乡村地区,把持一方农工商学等话语权的多为地方士绅,⑤且"士绅的成员是学者和现任或退休的官吏,而在农村里士绅成员可能只包括受过教育的地主和富商"。⑥ 民国时期的士绅来源更为广阔,包括商绅、军绅、新式学绅以及部分以非法方式(土匪、寇首)进入这一阶层的人物,乡村绅士素质不断恶化,从而出现以道德评判尺度划分的"正绅"与"劣绅"。因此,仅以"文官荐任"加"曾任教育行政职务"作为教育部视学任职资格标准,就有可能使一些"不知

---

① 东方杂志社.官制草案[J].东方杂志,1914(临时增刊).

② 孙邦正.教育视导大纲[M].上海:商务印书馆,1944:12.

③ 教育杂志社.法令[J].教育杂志,1909,1(13).

④ 教育杂志社.法令[J].教育杂志,1913,5(3).

⑤ 从 1901 年到 1945 年,我国乡村政治结构及运行制度发生了重大转变,为消弭社会矛盾,化解统治危机,1901 年清政府改革政制,实行新政与地方自治。1908 年后,清政府相继颁布了《城镇乡地方自治章程》和《府厅州县地方自治章程》等,开始分期推行地方自治,原来以保甲制为中心的乡级组织逐渐被废,代之以警区、学区和自治区,警察制取代保甲制。但是,从总体上看,乡村并没有出现基层社会权力结构和权力主体的根本性变动,只是将具有现代特征的新政直接嫁接于传统权力之上,如建学堂、设警察、办商会等现代事务基本假手乡村传统权威——绅士来完成。清朝覆灭、民国制度嬗变之际,士绅作为一个乡村权势阶层依然存在,其内涵却发生了重大变化,传统封建士绅的基本构成包括具有生员以上的科举功名者、由捐纳而获得身份者、乡居退职官员、具有军功的退职人员和具有武科功名出身者,民国时的基层权力架构形式发生了重大变化,但权力主体依然是士绅。

⑥ 周荣德.中国社会的阶层与流动——一个社区中士绅身份的研究[M].上海:学林出版社,2000:58—59.

教育为何物"的市井无赖混进视学队伍。再者,将"有荐任文官资格"作为视导人员任职资格的首要条件和前提,实际上强调了视学人员的官阶品级,淡化了专业学识与教育经验,更有可能把一批富有教育学识、累有教育经验的专业人才排斥在外,致教育行政不得其人。对此,当时便有学者提出尖锐批评,"盖视学之职,极为重要","吾国任此职者,大抵皆地方绅士,对于教育毫无研究"。①

从清末《视学官章程》到民初第一部教育视导法规的颁行,时间跨度虽然只有四年,但从中可以看出,对视学任职资格的要求,已经从偏重行政经历和资历逐渐过渡到兼重视导工作所需的专业知识,即视学人员的学历和教育经验。如前所述,清末学部视学人员多由官僚充任,对其教育学识、经验等无具体明确的规定。而民初的视学任用资格明确包括两方面条件,即荐任文官资格和学历、教育经验、教育行政经验等专业资格,"实际上反映了视学人员逐渐由官僚型向专家型变化的开始"。②

2. 高等教育视察委员任职资格

民初,由于部视学视察范围仅限于初等教育、中等教育和社会教育,很少顾及高等专门以上学校,同时由于当时私立学校纷纷升格为大学、专门学校,而原部视学因学识、经验所限,很难胜任高等专门以上学校的视导,加之"外人所设学校,大都按照外国办法,其课程类用西文教授,试卷亦多用西文,自非派有学问之西洋留学生不能当视察之任",③教育部遂于 1920 年 12 月 31 日制定颁布了《专门以上学校视察委员会规程》,并于 1921 年初正式成立专门以上学校视察委员会,任命秦汾(参事)、任鸿隽(司长)、秦锡铭(佥事)、范鸿泰(佥事)、朱炎(佥事)、陈容(编审员)、万兆芝(编审员)为专门以上学校视察委员会委员,任鸿隽为主任。当时教界和学界赞誉"此七人均为教育部部员中曾留学外国而有学问者"。④尽管这是出于胜任视察高等教育和专门教育的需要而作出的权宜制度安排,但也体现了民初教育部视学任职资格从官僚型向专家学者型转变的总体发展趋势。

3. 大学院制后的督学任职资格

1931 年 8 月 31 日,为了改变大学院试验时期对教育视导工作的忽视,教育部在 1913 年《视学规程》的基础上,制定并颁布了《教育部督学规程》。教育部督学的任职资格仍须有简任或荐任文官资格,且曾任教育职务二年以上。虽然

① 江澄. 改革视学制之意见[J]. 中华教育界,15(12).

② 江铭. 中国教育督导史[M]. 北京:人民教育出版社,1994:120.

③④ 教育杂志社. 法令[J]. 教育杂志,1921,13(2).

教育部督学的官阶品级要求放宽了,也不再是前提条件,但督学的专业知识和教育经验等准入条件未放宽。

4. 战时督学任职资格

1941 年,《教育部视导规程》颁布,对部督学的任职资格规定是:"有简任或荐任文官资格且曾任教育职务二年以上著有成绩者,得任用为简任或荐任督学。有委任文官资格且曾任教育职务二年以上著有成绩者,得任用为视察员"。① 对督学的任职资格按照职务级别提出了不同要求,对官阶品级的要求有所降低,而对教育行政经验和教育教学经历及能力的要求未曾变化。这与战时时局紧张不无关系:一方面,整个社会处于兵荒马乱状态,盗匪四起,灾荒连年,民生凋敝,人们皆为自己的生存担忧,致督学队伍难以罗致学识、素养优秀之人才;另一方面,由于东部及北方沦陷区教育等文化事业单位大举内迁,致督学队伍人员流失,流动频繁。

5. 战后督学任职资格

1945 年 11 月 17 日,《教育部聘任督学及专门人员选用规则》规定,督学应具备下列各款资格之一:一是具有公务员任用法第二条简任职、公务员各款资格之一并曾任教育职务四年以上者。二是曾任公立或已立案之私立大学校长一年以上,或独立学院院长或专科学校校长,或其他同等之国立教育机关主管人员二年以上者。三是曾任教育厅厅长一年以上,或院辖市教育局局长,或与简任职相当之教育行政人员二年以上者。四是曾任公立或已立案之私立大学,或独立学院教授六年以上经审查合格者。此规则突出了教育部督学应具的教育行政经验和办理教育的实际能力,符合战后恢复重建时期对各地满目疮痍的教育进行重新规划、整理、扶绥的需要。

综上所述,民国时期,教育部督学任职资格经历了五次颁定、修改、补充和调整。纵观教育部督学任职资格的历次调整、变化,其共同之处在于,一方面偏重督学的教育行政能力,基本符合"设立视学为教育事业这部巨大机器服务"②的初衷以及部督学的工作特点,即侧重宏观层面对各级各类办学机关的视察、检查、指导以及对下级教育行政部门的监督,另一方面逐渐突出督学的学历和教育经历,强调督学在教育领域取得的成就,即"著有成绩者",要求教育部督学不仅要有真才实学,而且得具备丰富的工作经验。

---

① 参见:孙邦正.教育视导大纲[M].上海:商务印书馆,1944:62.
② 常导之.增订教育行政大纲[M].上海:中华书局,1934:313.

（二）省督学任职资格

由于民国教育督导制度沿袭前清旧制,在教育部颁布省市督导规程前,各省出于督促州县创办新学的需要,要么循清末惯例设置视学,要么自行拟定颁布省督学资格。因此,按照立法主体、立法调整对象和立法效率等级①的不同,民国省级督学资格可分为两个系列,即中央制定颁行的省督学资格和各省自行制定的省督学资格。

1. 中央颁行的省督学资格

1906 年,清政府裁撤各省学政,改设提学使司,司下设省视学,这是我国近代省级教育视导制度的开端。当时,对省视学尚无定章,仅在学部奏陈各省学务官制折中约略提及:"提学使以下设省视学六人,承提学使之命,巡视各府厅州县学务。各省省视学由提学使详请督抚札派曾习师范或出洋游学、曾充当学堂管理员教员积有劳绩者充任。"②折中虽然对省视学人数、资格、任务、委派方法等均略有规定,但甚为笼统,所以各省视学的人选多半迁就,并不严格遵照奏折规定。次年,河南提学使孔祥霖奏请考试视学官,并"以各省高等学堂预科及中等学堂毕业"作为基本条件,即通过考核、评估等方法遴选省视学。这一提议虽具合理性,但怎奈当时此类毕业生太少,甚至不敷分配,哪有遴选余地?因此,学部于 1907 年 8 月又规定:"省视学仍由各省提学使慎选,无论为士绅、为教官、为学堂毕业生,但查明实系品学俱优、热心教育者,均准札派委用。将来学堂毕业人数渐多,再由宪政编查馆会同学部另订考试视学官专章。"③这些奏折和规定对视学学历、资历没有明确说明,更谈不上对视学人员教育经验、专业学识等方面的要求,其任职资格比较宽泛,且含糊笼统,仅以"品学俱优、热心教育"为标准,而对"俱优"和"热心"的标准是什么也未作具体界定,只能寄望于省提学使"慎选",难免造成任人唯亲,用人失察。

民国时期由中央教育部制定发布的关涉省级教育督导的行政立法主要有

---

① 立法主体是指有权制定、认可、修改、废除法律的国家机关,包括专门行使立法权或主要行使立法权的立法机关,也包括制定宪法的制宪机关,还包括制定行政法规和规章的国家机关以及制定地方性法规的地方国家机关。后者往往是行政立法主体,亦即依法取得行政立法权,可以制定行政法规或行政规章的国家行政机关。行政立法是指立法机关通过法定形式将某些立法权授予行政机关,行政机关依据授权法创制行政法规和规章的行为。行政立法的调整对象是国家在行政管理过程中涉及的较为具体的行政事务,而权力机关立法的调整对象是国家政治、经济、文化生活中的重大事项。行政立法的效力等级较低。

② 朱有瓛,戚名琇,钱曼倩,霍益萍.中国近代教育史资料汇编·教育行政机构及教育团体[M].上海:上海教育出版社,2007:46.

③ 孙邦正.教育视导大纲[M].上海:商务印书馆,1944:18.

三次。一是 1918 年 4 月 30 日,教育部颁布我国教育督导史上首部《省视学规程》,提出欲谋就省视学之职,必须大学文科或高等师范学校毕业;或者师范学校本科毕业,曾任学务职五年以上著有成绩者;或曾任师范学校、中学校校长或教员二年以上著有成绩者。① 其中,就当时社会经济状况和高等教育发达程度而言,"大学文科或高等师范学校毕业""师范学校本科毕业"等学历要求是非常高的,而"五年以上""二年以上"等被量化的教育工作经历也更加具有操作性。

二是 1928 年 5 月 15 日,大学院召开第一次全国教育会议,会议议决案中有《规定视察指导制度案》,提出省教育厅应设督学,负视察指导省内各级学校之责。省督学的资格标准应具有大学教授之资格,而有中学教育之经验与研究者。② 与 1918 年的《省视学规程》一样,督学的教育学识与教育经验已成为任职的主要条件。不过,这还不能算是立法,只是行业会议的一个提案,但这份提案促成了 1929 年 2 月 2 日教育部再颁《督学规程》。此规程要求主要针对各大学区、各省教育厅督导人员,任职人员必须为"国内外大学教育学院或文学院教育学系毕业,曾任教育职务二年以上著有成绩者;国内外专门以上学校毕业,曾任教育职务三年以上著有成绩者;高中师范科或师范学校毕业,曾任教育职务七年以上著有成绩者"。③ 这些规程、议决案所规定的省视学任职资格与前清视学资格相比发生了三大变化:一是具体、明了,便于操作;二是强调视学的教育背景——学历,专业背景——师范,教育学识——办理教育经验等;三是淡化了省视学的官员身份,即省视学并非所有士绅、教官或具有公务员身份的学堂毕业生都能胜任,突出了视学工作的专业性。

三是 1931 年 6 月 16 日,教育部再修正 1929 年的《督学规程》,公布了《省市督学规程》。④ 由于该规程的立法意图在于统一废止大学区制后全国省级教育督导制度,弥补试行大学区制给省级教育督导带来的影响,包括督学任职资格在内的许多内容与 1929 年的《督学规程》相比变化不大。但与 1918 年的《省视学规程》相比,1929 年的《督学规程》和 1931 年的《省市督学规程》明显注重督学的专业知识、教育经验和专业技能,而对官阶等级以及从事教育行政管理的经历有所淡化,从而使省市督学的任职资格既趋严格又更趋合理,符合省市督学既要履行省属学校视察指导之责又要对下级教育行政机关行监督之责的职能要求。

---

① 参见:教育杂志社.教育法令选[M].上海:商务印书馆,1925:102—105.
② 参见:教育杂志社.法令[J].教育杂志,1928,20(6).
③ 教育部总务司第二科公报室.教育部公报[G].教育部总务司第二科公报室,1929,1(3).
④ 参见:教育部.教育法令汇编(第一辑)[M].上海:商务印书馆,1936:119—120.

此后,民国教育部除了因应教育事业发展之需而增设专项视导人员外,对省督学的任职资格未再出台新规。例如,1932 年 11 月 24 日,教育部令各省教育厅及行政院直辖市教育行政机关设置主管体育的督学或指导员,作为推行国民教育之主干分子。此类人员除按照公务员任用条例所规定的标准考核外,还必须在国内外大学体育系或体育科毕业并在体育界服务二年以上。[①] 这一要求更突出了学科专业知识以及学科教学经验,其专业特征尤为明显。再如,1937年 7 月 1 日,教育部公布《省市义务教育视导员规程》,规定义务教育视导必须有委任以上文官资格,并须具有下列各项之一:一是曾任县市教育视导职务五年以上著有成绩者;二是曾任县市教育局科长职务五年以上著有成绩者;三是曾任小学校长或民众教育馆长五年以上著有成绩者;四是曾任推行义务教育或民众教育职务三年以上著有成绩者;五是对于初等教育、义务教育、民众教育有专著发表,经主管教育行政机关认为确有成绩者。[②] 因为这两部教育行政法规涉及的是较为具体的事务,只针对省级体育督学和义务教育视导员,对其他督学的任职资格没有影响。

2. 各省自行制定的省督学资格

在 1918 年教育部颁布《省视学规程》前,各省为了保证视导活动的正常开展,自行制定了视学章程,虽然有各自的特点,但总的来看大同小异。以 1912年 4 月颁布的《江苏暂行视学章程》为例,对省视导人员任职资格的规定包括:曾任师范学校或中学校校长教员或各种中等实业学校校长三年以上者;毕业于中等以上各学校、曾任学务职二年以上者。[③] 1927 年,浙江省视学条例规定,省视学必须毕业于国内外大学教育科、高等师范学校及师范大学,且有教育经验者,或国内外专门以上学校毕业,具有教育学识及二年以上之教育经验者。并规定临时视学也必须是毕业于国内专门以上学校,曾任大学教授者,或对于某种事项有特殊学识及经验而著有成绩者。安徽省规定省督学必须具有下列条件之一:国内外大学教育科、高等师范学校或师范大学毕业有教育经验者;国内外专门以上学校毕业,具有教育学识及二年以上之教育经验者;曾任中等以上学校校长及专任教员三年以上著有成绩者。江西省规定教育视察员必须具备下列条件之一:大学师范科或高等师范学校毕业;高等专门以上学校毕业,曾任教育职务二年以上;师范学校毕业,曾任教育行政职务三年以上,有专门著述或

---

① 参见:教育部总务司.教育部公报[G].教育部总务司,1932,4(6).

② 参见:教育部.教育法令汇编(第三辑)[M].南京:正中书局,1939:8—9.

③ 参见:教育杂志社.法令[J].教育杂志,1914:12.

确有成绩。试行大学区制时期，中央大学区省视学任职资格条件更高，其条件是：或是大学教授或讲师，或是在本大学区办理或研究教育成绩素著者，或是对专门学术有特殊贡献之学者。

上述各地省视学规程呈现三个特点：一是重视省视导人员的教育背景，即必须接受过高等教育，特别是师范专业教育，掌握教育原理，了解教育教学规律，凸显了教育视导的专业性；二是重视省视导人员的教育工作经历，即要求教育视导人员必须了解学校行政、学生学习状况、教师的困难与需求、学校的实际运作过程、学科专业知识等，凸显了教育视导的综合性和复杂性；三是淡化文官身份，甚至对省视学的官阶品级不提要求，凸显教育视导去行政化的特点，这就有利于把品学兼优、热心教育、擅长教育的专家吸引到省视学行列。

（三）县督学任职资格

和省视学任职资格一样，县视学任职资格也分两个系列，即由中央制定并颁行全国的县视学资格和由各省制定的县视学任职资格。1906 年，学部奏定《劝学所章程》，规定各厅州县劝学所设县视学，这是我国县教育视导制度的开端。① 但当时对县视学尚无专定章程，仅在学部奏陈各省学务官制折中有所提及："各厅州县劝学所设县视学一人，兼充学务总董，选本籍绅衿，年三十以外、品行端方、曾经出洋游历或曾习师范者，由提学使札派充任，即当佐各厅州县城内各地方官监督办理学务；并以时巡察各乡村市镇学生，指导劝诱，力求进步，给以正七品虚衔，其办理实有成效者，准其擢充课长，以示鼓励。"②

1. 部定规程与县视学资格

1918 年 4 月 30 日，教育部颁布《县视学规程》，第一次由中央对县视学的任职资格作出规定：一是师范学校本科毕业，任学务职一年以上者；二是中学校或二年以上简易师范科毕业，任学务职二年以上著有成绩者；三是曾任高等小学校校长或本科正教员二年以上，经省教育行政长官认为确有成绩者。③

这是由民国教育部制定颁布的关涉县教育视导人员任职资格的唯一单行规程，虽然大学院于 1928 年 5 月 15 日召开第一次全国教育会议时，在《规定视察指导制度案》的议决案中，规定"县督学应具中学教员资格，而有小学教育之

---

① 参见：孙邦正.教育视导大纲[M].上海：商务印书馆，1944：18.
② 朱有瓛，戚名琇，钱曼倩，霍益萍.中国近代教育史资料汇编·教育行政机构及教育团体[M].上海：上海教育出版社，2007：47.
③ 参见：教育杂志社.教育法令选[M].上海：商务印书馆，1925：105—108.

经验与研究者"，①但终因大学院废止而未能公布施行。此后，教育部曾于1929年和1931年两次颁布《省市督学规程》，但没有再制定和颁布统一、单独的县督学规程，只在1929年的《督学规程》中提到了"市县教育局得设督学。其员额、资格、职务、待遇等，由大学区大学、各省教育厅另定。市县督学规程呈请教育部核准备案"。②

2. 省定规程与县视学资格

各地方自行制定颁布的县督学资格几乎都比较注重教育学识、办理教育的经验。例如，1913年安徽省制定的《暂行县视学规程》对县视学的任职资格有三条规定：一是初级师范完全科毕业；二是二年以上师范简易科毕业且办学二年以上；三是中学毕业且办学二年以上。1914年安徽省制定新的《县视学规程》，将原来"中学毕业且办学二年以上"改为"中学毕业且办学五年以上而确有成绩者"。

又如，1931年9月28日教育部核准的《福建省教育局督学暂行规程》要求，县督学必须大学教育科、师范大学或高等师范学校毕业，曾任教育职务一年以上者，或者师范学校本科或高中师范科毕业，并曾任教育职务二年以上，著有成绩者方可任用。对非教育、非师范类大学及大学专科学校毕业生，则要求曾任教育职务三年以上，并著有成绩者方能合格。至于从地方教育行政人员甲种养成所、教育组毕业的人员，还要通过见习期考验，待见习合格，同时对小学教育、社会教育等有特殊研究者才有资格充任县督学。③这些条件突出了县督学的师范教育的专业背景、教育经历、工作经验等，取消了县督学的官阶品级出身，有助于将胸怀真才实学、谙熟教育原理、热心乡村教育的有识之士吸纳到县督导队伍中，有助于提高县督学整体专业水平和执务能力。

再如，1927年，浙江省规定县视学须师范学校或高中师范科以上毕业而有教育经验者；或者中等学校以上毕业而有教育学识或经验者。④1929年10月25日，辽宁省颁布《辽宁省教育厅考试教育局长及县督学规则》，规定："凡本省男子在二十五岁以上"，"本科师范及新制师范毕业，任教育职务三年以上者；旧制中学或高级中学毕业，任教育职务五年以上者"得应县督学考试。⑤江苏省于

---

① 教育杂志社.法令[J].教育杂志，1928，20(6).

② 教育部总务司第二科公报室.教育部公报[G].教育部总务司第二科公报室，1929，1(3).

③ 参见：常导之.增订教育行政大纲[M].上海：中华书局，1934：307.

④ 参见：教育杂志社.教育界消息[J].教育杂志，1927，19(6).

⑤ 齐红深，徐治中.中国教育督导纲鉴[M].沈阳：辽宁大学出版社，1989：155—157.

1932年9月公布《县督学规程》，要求县督学必须为：国内外大学教育科教育学院或师范大学毕业，曾任教员职务一年以上；国内外高等师范或专科师范学校毕业，曾任小学教育二年以上者；师范学校本科毕业或高中师范科毕业，曾任小学教员三年以上者。[①] 1936年10月20日，江苏省又颁布《各县卫生教育指导员服务规程》，规定于各县教育局、县政府添设卫生教育指导员一人，以人格高尚、服膺党义并曾在大学或独立学院卫生教育科毕业者，由教育厅直接委任充任。黑龙江省规定县督学资格为：高级师范学校毕业，曾任教育职务一年以上者；旧制师范学校毕业，曾任教育职务二年以上者；中等学校毕业，曾任教育职务三年以上著有成绩者。[②]

各省所定县视学规程、条例与1918年教育部颁布的《县视学规程》相比，至少具有两个特点：一是提高了县视学的任用标准，注重县督学的学历、专业知识与教育经验、学术研究相结合。正如孙邦正所言："各省所规定的县视学规程，已将县市督学的资格提高不少。"[③]而且根据当时学者的调查，就学历而言，当时具有前师、后师、乡师、优师、高中师范科、教育学士、高等师范等学历的县督学居多，即有58.19％的县督学受过专业训练。[④] 就经验而言，担任过小学教员、中学教员、小学校长、中学校长、师范学校校长、师范教员、师范讲习所长、教育局长、大学职员等具有教育性质职务的县督学占83.33％。[⑤] 二是县视学具有很强的独立性和专业性。《县视学规程》规定："县视学不得兼任他职，但因特别情形，经省教育行政长官许可，暂由劝学所长兼任者不在此限。"有了这样的规定，视学就成了一种专门工作和职业，与之前的兼职相比，不仅可以避免县民政长或县长在用人上的主观随意性，也有助于教育视导功能的正常发挥。

根据民国时期教育部和各省颁布的视学规程，就整体而言，教育部督学的任职资格比较注重教育行政经验和官阶品级，省督学的任职资格既注重教育行政能力也重视教育学识，而县督学的任职资格侧重教育学识。但无论是教育部督学还是省县督学，其任职资格都忽视了对视学职业道德、品性修养等方面的要求。

---

① 参见：孙邦正.教育视导大纲[M].上海：商务印书馆，1944：26—27.
② 参见：江铭.中国教育督导史[M].北京：人民教育出版社，1994：171—172.
③ 孙邦正.教育视导大纲[M].上海：商务印书馆，1944：63.
④ 参见：马鸿述.县教育局行政组织研究[M].上海：民智书局，1934：206.
⑤ 同上：209—212.

二、 督学任职资格变化路径及表现

综览中央、省市、县三个层级督学的任职资格,不难发现其具有两个显著特征。

横向比,在学历要求上,教育部及省督学高于县督学,教育部及省督学资格明显侧重于行政能力,而县督学资格更偏重于教育学识、教育经验等。而且在历次视学规程修订中,似乎对中央及省督学任职资格的行政能力要求并未淡化,只是在原有条件基础上,对督学的专业知识、教育学识、教育工作经验等作补充和调整。对此,时人曾有批评:"部视学之资格,必须有简任资格者,始得委任。夫视学必须有专门的知识,始能胜任。今以简任资格限之,则专门人才,反不得任用;而一班无位官僚,皆滥充是职。故今日部视学多半官僚。若以官僚而视察教育,其不敷衍了事者几希矣。各省视学类多沾有官僚习气。敷衍塞责,拿钱不作事,与官厅往来,藉张声势而已。其弊安在? 盖以视学为官吏故也。"[①]这是对偏重行政能力和官阶秩级的部省督学任职资格一针见血的批评,虽然言辞激烈且基于当时实际情况有感而发,但缺乏对其原因进行平实、深入的调查研究。

民国学者黄德正认为,部省督学的职责在于对下级办学机构及教育行政机关特别是对县教育局长、教育科长、视学进行检查、监督与考核,有了合格的县教育局长、科长、视学,才能办理好一县学务。黄德正指出:"视学一职积极者乃实地指导,介绍学说,将视察所得之弱点,熔冶一炉,以修补破弊,而匡其不逮也。是则视学关系于教育之前途,不啻一活动的指南车;对于现状的教育,不啻教育之扁鹊也。愚谓省视学之视察,以精力与时间关系,当注重于教育行政方面之考成。行政者果得其人,则根固实遂;地方小学之策励有人,则励精图治。否则,上下其手,互相蒙蔽,不于行政方面彻底澄清,而欲小学教育办理之完善,是舍本而逐末,缘木而求鱼,虽有热心教育者,亦不敌恶势力之溶化也。故吾以为视学员之视察,应以考察教育行政为最要者;视察学校,犹其次焉者耳!"[②]这

---

① 江澄.改革视学制之意见[J].中华教育界,1926,15(12).

② 黄德正认为,"一县教育行政之中心,厥惟教育局;掌管教育局者,为教育局长。是则教育局长平时之一举一动,均有关于地方教育之前途,宜如何洁身自好,以榜样士林。省视学至各县时,即应本此目的,预定考成之方针。主要检查教育局长的任职:1. 资格:资格不健全之教育局长,每有幸进之嫌。非与行政长官(县知事)狼狈为奸,以局长为酬应品(因为遴选局长为县知事之特权);即以金钱为取得之方。事虽仅有,然视学不得不于此详为侦查,是否有无是种情弊。2. 学术:地方绅董,泰半前清耆旧。地方官履新后,耳目所接 (转下页脚注)

样的分析或许能帮助我们更加全面地理解部省督学任职资格的制度安排。还有学者认为:"教育视导即教育视察及教育指导之意,其范围极广,教育视导及行政视导均包含在内。""而不仅限于学校教育"和"学校行政","学校以外之教育事业,在在皆与教育行政有关,在在皆要视导"。①因此,部省督学的任职资格侧重于行政能力似在情理之中,有其合理一面。

纵向比,虽然中央及省市督学资格从偏重行政能力逐渐转向行政能力与专业知识及教育经验并重,而县督学资格从行政能力与专业知识及教育经验相结合转向偏重专业知识及教育经验,但部、省(市)、县三级督学任职资格的总体趋势是从偏重官阶秩级等行政资历转向重视专业知识、教育经验。

要之,由于受各种因素的影响,民国时期无论是部督学、省督学还是县督学,其任职资格都经历了从笼统含糊到偏重行政能力和官阶秩级,从行政能力与专业知识并重再到重视专业知识的发展轨迹。这些变化调整不仅体现在不同时期制定颁布的督学规程中,还表现在以下四个方面。

(一)资历: 注重督学求学、治学经历与教育工作经验

民国时期各级政府或教育行政机关任命的督学,特别是部省督学,不乏勤于治学、追求知识、爱国忧民甚至带有书生气的教育专家或学界精英。这一气

(接上页脚注) 触者,皆此辈八股先生。一旦教育局长改组,所谓地方舆论之贡献,不过八股先生呵唔咕哗之结晶耳! 故地方官保荐之结果,非胸无点墨之偶像,利其便于操纵;即为帖刮余生之老儒,不知教育为何物。夫以若辈从事于教育,宜其永无起色也。3. 规划能力:为局长者,应有计划能力。以往之千花万絮,当归纳之;将来之推广计划,当预筹之。故视学一入教育局,可以审查该局各项行政,有无统计表、预决算表。若其残缺不全,或局徒四壁,则平时行政之紊乱可想见矣。4. 注意骈枝冗员:教育行政费本有定额。各县每因位置设人,便于通同作弊,势不得不巧立名目,额外开支。5. 忠于职守:局长既负有全县教育行政之重权,自宜神不外散,本位的向上发展。然间有假局长之名,四处招摇;或有兼任他职,视教育局为传舍,因此宵小弄柄,上下忌荒,而其弊有不可胜言者。6. 用人之深究:"用人行政,局长自有全权"一语,乃局长之口头禅,局长植党营私之虎符也。故有资格不合、学术荒芜者,恒奔竟于局长之门下,蝇营狗苟,恬不知耻。其终也,竟博得代理校长、试用教员之头衔,视学如发现上列情事者,应即督令改聘,以维学风。7. 特殊法令之制止:局长欲妄作妄为,每碍于法令之限制,于是不得不法外立法,强造理由,耸动听闻,以曚请官厅,为作弊之准备;官厅昧于地方情形,遂准如所请,局长亦兴风作浪,肆无忌惮。负考察教育责任之视学,须注意及之。8. 办事之勤惰:考察局长之勤惰极易。视学至各县时,可检阅其收文发文簿,是否有延搁不理,抗庇违法等弊,即可知其勤惰之大概矣。9. 私德之采访:有嗜好者,且不能享公民之权利,遑论为局长乎! 至于终日聚赌、宿娼纳宠者,其人格更复堕落;在今日"人格教育"盛倡之际,似宜示以限制,以正士风。10. 经济状况:经费为办学之要,各县感觉困难者,十居八九。若论诸实际,其亏欠或不致如此之巨;甚有略加整顿,不徒不绌,且有盈余者。视察教育局长既毕,乃宜分别视察县署第三科主任能否尽监督之责;董事会能否有筹划经费之能力;教育委员与县视学能否忠于职守、尽指导之重任。"参见:黄德正.省视学的责任[J].教育杂志,1926,18(5).

① 曾毅夫.地方教育行政[M].上海:商务印书馆,1935:156.

象打破了清末民初视学多为官宦出身的传统,使民国教育督导更具教育的专业特征和督导工作的职业特征,也为教育督导工作增添了几分专业权威。例如,教育部专门以上学校视察委员会委员任鸿隽1908年东渡日本,考入东京高等工业学校应用化学科。为配合国内黄花岗之役和四川铁路风潮的斗争,他发表了不少宣传革命的文章,如《川人告哀文》《为铁路国有告国人书》等,支持国内的革命斗争。1911年10月辛亥革命爆发,他立即弃学回国,投身革命,12月底随孙中山一行由上海到南京。1912年1月1日,中华民国临时政府成立,任鸿隽任总统府秘书处秘书,此间,曾为孙中山草拟《告前方将士文》《咨参议院文》《祭明陵文》等。1913年,任鸿隽考进美国康奈尔大学文理学院,主修化学和物理学专业。1914年夏,他与同学赵元任、胡明复、周仁等联合发起成立科学社,集资创办我国最早的综合性科学杂志《科学》月刊。次年,中国最早的综合性科学团体——中国科学社正式成立,任鸿隽被推举为董事长和中国科学社社长。1916年,任鸿隽从康奈尔大学毕业获学士学位后,又考进哥伦比亚大学攻读化学工程专业,1918年毕业,获硕士学位。1920年,任鸿隽应北京大学校长蔡元培之聘,到北京大学任化学系教授。1925年,因不满学校新旧两派斗争,他辞职回家,著述《科学概论》一书,并于1926年由商务印书馆出版。1935年,任鸿隽被委任为四川大学校长,在战火连天的艰难岁月翻译了《最近百年化学的进展》,还与他人合译了《科学史及其与哲学宗教的关系》一书,该书于1946年3月以《科学与科学思想发展史》为题在重庆出版,这是我国较早的一部科学史译著,也是一部受学术界重视和欢迎的大学丛书。任鸿隽一生著述、译著多达60余部。

毕业于南京高师教育科获学士学位的夏承枫,对教育行政极有心得,历任江苏省教育厅视学、中央大学区科长、南京市教育局科长、东南大学教育系助教、中央大学及中央政治学校教授等职。他曾搜罗教育行政资料数千种万余册以为研究根据,著译颇丰,有《现代教育行政》《教育行政通论》《地方教育行政论》及《学习心理学》(与朱定钧合译)等。

还有中央大学区1928年4月任命的视察委员杨允中、胡刚复、程湘庐、俞庆棠、孟宪承、郑晓沧、王季良等人,"确实都是对教育很有研究和贡献的学者"。[①] 总体上,民国不少督学,包括县督学,有的对教材教法有深切的感悟和理解,如金山县督学陈邦彦著有《新课程高级算术课本及教学法》《新编小学算术教科书及教学法》《初小国语教学法》《音乐教科书及教学法》,浙江省专门视察

---

① 江铭.中国教育督导史[M].北京:人民教育出版社,1994:161.

员赵裕任编有《小学国语科教学法》《教育测验概要》等；有的在社会学、哲学、伦理学、心理学等领域颇有建树，如江苏省视学江恒源著有《伦理学概论》《中国先哲人性论》《伦理学大意》，浙江省督学王骏声著有《幼稚园教育法》《教育中心》《中国新农村之建设》《小学各科之教学法》《浙江九中三年来办学纪要》《日本国势之解剖》等，上海市教育局督学马宗荣著有《西洋教育史纲》《社会教育概论》《比较社会教育》《现代图书馆序说》《社会教育的设施及理论》等，河北省督学李建勋著有《小学行政概要》《天津小学教育之研究》《美国民治下之省教育行政》等，教育部督学钟道赞著有《中国职业教育问题》《职业教育之理论与实际》等。

还有许多督学对教育行政、教育督导等有专门研究或独到见解，如1914年被任命为教育部视学的袁希涛著有《义务教育》《新学堂草案与各国学制之比较》，教育部督学周邦道著有《科学发达略史》《教育视导》《近代教育先进传略》，教育部社教督导员甘豫源著有《县教育行政》，湖北省汉川教育局局长、指导员刘亦常著有《督学的任务》《美国师范教育发达史》《教育行政长官之人格》《国民性与教育》等。这些著作不仅反映了民国教育督导人员较高的学术修养和理论水平，也奠定了他们在学科教学和教育督导工作中的专业地位和学术威信。还有许多督导人员，像任鸿隽、夏承枫一样，不仅接受过高等教育，具有丰富的专业知识、教育学识，甚至在某个领域有精深的研究。再略举数例，兼作佐证。

例如，毕业于天津大学的教育部专门以上学校视察委员会委员秦汾，在当时就已经是著名的数学家。他于1903年考入北洋大学堂（天津大学前身）学习土木工程，成绩名列前茅；1906年未及毕业便被送美深造，入哈佛大学攻读天文数学，获硕士学位。1913年归国，历任南京商业学校教务长，教育部专门司司长、次长、代理部务，北京大学理科学长、大学院普通教育处处长，又先后掌教沪上各大学，出任东南大学校长。秦汾精擅数学，著有《数学》《微积分》等多种著作，时人誉其为数学权威。

再如，上海教育局督学马宗荣，12岁入当时省立模范中学，1916年毕业，初聘为息烽县县立两级小学校长。上任后，仿效并积极推行新式教学，改变旧的私塾教育方式。1918年，以第二名的优秀成绩被录取为贵州省留日矿业学生，获公费留学日本机会，开始学习矿业，先后肄业于日本东京第一高等预科、名古屋第八高等本科。后因公费短欠，改由教育部公费资助而进入日本东京帝国大学，改学社会教育学和图书馆学。毕业后又进入研究所，进一步攻读。1929年回国，主要从事教育工作，任上海市教育局督学、大夏大学图书馆馆长。先后担任过上海暨南大学、劳动大学、江苏省立民众教育学院、浙江大学、中国公学、立达学院等校教授及中华学艺社编辑、委员、常务秘书、董事等职务。著有《社会教育概说》《日本教育制度》《日本教育行政通论》等。马宗荣先生还是我国著名的社会教育学家、出版家、编辑家、作家，也是著名的图书馆学家，凭借《图书馆概论》《现代图书馆序说》《现代图书馆经营论》《中国图书馆事业史的研究》等论著，被公认为我国图书馆学的创始人。

曾任江苏省视学、江苏省教育厅厅长的江恒源，1901 年中秀才，1915 年从北京大学毕业后，在私立朝阳大学、中国大学任课。历任江苏省第二厅视学、省立第八师范学校校长、江苏省教育厅厅长、上海中华职业教育社办事处主任等职。创办了中华职业学校、女子职业学校和职业补习学校、职业指导所等职业教育机构，并创办《职业与教育》期刊，开创了我国职业教育的先河。1949 年 9 月，江恒源应邀赴京参加中国人民政治协商会议。中华人民共和国成立后，江恒源先后担任全国政协委员、政务院文教委员会委员、上海市人民委员会委员、上海比乐中学校长、中华职业学校校长等职。编著有《伦理学概论》《中国先哲人性论》《职业指导》等。

曾任教育部督学、教育部考试院参事、大学教授、江西省教育厅厅长的周邦道，16 岁考取宁都县立中学，后转学省立第九中学，21 岁考取国立南京高等师范学校，毕业后在河南四师任教。回省后，先后担任江西二师、省立八中、南昌乡师校务主任及省立宁都中学校长等职。1923 年，与刘惟甫等人集资创办绵江中学，兼任董事长，开瑞邑中教之先河。1930 年夏，国民政府举行第一届高等考试，周邦道获第一名，誉为民国"状元"。旋任教育部编审、督学等职。期间，主编第一部《中国教育年鉴》《中国人口数目考》，主办《中国教育视导》《当代教育文献》等刊，皆由中华书局出版发行。1945 年 6 月，周邦道主持国家考试院工作，兼江西省教育厅厅长和国立中正大学教授等职。1949 年赴台湾省担任省立农学院（中兴大学）教授，兼任测量学校、东海大学教授。

教育部督学兼科长钟道赞是我国近代职业教育理论和实践的先驱者之一，中国近代第三次职业教育思潮的重要代表人物之一。钟道赞先后求学于北平师范大学、美国哥伦比亚大学师范学院，获哲学博士。他引介发达国家职业教育的经验教训，提出我国职业教育的发展思路，躬行职业指导实践，强调职业补习教育，对民国时期职业教育发展做出了不可磨灭的贡献。他在中华职业教育社创办的《教育与职业》杂志上撰写多篇文章，详细介绍美国农业教育、工业教育、商业教育、家事教育、职业补习教育和职业指导的发展概况及运作模式，并客观分析了美国发展职业教育的经验和教训。1927 年，我国第一所面向社会的职业指导机构——中华职业教育社上海职业指导所成立,钟道赞成为首聘五位专家之一。另外,他还经常与中华职业教育社的主要领导人及有关专家如黄炎培、邹恩润等深入江浙一带的主要大中学校,进行有关职业指导理论的演讲,并对有关职业进行介绍。在参与职业指导的实践活动中,他积极从事职业指导理论的研究与探索,先后发表《广义的职业指导》《职业指导应有的工作》《兴趣与职业》《中学生的兴趣》《职业指导与青年出路》《职业指导与大学生》《中小学升学及职业指导》等文章。

还有民国教育部于1913年3月任命的第一批视学之一、被誉为回族教育家的伍仲文。他于1898年报考南京江南陆师学堂附设的路矿学堂,次年与鲁迅等24人被该校正式录取。经过三年的学习,他再赴日本留学。留学日本期间,他与鲁迅、许寿裳成了莫逆之交。也正是在日本求学期间,伍仲文确立了"科学救国""教育救国"的理想。他认为:"民主政治非自治不为功,国家使儿童通晓自治,又非普及小学,不克有济。"[①]留学回国后,伍仲文任两江学务处参事。他与一同回国的仇㻦耳闻目睹南京的新型学校大多未改革旧学塾之风,与日本小学相比差距甚大,便联名上书两江总督端方,陈述制定和实行新学制的重要性,并进言请求将全城分为东南西北四区,每区设学校10所,全城共40所。伍仲文还致力于推进社会教育,民国初期将"社会教育及其设施状况"被列入部视学的范围和内容,恐怕与伍仲文等致力于推进社会教育的主张不无关联。伍仲文是一位学者、教育家,更是一位爱国的热血青年。他与苏曼殊的一次谈话中,在论及创办江南阅书报社的目的时有一段明确的告白:"窃以先革心者,始可言革命。"[②]另据马以君编的《苏曼殊年谱》介绍,早在1903年5月,伍仲文就参加了留日学生为反对帝俄而成立的"拒俄义勇队",被编入学生军甲区队第四分队[③]。他在那里结识了黄兴、陈天华、钮永建、林獬、程家柽、苏曼殊等革命志士。1912年5月,伍仲文任教育部普通教育司第三科科员;1913年3月起任教育部视学;1915年4月起,伍仲文任教育部普通教育司司长。1917年9月7日,伍仲文任江西省教育厅厅长,9月21日改任浙江省教育厅厅长。1921年1月,伍仲文又调任江西省教育厅厅长。由于对国民政府越来越不满,渐渐退出政坛。其间,中国回教学会于1928年在上海小桃园清真寺内创办了被视为我国现代伊斯兰教育史上由经堂教育改革为新型教育的开端的伊斯兰师范学校,该校以

① 伍贻业.回族教育家——伍仲文[J].回族研究,1991(2).
② 伍仲文.曼殊杂记[M]//毛策.苏曼殊传论.北京:中国人民大学出版社,1995:49—50.
③ 参见:马以君.苏曼殊文集[M].广州:花城出版社,1991:793.

培养"传道著述"人才为宗旨,不收学费并提供住宿及书籍文具。伍仲文满腔热情地支持这所回族学校,并到该校兼职义务教学,不取任何报酬。新中国成立后,受聘为第一批江苏省文史研究馆馆员。

还有担任江苏省视学的中国近代杰出教育家侯鸿鉴。他自幼聪慧好学,5岁入塾启蒙,14岁读毕"四书五经"。16岁因生活困难即在家设帐授课。1903年得杨涵修的资助,与顾述之等赴日留学,入弘文学院师范科,研究东西方教育学说,并积极参加中国留学生的革命活动,为《江苏》杂志写稿。1905年出资兴办竞志女学,第二年又增设幼稚园。他仿效日本办学模式,结合自己劳苦勤学的精神,以"勤、肃、朴、洁"和"真、实、劳、苦"作为竞志的校训。开办时仅有学生64人,后扩充为小学、中学、师范三部,办学成绩卓著,与上海的务本、爱国和苏州的振华等女校齐名,为我国近代最早创办的有影响的女校之一。同时,他还先后组织理科研究会和女子理科研究会,并与无锡地区同仁合办商余补习学校、西城速成师范学校,撰著《教育丛书》三册。1906年,应江苏提学使的聘请任省视学,以各校褒贬实例及视察所见写成《视学报告》和《教育镜》。1907年,侯鸿鉴编成《锡金乡土历史》与《锡金乡土地理》,当为我国最早编成的小学乡土史地教材。[①] 1911年,侯鸿鉴任江西省视学。民国建立后,他携所著《民国教育制度》二册,赴南京拜访教育总长蔡元培,建议改革教育,后返任江苏省视学。他三次当选为无锡县教育会会长,主编《无锡教育》杂志,发起创办无锡县图书馆、县通俗教育馆等。从1912年起,他先后担任江苏、江西、河南、福建等省教育厅视学,又以教育部视察名义,到东三省及河南、陕西、甘肃、山西、内蒙古等地视察。1924年,他为探究世界教育情况和国家兴衰强弱之由,只身作环球9.1万余里之游,4月15日从上海启程,经过日本、美国、英国、法国、比利时、德国、意大利、瑞士、埃及、印度、越南等11国,遍及亚、美、欧、非四大洲,于同年9月29日回到无锡,写成《环球旅行记》。这一时期,他还兼任过苏州浒墅关蚕业学校、厦门集美师范、泉州明德师范等学校校长,先后应邀赴北平、天津、福建、安徽、浙江等地讲学,并结合考察各地风土民俗,写了不少旅行日记。1928年秋,他出任福建省教育厅秘书;1930年9月返锡,被聘任为江苏省教育厅秘书;1932年至抗日战争全面爆发,改任第四科科长。日军侵占无锡后,在侯鸿鉴主持下,竞志女子中学(由竞志女学改名)于1938年4月迁往上海租界复课,后日军进驻租界,学校被迫停课。抗日战争胜利后,学校迁回无锡,他以73岁高龄继任校

　　① 参见:王兴亮.清末江苏乡土志的编纂和乡土史地教育[J].历史教学,2003(9).

长。1949年4月无锡解放,他仍任竞志女子中学校务委员会主任。1953年,竞志女中改为无锡市第二女子中学,侯鸿鉴任名誉校长。1950年,他应邀出席苏南区各界人民代表会议,后又被选为无锡市人大代表及政协特邀委员。侯鸿鉴工诗词,诗集有《沧一堂诗文钞》《骥鹤唱和集》《藏经阁诗钞》等,出版的各种著述有57种。[①]

此外,做过县督学的田惜庵、石玉昆不仅毕业于大学师范或教育科,亦曾留学日本;做过大学教授的县督学王徜,获东南大学教育学士、美国斯坦福大学教育硕士学位;省督学王骏声曾留学日本,并毕业于东京高等师范学校;省督学、高等师范教授李建勋曾留学美国、日本,毕业于日本广岛高等师范学校及美国哥伦比亚大学,获哲学博士学位;做过社教指导员、省教育厅厅长的程时煃曾留学日本、美国,毕业于东京高等师范学校,并获哥伦比亚大学教育硕士学位;做过县视学、省视学和省立中学校长的林懿均毕业于南京江南陆师学堂、日本弘文学院师范科,留学日本时曾与柳亚子同窗;做过教育部视学、司长、次长的袁希涛曾留学日本、美国;教育部视学、主事、司长吴家镇曾留学日本,毕业于东京高等师范学校;教育部督学、国立中山大学教授、河南大学教务长许逢熙留学美国,获密歇根大学心理学硕士学位;教育部督学林本曾留学日本,东京文理科大学毕业;教育部督学沈灌群留学美国,获斯坦福大学硕士学位,曾在哥伦比亚大学师范学院任研究员;曾就读于国立武昌高等师范的教育部指导员刘亦常,曾留学美国并获斯坦福大学学士及硕士学位,并在伦敦从事学术研究,等等。

尽管这些督学只是民国视导队伍的一个缩影,却从一个侧面反映了民国督导人员不乏真才实学、成绩卓著的学界泰斗及教育界精英。他们不仅拥有高等师范教育的专业背景,甚至拥有硕士、博士学位,许多督学还有多年在国外学习、生活或从事学术研究的经历,这种情况即便在当下也不多见。而他们丰富的教育经历、精深的学科知识、严谨的治学风格、较高的品性修养,从德、能等诸方面为开展教育督导工作做好了准备。

(二)名称:改视学为督学

民国时期,对下级政府及办学机构负有督查、指导职责的教育行政人员通常称为督学、视学、视察、指导员等,这些名称以及名称的变化不仅仅是字面上的差异,更不是随便称呼所致,实质体现了教育界对督导工作的新期待,以及督

[①] 参见:金建陵.民国初期的江苏籍督学[J].江苏地方志,2007(2).

导工作重点和指导思想的转移。① 正如陶行知所言，县设教育局后裁撤县视学改为指导员，"是即以指导员代替县视学"，因为"视学仅仅视察而已，虽非教育界中人，亦甚易为之。若指导员，则视察而后，更须指导之、辅助之，非素有学问者，断难司其职守矣"。② 以督学担任视察者，则以关于行政方面为主体，而于各科精密之视察，则未暇兼及。以指导员担任视察者，名为以科目为单位，实则行政视察兼各科视察。以视察员担任视察者，视察范围太广，甚至有时对于校长、教员、学生等均使之服从命令。③ 由此可见，视学名称的变化不仅仅是字面上的变动，更体现在内涵的调整上。

广州国民政府在 1926 年制定的相关文件中正式将视学改称为督学，此后，"视学"称呼渐趋统一，但实际上从 20 世纪 20 年代初起，便有地方教育官厅开始称视导人员为督学。为什么要改变称呼？当时的官方文件对此未作解释，但当时学者的言论或许可以帮助我们了解出现这种变化的原因。如薛人仰认为，视学与督学"虽一字之易，一为视察，一为督促，细审其寓意，不无消极、积极之别也"。④ 周邦道在 1935 年出版的一书中有一番精细的阐述："教育视导乃依据视导的原则和标准，运用科学方法对于教育事业和教学活动，由精密的观察、调查和考核，进而作审慎的考量、明确的评判，更给予妥善的指示、同情的辅导，并计划积极建设改进的方法，使教学效能增加，教育日在改造、扩充、伸长和进展的历程中，得以有效的达到美满完善的境地。"⑤他在 1936 年的一次谈话中说得更加明晰："担任视导工作人员最初叫视学、视学官；随后叫视察指导员、督学；现在督学与视察员、指导员、视导员、辅导员几个名称同时存在、同时并用。由视学进而为督学与视导员、辅导员，其意义即是由消极的视察，演变而为积极的指导，由单独的'视'演变为'视'和'导'并重。"⑥结合当时各省改综合视察为分科指导的实际情况及理论界关于视察和指导关系的讨论来看，周邦道的解释是有道理的，因为无论"负视察责任者之名义如何复杂，而视察之最后目的，必须

---

① 饶上达在论述民国教育视察与指导时认为，小学教师训练不足、经验缺乏的缺点应该是视察指导所要关注的重要问题，"而旧式小学每以此种重要责任委之官厅视学员。实际一般视学亦多未能尽视察指导之责。故近日有废视学改视学指导员之议"。参见：饶上达.新师范小学组织及行政[M].上海：中华书局，1933：159.
② 陶行知.陶行知全集（第一卷）[M].成都：四川教育出版社，1991：499.
③ 参见：邵鸣九.学校各科视察之研究[M].上海：商务印书馆，1933：1.
④ 薛人仰.中国教育行政制度史略[M].台北：中华书局，1983：217.
⑤ 周邦道.教育视导[M].台北：正中书局，1935：2.

⑥ 江铭.中国教育督导史[M].北京：人民教育出版社，1994：135.

加以切实之指导则一也"。① 它说明了视学改为督学,不仅仅是一个名称问题,更是反映了民国后期的视学制度开始在指导思想上发生变化,即从过去"只视不导"转变为"有视有导""导视结合",甚至以导为主。

(三) 观念: 淡化视察检查,提倡辅助指导

民国时期,随着近代教育的发展,无论是学校管理人员还是教员,普遍形成对教育督导的新期待。教育理论研究人员和教育督导人员对教育视察、教育视导、教育督导等内涵的理解逐步深化。例如,张哲农认为,我国教育行政机关所设的"视学"职在视察学校,看学校的举办是否合于机关的陈规,其侧重似在督察方面。因其偏重督察,故多消极的指摘与破坏的批评,而少积极的指示与建设的商量。教育比较发达的省区虽有改视学为学校指导员的,又难免没有抹杀事实、偏重成见之弊。欲谋教育事业的改进,惟有以持平的态度,以精密的视察作切实的指导,"视导"就是视察和指导的简称,顾名思义或可除却教育行政机关视学制度的缺陷。② 贾丰臻则认为,县视学乃一县之先知先觉者,对于小学之校长、教员似立于师友地位,与部省视学之无甚关系不同。且部省视学走马看花、巡视县市乡区亦地迟时久。县视学视察之时不仅止恶扬善而已,不仅记某教员、教授如何如何,某职员管理如何如何而已,当注重指导与督促。善者利导之,其次教诲之,其次整齐之。③

罗廷光根据当时中外学者对教育督导的研究成果,指出教育视导的目的在于"视察学校、辅导教师、改进教法、发展学生、从事专门研究、统一教育行政"。他还认为:"视导需能鼓励教师尽量贡献他们的见解和热忱,并需给他们各种良好的动机;帮助教师成长并使他们尽量帮助学生成长;视导应有助于教学的改进。"④ 周邦道指出:"教育视导应有健全的制度和组织;教育视导应认为是一种专业;教育视导应以视察为手段,指导为目的;教育视导应采分工合作的办法;教育视导应有共同的目标;教育视导应以被视导者的利益为前提;教育视导应采用科学的方法;教育视导应抱科学的态度;教育视导应发展被视导者创造、自信、自立的能力和精神。"⑤ 对周邦道提出的上述观点,罗廷光认为"颇为精采"。⑥

---

① 邵鸣九.学校各科视察之研究[M].上海:商务印书馆,1933:1.
② 参见:张哲农.城市平民学校视导法[J].教育杂志,1927,19(10).
③ 参见:贾丰臻.视学管见[J].教育杂志,1918,10(6).
④ 罗炳之.罗炳之教育论著选[M].南京:江苏教育出版社,1987:112—131.
⑤ 周邦道.教育行政(上册)[M].上海:商务印书馆,1946:276.
⑥ 罗炳之.罗炳之教育论著选[M].南京:江苏教育出版社,1987:132.

还有学者站在教师的角度对教育督导的概念作了感性的阐释,他们抱怨视导员的人数很少而所需视导的范围又极广,于是视导的次数不得不少,视导的时间更不得不短,每年每校仅能视导一二三次,每次至多二三日。何况一般的视导员,又多少带了些官僚的气味,他们走到那里发发威、散散心,表示"查学来了",便已十分足够,便觉得完成了视导的责任,这种走马看花式的视导何言合理、公平,所谓之"视"在哪里? 所谓之"导"又在哪里? 似此视导的意义完全丧失殆尽。他们认为,"视"的目的在于发现教师教学的实况、困难和缺点,而"导"的目的在于帮助他们改进现状、解决困难和补救缺点,前者是手段,是近于消极的,后者是目的,是近于积极的,视导应该发现短处,更要设法改进短处,还要找到长处,更要尽力赞誉长处。①

程湘帆则从视察与指导的作用、视察与指导的目的等方面阐述了自己的观点,比较有代表性。他认为,视察之职在根据法定之标准、视察实施之程度;指导则于视察之外加以详密之诊断予以同情之辅导,使主事者乐就指导相抵于成。视察以事为重,用法定之标准,以利视察之事实;而指导则对事之外,尚需对人,人事既洽,尤须期其成效,视察为指导之初步,故指导包括视察。我国制度专重视察,视察规程虽曾提及指导,但仅包括于视察之中。加以地方视学多非专门人才,因之只有视察之事,而无指导之功。指导的目的在任用富有学识之专才给予教师同情的辅导。举凡教师之方法优良、成绩显著者,嘉奖之宣传之以为他人之取法;徒劳无功、用力多而收效少者,则以建设手段指导之、矫改之。其学识迈群者必奖励之,学识薄弱者必培养之,实在不堪进益者则黜去之。善于指导者能增广教师眼界、扩充教师经验,盖以一人之长指导多数,化无效为有效,变小用为大用,此指导之所以重要也。论其地位则在行政与教学之间,受行政之委托,实行增进教学之效率者也。②

沈慰霞等人认为:"视察与辅导是一件事的两个步骤。""只视察不辅导等于找出病因而不下药,辅导而不先有视察,等于盲目处方,于事业改进都是无补的。""就行政的立场而言,所谓推行政令,是要把良法美意见诸实施,仅仅下命令实不是达成这个任务,必须于下命令以后继之以视察、继之以辅导,然后才能收到效果,否则只是一纸空文而已。"③他们甚至直言:"视导工作有一个最高的

---

① 参见:曾大钧.中学校长应如何视导学校[J].教育杂志,1935,25(11).
② 参见:程湘帆.小学视察及指导问题[J].中华教育界,14(1).
③ 沈慰霞,章柳泉,刘百川.教育行政[M].上海:中国教育研究社,1942:121—122.

原则,可以说是中心的中心,那就是地方教育视导,应侧重辅导。"①这也是民国视导制度的新趋势。②

综上所述,这些观点一方面阐述了教育行政与教育督导的关系,另一方面则指出了视察的不足,论述了视察与指导的区别,以及为什么视察要以指导为主。这些关涉教育督导内涵、性质与功能的理论探讨,既为民国教育督导从检查监督向辅导教师、策进教学的转向提供了理论支持,也反映了教界和学界的共同呼声和诉求。亦如朱有瓛所言:"在我国各级教育行政机关中,督学之员额比较甚少,而所需视导事项则甚繁重,视导区域又甚辽阔,致实际上只能作浮泛之视察,而未闻若何切实之指导。"③

(四)言行:从官样批评到示范帮助

民国教育督导从以检查监督为主到以辅导教师、改进教学为主的转向,也反映在视导人员的督导实践中,他们进课堂听课、与教师谈话、开示范课、编写学习资料,等等。他们对教师和蔼诚恳,对工作兢兢业业,民国学者、督学、校长、普通教师的回忆录或日记中对此有生动的记述。如江苏省督学侯鸿鉴在追忆与他一同担任省视学的郏鼎元时写道:"郏君鼎元,字勖伯,江苏元和附贡生,南洋公学师范院毕业,鸿鉴与君为先后同学。……君性从容,任事必三思。细贴处问不容缕,缜密处天衣无逢。学术长于文算哲理。视察各郡县,能摘发他人不经意处之谬误,而指导殊殷挚。"④这篇悼文反映了当时视学人员的学识、人品与工作作风,其中"能摘发他人不经意处之谬误,而指导殊殷挚",说明当时督学并非都是"学问平庸,见识浅陋,一旦偶因特别之运动遂俨然为视学者,亦在在恒有。且若辈本无所知,何从辨人之是非?本无所长,何能促人之进步?故名虽巡视一周,实则敷衍门面,一纸空文,聊以塞责而已。其下焉者,则更巧设名目,藉以敛钱,视馈赠之多寡定品评之优劣",⑤也并非"不过视察大概情形;没有具体的批评,对于教学改进甚少贡献;敷衍从事,从未有新学说或新方法的介

---

① 沈慰霞,章柳泉,刘百川.教育行政[M].上海:中国教育研究社,1942:107.

② 民国学者辛曾辉认为:"视察不过是消极的工作,因为视察是考核办事的成绩,带着侦探的色彩,办事努力的予以奖励,不努力的予以惩戒,这是对于办学的个人的处理,与办事业无直接的关系。要所谋办事业的改进,则全靠指导方法的切实而周到。视察和指导是相连的,由视察而知应改进之点,由指导而使设施改良,用消极的方法去严密视察,用积极的方法去详细指导,指导为重,视察为轻。这才是视察指导的真义,才可说是尽视察指导的能事。也是现代视察制度的新趋势。"参见:辛曾辉.地方教育行政[M].上海:黎明书局,1935:132.

③ 常道直.教育制度改进论[M].南京:正中书局,1947:70.

④ 金建陵.民国初期的江苏籍督学[J].江苏地方志,2007(2).

⑤ 戴克敦.视学篇[J].教育杂志,1909,1(13).

绍"，"关于扩充教育事项及宣传教育需要，亦无可见的成绩"；①也不尽如有人所指责的"多主观批评，而乏建设的指导；偏于纸片之督责"，②而是在督导工作中尽心、尽力、尽责，并注意对教师的指导与帮助。

再如民国教育家、当过小学教员的俞子夷在日记中详细描述了当时视导人员在基层学校开展督导工作的过程。

> 九月二十九日(星期四)，教育局的测验指导员今日上午到的，他是教育局里驻局办事的教育委员，全县共分八学区，有委员六人，每人任两区，专做行政方面的事，两人驻局办事。今学年始，由驻局的两人轮流担任测验，每人管四区。先从测验入手，根据测验结果和视察实地所见现状，随时和教员商定改进方法。所以测验委员，实在也兼指导性质。这是因为教育局经费有限，不能多聘指导员的临时办法。他们先查读法成绩，看各学校现在的程度在什么地位，缺点在什么地方，然后再计划改良的方案。到学期终，再看有多少进步，受到多少效果。此次出来每到一校，先把目的和教员讨论，然后做一次智力测验的示范，再和教员讨论测验的方法和理论的大概；然后由教员学做读法、算学等测验，指导员在旁帮助。末了再共同校阅测验的结果。再参观读法、算学各一二次；再由教员把平日上课时教读法、算学的情形报告，然后共同讨论研究改良方法的大概。有时委员也兼做一二次的模范教授。他又批评我读法、算学两科的教法还合，对于我的读法计划，也很同意。对于我算学用练习测验和笔算练习簿，也很赞成。他说："我们要改进的，你都自动的在那里进行了。杨先生，你胆大进行，我保管你学期末，成绩的进步一定比别校要多。要是个个学校都像你这样的自动改进了，我们便没事做了。"临行他又给我一本小学算学教学法书。③

显然，日记所记述的县教育局指导员不是"只晓得捧着部章，怀着私章，像走马看花的这样去到学校一下，填几项笼统的表格，说几句很官样的批评，就算能事"，④更没有"吹毛求疵，或缴讦以为知直，攻发职教员之阴私"，"或记某教员

① 杜佐周.我国教育视导所应改良之点[J].东方杂志，1933，30(10).
② 张季信.教育行政[M].南京：南京教育合作社，1928：116—117.
③ 俞子夷.一个乡村小学教员的日记(上)[M].上海：商务印书馆，1927：77—78.
④ 戴克敦.视学篇[J].教育杂志，1909，1(13).

教授如何如何,某职员管理如何如何而已"。① 他们关注教师对教学内容的把握理解,关注教师如何在课堂教学中运用适宜的方法提高学生的学习兴趣,关注教学的实际效果。他们鼓励教师,以谦恭友善的态度与教师就教学中存在的问题进行深入讨论,并通过自己的示范课,通过现身说法帮助教师改进和提高,运用自己掌握的资源,力所能及地为教师们的教育教学提供服务。

三、 督学任职资格变化原因

民国中央及省县督学任职资格的变化,从表面上看,只是各级视导规程中对视导人员学历、教育学识、工作经验等准入条件的提高,但本质上反映的是民国教育督导从官僚型向专业型的转向,体现了民国教育督导从注重督察到注重指导,从注重行政到注重教学,从注重学校教学设施到注重教师师德师能,从注重教师的仪表言行到注重教师教学效果,从注重教室环境到注重学生听课效果的转向。这种转向既出于适应废除私塾,推行新学制,普及义务教育等民初教育改革与教育发展的需要,更有来自基层学校、普通教师自身的需求。揆厥原因,盖有如下诸端。

(一) 从重视察到兼指导的法定职责使然

民国督学资格从偏重行政能力到注重专业知识的转向,首先受到督学工作职责变化调整的直接影响,并体现在历次教育督导政策法规中。1913 年,教育部颁布《视学规程》规定,部视学应视察之事项主要包括教育行政状况、学校教育状况、学校经济状况、学校卫生状况、学务各职员执务状况、社会教育及其设施状况、教育总长特命视察状况等。② 1918 年的《省视学规程》规定,省视学专门视察全省教育事宜,包括地方教育行政及经济状况、中等以下学校教育状况、社会教育及其实施状况、幼儿教育及特殊教育设施状况、学务职员执务状况及主管长官特命或部视学嘱托的视察事项。同年颁布的《县视学规程》规定,县视学负责督察各区学务计划执行情况,查核各区教育经费及学校经济状况,查核各区学龄儿童就学情况,视察各学校设备添置及管理状况,视察各学校课程开设及学业成绩、训育学风及操行成绩、卫生体育及学生健康等状况,视察社会

---

① 贾丰臻. 视学管见[J]. 教育杂志,1918,10(6).
② 参见:教育杂志社. 法令[J]. 教育杂志,1913,5(3).

教育及其设施状况和幼儿教育、特殊教育设施状况,视察学务职员执务状况等。从教育部早期制定的中央、省、县教育视导规程中不难看出,教育督导的任务主要是教育法规的编定以及对法规实施状况之监督、检查和对教育行政、人事、财务之监督、审核。正如常道直所言:"校外的视导者,谓视学人员,系代表主管教育官厅,分往各地,对于各地下级教育官厅及所属学校,为居高临下之督察。"①

至1931年,《教育部督学规程》规定,部督学负责"视察及指导全国教育事宜"。具体包括各地方对教育法令之推行事项、学校教育事项、社会教育事项、地方教育行政事项、其他与教育有关事项以及部长特命视察及指导事项。② 该规程与1913年教育部颁布的《视学规程》相比,在有关督学工作职责的文字表述中增加了"指导"两字。两字之差,标志着民国教育督导从履行检查监督之职责向履行教学辅导之职责转变的肇始。③ 该规程还将"指导"与"视察"并列,作为督学应有的工作职责,这是过去历次颁布之视学规程所没有提及的。1931年颁布的《省市督学规程》与1918年颁布的《省视学规程》相比,也有类似变化。④

(二) 社会对督学专业知识的期待

无论是民国学者还是当时的教育界,对教育视导人员的专业知识和技能普遍存有较高的期待。正如陶行知所言,办理地方教育,非专门人才不能圆满解决,品性方面暂且不论,仅就学业一门,应包括三个方面:普遍学问方面,至少须学哲学、文学、社会问题、经济学、科学精神与方法等;工具学问方面,须于国文之外,至少学习外国语言一门,并掌握一种统计和研究方法;专门学问方面,至少须学教育哲学、教育概论、教学法、教育心理学、教育行政、学务调查及报告法,等等,唯有如此才能算是"理想中的地方办学人员"。⑤ 盛振声认为,乡小视导员应该"对于乡村社会情形,无论一般的或特殊的都须有相当的了解;对于乡教理论和实际,须有深切的研究;对于乡小环境内容,须有相当的认识;对于乡小实际问题和困难,须有深切的了解,且有解决的计划;对于改进乡小方法,须有深切的研究,且有成竹在胸;对于乡小所属的课程、教

---

① 常导之.增订教育行政大纲[M].上海:中华书局,1935:317—318.
② 教育部.教育法令汇编(第一辑)[M].上海:商务印书馆,1936:10—11.
③ 实际上,教育督导指导教师、辅助教学的职责一直伴随着民国教育督导制度的产生和发展,这里所说的"肇始",仅指教育督导的辅助、指导功能由国家政策法规正式确立。而在此之前即或有所指导,也因督学的好恶而异,因督学的个人能力而异,并无定章。
④ 参见:常导之.增订教育行政大纲[M].上海:中华书局,1935:119—120.
⑤ 陶行知.陶行知全集(第一卷)[M].成都:四川教育出版社,1991:356—357.

材、教具等，能利用学校环境内所有事物指导学校当局或教员；能按个别的需要，指示教学训导上的改进；能引起乡小教员研究的兴趣，并指示其研究方法；对单级复式及小学各科教学法均有相当经验，必要时能示范教学；对乡村改造的理论和实际有相当的研究"。① 这些要求可能不亚于约翰逊（Paul E. Johnson）对教育专家提出的五个特征标准。② 张季信则按中央视学、省视学、县视学三个层次对民国教育视导人员的专业学识提出不同要求。中央视学须"有简任文官资格，而合于下列三项之一者：毕业于国内外大学或高等师范，任学务职一年以上者；曾任师范学校、中学校校长或教员三年以上者；曾任教育行政职务三年以上者"。省视学须"大学文科或高等师范学校毕业者；师范学校本科毕业曾任学务职五年以上著有成绩者；曾任师范学校、中学校校长或教员二年以上著有成绩者"。县视学须"师范学校本科毕业曾任学务职一年以上者；中学校或二年以上简易师范科毕业任学务职二年以上著有成绩者；曾任高等小学校校长或本科正教员，经教育行政长官认为确有成绩者"。③ 按照盛振声、张季信的观点，要成为民国视学，至少须师范学校本科毕业，还要对当地社会历史文化背景等风土人情、乡规民约有广泛的了解，谙熟教育教学原理，对教学方法有研究、有心得，熟悉教材内容，能在教学上起示范作用等。吴研因等也认为："视导的工作异常繁重，须由专家担任，方能收效。"④尽管这些都是学者的笔墨之见，甚至带有理想色彩，却也真实反映出当时社会对视学学识水平的高位期待。

当时学者以及教育界不仅要求教育视导人员有在师范学校学习教育原理、教育行政、学校行政等课程的专业背景，甚至期待教育视导人员有在师范学校学习视学课程的专业背景。例如，陈礼江认为："大学教育系应当以训练教育行政人才为其第二种任务。"因为"地方教育行政人才在中国之需要比学校行政人才更甚。因为学校行政所主持者不过一学校，其影响所及亦不过一学校；而地方教育行政者（如县教育局长、科长、县视学等）却主持一整个地方

---

① 盛振声.乡村小学视导法[M].上海：商务印书馆，1941：182.
② 典型的专家性质有五个特性：（1）由于其训练和经验，专家能够做门外汉不能做的事情；（2）专家不仅精通某类行为，而且实施顺利而有效；（3）专家不仅知道很多，而且了解解决他们所知晓的问题和任务的窍门及其限制；（4）专家能很好地剔选不相干信息，而获得关于基本问题的信息；（5）专家善于辨识他们所面临的是他们熟悉的事情的类型，还是模糊的特殊情形。参见：马永侠，等.诉诸权威的论证及其评估——以批判性问题为工具[J].社会科学辑刊，2002(4).
③ 张季信.教育行政[M].南京：南京教育合作社，1928：103.
④ 吴研因，吴增芥.新小学行政[M].上海：儿童书局，1934：271.

147

教育,其影响所及往往达于全县。再者地方教育行政不只是范围较学校行政大,其内容亦较学校行政复杂。要求地方教育有好的成绩,则非有对于地方教育行政受过专门研究的人去担任不可"。"以为凡在教育系研究教育学科的人都能担任教育行政工作,殊不知教书与办事乃是两件事,只研究教育学科能教书者未必就能担任教育行政工作。"所以,陈礼江主张:"大学教育系除训练中等学校教员外,当费一部分时间与精力来造就教育行政人才。"①民国时期国家主义代表人物余家菊认为:"教育行政人员包括教育官署次级职员乃至县视学、校长、校务员等而言,此等职员,有为初毕业之学生所可担任者,如官署之次级职员是;亦有须富于教育的学识与经验方可担任者,如视学与校长是。其为毕业生所可径行担任者,宜早加训练,固无待乎言。即须具有若干年的经验方能胜任愉快者,亦宜于其未毕业前,先知其志愿所在,而课以相当的训练,嗣毕业后,再以若干年的服务,以补充其资格可也。"②余家菊的言论提出了师范学校开设教育行政、教育视导等专业课程以培养教育行政专门人才的必要性。有人甚至要求把"体育的教学和视导,学校音乐的教学和视导,家事、农业及工艺的教学和视导"③等作为师范学校的必修课程。沈子善在论述民国师范教育时,在师范学校选修科目中也列出了教育行政和学校视察及指导。④ 这说明当时在初级师范已开设教育视导专业课程,至少说明当时的学者和教育界已有这种意识。孙邦正更是旗帜鲜明地呼吁,"今后师范学院、师范学校应将'教育视导'或'教育辅导'学程,改为必修科目",并要求"学生修业期满时,应参加教育视导'实习'工作"。⑤

(三)国内外教育督导理论的影响

民国督导人员任职资格从注重行政经历、资历到注重专业知识、教育经验的变化,还受到当时国内外学术研究和教育督导理论发展的影响。

1. 国外教育管理思想及教育督导理论的传入

民国教育体制效仿日本,借鉴欧美,并深受 20 世纪初到 20 世纪 30 年代以泰勒(Frederick Winslow Taylor)为代表的科学管理运动的影响。科学管理的核心是提倡计划和标准,崇尚督促和检查,强调服从和执行,追求效率和效

---

① 陈礼江.大学教育系任务的商榷[J].教育杂志,1935,25(4).
② 余家菊.师范教育行政[J].中华教育界,15(11).
③ 周冲天.师范教育上科学的研究问题集要[J].中华教育界,15(11).
④ 参见:沈子善.初级师范学校课程之研究[J].中华教育界,15(11).
⑤ 孙邦正.战后中国教育视导[J].教育杂志,1947,32(4).

益。由于科学管理给工业生产带来了明显的效益,其理论很快从工商领域渗透到教育领域,并在教育督导工作中被广泛运用,它推动教育督导建立了严格的监督、检查制度,还建立了教育评估体系。但是20世纪20年代末,人们对以科学管理理论、管理过程学说等为代表的古典管理理论忽视人的因素的不满日益加深,正如民国学者所批评的:"关于中学行政组织的最重要的原则,乃是合于民治的思想。现今我国中等学校的行政组织,多数是不合于民治的理想的,教师简直是像机器上的一部件,他的责任仅在于实行他所被吩咐做的一部分的工作,而对于所做的工作的意义,及其他人所做的工作的关系,他都用不着加以考问的。这种工厂化的或机械化的行政组织,显然不能引起教师的事业的兴趣,而产生最高的效率。至于一种合于民治的理想的行政组织则不然,它关注教师的个人利益、个人前途,利于教师教育教学方法的改进,促进教师的发展和提高,促进多数人的共同研究,增进团队合作(team-work)。"[1]这一观点充分说明,当时学者已经意识到在教育行政组织内部建立民主与平等的人际关系的重要性。正是为了满足和迎合这样的心理需求和实际需要,人际关系学说、行为科学等应运传入中国,并对教育行政及教育管理理论做了许多修正和补充。如重视人的行为的社会动因,用权力共享和自下而上的参与代替如金字塔般的等级控制;尊重教师的人格,鼓励学校和教师改进工作的自主精神;提出教育督导是教育行政活动中具有协调和服务性质的工作,是教育行政人员指导教师改进教学、提高教学效率的活动,其目的在于用集体智慧改进教学,建立起督导者与教师间和谐的、动态的人际关系等。自此,教育督导观念开始发生转变。

这些理论学说与20世纪初欧美教育领域盛行的民主教育思想遥相呼应,并为教育管理、教育督导输入了民主气息。科层制、官僚型的教育督导逐渐让位于民主型、合作型、辅助型的教育督导,后者更重视发挥教师的主体作用,主张督导人员与教师的平等关系,提倡督导人员与教师的共同合作,把教育督导的首要任务放在帮助教师提升业务、改进教学上。由于受科学管理理论和人际关系学说等理论的影响,20世纪30年代后,教育督导更趋科学化和人性化,教育督导的重心逐渐转到对教师的辅助、指导、培训上。在此期间,西方关于教育督导方面的著述相继被翻译、介绍到中国,当时较有代表性的教育督导西文论著如表4-1所示。

---

① 赵廷为.关于中学行政组织的几个原则[J].教育杂志,1926,18(3).

表 4-1　民国时期部分较有影响的教育督导译著

著　　者	著作中文译名	著作英文名	出版时间
易烈提 (E. C. Elliott)	《城市学校视导》	*City School Supervision*	1914 年
马克斯·韦尔 (C. R. Max Well)	《教学观察法》	*Observation of Teaching*	1917 年
克伯雷 (E. P. Cubberley)	《学校组织与行政》	*School Organization and Administration*	1917 年
霍尔-格斯特 (A. L. Hall -Guest)	《视导研究》	*Supervision Study*	1919 年
南特 (H. W. Nutt)	《教学视导》	*The Supervision of Instruction*	1920 年
皮特曼 (M. S. Pittman)	《视导的价值》	*The Value of Supervision*	1921 年
柯林斯 (E. Collings)	《学校视导的理论与实践》	*School Supervision in Theory and Practice*	1922 年
伯顿 (W. H. Burton)	《视导和教学改进》	*Supervision and the Improvement of Teaching*	1922 年
瓦格涅 (C. A. Wagner)	《视学纲要》	*Common Sense in School Supervision*	1933 年

　　上述著作,有的被译成中文在国内出版,更多的则是被中国学者广泛引用,作为批评当时教育督导制度弊端或立论的依据。

　　同时,随着民初国际学术交流的日益频繁,一大批具有国际影响的教育专家,如杜威(John Dewey)、罗素(Bertrand A. W. Russell)、克伯屈(William Heard Kilpatrick)、孟禄(Paul Monroe)等纷纷来华讲学。他们一方面宣传新学制,宣传民主主义、实用主义教育思想,宣传国外最新的教育理论和教学方法;另一方面遍访中国各地,调查了解中国教育的实际状况,与中国教育界一起探讨中国教育的发展出路,并提出自己的意见和建议。例如 1921 年底,孟禄考察了中国教育状况后,在北京与各省代表讨论中国教育问题时"反复叮咛、剀切申说":"一为科学之重要与中学教授法之不良,亟应改革。二为教师兼任数校,视同传舍,破坏教师职业之精神。三为视学制度之不良。视学须匡扶教师之不逮,并非徒作学校之侦探。美国学校辅助员多系专家,分工极细。"还进一步指出中国视学制度"按部令每省四人至六人,每县一人至三人,其视察犹学政之观风,是亦亟宜改良"。同时介绍了菲律宾的视学制度,认为中国"正可引为研究之资"。①

当时国内有识之士也纷纷踏出国门,学习西方的文化科学知识,寻求强国富民之道。他们不仅介绍西方社会制度、政治制度,而且对西方在社会学、心理学、管理学、自然科学等领域的研究成果的译介也充满热情。特别是在当时教育立国②、教育救国思想的影响下,介绍西方教育学说的著述、译作在国内书店及专业教育杂志上更是不胜枚举,对西方教育督导理论与实践的介绍更是屡见不鲜。如罗炳之详细介绍了美国教育督导发展史,从杜外得(Theodore Dweight)、蒲脱(Potter)与爱弥孙(Emerson),到魏克歇(J. P. Wicksham)、彭恩(W. H. Payne)、齐西勒(Chancellor),再到吉尔伯特(Gilbert)、皮锐(Perry)、霍力斯特(Hollistor)及寇伯来(Cubberley)③等人,评述了美国教育督导人员从"门外汉"到专家,从消极的视察监督者到具有"肯定和积极的意义"的"辅导教师"的演变历程。罗炳之还认为,"在这方面,寇伯来的贡献最大"。④

张季信在论述我国教育督导存废之讼时,介绍了当时西方九个主要国家的视学制度,并指出:"视学之应否设置,与视学之是否重要、当视学之有无功用为断。统视英、德、法、美、奥、苏格兰、比利时、瑞士、瑞典等国之视导制度,并未废弃,兹举英、法、德、美四国以明吾国之视学问题。法国视学制度,分督学官为三等:第一等为中央督学官,全国十四人;第二等为大学区督学官,全国共九十九人;第三等为小学督学官,每省区、县区督学官数目不同。""德国视学官分两种:即区视学官与地方视学官。""英国全国分九个视学区,而每区视学机关又分为小学、中学、补习学校三部。中央视学官分为七等:即视察长一人,局部视察员九人,视察员、副视察员百四十人。""地方视察员之最优处,为与地方学校长相

---

① 陶行知.陶行知全集(第一卷)[M].长沙:湖南教育出版社,1983:218.

② 孙中山认为:"教育为立国之本、振兴之道,不可稍缓。"参见:秦孝仪."国父"思想学说精义录(第二编)[M].台北:正中书局,1976:429.

③ 寇伯来(Cubberley),通译"克伯雷"。美国早期教育管理研究的开创者。他赞同泰勒的科学管理理论和效率观,并积极推动运用这种理论来解决教育组织及其管理问题。他主张美国应扩大州的教育权,并借此改造地方教育行政机构,如加强县的作用,改革城市教育委员会,废除学区制等,以提高教育效率和促进专业化。他还特别强调专家管理的作用,主张提高督学的基本素质,赋予其组织者、管理者、督导者、社区领袖的新职能。

④ 杜外得鉴于一班"门外汉"之滥充视察学校职务,曾暗示教员自求进步和彼此讨论的两个方法。后来蒲脱与爱弥孙更主张教员们应多多集会讨论,如此则获益必多。1864年,魏克歇在详举教育行政长官的任务中列有"视察学校"一项。到了彭恩做教育局长时便极力提倡教育视导,并于1875年刊行名著《学校视导精义》。20世纪初,齐西勒在初次刊行他的学校行政与视导结论中说道:视导之另一目标在"辅导教师",不过那时所谓视导,仍不外大略的视察而已。到了吉尔伯特、皮锐、霍力斯特及寇伯来等人,才把辅导教师一词给以肯定和积极的意义。参见:罗炳之.罗炳之教育论著选[M].南京:江苏教育出版社,1987:109—110.

接触,保持视察的态度和熟悉各学校之内容。""美国之中央教育行政权甚薄弱","故视学甚复杂,其性质概可分为两种:一谓教授上之辅导;一谓行政上之辅导"。"今日之倡教育者,莫不以英、美、德、法为鉴;观以上四国之视学制度,而知吾国视学制度有存在之必要。"①

常道直则介绍了国外校内视导与校外视导的做法和经验:"所谓校外的视导者,谓视学人员,系代表主管教育官厅分往各地,对于各地下级教育官厅及所属学校,为居高临下之督察。例如:法国中央教育部,有中央视学员分往各地,分别视察中小学校;英国教育部之视学员视导全英格兰教育设施;德国全国有邦属督学员 530 人,皆由邦政府委任;意大利之中央视学员 8 人,分任全国各种学校之视导。""所谓校内的视导者,谓视学人员属该校之内部构成分子,视导任务由各校自己负担。英国大学为自治体,不容校外势力之干涉;法国中央集权,甲于世界各国,但中央视学员之权力亦仅及于中小学校之教育,大学内部事务由各大学区之大学参议会自行处理;故亦不失其自治精神;德国之大学仅外部事项受各邦教育部之管辖。德国之中等学校内,亦有校内视导之组织,例如,普鲁士之中等学校校长称 director 即含有指导之意义。美国一般教育学者都主张中、小学校校长应对于所属学校之教员负视导责任;谓各个学校当为一视导单位。"②

陈友松在介绍苏联的辅导制度时亦指出,苏联的视导能积极做推进和辅导的工作,援助教师,介绍新的教学方法。县视导员的第一责任在辅导教师进修,尤其是初出茅庐的年轻教师。县区视导员应该是那些在教学方法上最有经验的而且受了政治训练成绩最优秀的教师,他们是教育前线上的热心者,愿意把学问公诸新进的人,他们不仅是专业的教师,而且是社会主义学校热忱的建设者,他们的工作在于把新的教育方法有系统地传授给新教师,交换各种经验,示范教学,组织研究讨论会,分配教师选修短期课程。③

舒新城在译介英国教育方法时说:"直至 1890 年,大学中始设师范科,1920年始由地方设立师范学校。现在的地方教育局虽有视学员,但其职责不在干涉而在指导。"④

其中颇具代表性的是陈选善翻译的《视导的改进》,介绍了国外教育视导的最新观点:什么是优良的视导? 怎样做才是优良的视导? 优良的视导关注什

---

① 张季信.教育行政[M].南京:南京教育合作社,1928:112—113.
② 常导之.增订教育行政大纲[M].上海:中华书局,1935:317—318.
③ 参见:陈友松.苏联地方教育辅导之特色[J].教育杂志,1939,29(6).
④ 舒新城.最近英德美三国之教育方法[J].教育杂志,1927,19(4).

么? 优良的视导应该具有什么样的素质? 优良的视导应该怎样帮助教师改进教学等。①

这些析及教育行政和教育督导理论的新成果,推动了教育督导人员从行政型的管理者转向学者型的辅助者,并促使教育视导方法、视导目的等随之发生变化。例如,要求视导员尊重教师的人格,重视教师的意见;须能鼓励教师的自动、自信与责任心;教师的兴趣、需要和能量各不相同,所以视导的活动、方法和材料务须适应个别教师的需要;视导员为改进视导的方法起见,须研究关于师范训练的各项问题和各种教师所感受的困难。②甚至有人提出,视导员可以提供教师一个良好的模范以资模仿,可以引起教师的批评和对问题的思考;通过视导员自己演示教学,可以使教师观察他人的弱点以资借镜。③

这些译介西方教育行政和教育督导的文献都渗透着追求教育民主、教育独立与教育自由发展的思想,在教育行政方面则强调"指导与服务"的宗旨。这一宗旨突出了教育督导辅助教师、指导教学的核心思想,这一思想淡化了教育视导的检查监督功能,增加了视导人员与教师的合作,强调视导人员对教师的尊重,注重视导工作在帮助教师提高教育教学能力方面的职能。国外教育督导理论的译介与一直仿行西方教育行政体制的民国教育督导制度无疑会产生激烈的碰撞,成为民国教育督导向"指导与服务"转向的原动力。正如刘淑兰所说,民国后期教育督导的发展"应该说与民国时期对国外研究的积极引进及开展我国的研究与实践有一定关系"。④

2. 国内教育行政理论研究及教育督导理论的发展

首先,就教育行政的作用而言,指导教师、服务教学、"谋教学之便利"⑤渐成共识。民国学者认为,教育行政之作用有四:曰规划、曰设施、曰视察、曰指导。然而"教育行政之目的本为增进学校学业之效用,其行政组织之适用与否? 行政处分相当与否? 学校制度之完善与否? 教职人员之优良与否? 无不以学生学习成绩为标准。但学生业之良窳又以教学为转移,教学方法而善,则学生学习之成绩或无不良。故教学之事,实为教育行政事业之中心。然直接担负教

①② Barr, A. S. 视学改进(Expressing the Scientific Spirit Through Better Supervision)[J]. 陈选善,译. 教育杂志,1936,26(4).

③ 参见: J. R. Shannon. 教学演示与视察 (Demonstration Teaching and Directed Observation)[J]. 陈选善,译. 教育杂志,1935,25(9).

④ 刘淑兰. 教育评估和督导[M]. 上海:华东师范大学出版社,2000:198—199.

⑤ 民国学者饶上达认为,教育上一切组织、一切行政事务"皆无非谋教学之便利"。参见:饶上达. 新师范小学组织及行政[M]. 上海:中华书局,1933:159.

学之责任与学生学习之成绩有直接关系者,为教师。故教师问题实为教育行政之中心。无论行政上之组织、之设施、之改良盖无不以便利教师之教学为归宿。"①更有学者对行政当局提出了自己的期望:大概各县教育局之下,除设有县督学外,并有区教育委员之设,本来区教育委员的设置是要辅导本区内各学校进行校务的,但现在的区教育委员,却做了些行政工作便无所事事。希望各县的区教育委员一律要下乡,尽力指导本区内学校实施普及教育。还希望"教育行政当局对于乡村教师给他们职务上的保障,又给他们相当的指导与鼓励",②并通过培养、登记、检定、训练等措施补救小学教师的缺点。③ 由此可见,教育行政从主要对事、物的关注,转移到对学校行政人员和对学生、教师的关注,特别是对教师业务能力培养的关注。

其次,就教育行政人员的职责而言,帮助教师、指导教学应成为其工作重点。对校长而言,指导教学是校长的第一要务。"指导教学,就是校长指导教师的教学。"即通过参观、听课、询问等方式掌握教师的教学实况,再以谈话、褒奖、讨论、示范、反省等方式,帮助教师改进提高。④ 而当时,"普通的校长大都费了他大半的工夫去做组织和行政的工作,从来没有工夫去辅导教员,这实在是一种错误"。⑤ 对校长来说,"须认定他的主要责任在指导教职员。他的成绩不在他本身所做的事,在督促别人做的事",因为"教员的学识经验不一",其中对不乏"有学识而无经验的新教员应尽指导之责"。⑥ 而且,校长"对教师,有视察教室、促进修养、进退教师的责任。尤其对于促进在职教员的修养,为校长重大的责任"。⑦ 因为关于全学校的行政,校长是教员的领袖,也就是教员的教员。凡教员教学、训练、管理各方面有困难的问题,校长当帮他们解决,指导他们怎么

---

① 程湘帆. 小学视察及指导问题[J]. 中华教育界,1925,14(1).

② 李楚材. 鸿英乡村教育区之设计与现况[J]. 教育杂志,1935,25(4).

③ 参见:赵裕仁. 今日小学教师的缺点及其补救[J]. 教育杂志,1935,25(7).

④ 参见:朱有瓛. 小学校长[M]. 上海:世界书局,1933:97—100.

⑤ 王素意. 校长和小学[M]. 上海:商务印书馆,1930:11.

⑥ 廖世承. 今后对于中学教育应取的方针[J]. 中华教育界,1925,14(10). 民国学者胡朴安亦持相同观点:"校长的成绩不在他本身所做的事,而在督促教师所做的事,教师好便是学校好,学校好便是校长好。""校长对于一切例行公事,不妨少费一点时间和精力,对于教学视导方面的责任,务须尽心力而为之。"校长应通过教学视导,组织读书会或研究会,帮助教师发现自己的缺点,给教师以新的方法和新的知识,"藉谋教学效率的提高"。参见:胡朴安. 校长的新生活[M]. 南京:正中书局,1935:11—13.

⑦ Harlan C. Koch. 中学校长的任务与机会(The Appeal of The High School Principalship)[J]. 廖世承,译. 教育杂志,1935,25(2).

做。指导就是帮助教员改进自己的教学方法，帮助教员上好课。①

曾大钧等人亦认为："校长是一校的领袖，对于全校一切事项都负有相当的责任。现在各省市所颁布的教育法规及学校章则，虽多未明白地指出教学视导为校长任务之一，但一般的教育学者，却鲜有不认定之为校长最重要的职责。"他引用雷震清在《教育视导的理论与实际》中的话："校长负全校责任，教学改进其中之一，欲求改进，教学视导实为其必经之途径。"②

吴研因等人认为："教学视导是校长平时最重要的工作。从前的校长，每专重例行事项的处理，对于教师教学的效率、儿童的学习情形，一概不问，殊不知教学的良窳，与学校成绩的优劣有直接的关系，做校长的，岂可忽视！""平时校长除做例行工作外，大部分的时间应视察并指导教师的教学。"③萧承慎在《我国中学校长制度之探讨》中更加直白且明确地提出："校长每日须以至少二小时之时间，实行教学视导。"④

曾在美国哥伦比亚大学研究教育并获博士学位的民国学者王素意认为："校长的职责不外以下四种：组织、行政、辅导教员或视学、交际。"而"辅导教员是校长最重要的一个工作，他应当用每日一半的时间去视学"。⑤ 王素意甚至替校长列出一日工作时间分配表，上午九点半至十二点辅导教员，下午二点到三点辅导教员。赵裕仁认为，校长针对教师的种种缺点可多做教学的指导工作，好比教师对于教室管理、教学程序、试验方法、批改办法等有缺点时，校长可确定指导要点，制定较有系统、较有意义的步骤，积极地、诚挚地实施，对于教师自动创造的精神、奋勉向上的态度，要好好地鼓励，好好地培养。针对校长指导教师所应担当的职责，赵裕仁认为"有人主张把教学指导列为校长重要工作之一，是非常合理的。"⑥

上述观点依据工作职责阐发校长在指导教学、辅助教师方面理应担当的职责。还有人从时间的经济与条件的便利等角度提出："视学指导员所辖范围辽阔，欲求事实上之完善，尤非责重小学校长不可。"不仅因为"分析小学校长之职责，亦知视察指导为其重要职责之一"，"且校长与教师朝夕聚首于一堂，指导效

① 参见：俞子夷. 小学校长的职务[J]. 教育杂志，1925，17(11).
② 曾大钧. 中学校长应如何视导学校[J]. 教育杂志，1935，25(11).
③ 吴研因，吴增芥. 新小学行政[M]. 上海：儿童书局，1934：29—30.
④ 萧承慎. 我国中学校长制度之探讨[J]. 中华教育界，1934，22(5).
⑤ 王素意. 校长和小学[M]. 上海：商务印书馆，1930：13.
⑥ 赵裕仁. 今日小学教师的缺点及其补救[J]. 教育杂志，1935，25(7).

力必比视学员为尤大。"①

再次,对教育局长、指导员、教育委员而言,视察教学、指导教师亦当为主要职责。陈友松在介绍美国教育局长的法定职责时,列出了如下事项:学校指导;人员的管理;学生;校舍与场地;教科书与用品;教育财政预算和稽核;学区界限;其他职责;特别责任。而在"学校指导"中,又把学校之视察、普通的指导、教学指导列为前三项主要职责,并指出:"县教育局的重要职责是大致相同的,虽如上表所列极其繁杂,然其最普遍最重要的职责就是教学指导或视导。"②何炳松则"希望省县视学制度的性质能够变更一下,不要再用官样文章去批评人家,应该以同情的态度去辅导他们",③因为"做督学的人,有两种责任:一种是教学指导,一种是用统计的方法批评办学的成绩"。"教学指导可以帮助教师去改进他的教学方法。"④因此,"各县教育局,视地方学区的广狭和教育经费的多寡,各设教育委员若干人,担任各学区视察,帮同县视学以改进一县的教育,责任是多么的重大"。而且督学更应注意自身的"修养品行,多阅书报;多参观各地优良小学","才可以去指导小学教师"。⑤ 也只有这样,督学才能"匡辅教师之不逮,并非徒作学校之侦探"。⑥

(四) 教育改革和教育发展的实际需要

民国督导人员任职资格从注重行政经历、资历到注重专业知识、学术背景的变化,还缘于当时教育改革和发展的实际需要。20 世纪 20 年代以后,人们要求改变视导目的、改进视导方法、改革视导组织的呼声此起彼伏。"近数年来,吾国教育,多所更张。盖内感制度之不善,外受欧美之影响;国内教育界,深以为非改革不能促进教育。于是竭力提倡,凡欧美新法,皆介绍施行。例如设计法、道尔顿制等,风行一时。此种革新气象,实为可喜。至于新学制之订定,尤为重要。然关于视学制之改革,谈者尚少,以为无足轻重。以鄙意视之,未为当也。盖视学之职,极为重要。一方面,受教育行政长官之委托;一方面,负监察指导之责任。苟非有专门训练与高深研究者,必不能胜此巨任也。吾国任此职者,大抵皆地方绅士,对

① 饶上达.新师范小学组织及行政[M].上海:中华书局,1933:159.

② F. W. Cry and K. Andrew.最近美国县教育局长之法定的职责(Legal Responsibilities of the County Superintendent in the United States)[J].陈友松,译.教育杂志,1936,26(1).

③ 何炳松.浙江小学教育的现状及其罪人[J].教育杂志,1924,16(9).

④ 蒋石洲.怎样去批评学校的好坏[J].教育杂志,1927,19(11).

⑤ 夏雨侬.教育委员应当怎样去指导小学教师[J].中华教育界,1926,15(12).

⑥ 陶行知.孟禄博士与各省代表讨论教育之大要[M]//陶行知全集(第一卷).长沙:湖南教育出版社,1983:236.

于教育毫无研究。学校之缺点安在？办理之是否合理？于夫教师教法之是否良善？举不能知。视察职务，仅为奉行故事而已。然此仅为人才问题，至于视学制度之本身，亦有足议者。"①还有人认为："我们中国现行的视学制度，完全是行政方面的，缺乏教授辅导的功用。充其量也只有消极的批评，没有积极的改进。况且各视学仅仅是照例到乡下跑了一趟哩！所以这种视学制度，根本上有改革之必要。我们不是要官派的视学员到乡下去传命，或只有批评；我们是要积极地去辅助一些教师，往进步上面走。""视学制的缺点如彼，而辅导制的功效如此，那么，我们自然应该要把视学制改革，快快采用辅导制度。"②陶行知也批评说，尽管教育法规中有详细的条款规定了视学辅助教师、指导教学的职责，"但是实际上，这些视学只是参观者、报告者，更坏的成了吹毛求疵者。他们大都不明白视学的使命是给在职的校长及教员以启发、鼓励和帮助"。③ 1917 年，浙江省教育会联合会议决"县视学视察学校应注重指导案"，并明确提出，该议案"已公决，毋庸审查，即交省教育会备文呈请官厅通令各县知照并将视察录公布，一面函至各县教育会转致各学校一体知照"。④ 民国教育家陈宝泉在自传中曾写道："九年冬，任教育部普通司长。入部之始，首向范总长条陈部务"，并吁请"视学应分科视察，注重指导"。⑤ 从基层学校到教育部，从理论界到教育界，出现这样的呼声并非偶然，确实因应了当时教育事业发展的实际需要。

首先，民国创立之初，封建旧式学堂和私塾的存在，成了民初发展新教育，推行资产阶级民主政治的最大障碍，各省遂纷纷采取措施，取缔私塾。如福建省"许巡按莅任之始，于教育方面认真督率外，即注意取缔私塾，为普及教育之准备。曾先后规饬省视学会同警厅一再调查私塾情形"。江西省巡按使则通饬各属，要求各地视学及学务委员调查全境私塾，以为将来改立学校之预备。⑥ 湖北省要求省视学员对私塾每月考查一次，按月汇报一次。检查重点包括教授是否合法，教员是否通达，教材是否充足，学生是否足额，程度是否整齐，成绩是否相符，校舍是否合宜，管理是否整齐等。⑦ 这些要求省视学是否能全部做到姑且

① 江澄.改革视学制之意见[J].中华教育界,1926,15(12).
② 毛礼锐.厉行乡校教学辅导计划[J].教育杂志,1926,18(8).
③ 陶行知.陶行知全集(第六卷)[M].成都：四川教育出版社,1991：282.
④ 教育杂志社.记事[J].教育杂志,1917,9(8).
⑤ 陈宝泉.五十自述[M]//陈学恂.中国近代教育史教学参考资料(中册).北京：人民教育出版社,1987：372.
⑥ 参见：教育杂志社.记事[J].教育杂志,1915,7(9).
⑦ 参见：教育杂志社.记事[J].教育杂志,1917,9(1).

不计,仅从政策规定中便可以看出视学在民初废除私塾的教育改革中所承担的职责。同时,随着旧学堂改造和私塾的废除、新式学校的创办,部分封建塾师面对革命胜利后的新式教育无所适从,对这部分教员的改造也成了亟须解决的问题。私塾改良加剧了教学辅导的紧迫性。截止到 1936 年,各省市私塾塾师为101 813 人,已改良之塾师 36 011 人,则其未改良之塾师 65 802 人。全国各省市之私塾数为 101 027 所,其已改良之私塾 35 394 所,未改良者 65 633 所。①陶行知认为,即便通过改良,科举出身的教师还是很多,恐怕十年之内他们的数目不能大减。在他们势力下的学生各以万计,"既然有许多科举出身之人实际上在那里操纵儿童的教育,就绝不能不设法使他们得些相当的训练,因为谁在那里教,就该教谁;塾师在那里教,就该教塾师;一天有塾师,即一天要训练塾师如何提高"。② 当时许多省还委派视学对塾师进行改造。例如,安徽省《取缔私塾条例》规定,各县市教育局应随时委派视学员分赴各私塾辅助或指导其教授方法,兼考察其成绩,凡考察认为不合格之私塾,应严令改良,其合格者,准予继续设立。至于成绩优良者,得自各该县市教育局呈请省教育行政官厅核准,认为代用小学,并且各县市教育局应于寒暑假中设立讲习会,召集全县市塾师讲习党义及各科教学法,以增进其学力。③ 而北京则设私塾视察指导员 3 人,市区2 人,乡区 1 人,分别视察指导。这些都反映了视学在改造私塾、指导塾师的工作中所扮演的角色和发挥的作用。

其次,在当时师范教育缺失的情况下,视学在培训和指导教师方面发挥了不可或缺、不可替代的重要作用。民国时期,学校教师和社教机关职员,学识经验丰富的固然大有人在,然未受师范训练、毫无教育学识及技能的亦不在少数,且这一状况随着新式学校的创办愈发严峻。其补救方法,只能通过辅导进修帮助他们提高,这又主要依赖于督学勤加视察和指导。④ 国民政府为了推广义务教育,要求各地兴办学校,而师范学校一时又培养不出足够的师资,这使师资需求急剧增加。⑤ 加之民初推行新学制,学制由原来的 4 年延长为 6 年,而学校在课程设置上,虽取消了读经等科目,但随着音乐、美术、科学(包括物理、化学、自

① 参见:私塾改良[N].申报,1936-10-20.
② 陶行知.陶行知全集(第一卷)[M].长沙:湖南教育出版社,1983:218.
③ 参见:教育杂志社.教育界消息[J].教育杂志,1927,19(6).
④ 参见:辛曾辉.地方教育行政[M].上海:黎明书局,1935:131.
⑤ 缺乏合格师资成了当时妨碍教育发展的一大瓶颈,而师范教育不发达是主因,诚如时人所评,教师的缺点不免两种——所受训练不足以及缺乏实际经验,而这种情况以"师范教育不发达之国为甚"。参见:饶上达.新师范小学组织及行政[M].上海:中华书局,1933:159.

然)等学科的开设和课时的增加,更加剧了师资的短缺。例如:"皖省因推行义务教育之迫切,短期小学在二十五年度,由一千二百所再增一倍,需要教师数在二千以上。此时短小师资,已罗致殆尽,明年学校再增,即生问题。如依现在师范制度三年毕业,实属缓不济急,学生亦多不满意。"①新疆亦因"筹办义务教育,师资缺乏"。② 贵州因"师资缺乏,反使私塾势力增张"。③

针对出现的问题,各地纷纷采取措施,加强对教师的培训。对教师实施培训的主干力量除了师范院校外,便是各级视导人员。山东省"于实施义务教育时,亦先分区举办短期小学教员训练班,历年复令准各县办理小学教员短期训练班及塾师训练班"。由驻区督学负责选择教材、安排课务、演讲授课。"对于中等学校教员亦于每年暑期有本厅分别选送国立山东大学及北平、南京各大学,参加专科讲习会。"④河南省则以省立师范为中心,划全省为八个师范区,每区县立师范平均约有九校,同负辅导本区各县义务教育实施之责,其应办重要事项包括研究供应各县义务教育实施方案,视察指导各县义务教育教学,指导各县小学教师进修,襄同各县计划、培养、训练所需师资等。湖北省各县视察学务人员,过去仅设县督学一人,视察难期周到。第一期实施义务教育,学校数量激增,为保证视察收到实效,遂按省行政区各设义务教育视察员一人,隶属省义务教育委员会,轮赴区内各县视察指导、督促推进义教、参与培训教师。⑤ 由此可见,迫于现实的需要,各地教育行政机关已根据自身的实际需要,把培训教师,帮助教师提高业务能力作为教育行政工作的主要内容之一。

当时还有学者就怎样帮助小学教师提高教学水平和业务素质进行了专题研究,除了读书研究会、教学研究会、教学示范课、外出参观学习等方法外,甚至提出了"假定视察"的概念,即"假定同人为他地教育人员,或上层教育机关职员前来本校参观和视察。大家认假作真,完全以客观的态度不客气地彼此考察,于一定时期后,可各将结果做成口头或书面报告,以便作为将来改进教学的根据"。⑥

---

① 皖省加紧训练短小师资[N].大公报,1936-09-08.
② 朱有瓛,戚名琇,钱曼倩,霍益萍.中国近代教育史资料汇编·教育行政机构及教育团体[M].上海:上海教育出版社,2007:567.
③ 同上:571.
④ 何思源.近八年来之山东教育[J].教育杂志,1936,26(11).
⑤ 参见:祝雨人.我国义务教育最近实施概观[J].教育杂志,1937,27(4).
⑥ 陈剑恒.实际的小学行政[M].上海:儿童书局,1935:15.

（五）民国中后期教育政策的转向

还有一个不可忽视的因素就是 20 世纪 20 年代末至 30 年代初教育部在全国推行的教育辅导制度。"所谓辅导是指积极地辅助指导地方学校的进行而言，不是消极的批评与制裁，如一般督学的工作一样。各校有何困难，均可请示于辅导员，指导员亦应尽力指导协助。主要包括直接解答各项困难问题；介绍教育上的新方法、新实验；介绍新书报、新杂志；组织读书会；召开讲习会、研究会。"①

民国教育辅导制度从 1930 年第二次全国教育会议后逐步建立起来。第二次全国教育会议修正通过改进全国教育方案，该案第四章专涉改进初等教育计划，该计划第十一项专门讨论辅导制度，这是民国教育辅导制度正式建立的开始。② 在 1938 年公布的《师范学院规程》中，辅导中等教育被列为师范学院的一项重要任务。1939 年 2 月，教育部颁行《各省市实施分区辅导职业学校办法大纲》，1940 年 8 月公布《师范学院辅导中等教育办法》和《各师范学院区中等教育辅导委员会组织通则》，此后，国民政府区域内各国立大学的师范学院和独立师范学院都分区实施中等教育辅导工作。这种"辅导"旨在解决中等教育师资、教材和设备不足的困难，促进中等教育的发展和提高，以利于师范学院和中等学校的联系，使师范学院能够针对中等学校的需要，制定培养人才的计划和开展科学研究。对于这种辅导制度，时人认为，高师教师兼视察工作，"视察后即可用所得教导下届学生，与今日视察人员和教师风马牛不相及、休戚不相关情形，迥然改观"。③

1942 年 4 月，民国教育部颁布《三十一年度大学、师范、农工学院辅导中等学校办法大纲》，1943 年 5 月 12 日又颁布《师范学校辅导地方教育办法》，规定国立师范学校、省立师范学校、县市立或联立师范学校（包括简易师范学校）均得辅导区域内之地方教育。要求师范学校以校长、教导主任、教育学科教员等组织地方教育辅导委员会，其职责主要是解答各项问题，举行关于教育教学的专题讨论会，开办中小学教员假期讲习会及进修班，搜集优良事例，举行师范教学指导，分析业务困难等，并强调"注意辅导区内初期服务之师范毕业生，使在服务时期得继续发展其学识"。④ 1944 年 6 月 16 日，教育部公布《教育部指定

---

① 庄泽宣.从地方教育行政的困难说到辅导制度[J].教育杂志,1937,27(6).
② 参见：熊明安.中华民国教育史[M].重庆：重庆出版社,1990：327.
③ 庄泽宣.改造中国教育之路[M].上海：中华书局,1946：65.
④ 教育部.教育法令[M].上海：中华书局,1947：247—248.

各省市师范学校视导县市国民教育办法》，要求师范学校应就区内的国民教育进行普遍视导，协助地方办理教育，帮助教师提高和改进教学。

至此，连同1940年颁布的《国民教育实施纲领》，民国四级辅导机构网络在全国形成。每一辅导机关都设有专职辅导员，省辅导机关由省督学和专门视察员负责，省学区辅导机关由省立学校附属小学教职员及省立社教机关的负责人员负责，县市辅导机关由县市教育局科长、督学及县市立中心小学及中心民众学校教职员负责，县市学区辅导机关由中心小学、民众教育馆及中心民众学校教职员负责。[①] 其范围波及全国，由中央直接推动实施，组织力量也不再是单一的教育行政部门，而是跨行业跨部门的协同工作。民国教育辅导制度是民国中后期为恢复和发展教育事业而制定的一项重要政策，也是民国教育督导职能从以监督检查为主向监督检查与辅助教学并重转变的主要原因和具体表现。

考察民国中后期教育辅导制度的运作，可以帮助我们全面深入地理解民国教育督导从监督检查转向辅助指导教学的内在逻辑。

其一，从辅导的功能看，有下面几点：一是对于推行法令不力的，可以作直接的指正，既能把握时效，又可以对法令的内容、目的、意义等做充分的解释说明；二是对于不曾推行法令或不曾办理的事业，可以针对困难所在作积极指导，使不懂的懂，不会的会；三是对于不同环境、不同历史、不同程度的机关和人员，可以按实际情形作不同的指导，较通众办理、死守原则来得有效；四是辅导以同情的协助为主，重在诱导，感情容易沟通，工作容易推进，比命令的力量更强；五是辅导工作可以发生感动兴起的作用，对优良的事例加以赞许和宣传，使努力的人觉得辛勤没有白费，对能力较差的多方诱掖，引起自信，可由外力扶持变为自我努力。[②] 显而易见，这里面已经少了行政命令、检查、督促、批评，多了指导、帮助、沟通和鼓励，使辅导本身更具教育的意味。[③]

其二，从辅导工作实施的主体看，主要有四类：一是大学、专科学校辅导职业学校；二是师范学院辅导中等教育；三是师范学校辅导地方教育；四是中心国民学校辅导国民小学。此外，还有社会教育辅导、义务教育辅导等。不难发现，辅导工作实施的主体几乎都落在专业教育机构身上，落在专职的教授、教师身上，他们都是教育的行家里手。请行家办教育，以专家辅导教育，以学术中心辐射周边学校，以文化教育枢纽带动区域教育发展，是民国教育辅导制度的主要

---

①　参见：庄泽宣.从地方教育行政的困难说到辅导制度[J].教育杂志,1937,27(6).
②　参见：沈慰霞,章柳泉,刘百川.教育行政[M].上海：中国教育研究社,1942：121—122.
③　参见：庄泽宣.改造中国教育之路[M].上海：中华书局,1946：64.

特点。

其三,从实施过程看,辅导工作更多地体现在帮助辅导对象解决困难,为辅导对象在办学方法、组织、财力物力和人力智力上提供支持。

(1) 大学、专科学校辅导职业学校。1939 年 2 月,教育部为了推进中等职业教育的发展,适应社会对中级技术人才的需要,颁布了各省市实施分区辅导职业学校大纲。其工作要点包括:一是明确辅导对象,要求各省市应根据省内职业、物产、交通、文化及已设和计划设立各科职业学校的分布情形划分职业学校区。二是明确各部门职责,要求各省市教育厅局应会同本省和省外公、私立大学、专科学校就所在地区及所设科系的便利,分别负责辅导各区职业学校教学实习的改进,并商请有关生产建设、军事工业机关协同辅导。三是明确组织机构,要求各省市组织辅导委员会,由教育厅长、主管科长、督学、各专科学校校长及大学农工商医等学院院长和生产建设、军事工业机关人员为委员,每学期至少开会两次,拟订该省辅导工作进行计划。四是明确辅导工作范围,辅导职业学校的教学,如编订教材、选择教本和改进教学方法等;辅导职业学校实习技术,如拟订工作进度、实习方针及生产材料与成品处理等;辅导职业学校教师进修提高,如回答疑难问题、指导研究方法,介绍书刊、图表、仪器机件及选修有关课程,并举办讨论及讲习会等;提供职业学校各种教材、教员、借用教学用书、用品及参考资料;供给职业学校教师、学生试验及实习用具及实习场所等。五是落实辅导所需经费、明确权限,对各职业学校区职业学校的兴革与人事调整,各省市教育厅局应会同该区辅导学校或机关决定。①

(2) 师范学院辅导中等教育。师范学院辅导中等教育在 1938 年公布的《师范学院规程》里便被列为师范学院的一项重要工作职责。1940 年 8 月,《师范学院辅导中等教育办法》公布以后,国民政府区域内各国立大学的师范学院和独立师范学院都分区实施中等教育辅导工作。《师范学院辅导中等教育办法》的要点概括起来有以下几方面:首先,确定辅导对象。师范学院应协助所划区内教育行政机关研究辅导区内中等教育。各师范学院区内有师范学院两所以上时,由教育部指定各院实施辅导区域。师范学院辅导区域在两省市以上的,先由其所在省市或邻近省市着手辅导,再辅导其他省市。其次,成立辅导领导机关。师范学院为实施辅导工作,应分别与负有辅导责任的各省市教育行政机关联合设置中等教育辅导委员会。辅导委员会由师范学院院长、教授、教育厅局

---

① 教育部.教育法令[M].上海:中华书局,1947:264—265.

长、主管科长及督学和由教育厅局指派的中学校长组成。每半年开会一次,由师范学院院长、教育厅局长共同召集,议决事项由师范学院和省市教育厅局共同执行。最后,落实辅导工作所需经费,明确辅导任务,师范学院必须指导中等教育的实验,接受各机关咨询及委托研究有关中等教育问题。师范学院于每期开学时,与省市教育行政机关共同研究拟订辅导计划,报教育部核定后施行。师范学院每学期应将研究辅导报告教育部,并分函各省市教育行政机关备查。对于区内中等教育研究会,应密切联系。

1940 年 8 月,教育部公布各师范学院区中等教育辅导委员会组织通则,对中等教育辅导委员会的职责又进行了补充和细化,进一步突出了其辅导教学的功能。例如,商讨中等教育计划及实施方案;研究区内中等教育设施,商订中等教育改进计划;调查中等学校各科师资供求实况,拟订师范学院招生数额,协助师范学院学生实习参观;规划师范学院毕业生服务计划;推荐专门人员由教育厅局聘请协助视导中等教育等。特别是办理中等学校教员暑假讲习会,协助省市内各中等教育研究会研究各项中等教育问题以及发行中等学校进修及研究刊物,反映了当时辅导工作实施的途径和方法的多样化,凸显了学术研讨与解决问题相结合,物质支持与智力支持相结合,专业辅导与个人研训相结合。

(3)师范学校辅导地方教育。为了加强对市县教育工作的辅导,1939 年 7 月,教育部公布《各省市师范学校辅导地方教育办法》,[1]要求国立师范学校辅导区由省教育厅局指定,省立师范学校辅导区为所在地之师范学校区,县市立或联立师范学校辅导区为所在地的县市;师范学校应设置地方教育辅导委员会,委员会经主管教育行政机关核准,可设置地方教育指导员,负责到各地进行指导;师范学校地方教育辅导委员会的任务包括辅导区内各学校改进教学,指导教育实验,设立地方教育通讯研究处,办理通讯研究事项,举行专题讨论,搜集或编辑乡土教材及其他补充教材,开办假期讲习会及进修班,创办教师进修刊物,搜集先进事例,指导实习等;各校地方教育辅导委员会进行辅导前,应对区教育状况进行调查,作为辅导的依据;各校辅导委员会进行辅导时,应先辅导中心学校,指导各中心学校辅导国民学校。[2]

1944 年 3 月,教育部又颁布《师范学校辅导地方教育实施注意事项》,重申各类师范学校应尽快划区辅导地方教育,认真执行师范学校辅导地方教育办

---

① 1943 年,该办法又被废除,另行颁布《师范学校辅导地方教育办法》。
② 教育部.教育法令[M].上海:中华书局,1947:247—248.

法。还明确要求国立、省市立、县立各类师范学校辅导委员会应尽先辅导中心学校。县立各类师范学校应尽量辅导区内国民学校,并与中心学校取得联系。

(4) 中心国民学校辅导国民学校。为把教育辅导工作推进到最基层的区乡村,教育部于 1940 年 3 月颁布《国民教育实施纲领》,次年 9 月又颁布《乡镇中心学校实施要则》。1944 年 3 月,国民政府颁布《国民学校及中心国民学校规则》。这些纲领、要则明确规定了中心国民学校辅导国民学校的有关事项。其实,早在 20 世纪 30 年代,各地方就已经开始试行辅导制度。例如,浙江省教育厅于 1930 年制定辅导办法十九条,以省立中学附小为辅导地方教育中心机关,规定省立中学附属小学设地方教育辅导员一人,负计划实施辅导地方教育专责;地方教育辅导员于必要时须至各地方教育行政机关及各小学视察辅导,谋教育之革新;省立中学附属小学须分派职教员,出席本学区内各市县小学教育研究会;省立中学附属小学于寒暑假内得会同本地师范教师组织各种小学教育讲习会。① 安徽省于 1934 年冬试行地方教育辅导制度,订立《安徽省地方教育辅导办法》,将全省划分为 6 个师范区,每区设一辅导委员会,以师范学校为中心,并设置视导员若干人,专任视察辅导工作,辅导员除辅导学校外,还负责教员考核任用、经费筹措等。②

其四,从实施的效果看,尽管辅导制度在实施过程中暴露出种种弊端,受到时人批评,但它对推动教育的整体发展功不可没,使饱受战争破坏而濒临崩溃的国民教育在战火仍然遍燃的险恶环境下得以逐渐恢复,为战后重建打下了基础。例如,推行大学、专科学校辅导职业学校政策后,在 1942—1944 年间,各省市公立、私立大学都分别按划定的职业学校区开展辅导事宜。如中央大学农学院辅导巴县县立三里职校、四川省立万县高级农校、四川省立南充高级农校等,中央大学工学院辅导私立中华职校、大公职校,国立武汉大学辅导四川省立成都高级工业职业学校、四川省立成都制革职校等,国立浙江大学农学院辅导贵州省立贵阳高级农职学校,国立西南联合大学工学院辅导云南省立昆华高工职校等。总之,各高等学校都担负了所在地区职业学校的辅导任务。直到 1945—1946 年因教育复员、高等学校回迁,辅导职业学校的工作才逐渐停止。③

再如师范学院辅导中等教育,既帮助解决了中等教育师资、教材、设备不足的困难,促进中等教育的发展和提高,也有利于师范学院与中等学校的联系,使

---

① 参见:教育杂志社.教育界消息[J].教育杂志,1930,22(3).
② 参见:祝雨人.我国义务教育最近实施概观[J].教育杂志,1937,27(4).
③ 参见:熊明安.中华民国教育史[M].重庆:重庆出版社,1997:328.

师范学院能够针对中等学校的实际需要，制定培养人才的计划和开展科学研究，还为师范学院学生的教育实习、实验研究等创造了便利条件。同时，由于"师范学院及大学为中等学校师资之所从出，使此等学校之教授兼任各科指导员最为切合实际。盖一般学校教员对于行政机关之督学莅临，每心怀疑忌，双方均罕能开诚布公，致指导工作不易进行；但对于来自学术机关之教授，则必能祛除此类隔阂"。① 但是一方面，由于当时处于战争时期，加之各级地方政府教育行政官员的官僚作风严重，所以虽然有了《师范学院辅导中等教育办法》，但并没有认真贯彻实施；另一方面，包括师范学院在内的高等学校既要完成自身的教育教学和科研任务，又要参与辅导地方中等教育，其负担在一定程度上加重了，精力分散了。

值得一提的是，师范学校辅导地方教育的法令颁布后，各省市都根据各自情况组织各类师范学校辅导区内的中心学校与国民学校。这些教育辅导活动的开展不仅促进了各地初等教育规模的发展与教学质量的提高，而且推动了师范学校自身教育教学工作的改进，使师范学校密切了与初等教育的联系，避免了闭门办学、脱离实际的弊病。在当时的历史条件下，采用这些办法是难能可贵的。不过，师范学校辅导地方教育同样存在形式主义的虚假现象。②

中心国民学校辅导国民学校的政策明显带有试行大学区制时"以学代政"的教育管理思想的痕迹，旨在强化上一级学校对下一级学校在教育教学等方面的指导，以及对教师的辅导培训。这种以学代政、以学术领导学校的做法，受到当时学界的普遍反对和抵制，而且这种视导的实际效果也值得怀疑。尽管由于当时中心国民学校的师资力量不足，学校行政部门忙于应付学校本身的内部事务，加之教师待遇低、物资设备差，辅导工作每受种种条件的限制，致使辅导活动徒具形式，并没有产生许多实际效果。但在当时也或多或少，直接间接地推动了地方教育的前进。③

总之，随着国民教育的推进、发展和实施，地方教育视导制度也有了新的发展。为了提高国民教育的效率，除普通的视导之外，再加以积极的、友谊的辅导，原是事实上所必需的，可惜这些视导与辅导的权能没有调和运用起来，反而把这种制度的优点淹没了；而且许多中心学校因为经费和资料的缺乏，真正履行辅导责任的很少。加之有些中心学校本身不够健全，更使辅导工作不能产生

① 常道直.教育制度改进论[M].南京：正中书局，1947：71.
②③ 参见：熊明安.中华民国教育史[M].重庆：重庆出版社，1997：332.

165

效果。师范学校的辅导人员对于教育理论虽较熟悉,但委员多系兼职,很少能长期外出对各校实施"辅导改进"。再就辅导所及的对象而言,"辅导人员因为没有权力控制他们,不像县市政府督学单拿视察印象,就可直接影响其人事与经费,结果,辅导人员所指示纠正的,也难保他们乐于接受,认真改进"。① 虽然从实际情况来看,个别学校和省市确实做了不少辅导工作,但多数学校和省市并未具体落实并认真执行各项辅导工作,辅导制度远未收到预期的效果。②

然而,民国中后期推行的辅导制度作为当时的一项重要教育政策,一方面,把教育行政工作的注意力引向对学校和教师的辅助、指导,督学作为教育行政机关的主要成员,对学校和教师的辅助、指导很自然地成为其日常工作的中心,也促使民国视导人员从官僚型向专家学者型转变,以符合"协助教师共谋教学之改进"③的宗旨。辅导人员要成为教师的教师,自身须有扎实的学科知识和教育理论素养。另一方面,辅导制度的推行也改变了人们的教育督导观念和对视学工作的理解,实实在在地引导教育督导职能从以监督检查为主向监督检查与辅助教学并重转变,并由此向帮助学校、辅导教师、扶助教学转变。

综上所述,从法定职责、社会期待、理论引领、实际需要、教育政策转向等因素反观当时教育督导从检查监督到对教师进行辅助、指导的转变,以及视导人员任职资格从官僚型到学者型、专家型的变化,我们的思路会更加清晰。

督学任职资格的变化不是偶然的、孤立的现象,它与宏观教育政策调整和微观教育实践需要有密切的关联。民国教育的改革促进了教育督导理论研究的深入,而对教育督导理论的不断探索也为民国教育的改革提供了理论支持和思想上的保障。不过,尽管民国时期对教育视导人员任职资格做了不少规定,但在民国社会政治、经济、文化等环境影响下,实施的效果并不理想,视导人员的整体素质仍较低劣。究其根由,毛礼锐的话一语中的:"现在各地的视学员,哪里有几个是受过专门的训练? ……只要到县知事面前,拍两下马屁,就可以得到一视学位置。"④"如省县督学得有势力者推荐,几任何人均可委任。"⑤而"主持教育行政之人,对于视导人员的资历、能力、教育学识及教学经验等基本条件,往往漫不考察,随意任用,以致视导人选至不整齐"。⑥

① 吴培元.基本教育推进声中我国国民教育应有之觉悟[J].教育杂志,1948,33(10).
② 参见:江铭.中国教育督导史[M].北京:人民教育出版社,1994:156.
③ 庄泽宣.改造中国教育之路[M].上海:中华书局,1946:64.
④ 毛礼锐.厉行乡校教学辅导计划[J].教育杂志,1926,18(8).
⑤ 曾毅夫.地方教育行政[M].上海:商务印书馆,1935:200.
⑥ 孙邦正.教育视导大纲[M].上海:商务印书馆,1942:51.

视导人员的腐败问题既是民国时期官僚腐败的一个缩影,也是视导人员自身素质低下、专业技能捉襟见肘的必然结果。而教育视导工作专业性很强,不仅需要较强的教育行政与管理能力,还需要有比较全面的教育学识。缺乏管理经验与行政执务能力,会使教育督导工作难以开展或效果不理想;缺乏教育专业知识,即使具备了一定的行政能力也无济于事,反会使视导工作更具官僚气,滋生腐败。缺乏专业知识、教育学识,甚至道德腐败,视导人员只会做官僚式的检查,甚至以权压人,凭借权势随意干涉教育,影响学校正常教育教学工作的开展,引起被视导者——下级教育行政官员、学校管理人员、普通教师的反感,甚至"畏之如蛇蝎,拟之如侦探"。① 因此,加强对教育督导队伍的管理,增强教育督导工作的科学性和有效性,是当时社会广泛关注的问题。

---

① 方功石.教育视导研究[M].武汉:武汉大学出版社,1933:78.

第五章

监督考核与督导队伍管理

公务员权力行使的过程，就是国家行政权力发生作用的过程。对权力及握有权力的人进行管理和监督，贯穿人类社会发展的历史，因为"一切有权力的人都容易滥用权力，这是万古不易的一条经验"。①

权力是人类普遍存在的一种文化现象。"权力"的概念几乎出现在社会科学的所有分支中，在政治科学中更是处于核心地位。但是权力又是一个难以捉摸的概念，不同的学者对它有不同的界定和使用方式。如罗伯特·罗素（Robert Russell）认为，"权力可以定义为有意努力的产物"。② 马克斯·韦伯（Max Weber）认为权力是"一个人或一些人在某一社会行动中，甚至是在不顾其他参与这种行动的人进行抵抗的情况下实现自己意志的可能性"。③ 有学者将各种权力的定义大致归为四类：力量说、能力说、控制说和关系说。④ 但大多数学者都比较赞同美国政治学家罗伯特·达尔（Robert A. Dahl）对权力所做的比较宽泛的释意，即将权力看作人类普遍存在的一种影响力。⑤

尽管权力的定义各异，但权力在实际运行过程中显现了一些共同特征，正是这些共同特征构成了权力发挥作用的理论前提。具体来说，主要有以下一些特点：（1）权力的强制性。尽管权力是一种看不见、摸不着的东西，但权力的载体依靠其所拥有的物质性因素，甚或是一种垄断性的拥有，如政治、经济或文化等资源，它们相对于资源的需求者具有一种比较优势，在这种比较优势下的两

---

① ［法］孟德斯鸠.论法的精神（上卷）[M].张雁深，译.上海：商务印书馆，1997：154.
② ［英］罗素.权力论[M].靳建国，译.北京：东方出版社，1988：23.
③ ［美］汉斯·格思，赖特·米尔斯.马克斯·韦伯文选[M].纽约：牛津大学出版社，1964：180.
④ 林吕建.权力错位与监控[M].北京：中国方正出版社，1996：17—18.
⑤ ［美］罗伯特·达尔.现代政治分析[M].王沪宁，译.上海：上海译文出版社，1987：36.

者之间的互动就构成了一种"命令—服从"关系,这种关系就是强制性关系的表述,不管你是否意识到,是否承认,这种强制性的关系实实在在地存在着。(2)权力的层级性。权力作为一种力量、一种影响力,自然有大小之分、效度之衡量。社会上的任何组织、任何个人的影响力不可能大到无穷,它总有一定的限度。这种限度既可以是自然、能力的约定,又可能是法律规章的限定;同时,由于人的能力、素质参差不齐,由于社会组织的科层性,权力总是存在于一定的有序的结构之中,权力自然就有了级次之别和大小之分。(3)权力的利益指向性。权力作为人类生活中的一种现象,它的存在主要是为了满足人类的某种利益和需求以及事业的发展,这种利益和需求既可以是物质的,也可以是精神的,既可以是高尚的,也可以是卑劣的。人们获得权力,追求权力,不是为了单纯的权力,而是把权力作为满足自己的需求,实现自己的抱负或发展社会公共事业的一种手段,不存在无目的的权力。① 正是由于权力的目的性带来了权力行使方式的多样性,所以,这些方式既可以是合乎道义的,也可能是非道义的。(4)权力的可交换性。权力作为一种外在型的影响力和能力,它不同于主体的生理能力,也不同于后天学习而来又物化为人的智慧的认识能力,它可以从主体中分离出来。如人的智慧和人的思维等内在的、反映自己品格的东西是没有办法转让和交换的。权力在主体的更换过程中能带来利益上的交易和调整,这种权力交换的现象可以分为:私人权力的交换和公职权力的交换。前者主要是指个人间一种平等性买卖关系,如市场上的商品交换。后者是指不可分割的公职权产生分化,被作为个人权力的交换,公职权力成为个人谋取私利的手段。② 无论什么权力,一旦进入流通领域作为交换对象用于交换,它便被物化了。权力的可交换性为权力腐败的存在提供了一种解说。

　　与行政监督紧密相连的政府行政权力是一种公共权力。公共权力之所以存在,人们之所以服从它,不仅是因为公共权力应该以公众利益为归宿,从而给自身带来了道义上的合理性,而且更重要的是,因为国家能在一个"既定的领域

---

　　① 韦伯把掌权者分为政治领导人(领袖)和官僚(行政官员)两种人,前者为了权力而生存,后者依靠权力而生存;前者富有远见和政策主张,后者只是唯命是从而无政策主张。我国学者胡伟认为,在政治领导人里,虽然都需要权力,但可分为以追求权力为根本目的和以制定政策为根本目的两类,前者可称为政客,而后者可称为政治家。所以,在权力精英里,可以分为政治家、政客和官僚。从这里我们可以看出权力指向的多样性。参见:胡伟.政府过程[M].杭州:浙江人民出版社,1988:273.

　　② 参见:李建华,周小毛.腐败论——权力之癌的病理解剖[M].长沙:中南工业大学出版社,1997:7.

内取得合法地使用暴力的垄断权"。① 所以行政权力作为国家权力的一个分支，就相应地获得了合法地使用暴力的权力和能力，如果行政权力的作用对象没有按其意志行事，那么行政权力的主体就可以用强制的手段来迫使他们就范。公共权力不像一般的权力那样只作用于特定的对象和特定的领域，从政治到经济，从内政到外交，几乎社会生活的所有领域，都渗透着政府的干预和管理。所以，公共权力不仅具有权力的一般特征，而且由于公共权力的"公共性"，公共权力具有比一般权力更大的影响力，它所产生的后果不仅影响国内社会，而且还会波及国外。

公共权力的公共性使得行政权力的主体具有双重身份：一方面，由于行政权力的最终载体是行政人员，因具体的职责而产生的权力由从事该职业或就任该职位的人拥有，因此，这种主体带有个人的色彩；另一方面，行政权力主体所拥有的权力又具有一种代表性，也就是说，行政权力的真正所有者不是行政权力行使者本身，行政权力行使者所履行的具体职责是国家或群体权力的一部分，他对该项权力只有相对的使用权和履行权，而无处置权和占有权。公共权力的代表性说明，行政人员一旦离开自己的岗位和职责，他只能代表自己，以前所拥有的权力就会自动地失去。总之，任何一种公共权力，都是形式主体（指权力行使者本人）和实质主体（权力行使者所代表的国家和集体）的统一，前者为后者的利益或愿望的实现提供了物质基础——公共利益要实现和增进，就一定要有具体的形式主体，而后者为前者的行为提供了终极指向——公共利益要不被个人利益覆盖和忽略，就必然要使公务人员的行为以公共利益为最高指向。然而公共权力在实际运行过程中，常常发生形式主体和实际主体相背离的情况，抽象的公共权力主体作为形式存在，具体的公共权力被实质地转移了，并借助国家的力量给个人带来收益。这就是公共权力发生变质的理论上的原因。所以，公共权力不仅可以增进社会利益，而且可能成为为个人利益服务的工具。公共权力的这种两重性必然要求对行政权力的获得、运行过程和后果进行监督和管理。

关于监督和管理行政权力的运行过程和后果的论述有很多。如法国资产阶级政治理论家孟德斯鸠（Charles Louis de Secondat Montesquieu）提出："一切有权力的人都容易滥用权力，这是万古不易的一条经验。有权力的人

---

① ［英］拉尔夫·密里本德. 资本主义社会的国家［M］. 沈汉，等，译. 北京：商务印书馆，1997：54.

们使用权力一直到遇有界限的地方才休止。""要防止滥用权力,就必须以权力约束权力。"①因此,他提出,资产阶级国家应当按照立法权、行政权和司法权分离制衡的原则设立国家机构。生物学的观点也认为,自然界普遍存在一种保持事物总体平衡的制约法则。如在自然界存在的狼鹿效应现象,狼对鹿进行追杀,一方面使鹿受到威胁,老弱病残者将被狼群捕杀吃掉;另一方面使鹿增强了警惕性,增强了其防御的奔跑能力,保持了鹿群的强健。如果没有狼群的威胁,那么鹿群强健也会随之减退。② 可见,自然界这种天敌"监督"制约起到了生态平衡的效果。西方一些行政管理学者对行政监督理论也有较多的研究,如美国行政学家怀特(Leonard White)早在20世纪初就提出了建立行政监督机制的理论。他认为,政府机构增多,行政权力集中,工作人员增加,致使行政监督的范围越来越广泛。因此,需要"寻求方法,以确保行政官吏之行为,不仅使之与法律相协调,且同样与公民之目的及心理相切合"。③ 针对美国的政治体制,他指出:"行政政策的监督,立法机关可令行政机关完成某种职务,或规定相当方法,且可驳斥其规章,或禁令不得为某种行动放弃某种方法,也可规定行政机关决定政策之方法。"④

根据唯物主义观点,利益矛盾应当是监督产生的根本原因。利益需要理论不仅是建立完善国家行政人员保障机制的理论基础,也是建立完善国家公务人员监督机制的重要理论依据。因为满足人的利益需要受到人们的生产能力和生产工具的实际水平的制约,个人和团体需要的利益实现与团体和社会需要的利益实现既统一又矛盾。在统一方面,社会应当保障个人和团体的合法利益,包括国家公务人员权益保障。在矛盾方面,社会对个人和团体的利益应当进行监督。因为个人和团体在满足自身利益需要时所构成的社会矛盾尤其复杂,社会要达到调节的目的,既需要对人进行教育,也需要对人进行监督。

民国视学作为国家公务人员和握有督察、评判权的教育行政官员,其队伍管理从民国视学制度建立之初便受到重视,⑤这种管理和监督不仅体现在督学任职资格、职责权限中,也体现在关涉督学个人名、利待遇等层面的规程中,这

---

① [法]孟德斯鸠.论法的精神(上卷)[M].张雁深,译.北京:商务印书馆,1997:154.
② 参见:蒋冠庄.人事主管全书[M].北京:中国人事出版社,2000:53.
③ [美]怀特.行政学概论[M].刘世传,译.北京:商务印书馆,1947:462—463.
④ 同上:471.
⑤ 正如民国学者所言:"视导人员有考核的权力,如果误用,影响极大,故对于视导人员,应特别严加督责。"参见:沈慰霞,章柳泉,刘百川.教育行政[M].上海:中国教育研究社,1942:107.

些规程从职业道德、职业规范、专业知识及专业技能等方面加强了对视导人员的管理。这些管理措施不仅保证了民国视学制度正常运转,推动了民国教育的发展,也为当今教育督导队伍的管理提供了可资借鉴的经验。

一、 历史背景考察

民初加强对视学队伍的管理实受当时社会政治环境的影响。1912 年中华民国建立,宣告了长达两千多年封建帝制的终结和资产阶级民主共和国的诞生。早在民国成立前,孙中山就设想仿照西方模式建立国家制度。而建立什么样的政治体制,就会产生什么样的监督机制。有民主的政体,就会形成民主有效的监督机制;专制的政体,就会产生专制下的监督制度。而专制下的监督制度,从根本上来说仍然是为君主个人服务,其监督职能和监督权力的发挥直接受君主个人意志和主观愿望决定。孙中山从学习西方"三权分立"的政治体制入手,采行中国传统政治中的合理因素,"希望在中国实施的共和政治,是除立法、司法、行政三权外还有考选权和纠察权的五权分立的共和政治"。① 并认为五权分立"不但是各国制度上所未有,便是学说上也不多见,可谓破天荒的政体"。② 孙中山在这里把五权分立和政治监督理论作为民国政治体制的基础。

应该说民国的政治制度有两个源头,一是继承中国古代封建政治制度,一是模仿借鉴西方近代民主政治制度,正如孙中山所言,通过"因袭—规抚—创获",能够"集中中外的精华,防止一切的流弊"。③ 中华民国临时政府成立后,组成了"南京临时参议院",颁布了《中华民国临时约法》和改革政治、经济、军事等各方面的政策法令,这些法令的制定基本遵循这样的设想。

(一) 基于权力制衡和法治思想的民初教育督察理论

在教育领域,孙中山认为:"教育为立国之本,振兴之道,不可稍缓。"④民初各项教育改革和教育制度的建立,基本继承和发扬民主革命运动时期的传统,并在认真总结革命时期创办学校教育经验的基础上,提出了振兴教育的基本纲领。首任教育总长蔡元培,从资产阶级民主主义立场出发,剔除前清教育宗旨

---

① 孙中山. 孙中山全集(第一卷)[M]. 上海:中华书局,1981:319.
② 同上:331.
③ 孙中山. 孙中山全集(第九卷)[M]. 上海:中华书局,1981:353.
④ 秦孝仪. "国父"思想学说精义录(第二编)[M]. 台北:正中书局,1976:429.

中"忠君""尊孔"的规定,以民主政治和思想自由否定了君权的绝对权威和独尊地位,倡导思想自由、个性解放。民初教育部一改清末学部"钦定"或"奏定"旧例,由教育总长统管部务,并有权对各级行政长官及巡按使执行教育事务方面的监督。教育部还采取了一系列革故鼎新、卓有成效的措施,如举办中央临时教育会议,确立新的教育宗旨,推行新学制,颁布各级各类学校令,革新教育内容等。而且着手进行教育行政改革,开始迈出教育行政管理由"人治"转向"法治"的第一步。

同时,孙中山五权分立的设想不仅成为民国政治制度立基的指导思想,也是民国各级各类法律、法规的理论基础,自然对民初包括教育督导制度在内的各项教育法规产生深远影响。当时甚至有学者提出教育监督与教育行政分离的观点。例如,邱椿、姜琦等人曾提出建设中国新教育行政制度时,尽量应用孙中山所创造之四政权五治权的原理于教育行政中。照理,教育行政制度应分为五大系统,以适应五权分立的原则,"但在此草创时代,规模似应暂从简略而分为三大系统:(1)学院系统,行使行政权及考试权;(2)会议系统行使立法权、司法权及对行政长官的监督权;(3)督学系统,对各级学校之校长、教师及学生行使其监察权及考试权。"①中央督学院为全国学校最高考试及监察机关。中央督学院由督学15人组成。中央督学由教育院长推荐若干人,而由中央教育委员会选任15人。教育院长欲罢免中央督学时,应得到中央教育委员会的同意。中央督学违法或旷职时,教育委员会得监察、审判及罢免之。人民不满意中央督学时,亦可直接要求中央教育委员会审判及罢免之。督学的职权为:视察及报告教育行政状况;视察学校行政、经济卫生、建筑、设备、课程及教学状况;视察社会教育状况;查验及考试学生成绩等。

尽管庄泽宣认为,邱椿等人的制度"当然是很完密的,不过我个人以为太复杂一点,并且不十分专业化",进而提出把司法、立法、监察及考试"合并在一个系统里",而实行"双轨制",②但其对教育行政权力进行监督的观点与前者是一致的。他们都认为,在教育上也有一个集权与分权、执行与监督的问题。他们强调教育行政组织的作用在于制定政策、推行政策,但政策好与不好,推行是否有力,应另有一种机制来监督和检查,视导就是发挥这种机制的作用。因此,它不能隶属于行政,而必须与行政并行。邱椿在《建设中国新教育行政制度的讨

① 邱椿.建设中国新教育行政制度的讨论[J].教育研究,1928(3).
② 庄泽宣.建设中国新教育行政制度的讨论(二)[J].教育研究,1928(3).

论》一文中,详细阐述了教育行政组织中立法、执法、监察三权分立的构想。在他的构想中,各级教育委员会是立法、审议、决策机关,院长、区长等是教育委员会各种政策的执行者、推动者,各级督学院则负检查、督促之责。邱椿还以省教育行政制度为例,对三者职能作了具体说明:"大学区教育委员会以委员 11 人组成,其中专家代表 4 人,余为民众代表。产生方法,以选举为原则,而以任命为例外,任期为 5 年,每年改选 3 人。其职权为:规定全大学区教育政策,呈报教育院长批准;通过大学区教育预算,呈请教育院长批准;规定教育税率、征收方法、分配标准;保管教育税金与财产;任命、调迁、罢免大学区教育行政官吏及大学教授;批准中小学课程大纲、教科书及义务教育标准;讨论大学区长交议事项;接受被革退教师的诉讼;监察教育行政官吏,解决教育界纷争;制定本委员会议事细则等。""大学区长的职权为:执行大学区教育委员会所议决的教育方针、政策、规则、法令;出席大学区教育委员会;拟出中小学课程大纲,呈送大学区教育委员会通过;编制大学区教育预算,呈送大学区教育委员会通过;编制学校规程,推荐科长、股主任、督学、中学校长、教员而由大学区教育委员会任命之;监督教育官吏等。""大学区督学院以 15 人组成之,内有专门督学 3 人,中学督学 5 人,小学督学 5 人,社会督学 2 人;又内应有女督学[1] 3 人以上。大学区督学应由大学区长推荐若干人,而由大学区教育委员会简任 15 人。其职权为:视察地方教育行政,视察中小学教育行政、预算、卫生、设备、课程、教学法,视察社会教育实施状况,查验及考试学生成绩。报告结果于中央督学、大学区长,由大学区长呈报中央教育院长。"[2]

这些观点旨在建立一个教育行政权力的监督体系,这里的监督不仅包括对各级各类教育行政机关和办学机构的监督,还包括对各级各类教育行政人员履行职责情况的监督。尽管由于民国时期政治黑暗,许多监督制度流于形式,但

---

① 设置女督学在民初便有先例。1915 年《教育杂志》上有一则《中央特派女视学分巡各省》的新闻,可引以为证:"大总统在北洋首创女学,近年各省女教员、历事五年至十年者,此次傅令嘉奖,题给匾额,以彰优异。大总统并令女弟子记名于御屏风上,以备保傅之选,记名者十余人,此十余人学久资深,年在四十以上。徐相国早有各省女教未兴,宜派员视察之议,陆相国亦请照英国设女视学官。闻圈出四人,分命四方,东路女视学吕惠如(江浙皖鲁等处);南路女视学计宗兰(广滇湘闽等处);西路女视学钱维贞(山陕甘新等处);北路女视学祝宗梁(关东塞北等处)。部视学原定 16 缺,添 4 人共 20 缺。"(参见:教育杂志社. 记事[J]. 教育杂志,1915,7(20))。这条新闻不仅反映了部视学员额及规模的扩大,女视学的出现还表明妇女地位的提高,她们已经参与国家教育行政管理。这一举措不仅使民国教育督导工作更趋完善和全面,也是民初教育督导制度的一个亮点。

② 邱椿. 建设中国新教育行政制度的讨论[J]. 教育研究,1928(3).

監督制度作为现代管理系统中不可或缺的环节,已在教育行政体制中留下了印记。正如有学者在评析民初教育行政制度时所言,"行政体制已渐萌计划—执行—考核之行政三联制的科学管理运作精神","考核功能之运行,在中央教育部设有视学处,在省教育厅设有省视学,在县市教育局则有县市视学员,其等任务皆在视导教育行政业务之执行,虽视学人员编制不多,功能发挥有限,但其执行'考核'之概念则已存焉"。按照刘真的观点,"教育行政的考核方法,就是所谓教育视导了"。①

(二)法律规程与督学权力

民国时期颁布的各级各类法律规章,从视学规程到教员检定办法,从总统令到各种学校考核待遇办法等,在规定视学职责的同时,也赋予视学各种权力,这些权力形成的叠加效应,使民国教育视导人员的权力很大,甚至"具有无上权威"。② 对此,当时学者、教育行政人员、普通教师颇有微词:"视导员对于学校校长、教职员是有相当的权力的。""凡学校一切兴革规划,均由视导员督促实行,有不合处,须给与指导。教职员克尽厥职,学校办理完善,视导员应切实转请该管机关设法奖励。地方人士有确实热心教育者,视导员亦应为转陈请奖。""视导员所辖的学区,以该视导员为领袖,所有关于行政事项,应由该视导员酌量办理。"甚至"视导员对于学校经费的支给、用具教具的购置或领取等具有批核之权"。③ 通过对相关史料的整理分析,视导人员所具有的"相当的权力"主要表现在如下三个方面。

1. 对办学人员的奖惩权

民国教育视导人员对校长、教员以及下级教育机构办学人员,甚或地方士绅、官员等办学情况具有奖惩权。教育部1917年2月6日颁布的《小学教员褒奖规程》规定,教育部视学对于国立师范学校附属小学校教员认为应受褒奖者,得呈由教育总长核给奖章或特请颁给奖章。对于各地方小学校长和教员认为应受褒奖者,亦依规定行之。④ 1929年2月,教育部针对大学院期间淡化教育视导的做法,依据教育部前颁《视学规程》重新颁布了《督学规程》,增加了督学对"地方教育人员服务及考成事项",⑤赋予督学对各级办学机关和办

① 刘真.教育行政[M].上海:中华书局,1946:198.
② 雷国鼎.教育行政[M].台北:正中书局,1971:570.
③ 张哲农.城市平民学校视导法[J].教育杂志,1927,19(10).
④ 参见:沈彭年.小学教育法令大全[M].上海:商务印书馆,1919:44.
⑤ 国民政府教育部参事处.现行重要教育法令汇编[M].北京:国民政府教育部秘书处公报室,1920:125.

学人员的考核奖惩权。如教育部 1915 年根据督学视察报告,认为浙江省县知事毛云鹄、秦琪两员实心兴学,给予嘉奖。嘉奖令云:"现任庆元县知事毛云鹄、景宁县知事秦琪,实心兴学,成绩昭著。""于劝募捐款之时,并均能先自捐资,以为倡导,洵如原呈所称,热心毅力,实足以风励一时,既经该巡按使委查,并据视学报告成绩,均属相符,自应从优核予褒奖,以资鼓励。"①1917 年,教育部根据督学的视察报告咨文致福建省长云:"据本部视学报告内称,福建省立第四小学管理认真,于严肃之中寓活泼之意,学生风纪甚佳。其教授训练各事亦有研究,在闽中小学实属罕见","据报告各节殊堪嘉尚","以示褒许而策进行"。②

在地方制定的办学人员考成条例或督学办事细则中,视导人员也多被赋予奖惩决定权。如某省关于地方兴学人员考成条例规定,所属各学校校长及教员任职一年以上,著有勤劳者,得由视学员呈请给予褒奖;所属各学校校长及教员,经视学员之视察,认为应受以上各款之处分者,得由视学员呈请处分之。③《贵州省小学教员奖励规程》规定,任教时期以三项为准:呈报政府有案者;经法定机关证明者;经视学员调查呈报有案者。④《山东小学教员奖励金规程》规定:"曾经县督学或经教育委员考查,呈请教育局嘉奖至三次以上,与省督学视察成绩相符者。或经省督学考查,呈请教育厅嘉奖两次以上者。"山东市县区立小学教员之成绩,经省督学视察,或由教育局考查,认为合于该规程第三条之规定者,得罗列事实,加具考语,呈请教育厅审核,分别给予不同数额的国币奖励。⑤

1932 年 12 月,《修正浙江省教育厅督学办事细则》规定,督学视察时,应留意当地人才,遇有所任职务特著或努力研究有所创获者,得呈请厅长核奖。遇有办学人员不能称职者,得通知当地主管教育机关考查处分,如有情节重要非即撤换不可者,通知主管机关办理。⑥

2. 对校长、教员的检定与考核权

民国教育督导人员不仅具有奖惩权,对中小学教师的合格、称职与否也有检定鉴别权,这一权项比奖惩权更大,它关涉各级办学人员是否达到教师准入

① 教育杂志社.记事[J].教育杂志,1915,7(3).
② 教育杂志社.记事[J].教育杂志,1917,9(9).
③ 参见:中华教育界杂志社.国内教育新闻[J].中华教育界,1925,14(11).
④ 参见:中华教育界杂志社.国内教育新闻[J].中华教育界,1924,14(3).
⑤ 参见:教育杂志社.记事[J].教育杂志,1931,23(8).
⑥ 教育部.第一次中国教育年鉴(乙编)[M].上海:开明书店,1934:128—129.

资格,关乎他们的前途命运及谋生养家的手段。如《小学教员应由国家补助薪金案》规定,补助案成立后,应由部令行各省区教育行政长官,按年造报所属小学教员名册,以资考核。考核优良教员责任,应由各省区视学督率县教育局长担任之。① 教育部于 1927 年 12 月 11 日《通咨各省分别规定检定师范讲习所及前清师范简易科毕业生充当教员资格办法》规定:"该管长官或省道县视学等视为必要时,亦得检查其毕业证书。"②而在实施平民教育的过程中,由于需要大批教师,致使许多地方"执平校教鞭的,不免有滥竽充数之嫌"。教育部为广求师资、划一程度起见,制定公布了检定平校教员办法,规定"由视导员视地方情形,定最低的标准,用平教促进机关名义行之"。③ 可见,从中央到地方,都赋予视导人员在师资检定方面的生杀予夺的大权。

民国时期,为提高小学师资水平以促进小学教育的发展,南京国民政府建立了聘任制度、培训制度、考核制度和薪资保障制度等一系列制度,对小学教师进行有效管理。江苏是南京国民政府所在地,其小学教师管理体制相对完善,考核在职教师的方式有两种:一是督学对教师的考核;二是校长对教师的考核。无论是督学对教师的考核还是校长对教师的考核,考核结果都可以用来奖励优良教师,淘汰不合格教师。④

天津市在 1935 年严行视察各小学时,督学权威之大更可见一斑。如刘冬轩在汇报天津市教育局年度工作时,不仅介绍了有关督学检定教员的具体做法,还汇报了具体的检定结果:查市属学校向由督学预定视察方式,随时分赴各校逐项考查,并就考查结果与各校教职员开会讨论指示改进方法。"二十四年八月届,各小学多数应行进级之期,为确悉各该员服务情形,藉定予否进级之评判,乃令各督学于二十四年暑假学期开始时严行视察以资进行。其视察要目为处理校务、教学方法、训管情形、卫生设施。由各督学分别视察,并限定两个月视察完竣,须将视察情形详细报告,附具改进意见,以凭查核。"视察结果为:计因到校延迟予以申斥者校长 1 人、教员 2 人,停止进级者教员 2 人;因办理不善予以申斥者教员 6 人,停止进级者教员 3 人,免职者校长 1 人。⑤

---

① 参见:中华教育界杂志社.国内教育新闻[J].中华教育界,1924,14(10).

② 教育杂志社.记事[J].教育杂志,1917,9(1).

③ 张哲农.城市平民学校视导法[J].教育杂志,1927,19(10).

④ 参见:韦潇梅.江苏省小学教师考核制度研究(1927—1937)[D].北京:北京师范大学硕士论文,2011.

⑤ 参见:刘冬轩.天津市二十四年度教育实施概略[J].教育杂志,1936,26(7).

3. 对教育行政机关、各级各类学校办学成绩的评审权

民国初期,为了鼓励督促地方官员兴办教育,中央和地方出台了不少规程,而这些规程贯彻落实得如何,以及各级官员办学有无成绩,往往由督学鉴定。这些权力得到了上级立法机关或行政机关的授权。如 1917 年 1 月 22 日《大总统振兴教育令》规定:"务使地方教育积极推行,数年以后,渐期普及,并按照知事办学考成条例严切稽核,分别奖惩。至教育部视学及各省区地方视学尤须切实周巡指导纠察,以资振作,庶几,教育日隆,用固国本,有厚望焉。"①教育部为了激励私立学校认真办学,办出成绩,制定了许多措施,对一些办学成绩突出的学校给以享受与公立学校同样待遇的奖励,但是这些学校合格与否,由视学员说了算。如 1917 年 5 月 20 日教育部订定《私立各种学校考核待遇办法》规定:"学校办理确有成绩者,经本部派员视察后,得认为大学同等学校或专门学校同等学校。"②

督学对教育行政机关、学校办学优劣评定权的选用体现在督导报告中。督学对教育行政机关、学校办学的优劣评判,按要求一般会记载于视察报告,向上级机关汇报,上级机关根据视学报告再以政令的形式饬令各地整改或给予嘉奖,这种做法间接体现了督学的权威。正如时人所评:"某校办理得宜、某校内容腐败之书朝上,而某校传旨嘉奖、某校校长撤换之文夕下。"③民国时期根据视学报告的意见,由教育部或教育厅发令饬改或嘉奖的例子不胜枚举。如:1917 年教育部整理赣省教育之咨文云:"日前教育部据部视学报告赣省教育情形,因即咨行江西省长,请饬各属力行整理改良。"④1917 年 9 月 25 日教育部咨河南省长整理豫省教育办法:"查本部视学报告内称豫省学务为目前救济之计,宜实行县知事兴学考成,以示激扬之作用,慎选省视学,公费稍纵优厚,视察时务注意地方教育之计划,核其是否实力奉行。""省视学查核报告,依地方兴学人员考成法之规定,分别奖惩。县视学之任用,务以师范毕业生及办学确有成效者为合格,每年应将整理计划及地方教育状况直接报告省行政官厅,由省视学查核,其徒托空言,不胜整理之任者,随时更易。"⑤1936 年春,教育部派庄泽宣前往西北各省视察,庄泽宣在视察后提交的报告中对甘肃省教育应行改进之各点提出

---

① 教育杂志社.记事[J].教育杂志,1917,9(3).
② 教育杂志社.记事[J].教育杂志,1917,9(6).
③ 教育周报社.敬告部派视学伍崇学[J].教育周报,1913(6).
④ 教育杂志社.记事[J].教育杂志,1917,9(10).
⑤ 教育杂志社.记事[J].教育杂志,1917,9(11).

了建议。教育部则根据庄氏报告，将他的建议以部令发往该厅，据以规划一切。① 教育部或省教育厅发出的这些咨文，一方面说明视学报告并非都是"纸片之督责"②或是"一纸空文，聊以塞责"，③有些视察报告甚或是"上级机关决断、制定教育政策，评定地方办学实绩，指导地方办学的依据"；④另一方面则体现了视学的权威。

（三）督学职业道德修养与社会期待的反差

民国时期虽然在督学制度的建设方面做了不少工作或尝试，制定了许多规程，以规范督导人员的视导行为和视导过程，提高督导工作的实效性和科学性。但在执行过程中，往往事与愿违，视导人员徇私舞弊现象时有发生，责难针砭之声频起。例如："因为知事要省钱的缘故往往以视学兼科长，或以科长兼视学。资格方面，老练有余、学识不足的居多。县视学的人品同资格大抵同第三科科长差不多。视察的任务，不十分履行，每年恐不到二次。甚至有托人代做视察报告的。报告中难得看见具体的批评，差不多统是敷衍模棱的话。"⑤甚或出现"视导人员之态度，往往欠佳，或则威风凛凛、盛气凌人，或则冷讽热嘲、阴险叵测，或则吹毛求疵，或则窥伺侦探，以致被视导者望而生畏，难与合作"。⑥ 有的视导人员"徒善不足以为政，徒法不足以自行"，⑦有的"不过走马看花，略加批评，大抵皆不着边际语也"，甚或"敷衍塞责，拿钱不作事，与官厅往来，藉张声势而已"。⑧ 有的"受任已及半载，深居署中，未曾视察一校"；有的未到假期，即"遄返乡关"，闭门"私撰理想报告"；有的则在视察期间，"或藉公私旋梓里，或任情般乐城厢"；有的"借口伏莽潜滋，坐食公家之糈"；有的"尚有兼差他出，虚领俸钱"；有的所写报告"大都于教管之良否、设备之完缺以外，别无特殊之意见，甚至仅以寥寥数语即为塞责，学校之真相究未能明"。还有的"自谓热心服务者，听其言，不曰教法太旧，即曰教态不善，满口注入式也、启发式也、自学辅导也。立说务高，挑剔务苛。以为不如是，不足见其视学之长。至进而询其何谓启发式，启发式于教授上有何种之价值、宜于何种教科、于何种教科则有窒碍，则瞠

---

① 参见：教育杂志社.记事[J].教育杂志,1937,27(1).
② 张季信.教育行政[M].南京：南京教育合作社,1928：117.
③ 戴克敦.视学篇[J].教育杂志,1909,1(13).
④ 刘真.教育行政[M].台北：正中书局,1950：225.
⑤ 何炳松.浙江小学教育的现状及其罪人[J].教育杂志,1924,16(9).
⑥ 孙邦正.战后中国教育视导[J].教育杂志,1947,32(4).
⑦ 洪石鲸.国民教育视导[M].上海：商务印书馆,1948：11.
⑧ 江澄.改革视学制之意见[J].中华教育界,1926,15(12).

目结舌不知所答矣"。① 有的视学为多报视察学校数目,"拿几张印好的表格,走到甚么学校,把学校人员填写一通,以作报告"。② 更有甚者"巧设名目,藉以敛钱,视馈赠之多寡定品评之优劣"。③

毛礼锐曾批评说:"视学员的精神,是冷枯的批评、官僚的态度,没有建设的精神和活泼的气象,好像是要人家畏而远之的样子。"④李季开则列举了包括"教育部、厅、局中行政人员、视导人员","由愚昧与自私而表现出的非专业行为或不合于专业道德标准的行为"。其"最严重者"是:奴役师生气焰高涨;独裁专断刚愎自用;结党营私倾轧排挤;假借职权图逐私利;攀附权势以广仕途;菲薄教育轻视专业;遇事推诿粉饰表面;利用公款牟利贪污。⑤ 台湾学者雷国鼎在评价旧式教育视导人员时亦说:"此等视导人员,甚至专横武断,故各级学校的教师,对于此等教育官员无不深恶痛绝。"⑥

民国时期督导人员在视导工作中表现出来的品行不当行为或丑陋现象,与当时社会对视导人员职业道德的期待形成了巨大反差,这种反差的形成既有制度设计的问题,也有视导人员个人的原因。毛礼锐认为,视导人员即便是在专门训练机关毕了业,假使不继续努力,也不一定能胜任。在人格方面讲,辅导员、视导员就是教师的教师,必定要先得教师的信任和学生的爱慕。假使自己没有健全的人格,怎能收进步的效果呢? 就学问方面来说,辅导员是批评教师和改进教师的,假使自己学问造就不深,怎能言批评,怎能言改进呢? 况且学术的进步一日千里,假使不日日向前努力,何能顺应形势而适应需要呢? 所以,辅导员的修养是十二分的要紧。⑦

当时社会对视导人员的职业道德期待是多方面的,既包括教育学识方面,也包括工作技能方面,既关注工作态度,也关注品行修养,既涉及个人研修,也涉及业余生活,等等。毛礼锐把辅导员、视导员应有的修养归纳为人格的修养、学问的修养和办事技能的修养三个方面。⑧也有人归纳为职业道德修养和视导能力修养,还有人归结为个人品行的修养和身体的练达,等等。不管归纳为何种修养,都反映了当时社会对视学人员较高的期待。

① 县视学之资格[J].教育周报,1916,11(142).
② 中华教育界杂志社.短评[J].中华教育界,1923,11(1).
③ 戴克敦.视学篇[J].教育杂志,1909,1(13).
④ 毛礼锐.厉行乡校教学辅导计划[J].教育杂志,1926,18(8).
⑤ 参见:李季开.教育行政人员的专业道德[J].教育杂志,1948,33(4).
⑥ 雷国鼎.教育行政[M].台北:正中书局,1971:570.
⑦⑧ 参见:毛礼锐.厉行乡校教学辅导计划[J].教育杂志,1926,18(8).

1. 职业道德期待

李季开认为,局长、视学等教育行政人员所应信守的职业道德包括:专业信念;服务理想;民主作风;负责精神;合作态度;公允判断;同情心理;廉洁操守。[①]程时煃认为,公务人员的行为要领是依法律或命令执行职务,负有一定之使命,在一定期限内达成之。其工作上之要求,有不同于一般人者,然一般人立身行己之条件,公务人员皆须具备之。并列出"乐意以自己之经验告知他人。经办工作随时登记,告一段落时,研究改进。公余阅读书报。遇事保持学习研究的精神。随处以教育家的态度,自勉勉人。做一件事或研究一问题,必求有结果。调制统计,必求正确完备。有继续性之工作,必求始终如一。尽忠本职,不见异思迁"。[②] 具体行为规范指包括督学在内的教育行政人员应有的职业操守、优良的工作习惯和个人品格。关于视导人员的职业道德,洪石鲸希望视导人员每日有增进学识之读书时间,能为教员及学生的表率;尽忠职务,热心任事;向前进取,无自满之心;娴雅修整;诚恳和蔼;谦恭谨慎;胸怀坦白,行为磊落。[③]

2. 个性品格期待

在品格方面,孙邦正认为,视导人员一言一行,对于被视导者有直接或间接的影响,所以视导人员对于自身的品格应加意修养,始能获得被视导者的信任与合作。视导人员应具有的品格包括八个方面。第一,态度诚恳:视导人员应待人恳挚,至诚不欺,心气和平,颜容慈蔼,然后被视导者始能视之如师长、望之如益友。第二,宅心公正:视导人员对于奖惩之评定、纠纷之处理,当力求公平正直,勿涉偏私。第三,富同情心:视导人员应同情教师之处境,尊重教师之人格及地位,帮助教师解决困难问题,慎勿吹毛求疵、任意指责。第四,勤劳谨慎:视导人员对于应该办理的工作,均须按时办完,不因循怠惰,不操切疏忽。第五,操守廉洁:视导人员为教育工作人员楷模,必须操守廉洁,始能使人敬服。第六,坚毅忍耐:教育事业之改进,绝非一朝一夕所能奏效,而且一种事业之革新,往往诽谤众生,所以视导人员必须坚毅忍耐、任劳任怨、负责到底,不为环境所左右。第七,虚怀若谷:视导人员虽居于指导的地位,但从事教育工作者积多年之经验,亦有其特殊之成绩。视导人员不应先有成见、强人同己,而且要留心学习,以增长自己的经验,平时对于自己的工作应随时反省、检讨,以求改进。

---

① 参见:李季开.教育行政人员的专业道德[J].教育杂志,1948,33(4).
② 程时煃.从行政经验论教育专业道德规约[J].教育杂志,1948,33(5).
③ 参见:洪石鲸.国民教育视导[M].上海:商务印书馆,1948:31—38.

第八，前进不懈：视导人员应有积极的进取的精神，时时研究进修，不故步自封，不自大自满；时时研究新的学理、注意新的法令；并能于当前的事实中，找出新的办法。洪石鲸将视学员的个性品格概括为：人品高尚、机警多智；意志坚强；老成练达；活泼愉快；镇静安详。①

3. 办事能力期待

对教育视导人员工作能力的期待主要体现在四个方面。一是精明干练：视导人员对于应办的事件，要用灵敏的手腕去处理，不迟疑、不退缩，至于群众的集会、案件的调查、事务的处理，也非用灵敏的手腕处理不可。二是机警决断：视导人员要办事机警，判断正确，并能随机应变。三是办事整饬：视导人员的工作至繁且重，应当用科学的方法来处理事务，使之有条不紊。四是表达能力：视导人员于接谈、会商、会议、讨论、讲演、报告时，欲求畅所欲言，必须具备纯熟的表达能力。② 这与洪石鲸所提出的"有分别事体轻重，先后缓急之能力；有判断事理是非得失之能力；遇事审慎，应付周密；处事敏捷，随机应变；用科学方法处理事务"③的办事能力异曲同工。

4. 教育学识期待

民国教界学界普遍认为，从事视导工作者欲胜任裕如，必先锻炼身体、充实学识、陶冶品格、培养能力，这也是视导人员应有的修养。孙邦正等认为，视导人员的学识应包括基本的学识、专门的学识、行政的经验、教学的经验。④因为教育视导人员既负有指导教师的重任，则必须充实本身的学识经验，然后始能胜任。正如瓦格涅(C. A. Wagner)所言："有是视导，乃有是教师(As is the supervision, so is the teacher.)。""有是视导，乃有是学校(As is the supervision, so is the school.)。"⑤丰富的学识，包括普通学识和专门学识两种。普通学识包括：了解及服膺国民党党义及党纲；具有充分的公民知识；洞悉本国国情及世界大势；了解文化的要素及今后之趋势；了解社会组织之要素；了解人情世故；了解自然现象及人类利用科学支配自然的各种知能；有彻底健全的人生观；对于本国语言文字能充分利用；至少能流畅看阅一种外国文字的书报。专门学识包括：了解世界教育现状；明了教育哲学原理及方法；熟悉教育法令；了解国民教

---

① ③　洪石鲸. 国民教育视导[M]. 上海：商务印书馆，1948：31—38.
②　孙邦正. 教育视导大纲[M]. 上海：商务印书馆，1942：73—74.
④　同上：72.
⑤　[美]瓦格涅. 视学纲要(Common Sense in School Supervision)[M]. 姜琦，杨慎宜，译. 上海：商务印书馆，1933：143.

育实施背景及需要;谙熟各科教学法;对各科教材有深切的研究,了解教员生活状况;了解学生生活状况;了解教员之程度;了解学生之程度;了解各地学校行政状况;了解各地社会人事情况。①

5. 督导技能期待

民国社会对教育督导人员督导技能的期待,包含两个方面。一是教学技能,包括:解释清楚,语言流畅;引证取譬,层见叠出;洞悉学生困难的症结,用巧妙的方法为之接触;引起学生的动机使发生研究的兴趣;善用问题,贯彻学生的精神;留有意义,诱发学生的思想;指示其研究的方法,使学生自己努力;制造环境,使学生自发问题,自求解决;顺适学生心理,鼓舞其求学进取的精神;以最经济的方法,支配教材。二是指导技能:能用自己的教学技能,判别教员教学的优劣;能用各种量表,测量教员的优劣;能用最妥当的态度与时间,去视导教学;能用适当的时间与地点,以诚恳的态度与教员会商教学方法;能使教员觉得指导为帮助他们教学的改进,而非为求疵与指摘;能暗示教员的教学优劣点,鼓舞其继续努力或暗示改良的途径;能特别指导未有经验的新教员;能作示范教学,教法确比教员为优;能指示教员研究教学方法;能指导教员作科学的核算成绩方法;能指导教师批阅课卷方法;能测验统计学生的成绩,考核教员的优劣;能诊断学生进步之情形,以为指导方法之根据。②

6. 体格与言行期待

民国社会对教育督导人员的期待似乎已苛刻到容貌仪表和言谈举止。例如民国学者洪石鲸希望视导人员每日有增进健康之运动;有健全的体格,包括强健坚实体魄;正直稳重的姿态;健全灵敏的感官;充实活泼的精神;清晰优雅的语言;响亮和谐的声音。言行能够一致;无违背社会道德之行为;无妨碍公共及私人之动作。③

7. 思想行为期待

思想清晰缜密,具客观的科学头脑;具分析综合的能力;富有创造及理解能力及锐利的眼光。④

尽管这些要求不乏理想主义色彩,而且对于视导人员来说,要练达这样的修养实非易事,但毋庸置疑的是,它们体现了当时社会对督导人员在道德修养、专业学识、执务能力等方面的高位期待,以及督导人员在公众心目中应

---

①②③④　洪石鲸.国民教育视导[M].上海:商务印书馆,1948:31—38.

有的形象。由此反观当时社会对视学在执务过程中的种种批评,实在情理之中。

二、 惩戒考绩与督学管理

民国成立后,为加强对政府公职人员的管理,防止贪腐,提高工作效率,国家行政系统内部建立了严厉的监督制度,教育视导人员作为国家行政系统中的工作人员,受到国家法律法规的约束与监督。主要有以下三种形式。

(一) 文官惩戒制度

文官惩戒制度是民初行政系统内部监督制度的重要组成部分。由于民初还没有建立考绩制度,惩戒制度在某种意义上是对行政官员实施监督的唯一有效的手段。早在 1912 年 11 月 10 日,本着"振兴庶政,首在澄肃官方,而尤必本于法律以资进行,方足以进贤能而退不肖。故用人首在重赏罚。赏罚不平,则贪墨循良均无所区分,而不足昭其惩劝"①的指导思想,临时政府国务院下令组织文官惩戒委员会,此后,一些相关的法律、法规陆续出台。此期关于惩戒方面的法律主要有《文官惩戒法草案》(1913 年 1 月 9 日),②《文官惩戒委员会编制法草案》(1913 年 1 月 9 日),③《文官惩戒委员会编制令》(1914 年 1 月 20 日),④《文官惩戒条例》(1918 年 1 月 17 日)⑤等。这些法令、法规的颁布,对文官惩戒机构、内容、方式等都作了相应规定,使文官惩戒有法可依。

关于惩戒范围,《文官惩戒法草案》规定,凡文官如犯有下列情形之一者应受惩戒:违背职守义务;玷污官吏身份;丧失官吏信用。1918 年的《文官惩戒条例》对此项规定在文字上稍作改动:违背职务;废弛职务;有失官职上之威严或信用。关于文官惩戒处分类别,根据《文官惩戒法草案》,包括褫职、降等、减俸、申诫四等。对每一种处分,还规定了期限:受褫职处分者,从接受处分之日起二年内不得复任;受降等处分者,自接受处分时起一年内不得再叙进;受降等处分者,在无等可降时减其半俸,时间为一年以上二年以下;受减俸处分者,减俸时间为一个月以上一年以下,减俸数额为月俸的十分之一以上三分之一以下。

---

① 中国大事记[J]. 东方杂志,1914,10(7).
②③ 中国大事记[J]. 东方杂志,1913,9(8).
④ 中国大事记[J]. 东方杂志,1914,10(9).
⑤ 法令[J]. 东方杂志,1918,15(2).

（二）公务员考绩制度

民国建立后,从南京临时政府到北京政府,从广州国民政府再到南京国民政府,为了加强对公务人员的管理,从 1929 年 11 月公布《考绩法》,到 1949 年 1 月公布《公务人员考绩法》,制定颁布了一系列法规,在制度层面形成了一个较为完整的对公务员进行监督管理的法律、法规体系。① 关于考绩种类,民国对公务员的考核分年考和总考两种。在各个不同时期,又有所增加或减少。年考就是对公务员一年成绩进行考核,总考是对公务员三年成绩的综合考核。1929 年的《考绩法》规定,年考每年在 6 月和 12 月进行,总考在第三年进行。1935 年 7 月公布的《公务员考绩法》规定,年考于每年 12 月进行,取消了 6 月初覆这一关,总考在公务员第三次年考后进行。1939 年 12 月 8 日公布的《非常时期公务员考绩暂行条例》取消了总考,只实行年考制,但增加了平时考绩和临时考绩。

公务员考绩内容主要包括工作、操行、学识和才能四个方面。1929 年 11 月公布的《考绩法》又把工作细分为数量、质量、时效、方法、主动、负责、勤勉、协调、研究和创造十个方面,共占总分的 50%,公务员操行包括忠诚、廉政、性情和好尚四个方面,占总分的 20%;学识包括学验、见解和进修三个方面,占总分的 15%;才能包括表达、实践和体能三方面,占总分的 15%。② 1935 年 10 月 30 日公布的《公务员考绩法施行细则》把原来的四项考绩标准减为三项,即工作、学识和操行。工作占总分的 50%,学识和操行各占 25%。考绩等次分为六等,年考 80 分以上为一等,70 分以上为二等,60 分以上为三等,不满 60 分为四等,不满 50 分为五等,不满 40 分为六等。③

关于公务员考绩奖惩,1935 年 11 月公布的《公务员考绩奖惩条例》做了五条规定:一是公务员考绩奖励形式有升等、晋级和记功三种。二是惩处形式有解职、降级和记过三种。三是年考奖惩措施包括一等晋级、二等记功、三等不予奖励、四等记过、五等降级、六等解职。年考成绩特优者,经主管长官认为有升

---

① 这些法律包括 1929 年 11 月公布的《考绩法》(由于当时官员任用制度尚未确立,故该法一直未能实施),1933 年 3 月公布的《公务员任用法》以及随后的《公务员任用法施行细则》,1935 年 7 月公布的《公务员考绩法》,1935 年 10 月公布的《公务员考绩法施行细则》。全面抗战爆发以后,为适应抗战需要,1939 年 12 月,国民政府公布了《非常时期公务员考绩暂行条例》,1943 年 12 月又修改为《非常时期公务员考绩条例》,1945 年 10 月修正为《公务员考绩条例》。1944 年 12 月,国民政府公布《县长考绩条例》,并于 1947 年 2 月作了修订。1949 年 1 月公布《公务人员考绩法》等。

② 参见:邱宝林,吴仕龙.中国历代官员考核[M].昆明:云南教育出版社,1996:90.

③ 参见:蔡鸿源.民国法规集成(第 37 册)[M].合肥:黄山书社,1999:152.

等的必要时,可详叙理由,送铨叙部核定。四是总考奖惩包括一等升等、二等晋级、三等记功、四等不予奖励、五等记过、六等降级、七等解职。五是升等、解职人员的名额,由荐任职升等者不得超过现有荐任人员的十分之一,由委任职升等者不得超过现有委任人员的二十分之一;成绩过劣应行解职人员,年考不得少于各该机关员额的百分之二,总考不得少于百分之四。①

从民国时期制定颁布的公务员考核考绩的法律、法规看,应该说建立了一套比较严密的奖惩监督制度,但是这些制度执行得如何,历史已经做了回答。

(三)伦理约束

所谓伦理约束,主要是通过公职人员内在的信念、省悟和社会舆论力量发挥的自律和他律作用,促使伦理道德标准内化为公务员个人的认识、情感、品格、信念和习惯,培养和完善个人的行政伦理人格,从而督促公务员在从事各种公务活动中,运用正确的伦理准则对事物、事件、社会状态以及个人的行为等作出正确的价值判断,使公务人员具备一定的自我控制、自我约束、自我调节的能力。从整个体系上讲,伦理约束包括行政思想、行政态度、行政责任、行政纪律、行政良心、行政荣誉、行政作风等方面的自律(良心)和他律(义务)约束。② 对官吏的伦理约束最重要的是培养各级官吏的服从和服务意识,并使这种服从和服务意识内化为官吏的自觉行动,能从道德上、良知上驱使自己对应该做什么和不应该做什么有一个清醒的道德认识和价值判断。

民国时期采取了一系列措施并制定了一整套制度,以达到对官吏进行教育、管理的目的。在这些制度和措施中,最具代表性的是 1913 年 1 月公布的《官吏服务令》。③ 该服务令对官吏应遵守的工作纪律、个人言行规范、回避制度等作出了规定,是民国关于官吏服务纪律方面较为全面的法令。主要包括五个方面的内容:一是开展思想道德教育,要求各级官吏树立服务意识,做到竭尽忠勤,在法律、命令所规定的权限范围内努力工作,任何时候都不得有违背宪法和法律之事件发生。二是强化服从意识,长官在其职权范围内发布的命令,所属官员有服从的义务。三是严格出勤制度,出勤制度包括按时上下班制度、请假制度及值班制度等,官吏除特别职务又经长官许可外,应在法定时间到署工作,不得随便请假。例如,民国时期鉴于督学工作的特殊性,编订了视学出勤证以

---

① 参见:蔡鸿源.民国法规集成(第 37 册)[M].合肥:黄山书社,1999:158.

② 参见:尤光付.中外监督制度比较[M].上海:商务印书馆,2003:182.

③ 中国大事记[J].东方杂志,1913,9(8).

便主管长官随时考勤,视察者于每次出勤时,必须先填写出勤证,而后赴各区学校视察,否则出勤无效,易受长官之处分。[①] 出勤证内容包括出勤地点、出勤事由、出勤时间、回局时间、督学附记签名等项目。再例如,教育部视学除外出视察,其余时间仍然应到部办公,否则视为旷职。四是限制公职以外的营利性活动,特别是兼职活动,官吏除法定外,不得兼任其他官厅之职务,尤其不得涉足其他商业性的活动领域。官吏不得兼充公私商业执事人员及报馆之执事。官吏不得假用权力,以图本身或他人之便。官吏除惯例规定许可外,均不得参与与所托公务有关的宴请。官吏应恪守官箴,不得参与狎妓聚赌及一切非法之举动。五是官吏不可在公务活动中接受馈赠,凡所有有统属关系的官吏之间,无论是否涉及职务上之事,均不得接受馈赠礼物。这些内容在民国各级政府或教育行政部门制定的督导规程或督学服务细则中均得到充分体现,并有详细的条文规定。

民国时期的监督考绩制度是对公务员实施管理的一项重要措施,其目的在于通过监督、考成,鼓励公务员努力工作、积极进取,提高工作效率。民国时期各级各类教育视导人员,特别是教育部和省市教育视导人员,均须具有文官任职资格并按公务员任用条例接受上级官厅任命,因此,他们随时随地都得无条件地接受国家法令、法规的监督与管理。

三、 视学规程与督学管理

民国教育部和各地方政府或教育行政部门为防止教育督导人员利用职务之便接受馈赠,或在视导工作中滥用职权、以权谋私,制定颁布了一系列法规,对督导人员的职业道德提出明确要求。主要体现在下列三个方面。

(一)禁需索: 定薪酬,规范吃住行

一方面,从历史存续看,自清末近现代视学制度建立之初起,便对视导人员在外出执务过程中的吃住行作出明文规定,并在各个时期制定修正的视学规程中反复强调、不断补充。例如,《直隶学务处呈报》云:

> 通饬各属不得供应查学人员,并禁止需索文并批。

---

① 参见:邵鸣九.学校各科视察之研究[M].上海:商务印书馆,1933:116.

为呈报事。案查本处派赴各属查学人员,均经优级薪水及车马费,以资公办。其经过各府州县,概不准需索供给,擅受馈遗,前曾于札饬文内剀切声明在案。诚恐各属未能遵行,或视查学为例差,馈遗为常礼,殊于学界名誉有碍,亟应再申严禁。嗣后,查学各员抵各属,住于中小学堂,无论久暂,一切伙食杂费,按照定章,均由自备,不得由学堂开支,地方官亦无庸捐廉供给。凡程仪茶敬以及酒席水礼等类,一概禁绝。各地方官不得违例馈送,查学各员亦不得稍有需索。除通饬外,理合备由具呈。为此,呈请宫保鉴核。

袁宪表(世凯)批:据呈已悉。此项查学人员,本以开通风气,提倡改良而设,若有馈遗供给情事,与者、受者皆有应得之咎。自该处此次通饬以后,尚有地方官吏阳奉阴违、私行馈送,或查学各员稍事需索,一经查觉,即行详请参办,毋稍宽容,仰即遵照。①

1909 年,《学部奏拟订视学官章程折并单》中规定:"视学官沿途食宿均需自给,不得受地方官供应。……视学官如有收受地方馈送及干预权限以外之事者,经部查实,立即分别撤参。视学官如有敷衍瞻徇,视察不能认真,报告不能切实者,经部查明,立即撤换。"②1909 年的《视学官章程》以单行法规的形式再次重申:"视学官沿途食宿均需自给,不得受地方官供应。惟巡视所至得借宿于该处之学堂内,仍将每日膳费照数发给。视学官如有收受地方馈送及干预权限以外之事者,经部查实,立即分别撤参。视学官如有敷衍瞻徇、视察不能认真、报告不能切实者,经部查明,立即撤换。"③

民国时期,对视导人员的职业道德要求在中央及地方颁布的视导规程中亦有严格规定。如 1913 年 3 月 28 日公布的《视学处务细则》第三条规定:"视学视察时,得住宿该处学校及与学务有关系之公共处所,但一切费用概由自备,不得受地方官厅或学校之供给。"第六条规定:"视学出发前,应拟定本区域内各省视察之先后呈报教育总长。至某省后,应酌定该省各属学务视察之先后,呈报教育总长。"第八条规定:"视学出京后,应逐日填写日程表,载明每日出发时间与住宿地点及所用舟车轿等并其里数。前项日程表应随同学事报告,陆续呈送

① 直隶学务处.文牍[J].直隶教育杂志,1904(4).
② 朱有瓛,戚名琇,钱曼倩,霍益萍.中国近代教育史资料汇编·教育行政机构及教育团体[M].上海:上海教育出版社,2007:24.
③ 教育杂志社.法令[J].教育杂志,1909,1(13).

教育总长。"①

　　1917 年 2 月 21 日公布的《修正视学公费规程》对视导人员经费的标准、用途、结算等作了详尽说明,甚至近乎斤斤计较。第一,视学出京视察,每员月给公费 200 元。遇视察新疆,须经西伯利亚铁道,视察云南,须经安南铁道,或在内地须经过数省连接之铁道及有类此之情事,致超过费额者,得将理由及银数开报,侯总长核定加给。第二,每区视学,随带书记一人,月给薪水及川资旅费 150 元;但遇第一条、第二条情事,亦得酌量加给。第三,邮寄报告及遇必须发电事项,其邮票费得另行开支。第四,视学出发时,先支发三个月公费,以后就近汇支;但在汇支不便之省,得按若干月数,预行支发。第五,视学公费于回京之第二日止,停止支给。第六,视学出发时,得预支一个月官俸。②

　　1920 年 12 月 31 日颁布的《专门以上学校视察委员会规程》也规定:"部员兼任之视察委员出外视察时,其旅费适用视察公费规程。延聘之临时视察委员,得于旅费外酌送酬金。"③1921 年 2 月 1 日颁布的《专门以上学校视察委员会视察细则》亦规定:"视察委员得住宿于所视察之学校;但一切费用概由自备,不得受地方官厅或学校之供给。"④ 1928 年 2 月《大学院驻外华侨视学员条例》规定:"驻外华侨视学员,均为义务职;但纸张邮电及巡视川资,得据实开列预算,请华侨教育委员会核发。"⑤1931 年 8 月 31 日修改颁行的《教育部督学规程》第十三条规定:"督学视察所至,得借住教育机关或公共处所,但不得受其供应。"⑥同年 9 月 23 日公布的《教育部督学办事细则》规定:"督学室应详记各督学出发日期、到达日期及所在地点,其未出发者,应记其在部或请假情形。督学出发视察,应支舟车食宿等费,依国内出差旅费规则,核实支给。督学在外视察,如因病或特别事故不能履行职务,满三日以上,应电部请假。"⑦1943 年 11 月 29 日颁布的《教育部督学服务规则》进一步强调:"督学视导所至得借住教育机关或公共场所,但不得受其供应。""督学外出视导旅费报销应于回部后十五日办竣。其应支舟车食宿等费,均依照国内差旅费规则核实支给。""督学到达及将往何地时,应填具在外动态报告,快邮寄督学室登记。""督学在外视导时,

　　①④　教育部总务厅文书科.教育法规汇编[M].北京:教育部总务厅文书科,1919:25—27.
　　②　教育杂志社.教育法令选[M].上海:商务印书馆,1925:98—99.
　　③　教育杂志社.法令[J].教育杂志,1921,13(2).
　　⑤　大学院公报编辑处.大学院公报[J].大学院公报经理处,1928,1(2):12—14.
　　⑥　教育部.教育法令汇编(第一辑)[M].上海:商务印书馆,1936:10—11.
　　⑦　教育部.第一次中国教育年鉴(乙编)[M].上海:开明书店,1934:6.

如因病或特别事故不能执行职务满三日以上,应电部请假。"①1945年11月13日的《教育部设置边疆教育督导员办法》亦规定:"兼任督导员为无给职,并不支办公费,惟因公出差时,得按本部规定核给旅费,如有特殊需要,得于呈准后另拨特别费用。""督导员于出发视导前,应先拟定视导计划及旅费预算,呈报核定。"②

同时,各地方对视导人员的职业道德和职业规范也作出严格要求。例如《江苏省视学暂行章程》专设"规约"一章,明确规定省视学所到之处,不受地方官绅供张、赆馈、筵宴。凡一切夫马伙食诸费,皆由省城学务公所支发;随带仆人,以一人为限,给予工食,禁止需索。

浙江省的规定更加严细,甚至对视学在视察过程中用餐地点、借宿场所、听课节次都作了说明。例如:因调查情形比前益加细切,故每查一堂,必须驻守二三日,以尽其考察之能事;并须择要听讲二三堂,以观其课程之虚实及教授之是否合法;但如在堂伙食由该堂供应,惟须与学生暨各职员同食。其未备炊爨之堂,或酌住就近之官立、公立学堂暨劝学所教育会,亦可一堂查毕即赴他堂。非严寒大雪不得逗留,亦不得收受地方官及各学堂馈送。随带仆役亦应严禁需索。惟雇佣夫役船只及道险必须派兵护送之时,除雇赁由该员自行给价外,可与地方官商酌,请其代为雇派,以免留难阻碍。1929年的《督学规程》严令,省督学不得兼任学校或其他机关职务。浙江省《县视学暂行条例》也有相似规定。③

1929年10月25日,《辽宁省教育厅考试教育局长及县督学规程》规定,有下列情形者,不得应试教育局长和县督学:一是曾经褫夺或停止公权者;二是有反革命行为者;三是品行卑污被控,查实有案者;四是素有不良嗜好者。④ 1932年12月修正浙江省教育厅督学办事细则规定:"督学不得收受馈赠,不得在被控之教育机关住宿。"⑤

为解决督导人员的后顾之忧,使督导人员勤于督察、安心工作,民国时期视导人员的薪酬一般都纳入政府财政预算。例如,教育总长汤化龙为便于全国学

① 教育部参事室.教育法令[M].南京:教育部参事室,1946:23—25.

② 阮华国.教育法规[M].上海:大东书局,1946:545—546.

③ 该规程第四条规定:"县视学不得兼任其他职务。"参见:教育杂志社.教育界消息[J].教育杂志,1927,19(6).

④ 参见:齐红深,徐治中.中国教育督导纲鉴[M].沈阳:辽宁大学出版社,1989:155—157.

⑤ 教育部.第一次中国教育年鉴(乙编)[M].上海:开明书店,1934:128—129.

务之视察及整顿,除部设视学外,并请于各省、各道、各县一律添派视学,为常设职员,其薪俸宜斟酌情形。为划一全国视学员之职俸,曾呈大总统核准通饬遵照。其拟定之大要如下:部视学薪俸定为六级;省视学薪俸订为五级;道视学薪俸订为三级;县视学薪俸定为三级。① 当时教育部对各省教育厅所有应支经费也制定了具体标准。其中直隶、奉天、江苏、浙江、四川、广东、山东、湖北、河南九个大省的标准为:科长三员,月薪共 560 元,科员九员,月薪共 540 元,视学六员,月薪共 600 元;江西、湖南、陕西、山西、吉林、福建、安徽、云南八个中省的标准为:科长三员,月薪共 520 元,科员七员,月薪共 540 元,视学五员,月薪共 500 元;黑龙江、甘肃、贵州、广西、新疆五个小省的标准为:科长二员,月薪共 380 元,科员六员,月薪共 380 元,视学四员,月薪共 400 元。② 江苏还规定省县视学所有俸给公费等项,悉在县行政费内支给。③ 从这些史料中可以看出,当时视学的待遇低于科长,但是略高于科员。尽管视导人员的薪酬不是最高,但高于其他行政机关公务人员的薪酬,且明定视导人员的薪酬标准,保证视导人员薪酬的划拨渠道,一方面可以防止视导人员在工作中假公济私,另一方面也保证视导人员有稳定的收入,并有"高薪"养廉的用意。

（二）防滥权：划定视察范围

"一切有权力的人都容易滥用权力",且"有权力的人使用权力一直到遇有界限的地方才休止",④人性中的这种政治原罪现象随处存在。为了防止视导人员滥用职权和消除视导过程中腐败现象的滋生和蔓延,民国时期对各级各类视导人员的视导权限作了明确界定。如:1913 年 1 月,教育部《视学规程》规定,视学应视察事项包括教育行政状况,学校教育状况,学校经济状况,学校卫生状况,关系学务各职员执务状况,社会教育及其设施状况,教育总长特命视察事项。并规定视学至各地方视察学校,毋庸向该校预期通知;视学遇必要时,得变更教授时间;视学遇必要时,得试验学生之成绩;视学遇必要时,得调阅各项簿册。⑤ 1931 年 6 月,教育部公布的《督学规程》又增加了"督学视察时,遇有违反教育法令事件应随时纠正之"⑥的条款。

1918 年,教育部《省督学规程》规定,省视学应视察之事包括:地方教育行

---

① 参见:教育杂志社.记事[J].教育杂志,1915,7(6).
② 参见:教育杂志社.记事[J].教育杂志,1917,9(11).
③ 参见:教育杂志社.记事[J].教育杂志,1913,5(12).
④ 孟德斯鸠.论法的精神(上册)[M].张雁深,译.上海:商务印书馆,1961:154.
⑤ 参见:教育杂志社.法令[J].教育杂志,1913,5(3).
⑥ 教育部.教育法令汇编(第一辑)[M].上海:商务印书馆,1936:10—11.

政及经济状况；中等以下学校教育状况；社会教育及其设施状况；幼儿教育及特殊教育设施状况；学务职员执务状况；主管长官特命视察事项；部视学嘱托视察事项。并规定在视察过程中对如下情形有权指导：地方教育设施事项；学校教育设施事项；社会教育设施事项；幼儿教育及特殊教育设施事项；教育法令上规定之事项；省教育行政机关决定之事项；主管长官特命指示之事项。同时规定省视学至各地方视察学校，毋庸向该校预期通知；视学遇必要时，得试验学生之成绩或变更教授之时间；视学遇必要时，得调阅各项簿册。① 从条文中可以看出，教育部及省视学的视察权限基本相同。

1918年，教育部颁布《县督学规程》，对县视学的权利和义务也作了规定：调查各区对于教育法令施行事项，调查各区对于学务计划进行事项，查核各区教育经费及学校经济实况，查核各区学龄儿童之就学及出席实况，视察各学校设备编制及管理状况，视察各学校课程教授及学业成绩状况，视察各学校训育学风及操行成绩状况，视察各学校卫生体育及生徒健康状况，视察社会教育及其设施状况，视察幼儿教育及特殊教育设施状况，视察学务职员执务状况，视察主管长官或省视学所指定之事项，宣达主管长官指示之事项。同时也明确规定，县视学于视察时，有权调阅各项簿册、试验生徒成绩、变更教授时间。县视学有义务将执行职务情形，详细报告于县知事，县视学遇部省视学莅县视察时，应报告该县教育情形。②

当时，不仅教育部对省县督学权限有统一规定，各地还结合地方情形自行订定条规，明确督学工作权限。浙江省颁布的《省视学条例》规定，省视学对于各地方学校及其他教育机关之办法，认为不合格时有直接纠正之责。省视学视察各地学校及其他教育机关，得调阅各项簿册，并有权召集该区教育人员开会讨论，共同计划改进方案。该省颁布的《县视学暂行条例》亦规定，县视学对于各区学校及其他教育机关之办法，认为不合格时有直接纠正之责，对于主管长官或省视学所指定之事项应尽力督察之。与省视学一样，县视学遇必要时有权变更学校教授时间，有权召集该区教育人员开会讨论改进方法。③

概言之，教育部督学应视察指导事项包括：教育法令推行；学校教育；社会教育；教育经费；地方教育行政；其他与教育有关事项；部次长特命视察与指导事项。其权限为：督学视察员视导时，遇有违反教育法令事件，应随时纠正并报

---

① 参见：教育杂志社.教育法令选[M].上海：商务印书馆，1925：102—105.
② 教育部.教育法令汇编（第一辑）[M].上海：商务印书馆，1936：105—108.
③ 参见：教育杂志社.教育界消息[J].教育杂志，1927，19(6).

部备核;督学视察员视导时,为执行职务得查点学生名额及试验学生成绩,遇必要时得变更教授时间;视察各学校或其他教育机关时,得调阅各项簿籍表册。

省市督学、视察员视导学校或其他教育机关时,得调阅各项簿籍表册;得随时至各校检定学生名额,及试验学生成绩;遇必要时得变更教授时间;视察时遇有违反教育法令事件应随时纠正;视察所至,得召集当地教育人员开会,征求意见及讨论进行方式。

县督学视察时遇有违反教育法令事件,应随时纠正之;必要时得查点学生名额及试验学生成绩;必要时得变更学校授课时间;视察所至,得召集教育行政人员开会讨论;必要时得稽核学校收支账目;视察时得调阅各项簿册;视察时留意当地人才,遇有成绩卓著或研究有创获者,得呈请主管长官核奖;视察时遇有办学人员不能称职者,得呈请核惩。

上述法令划定了视导人员的"召集权、试验权、调度权、稽察权、组织权、批核权、行政权",①使视导人员知道哪些该做,哪些不该做,哪些是职责所在,哪些是越权行为。尽管如此,为了防止督学在执务过程中擅权、越权,或语言态度不当影响教师或学生授课、听课等,对这些职责权限还附加了更加细微的说明,甚至连督学在视察过程中行走时脚步的轻重缓急、表情的喜怒和愠、语言的冷热扬抑等都有规定。例如 1941 年 5 月颁行的《四川省各县(市)督学服务须知》规定,视导人员在视导时应注意出入教室、办公室、阅览室,脚步宜轻缓,入后不必和室内人员作形式之周旋;不必多发言,不可左顾右盼或忽坐忽立;非不得已,勿在室内记录;当俟视察完毕或告一段落方离去;如有不满意处不可现于形色。在批评讨论时,如发现某教师或社教工作人员有缺点,最当用个别谈话的方式加以积极指导。在适宜情况下应多多关切其生活困难情形,告以事业伟大、责任重要。团体会商时须鼓励教师及社教工作人员提出问题、公开讨论,自己应根据法令及视察所得发表意见,切勿在此明白提出某某之缺点。批评必当在视察以后,应有客观的态度,应对优良者表示友谊的钦佩,失败者表示同情的热忱的协助。如必须指摘时,亦当在赞许之后,更须以稍含蓄语态出之。② 1945 年11 月,《教育部设置边疆教育督导员办法》在明确督导员权限的同时,还规定督导员"不得发表越出其职务范围以外之言论"。③《江苏省视学暂行章程》亦规定省视学宜预告劝学所、教育会及各学堂,谢绝开会欢迎;于学务毫不相干之事,

---

① 孙邦正. 教育视导大纲[M]. 上海:商务印书馆,1944:71—72.
② 同上:78—79.
③ 阮华国. 教育法规[M]. 上海:大东书局,1946:545—546.

无须考查干涉。①

明确界定视导人员的权限,实际上也是为了限制视导员的权力,从而达到规范视导活动,防止滥用公权,杜绝虚假视导的目的,这是放权与监督相结合的吏治管理形式。虽然在当时社会背景下,"这些规定只剩一纸空文",②但对被视导对象的体谅、理解与尊重,折射出这些规制本身所包含的人文主义精神。

(三)杜流弊:多种督导形式并举

为确保视导的真实性、客观性,从教育部到地方教育行政部门,都制订了相应的法规,采取多种视导形式,防范视导工作中敷衍塞责、徇私舞弊行为。这些措施和法规既针对视导对象,也针对视导人员本身。民国时期为了防止视导人员对地方教育行政机关、学校持具偏见,视导工作采取分期轮流视导、交换视导、集中视导、无预期视导或分区混合视导等方式进行。

1. 分期轮流视导

一个视导员不固定视导一个地区或学校,视导员的任务由主管长官临时指派之。③ 这样做的目的,一方面可以避免固定视导产生的先入为主的陈见、偏见,另一方面避免视导员长期在一个地方视导,容易和视导对象结成利益同盟,甚至碍于情面,包庇舞弊,对出现的问题不敢指正。通过视察时临时指派人员,不仅可以发现真实情况,也可以避免视导对象对视导人员提前"公关"。

2. 交换视导

省督学或地方教育视导员在驻区视导时,省政府以命令形式调至他区视察,县督学不得在本县内视察,而应调至邻县视察。这种视导方式既可以避免地方保护主义,也可以避免"只因身在此山中,不识庐山真面目"的弊端。

3. 集中视导

根据视导任务和教育事业发展要求,教育行政机关常"集合本区内各级视导人员于一处,对某一中心问题作特殊视导或集中视导人员数人对某一问题作特殊之解决"。④ 这种视导的优势在于视导目的明确,视导范围单一,视导人员多,视导时间短,视导效率高,对解决突发性重大问题尤其适用。

4. 无预期视导

视察学校无须预期通知,既是视导人员的权限,也是一种视导方法。这种

---

① 参见:直隶学务处.学制[J].直隶教育杂志,1905(8).
② 陶行知.陶行知全集(第六卷)[M].成都:四川教育出版社,1991:281.
③ 参见:教育杂志社.记事[J].教育杂志,1915,7(2).
④ 章柳泉.四川新教育视导之实际[M].成都:西南印书局,1941:137.

视导方法一则可以杜绝视导对象为迎接检查临时造假,二则可以引导视导对象丢弃侥幸心理,严格遵守章程,把各项工作做好。

5. 分区混合视导

以各辅导区为单位,将区内各县督学混合分配于全区各县。① 这样做至少有两个好处:一是打破了视学员的责任区划,将自己视察区内的教育状况暴露于同僚面前,对视学员本身就是一个触动;二是通过混合视导,视学员可以学习借鉴其他视学区的做法,取长补短。

四、 专业化与督学管理

社会学家休斯(J. Hughes)认为,现代人在人际对应的诸多角色中,是以职业角色为主角色,这个角色决定了其生活形态、人生价值取向及他人对其的评价。② 职业是从业人员为获取主要生活来源所从事的社会工作类别。职业具备以下五个特征:一是目的性,即职业活动以获取报酬为目的。二是社会性,即职业是从业人员在特定生活环境中所从事的一种与其他社会成员相互关联、相互服务的社会活动。三是稳定性,即职业在一定历史时期内形成,并具有较长的生命周期。四是规范性,即职业活动必须符合国家法律和社会道德规范。五是群体性,即职业必须有一定的从业人数。③ 教育督导职业是教育活动发展的必然产物,教育督导工作具备职业的所有特性。教育结构的分化和教育规模的扩大对教育管理提出更高要求,使得教育督导工作从教育行政管理中逐渐分离出来,并使教育督导工作具备相对独立性与有效性,也使得教育督导人员逐渐从一般的教育行政人员中分离出来。随着社会进步和教育发展,教育督导工作越来越具有社会独立性和职业性的特征。

"专业"由职业发展而来,"指一群人经过专门教育或训练,具有较高深的和较独特的专门知识和技术,按照一定标准进行职业活动,从而解决人生和社会问题,促进社会进步并获得相应报酬待遇和社会地位的专门职业"。④ 专业与非专业的区别在于,专业必须达到其专业的标准。专业标准一般包含以下六个方

---

① 安徽省政府教育厅编辑处.各县督学定期出发视导[J].安徽教育周刊,1935(3).
② 转引自:褚宏启,杨海燕.校长专业化及其制度保障[J].教育理论与实践,2002(11).
③ 国家职业分类大典和职业资格工作委员会.中华人民共和国职业分类大典[M].北京:中国劳动社会保障出版社,1999:3.
④ 褚宏启,杨海燕.校长专业化及其制度保障[J].教育理论与实践,2002(11).

面：一是有专门的知识技能体系；二是有长期的专业训练和持续的在职成长；三是有专业的伦理规范；四是有专业自主性；五是有专业资格的限制；六是具有较高的社会声誉和经济地位。民国时期依法成立的教育督导机构，是以教育政策、教育法规和督导原则与要求为依据，对下级政府及其有关职能部门、学校的教育教学工作进行监督与指导的教育行政管理活动。教育督导专业化是指教育督导这一职业逐渐符合专业标准，成为专门职业，并逐渐获得专业地位的动态过程。从职业群体的角度看，教育督导专业化强调教育督导职业外在的专业性提升，反映了教育督导职业逐步达到专业标准，向专业阶段不断发展的过程。它首先要求教育督导工作的专业性、专业地位得到社会的充分认可，并拥有较高的社会声誉和经济待遇。其次要求教育督导有明确的从业标准，即进入教育督导行业有严格的资格限制。从个体的角度看，教育督导专业化表现为教育督导人员的专业化发展，是教育督导人员个体内在的专业品质不断提升、发展和完善的过程。教育督导专业化的核心是教育督导人员的专业化。教育督导人员的专业化直接制约和影响教育督导职业的专业化程度，而教育督导专业化的程度要从教育督导人员身上得到体现。民国时期除了通过严订督学任职资格标准，提高督学准入条件以确保教育督导工作专业性外，还采取了许多措施加强对教育督导队伍的专业化建设和管理，特别是长期的专业训练和持续的在职成长。

（一）提高督导人员专业水平

1. 职前：通过选考制度提高督导队伍的整体水平

民国时期为了加强对督导队伍管理，保证督导队伍的专业化"纯洁度"，首先通过招考的方式把好入口关，提高督导队伍的专业水平。这一做法与欧美、日本相似。邹振甫认为，西方有些国家"视学员之候补资格颇严，须师范学校卒业生或曾任教育部立案学校担任五年以上之教职者始得充任。视学员须经教育部考试委员会所主持之竞争考试（competitive test）及格方能受命"，[①]并建议学习国外做法，通过考试选聘视学员。民国教育专家丁重宣依据搜集到的材料，列述了德、法、英、美、俄、意、奥、日、瑞士、土耳其等十国之教育视导制度，认为它们的共同点在于："严格选任视导人员。视导人员既负督察指导的任务，责任甚为重大，各国对于此种人员之选任均极慎重。不但资格、学问、经验认为重要，而且对于职务能否相称也很注意。德国对于视导人员，非有专门学识不得

---

　　① 邹振甫.西班牙教育之近况[J].教育杂志，1930，22(7).

选任;法国规定资格很严格,而且对于初等视学员除以合格者选任外,尚须经两年试用期,然后正式荐请教育部长委任;在意大利对有适当资格者,予以公开竞争试验,选拔视导专才;苏俄须有学识经验俱备之人才;奥国法律规定视察员应由从事指导之教育方面选择相当人员;日本以合于严定之资格并经高等考试之铨衡为选任之条件。"①丁重宣认为,督学资格要求高固然重要,但是对于视导工作不一定就能胜任,最好要经过若干时间的训练及若干时间的见习。和邬振甫的观点一样,丁重宣也建议各级各类视导人员应通过考试录用,竞聘上岗。

民国时期虽然没有单独实行视学招考制度,但教育视导内容一直列为招录教育行政人员的考试科目。如:《高等考试教育行政人员考试条例》除了必试科目包含教育原理、教育史、教育行政及现行教育法令、各国教育制度史、学校管理等以外,在选试科目上还列出视学纲要等。《普通考试教育行政人员考试条例》在选试科目中更是把视学纲要列在了第一位。而五年后国民政府考试院修正公布这两个考试条例时,视导纲要已被列入必试科目,并排在第三位。② 许多地方在录用教育行政人员时也很注重学有专长、专业对口。蒋维乔在视察山西教育的报告中写道:"省令所颁县公署组织条例,知事之下有承政员、主计员、承审员、县视学、实业技士、宣讲员六人,此类人员皆取材于大学、专门师范,毕业法律政治经济者可应承政、主计、承审各员之试验,毕业师范者可应县视学之试验。"③辽宁省教育厅制定的《考试教育局长及县督学规则》规定,县督学考试分为三场,第一场笔试,科目为党义、国文、国语;第二场笔试,科目为数学、教育、教育行政策问、公牍;第三场为口试,根据督学应备之学识经验设为问答。凡第一场不及格者,不得参加第二场,第二场不及格者,不得参加第三场,须第三场及格,才能录取擢用。④ 从中可以看出,各地都比较重视包括视学在内的教育行政人员的专业学识和综合素质,不管是师范毕业后走上教育行政岗位的,还是通过社会招考走上教育行政岗位的,都要求教育行政人员熟悉教育视导理论、原则、方法等。而招考制度本身就是对督导队伍专业化建设与管理的有效途径

---

① 丁重宣.各国教育视导概观[J].教育杂志,1937,27(8).

② 《高等考试教育行政人员考试条例》和《普通考试教育行政人员考试条例》于1930年12月27日由国民政府考试院公布。载《教育杂志》1931年第23卷第3号。1935年8月5日,国民政府考试院修正公布《高等考试教育行政人员考试条例》,载《教育部公报》第7卷第35—36期合刊。1935年9月3日,国民政府考试院修正公布《普通考试教育行政人员考试条例》,载《教育部公报》第7卷第37—38期合刊。

③ 蒋维乔.阎锡山督军治晋记[J].教育杂志,1919,11(2).

④ 参见:齐红深,徐治中.中国教育督导纲鉴[M].沈阳:辽宁大学出版社,1989:155—157.

之一。

民国时期的各级督学,特别是省县督学,即使获得了任命,在履职前还要进行培训,以便熟悉教育视导原理、原则、方法以及视导时应行注意事项,特别是要学习教育行政法令。学习方法有集中辅导和自学,有些省还列出书目,督学自己安排时间自学。如四川省明确规定,督学到职以前应准备的事项包括:索取或购备教育法令,注意研究有关地方教育之各项规定;研究教育视导法规及各种视导表格;查询本省推行国民教育视导纲之近况及趋势;研究服务县(市)之地方教育概况,对各项数字及当前重要问题应有相当观念及了解;对所服务的县(市)教育视导之已往工作、现在实况、将来计划等应设法查明,以为到职后工作计划之根据;对所服务的县(市)隶于某省视导区,其驻区省督学(或视察员)之姓名住地及驻在该县(市)地方教育视导员之姓名住地,均须查明以便到职后面会或通讯;有关教育视导书籍及各种辅导刊物等应多方搜集,择要携带,以便参考;于可能范围内请托友人介绍服务县(市)之公正士绅及热心教育人士,以便获得助力。①

除了上述准备工作外,为了能够迅速开展工作,新任督学还必须拜访上级领导机关首长、其他部门主管、本部门其他同事,以争取他们对自己今后工作的理解和支持。督学初到职时应注意,自到职之日起,按日记录《工作日志》;到县(市)后应谒见县(市)长及驻县(市)之地方教育视导人员外,县(市)府内之教育科长、秘书及其他科长,与其他同事亦宜同时拜候,至地方机关团体首领,应分别接洽,借取联系;将奉委到职日期及接受前任督学移交之文件表册情形,于到职三日内签呈县(市)长转报,省府存案备查;调阅县(市)府教育行政方面之重要档案,并应随时注意查阅新颁之教育法令;向县(市)长请示,确定出外服务区域,准备常川驻区实施视导;检取或调制各区学校分布图及概况表,注意其交通情形及现状;与驻县(市)之地方教育视导员、教育科长及其他督学切实商谈视导近况,并研讨困难问题及其有效之解决办法;商承县(市)长及教育科长,预先印制或检取视导时所需各种表册簿录;依据该学期第一次县(市)视导会决议议案、前任督学之视导计划及视导报告、新颁教育法令及地方特殊情形,订定视导计划,连同视导日程表报请县(市)长备核;签请县(市)长核发视导旅费。②

这些规制要求视导人员在走马上任从事视导工作前,不仅要通过各种途径

---

① 参见:孙邦正.教育视导大纲[M].上海:商务印书馆,1944:75—76.
② 同上:76.

对教育视导工作的专业知识、专业技能以及相关业务有比较全面的了解,而且要求督学具有较强的社交和沟通能力,并迅速建立一个互助、友善的人际环境,以利今后督导工作的开展。

2. 职中:通过在职培训进修,提高督导人员的业务水平和修养

为了提高视导员的业务水平,民国各级教育行政部门采取多种形式对视导人员进行在职培训。正如沈慰霞、章柳泉等学者所言,因为"办事业的人不能落伍,做指导工作的人更不能落伍,应当不断地予以进修的机会",尤其对于"视导人员要勤训"。① 民国时期对督导人员的进修、培训主要有以下两方面措施:其一,制定相关规程使培训工作制度化、正常化,并对督学的培训计划、培训时间、培训内容等提出明确要求,如集体订购书报杂志,组织集体读书会等。视导人员驻区期间,每月约定固定时间,各督学均停止其他一切工作,集合一处,攻读专籍,并于一书结束后,向其他同仁作读书报告。县督学每月二十日驻区、十日驻县,十日中以一半时间集体读书学习研讨等。教育部视学在留部期间,应讨论关于视察区域内发生之事项应行提议者,及教育上之应行讨议者。并要求部视学得按日到总务厅传览部中已发之文稿,关于收入文件,视学有查阅之必要者,得随时向参事或各厅司检取。② 四川省还要求教育视导人员利用教育视导网的原有组织,"分别切实举办通讯研究,务使教育视导网之作用与力量充分发挥,并使教育视导能发生永久之功效"。③ 同时,要求各视学充分利用教育视导通讯半月刊,举行通讯研讨,交换视导意见及方法。

其二,各级教育行政机关还组织各种训练班,加强对教育视导人员的进修培训,使教育视导人员有机会经常交流心得、互通声气,提高专业水平和工作技能技巧。如:福建为增进县市督学学识,提高视导效能,特开办县市督学训练班,除将各县市督学召省甄别入班训练外,并招考合格人员参加训练,培训后再分发各县市充任督学。④ 甘肃省针对"各县教育局长、县督学等对于教育学识大半毫无新教育之思潮方法"的实际情况,要求全省督学"分期到省受训练三月"。⑤ 江苏省甚至于 1920 年举办县视学国语讲习所,聘请专家演讲四个星期,

---

① 沈慰霞,章柳泉,刘百川.教育行政[M].上海:中国教育研究社,1942:107.
② 参见:教育部总务厅文书科.教育法规汇编[M].北京:教育部总务厅文书科,1919:28—29.
③ 孙邦正.教育视导大纲[M].上海:商务印书馆,1944:86—89.
④ 参见:郑贞文.两年来之福建教育概况[J].教育杂志,1936,26(7).
⑤ 教育杂志社.甘肃最近教育之梗概[J].教育杂志,1928,20(7).

对视学的国语水平和能力进行培训。① 在试验大学院期间，江苏大学区在1928年成立县督学教育委员会联合会，协商、交流各县教育视察指导事宜。1928年7月中旬至8月中旬，该会还举办了县督学教育委员讲习会，除讲习课程外，还讨论学生缺席、训练、教师进修、小学课程等乡村视察中经常遇到的难题，以及各县学校行政难题、各县视察指导方法难题和小学各科教学指导难题及私塾问题等。云南省则组织师范简师校长、中心小学校长、县督学、教育委员参加干训班，根据工作职责的不同分为行政组、经费组、师资组、人事组和视导组进行专项培训，以提高培训班的针对性。② 北京则举行教育心理测验讲习会，规定"凡各省省视学及县视学、教育局长或劝学所长、中小学校长等均可赴会学习"。③ 山东省对于教育人员之训练与进修，亦竭全力以赴之。就连抗战时期山东省府暂居泰安时，亦曾举办各县教育行政人员训练班，迁济南后陆续抽调各县局长、科长、督学、教育委员、民教馆长等来省，施以3—5月短期训练，前后共16期，以图加强对督学等教育行政人员的专业培训。④ 即便这些举措是临时性、偶发性的，也足以说明当时各地方都很重视对教育督导人员的专业培训，提高其业务能力和学识水平。这些培训既有利于督学队伍整体素质的提高，更有利于从专业的角度对督学队伍进行管理，无疑对督学队伍的专业化建设具有积极的推动作用。

值得关注的是江苏、河南等省，为了提高视学人员的素质，确保视导人员培训进修制度化、正常化，早在1918年就分别成立了江苏省县视学讲习会、河南省县视学讲习所，隶属省教育厅，作为专门机构培训县视学。江苏省教育厅还委托南京高等师范学校承办县视学讲习会，主要讲授教育基本理论、视察标准、视察方法和参观学习，帮助视学人员提高学识素养，掌握视导方法，了解教育理论和学科教学的最新发展动态，熟悉教育法规、教育政令等。例如，《江苏省县视学讲习会组织纲要》规定：

(一) 本会定名为江苏县视学讲习会，由江苏教育厅委托南京高等师范学校办理。

(二) 本会为改进视学方法起见，由江苏教育厅召集本省县视学组

① 参见：教育杂志社.江苏县视学国语讲习会闭会式[J].教育杂志，1921，13(2).
② 参见：教育杂志社.云南国民教育干训班[J].教育杂志，1940，30(9).
③ 中华教育界杂志社.国内教育新闻[J].中华教育界，1924，14(3).
④ 参见：何思源.近八年来之山东教育[J].教育杂志，1936，26(11).

织之。

（三）课程

甲、教育概要：教育目的（一时），儿童心理学（三时），社会教育（一时），职业教育（二时），普及教育（一时），童子军在教育上之价值（一时），江苏教育状况（一时），教育为一种专门职业（一时），教育之功效（一时）。

乙、视察标准：模范县教育（一时），模范县视学（一时），模范地方学务及模范学务委员（一时），模范小学校及校长（一时），教育之功效（一时）。

丙、视察方法：视察班级编制之方法（一时），视察课程之方法（一时），视察设备之方法（一时），视察教授法之方法（三时），视察学校卫生之方法（一时），教育统计法（二时），学务报告法（三时），教育经费支配法（一时），视察教育法令施行之正当观念（一时），改良学务之顺序（一时）。

丁、视察参观：视察江宁市教育状况，视察上海英、法、德、美、日各国学校。

讲师：沈信卿先生、黄任之先生、余日章先生、蒋梦麟先生等。

日期：五月九号至二十三号。

地点：南京高等师范学校。

旁听：旁听席以二百五十人为限。

各县教育主任椽属劝学所长，均需列席。至各县学务委员及小学校校长经教育厅允许者，亦得列席。①

在职培训进修是在立足现实、服务工作的基础上提高视导人员业务水平的有效形式。民国各级教育行政部门在军阀混战、政局动荡、外寇入侵、经费困窘的情况下，能够坚持对教育督导人员开展各级各类培训，无论是对督学队伍整体素质的提高，还是对督学队伍的管理，以及教育督导的专业化建设，都具有积极意义。

（二）召开教育督导会议

民国时期为了加强对教育视导工作的领导，通报视学在视察工作中发现的问题，研究解决问题的思路和方法，并就一些政策性比较强的共性问题统一思想和宣讲口径，或者为了部署某项具体任务，从中央教育部到地方各级教育行政机关，经常举行并召开视导会议。视导会议的召开一方面有利于视导人员集

---

① 教育杂志社.江苏省县视学讲习会组织纲要[J].教育杂志,1918,10(5).

中学习新法令,研讨新学说,另一方面也便于各地视学交流心得、取长补短,更好地推动视导工作的开展。

1. 中央教育督导工作会议

为了加强视导人员的学习与交流,研讨教育视导工作方法,通报视导工作中出现的问题,教育部分别于 1941 年和 1942 年召开视导会议。这两次会议作出的若干决定,对其后民国教育督导制度产生了重要影响。

第一次视导会议于 1941 年 3 月由教育部举办,教育部全体视导人员及各司处、会、室科长以上人员均出席。会议议决了教育部推进视导工作计划大纲一案,内容包括视导工作与各部门的联系、省市视导组织、省市视导人员职称和名额等。

第二次是 1942 年 1 月召开的各省市教育视导会议。会议亦由教育部召集,参加者有部内视导人员、各省市教育厅长、市社会局局长及中央设计局、党政工作考核委员会等代表。会议的中心议题是检讨各省市推进教育视导过去之实况及商定(1942 年度)实施计划。会议收到提案 26 件,后合并议决 20 件。具体内容包括:调整省市视导组织案;确定省市视导人员职称与名额案;实施分区与驻区视导案;推行分类及分科视导案;制订视导手册、视导要点及其他应用表格案;规定视导报告格式案;规定视导人员待遇及旅费支给标准案;规定视导人员每期在外视导之时间案;执行视导意见案;增进视导人员联系案;视导人员进修案;改进全国视导办法草案;请确定全国教育视导制度以增进视导效率案;拟订各种教育视导标准案;拟请统一各级视导标准案;加强各级视导工作与统计工作之联系,以利考核而资促进案;请视导人员随时核阅各校财产目录,并特别考察图书仪器标本等实际管理状况,以宏教学效能兼助计政改进案;为辅导在职教师进修拟具国民教育巡回辅导办法,请推广全国采择推行案;拟请改订各级教育视导人员任用及诠叙办法案;拟请规定各级师资训练机关注意培养教育视导专门人才案。① 这次会议为抗战后教育视导工作的迅速恢复、地方各级专门教育视导机构的成立、视导队伍的扩大、视导人员名称的统一、视导工作的规范化和科学化做好了思想上和制度上的准备。

这两次全国性的教育视导会议是一个转折,会议所形成的决议对以后教育督导制度的发展产生了极大的推动作用,使教育督导工作在五个方面发生了变化:一是教育视导人员迅速增加,使得分区分类指导有了人力上的保证;二是制

---

① 参见:江铭. 中国教育督导史[M]. 北京:人民教育出版社,1994:166.

定了统一的督导标准和表格,使教育督导更加客观和科学;三是加强了部督学与省(市)县督学的联系;四是建立了辅导制度;五是加强了对省市县督导工作的监督、指导与领导。这些变化反映出民国后期教育督导工作的专业化、科学化以及视察与指导并重的发展趋势。而这些方面的内容也正是此时世界发达国家在教育督导的理论研究与实践中高度关注的问题。

2. 地方教育督导工作会议

当时各省都把举行视导会议作为督学人员集中研讨、学习、交流、联系的重要手段和途径,并按要求定期举行。虽然各省视导会议的规模、次数、时间长短等不尽相同,但一般都由教育行政机关首长主持,由督学人员和行政机关的主要人员参加,以便互通情况,解决问题。如重庆市每月举行视导会议一次,视导人员和局内各科室负责人均出席,会议以局长为主席,商讨有关教育视导事项。青岛市亦每月举行视导会议一次,各科室科长、主任及各驻区教育协理员均出席。四川省规定每年举行一次全省视导会议,于每学年度开始时由教育厅召集,应出席人员包括省督学及视察员、省府指定的地方教育视导员、省立教育学院院长、省立师范学校校长、省立教育科学馆馆长、省立社教机关主管人员、教育厅各科室主管人员及省府聘请的专家等。省视导会议主要商讨全省教育视导工作推进事宜。不仅如此,四川省还规定各县市于每学期开始、结束时各召开一次视导会议,由县市长召集主管教育科科长、县市督学、各区教育指导员、县立简易师范学校校长或简易师范科主持人、中心学校校长等主干人员,商讨全县市教育视导工作推进事宜,并明确提出各县市举行视导会议时,须请省督学及视察员出席指导。四川省甚至要求各乡镇每两个月召开一次辅导会议。对于四川省的做法,时人认为"是很合适的"。① 甘肃省每学期举行视导会议一次,遇有特殊事件,即召集临时谈话会,均由厅长亲自主持,督学、视导员及有关科室科长、主任均出席。视导会议的内容一般包括:视导人员报告视察结果及对教育行政机关的建议和意见;讨论全省教育的共性问题;学习有关教育法令;学习教育原理;学习视导理论;拟定下一步视导要点等。四川还要求每逢教育视导会议都要学习《教育视导组织办法》《小学及幼稚园课程标准》《四川省各县视导人员请假规则》《四川省地方教育视导人员工作考核办法》等法规。还要求视导人员在视导会议期间阅读指定书籍,如常道直编写的《教育行政》,周邦道

---

① 沈慰霞,章柳泉,刘百川.教育行政[M].上海:中国教育研究社,1942:112.

编著的《教育视导》，郭有守、刘百川编著的《国民教育》，李清悚的《小学行政》等。①

视导会议既是议事机构，也是视导人员交流学习的平台。通过视导会议还可以直接对视导人员进行集中的、面对面的教育，而会议本身也是行之有效的管理方式之一。

（三）考核督学工作实绩

为促使视导人员认真有效地开展视导工作，除对督学的自身素质提出要求外，民国各级教育行政机关还建立了视导人员考核制度。民国初期对督学的考核，一般由派出部门主持，凭视察学校数量多寡和视导报告好坏决定其工作业绩，由于视导报告仅为视学的一面之词，凭借视学自己撰写的报告来评价和裁判其自身工作的好坏，显然不够全面和客观。为了防止督导人员敷衍塞责，工作不努力、不认真，中央教育部和地方教育行政机关还建立了视学考成制度，对督学的德能勤绩进行分类考核，并在教育督导规程中作了硬性规定。如 1918 年教育部颁布的《县督学规程》明确规定："省教育行政长官应随时考核县视学之成绩，并须增进其教育上之学识。"②1918 年颁布的《江苏省订定县教育行政人员考核办法》中，县督学的考核内容更为具体全面："查苏省各县劝学所现已次第成立，劝学所所长、劝学员、县视学亦大部委任，县教育行政机关略已设置完备，惟是设置之初，此项人员欲其将来勤奋从公无忝厥职，必先有考核之方，庶几可以就规范而策进。前此虽已奉教令颁布地方兴学人员考成条例，惟但举大纲，未列细目，兹经本厅依据此项条例加入县视学一项，并将考核各事项略为规定：一是对于部颁县视学规程第五条规定各款之勤惰；二是对于部颁县视学规程第六条县属学务职员指导之当否；三是对于江苏暂行县视学法令能否遵行；四是关于其他之教育法令能否遵行；五是劝学所所长、劝学员、县视学之奖励及惩戒事项，依地方兴学人员考成条例办理。"③

1919 年，奉天省制定《奉天省道县视学考成条例》，该条例规定由省教育主管长官定期对全省视学人员进行考核，考核事项包括：第一，每学期视察校数之多寡；第二，关于视察事项指导督促之勤惰；第三，行使职权是否能任劳任怨；第四，调查报告是否切实。考核结果分两种：一是奖励，颁给勋章，或部奖章，或省

---

① 参见：孙邦正.教育视导大纲[M].上海：商务印书馆，1944：79—81.
② 教育杂志社.教育法令选[M].上海：商务印书馆，1925：105—108.
③ 教育杂志社.记事[J].教育杂志，1918，10(10).

奖章,或记大功或记功等;二是惩戒,或解职,或扣薪,或记大过或记过等。①

1922 年 9 月 29 日,《甘肃省视学考成条例》亦规定,视学的考成方法分为奖励和惩戒两种。奖励款项分请授实职、请给部奖、加薪三种。惩戒款项分停职、减薪、训诫三种。考成事项包括:所任视察区域已否周遍;省视学规程第四条所列应行视察事项能否详密视察;省视学规程第五条所列应行指导事项能否切实指导;甘肃省视学处务细则所定事项能否恪遵办理,办理之能否得当。省视学考成每年于年终核计一次。应受加薪之奖励或停职、减薪、训诫之处分者,由甘肃省教育厅长行之。应受请授实职、请给部奖之奖励者,由甘肃省教育厅长呈请省长转咨教育部行之。② 这些考核、考成以及奖惩措施与民国时期颁布的各种公务员考绩条例以及文官制度一脉相承,是公务员考绩条例在教育督导队伍管理中的具体体现和补充。

1923 年 5 月 13 日,《奉天省订定视学视察标准》根据教育知识和服务状况两个维度,将县视学的考核内容细目化。第一个维度是教育知识,包括管理、训练、教材、教育方法、地方学事等五个方面;第二个维度是服务状况,包括自身修养(如时读教育书报、躬谨慎、无习染嗜好等)、指导能力(如度诚恳、事勤勉、善于言语、能置身范教等)、服务成绩(如所在地教育改进、所在地学产清晰等)。同时规定,此条对省视学也适用。③ 这一规定首次把地方教育发展情况与视学的工作业绩直接挂钩。

1936 年 10 月 20 日,《江苏省各县卫生教育指导员服务规程》把人格高尚作为卫生教育指导员的首条要求,并规定卫生教育指导员服务一年以上,成绩优良,经教育局长或县长考核属实者,得呈请教育厅予以下列之奖励:晋级、记功、传令嘉奖。卫生教育指导员如有废弛职务或违背法令情事,经教育局长或县长考核属实者,得呈请教育厅予以撤职、记过、申戒之惩处,并规定教育局长和县长对督学撤职、记过之惩处有执行权。

1940 年公布的《国民教育实施纲领》还规定:"各县市主管推行国民教育之长官及科长、督学等,应由省教育厅依照考成办法于每年度终了时严加考核,提请省政府分别奖惩。"④1941 年,《四川省三十年度教育视导计划》规定,教育视导人员对于教育视导工作是否切实推进,须分别予以考核,并就考核责任人、考

---

① 参见:江铭.中国教育督导史[M].北京:人民教育出版社,1994:124.
② 参见:齐红深,徐治中.中国教育督导纲鉴[M].沈阳:辽宁大学出版社,1989:132.
③ 同上:134—138.
④ 教育杂志社.教育文化史的新页[J].教育杂志,1940,30(6).

核项目、奖惩之执行作了详细说明。其考核细目如下：

1. 考核之责任：各级教育视导人员之考核责任参照教育视导纲组织办法第六条之规定，分列如下：

(1) 省督学或视察员由教育厅考核之。

(2) 地方教育视导员由省督学或视察员秉承教育厅长考核之。

(3) 县督学由省督学或视导员会同各该县县长考核之。

(4) 省立师范学校由省督学或视察员秉承教育厅长考核之。

(5) 乡镇中心学校由县督学考核之。

2. 考核之项目：各级教育视导人员之考核，根据下列各项：

(1) 是否遵照规定驻在视导区域工作？

(2) 执行视导工作是否谨慎、负责、公正、持平？

(3) 经视导之教育机关及学校是否有显著之进步？

(4) 对于所视导之教育机关及学校情形是否熟悉？

(5) 对于各种调查统计资料是否搜集齐全、按时整理？

(6) 是否按时编送报告，所建议或所指导事项是否适当？

(7) 是否能获得各教育机关及学校人员之信任？对于被视导之人员是否能发生领导的作用？

(8) 是否注意研究进修？对于教育法令及一般教育理论与方法是否深切明了？

(9) 个人之行动举止是否注意检点，足为教育人员及教师之表率？

(10) 对于饬办事件是否能按时办理？

3. 奖惩之执行：教育视导人员之考核，每年举行一次，由负责考核者根据考查项目分别考查，拟定考核意见呈报主管行政机关分别予以奖惩。考核及奖惩办法另订之。①

为了确保对视导人员考核的全面性和公正性，被视导者也可以参与对视导人员的考核。雷震清在《教育视导之理论与实际》一书中说：吾人希望考核确实，最好从三方面去得材料，一是行政人员的考核，二是校长的报告，三是教员

---

　　① 孙邦正. 教育视导大纲[M]. 上海：商务印书馆，1944：91—92.

的考核。这三方面材料的汇集,可以得到一种比较详密的行政考核成绩。① 他认为只有这样,考核的结果才比较客观和可靠。

这些政策、措施的出台,一方面能促进督导人员专业素质的提高,另一方面对防范督导人员徇私舞弊、弄虚作假,可以起到一定的管控约束作用。

然而,民国时期尽管制定了较为完善的规章制度,并通过各种各样的活动加强对视导人员的管理,但督导人员徇私舞弊、弄虚作假、索需受馈等丑陋现象仍然屡禁不止。分析其原因,至少有四个方面。

第一,动荡转型的政治环境使然。民国社会是从数千年的封建帝制步入资产阶级共和政体的,又几经更迭,民国政府已蜕变为代表封建主义、帝国主义和官僚资本主义的利益集团,由此造成社会腐败横行,有用政治权力换取金钱,有用金钱贿买政治权力。无论是哪一种,都是以权力为轴心来谋取私利。同时,在变革社会的政治转型期,政府的政治系统输出功能加大,意味着政府权威的扩张和受政府管理的活动增多,即使国家制定了众多的法律,腐败的可能性也会增加。因此,即使有了各方面的法律,也并不等于就会消除腐败,法律只是提供识别是否腐败的标准,而"腐化很自然会使政府行政体系受到削弱,或使行政体系的软弱无能长期得不到改善"。②

第二,溃崩难遏的国情社风使然。尽管民国时期制定的法律规章汗牛充栋,却鲜能实施,一切都停留在口头上而不见之于行动。所以有人把当时的法律规章称为"纸片法律",认为:"中国之法律章程,刊印于政府公报者不胜枚举,皆声明以颁布之日实行,倘集而重印之,可成巨匣,但自有许多法令颁布以来,即表面上亦未见诸实行,询非过言。"③也有人认为:"中国的一大缺点就是言论乃实行的终结。"④因此,"若不从根本上改变观念,破除习惯,纵宪法上如何规定严重条文,谓国家主权属于人民全体,官吏仅为执行法律之人,终至不能实行,成为废纸而已"。⑤ 由于制度执行得不彻底和表面化,导致"今日的中国,问题多多,危机四伏。金融、财政、生产、交通,没有一样不是已经发展到极端严重阶段。学校、工厂、农村、都市,没有一处不是包藏着重大的危机,整个的国家显露

① 参见:雷震清.教育视导之理论与实际[M].南京:教育编译馆,1934:142.
② 塞缪尔·亨廷顿.变革社会中的政治秩序[M].李盛平,杨玉生,等,译.北京:华夏出版社,1988:69.
③ 商务印书馆.时评[J].东方杂志,1914,11(3).
④ 陈中民.官僚政治批判[M].南京:帕米尔书店,1948:119.
⑤ 商务印书馆.时评[J].东方杂志,1920,17(5).

了不可收拾的破绽,整个的社会蔓延着莫可遏止的溃崩"。① 这种局面的形成,从一个侧面反映出民国政治制度的腐化和衰竭。站在这个角度,可以更全面地审视和理解民国时期教育督导制度及督导工作中出现的各种问题。

第三,吏治不修的官场环境使然。例如,民国时期官吏行贿受贿、拉帮结派、欺压百姓等情况已非常严重,有史料反映当时的社会情景:"近岁以来,贿风尤甚,除扣如市,道路骇闻。用者为人择官,官者为身择利。政治腐败,民怨滋深。"对于此等严重状况,北京政府曾专门发布禁绝贿赂令:"现民国初创,必须涤荡秽恶,以正百官而惩乱本。所有苞苴贿赂,亟应一体禁绝。此后如有尝试及招摇者,饬所司执法严惩,决不宽贷。"②对此等情形,孙中山曾痛心疾首地感叹:"各省光复以来,各地方行政长官及带兵将领,良莠不齐,每每凭借权势,凌辱乡里。有非依法律辄入人民家宅,搜索银钱衣物书籍据为己有者;有托名借铜强迫捐输,甚且掳人勒赎者;有因极小微嫌而擅行逮捕人民,甚或枪毙籍没以快己意者。排挤倾陷,私欲横流,官吏放纵,民人无依。"③

第四,视导制度本身缺陷使然。民国时期尽管制定颁布了许多视导规程,但视导人员管理上的混乱亦是不容回避的事实。譬如民国时期视导队伍过于繁杂,中央有部督学、视察员和督导员;地方有各级督学、教育视导员、义务教育视导员、社会教育督导员、教育指导员、教育委员等。他们职权笼统繁重,"举凡教育行政、教育经费、学校行政、课程、教法、训导、卫生、各级教育之视导,均由一二视导人员负责"。然而各级视导人员"职权难以划分清楚,以致时有越俎代庖,或互相推诿之事发生"。④ 再如,同一层级的视导人员有相同的职责和权力,待遇却不相同。以教育部督学为例,1931 年 7 月 6 日,教育部第三次修正的《中华民国教育部组织法》规定,增设督学 4—6 人,但其中只有 2 人简任,其他人委任;1935 年 5 月 18 日,第五次修正的《中华民国教育部组织法》规定,督学改为4 人简任,余委任;1943 年 1 月 7 日,第八次修正的《中华民国教育部组织法》规定,裁视察员,督学增为 30—40 人,其中 4 人简任,6 人聘任,余荐任。从这些法规中可以看出,同为教育部督学,甫被任命,便被贴上简任、荐任、委任的身份标签。再看省督学与省视察员的差异,省督学一般由教育厅长提出,待省政府会议决定后,再由省政府简任。而省教育视察员大多由各省市教育行政长官聘任或委任。1929 年颁布的《督学规程》第 17 条规定,遇必要时,各大学、各省、各特

---

① 道德的危机[N]. 大公报,1947-06-08.
②③ 中国大事记[J]. 东方杂志,1911,8(11).
④ 孙邦正. 教育视导大纲[M]. 上海:商务印书馆,1942:51.

別市得聘任专门视察员,其工作职责与督学相同,但他们的待遇却不同,省督学给以荐任职,待遇比照科长酌定之,而专门视察员则给以委任职,待遇比照科员定之,而且各省视察员或指导员的地位仅介于省督学和科员之间。[①] 同工不同酬势必会引发督学、视导员间的攀比和不满情绪,这种差异在一定程度上也增加了对督学进行考核、管理的难度。县督学和区教育视导员(指导员)之间也存在同样问题。一方面,他们任务相同,而待遇、级别却明显不同,造成管理上的混乱和矛盾;另一方面,他们之间既不能形成相互领导,也不能形成相互协作的关系。对这种制度上的缺陷,当时就有学者和视导人员提出批评,但一直没有得到很好的解决。一直到1943年教育部取消视察员的名称,情况才略见好转,但视导人员身上的官阶秩级标签依然存在。"视导人员之旅费多未按照公务员国内出差旅费规则支给,少数省份甚有因旅费不易筹措而停止视察者。对于视导工作之推进,实一莫大之障碍。"[②]就教育自身而言,时人认为:"墙脚砖缝都能看出精神来的学校,现在似乎已不多见。我们平常所见的,不是杂乱无章,就是沉沉中毫无生气。这种现象也并不是单从学校方面而言,推而广之,我们可以看到现在中国的一般事业,大多数都是呈露着敷衍颓丧的状态。"[③]

综上所述,民国教育督导制度虽然完备,却难逃败绩。这与民国政府的政治制度直接相关,其制度由良性走向恶性,即所谓"路径锁定"[④]有密切关系。简要回顾一下民国教育督导制度的兴革历程,不难发现民国成立之初人心思治,人们对包括新教育制度在内的新社会秩序、新政治制度充满期待,这使得包括教育督导制度在内的新规程推行顺利,效果显著。应该说,这是制度的初始效应所致。然而随着既有制度很快成为猎取利益的工具,弄虚作假、徇私舞弊、索需受贿等就成了既有制度蜕变的有力证明。在此背景下,对制度无论怎样进行修补,也难以改变制度的低效乃至失效的状态。就此而言,制度完备而难逃败绩,对民国教育督导制度而言是个缺憾,对历史来说却是必然。

① 薛人仰.中国教育行政制度史略[M].台北:中华书局,1983:1922.
② 孙邦正.教育视导大纲[M].上海:商务印书馆,1942:51.
③ 陈剑恒.实际的小学行政[M].上海:儿童书局,1935:1.
④ 制度经济学认为,路径依赖有不同的方向。一种情况是某种初始制度选定以后,具有报酬递增的效果,其他相关的制度安排向同样方向配合,导致进一步的制度变迁,此为良性路径依赖。另一种情况是某种制度演变的轨迹形成以后,制度的初始效率降低,甚至开始阻碍社会变迁,那些与该制度共荣的组织为了既得利益而尽力维护它。此时社会陷入无效制度状态,即进入了"路径锁定"(path lock-in),此即恶性路径依赖。

第六章

计划标准与督导过程

过程是"事情进行或事物发展所经过的程序"。① 从哲学的角度看,"过程就是事物由于内在矛盾所推动和外部条件所制约在空间、时间上的延续存在状态,是包含事物运动、变化、发展于一身的集合体,标志着事物发展的方向及种种路径"。②

过程是输入转化为输出的一组彼此相关的资源(人员、资金、设施、设备、技术和方法)和活动。既有静态部分的资源,也有动态形式的活动,是事物发展变化的存在状态。静态部分的资源指教育管理人员思维的过程。这种观点认为,教育管理实施的过程是由信息的感受、判断、决策组成的。这一观点的代表学科就是西蒙(Herbert Alexander Simon)的"决策链条"说。西蒙认为,管理过程就是一个不断进行决策的过程,整个管理活动就是由"决策—执行—再决策—再执行"这样一些连续不断的活动组成的。信息感受,就是获得教育管理的情报,获得组织内部和外部的有关信息,并对信息进行必要的加工、梳理、归类、分析、对比,查清来源,弄清传播的目的和背景资料,根据管理目标进行比照,对信息进行偏差分析。判断,就是在教育管理过程中,对经验、理论、现实情况进行综合的过程。管理者依据所掌握的信息,以教育及教育管理理论和自己已往的经验为根据,对现实情况进行综合分析,寻找解决问题的途径,并拟定出一些可供选择的方案,把握解决问题的总体效应。决策,就是最后一次判断,作出最后的决定,亦即根据所获得的信息,判断成功的可能性、风险大小、外界影响,对方案进行比较评估,从中选出最优方案。

动态形式的活动指教育管理过程是管理者的工作过程。这个过程是参与

---

① 中国社会科学院语言研究所词典编辑室.现代汉语词典(第5版)[M].上海:商务印书馆,2005:525.
② 闫顺利.哲学过程论[J].北方论丛,1996(3).

管理的主体和管理客体相互作用、统一运动的过程。它包括许多环节,例如,要搞好管理工作,管理者首先要了解自己的工作对象和工作环境,要进行调查研究;要进行预测,选择有预见性、发展性的工作目标;根据情况的分析和所确定的工作目标制定工作方案,也就是说要进行决策,并将决策方案形成书面的计划;执行计划时要对组织的资源进行合理配置。在实施计划的过程中,还要进行必要的统一指挥,协调各方面的关系,分工协作;最后还要对计划实施中的各项工作进行纠偏,以保证计划的顺利实施和目标的实现。因此,管理是一个工作过程,按照法约尔(Henri Fayol)的观点,管理的过程就是实施一系列管理职能的过程。①

教育督导的实质是教育行政监督,"所谓行政监督,是行政组织内部的某些人对另一些人的了解、协助、指导和控制"。② 因此,现代行政监督的内涵不仅包括检查、监督、考核、督促,还包括指导、建议、协调、沟通、服务等内容,即监督不是以惩处为主要目的的、与被监督者对立的消极行为,而是友善的、合作的、建设性的以改善工作为主要目的的积极行为。可见,教育督导的基本职能是监督和指导,其他方面可被看作这两种职能的延伸、作用、结果或者方式、手段。随着各个国家对学校教育质量和效益关注的增强,教育督导职能活动日益凸显其指导性、服务性和建设性。

民国教育督导制度在现代化进程中,一方面重视对教育督导人员自身素质的建设,另一方面重视督导过程的规范化和科学化。通过制定各种规章制度,使督导工作有章可循,便于操作,也更具科学性。民国教育督导过程包括督学出发前召开准备会议以确定视导期限,明确视导内容,安排视导日程,编制视导计划,订定视导标准,也包括视导期间视导人员从言行举止到方式、方法等方面应注意的事项,还包括视导结束后的反馈,视导报告的撰写等。这些规定使民国教育督导工作在督导评价方法上从以督学个人好恶、感性判断为依据,到统一视导尺度,以客观事实为评价准绳;督导内容从临时安排到事先规划;督导人员的态度从攻讦指摘走向友善辅导帮助。

一、督导前准备

凡事预则立,不预则废。管理学中过程管理的宗旨要求在事前周密计划,

---

① 参见:杨道虹.现代教育管理原理[M].北京:中国人事出版社,2001:152—153.
② 张国庆.行政管理学概论[M].北京:北京大学出版社,1990:451.

详细分析,甚至要做出几套预案。过程管理要求将复杂的问题分解为若干个简单的问题加以解决,避免过程管理中断,促使各环节联结互动,保证整体管理效果大于环节累加效果。

（一）召开行前会议

民国时期,无论是教育部督学还是地方督学,无论是定期视导还是临时差委,视导人员在行前都要召开会议。根据教育部规定,部视导人员每年定期视导出发前,应开会讨论与视导相关的事项,确定视导期限,明确视导内容,安排视导日程,以便在视导过程中遵照执行。1913年1月20日颁行的《视学规程》明确要求:"视学应于出发之前,共同研究酌拟办法,呈教育总长核定。""于所至地方,应先与地方官、省视学及国立学校校长等接洽讨论,藉知该地方学务已往之历史、现在之实况及将来之企划"。① 1913年3月28日公布的《视学处务细则》第四条规定,视学于每次出发前,关于视察进行及规划事项,应呈请总长召集参事、司长开会研究之;关于视察上应行准备事项,应由各视学自行集会研究之;关于特别事项,视学应与主管各司或各科人员特别研究之。要求视学出发前,"应拟定本区域内各省视察之先后呈报教育总长"。教育部于1920年12月31日制定颁布的《专门以上学校视察委员会规程》甚至规定,视察委员出发前应先开会讨论视察时应行注意之要点及视察之方法。② 1921年2月1日颁布的《专门以上学校视察委员会视察细则》还要求视察委员于每年学校暑假内,开会讨论拟定本学年定期视察之学校及学科暨视察之顺序,遇有特别视察事项时,应与主管各司科人员讨论之。③ 1929年2月2日颁行的《督学规程》第六条规定,督学在定期视察出发前,应就第四条所列各项议定标准,制定表格并加具说明,呈请主管教育行政长官核定。从这些规程中可以看出,民国视学外出查学前,在择定视察对象、选择视察方法、确定视察内容等方面,行前都有论证、有计划,甚至连外出视察时行走的路线、被视导单位的先后顺序、在被视导单位停留的时日、返回日期、视导中可能需要用到的表格以及测量检验用的工具等,都要在行前做好预案和准备。

1931年8月31日,教育部公布《教育部督学规程》,再次重申督学于出发前应"随时研究讨论,拟订标准制成表格并加具说明,会同主管司处呈请部长核定。督学于所至地方,得于当地行政长官、省市县督学、公立学校校长及其他与教育有关的人员接洽讨论,藉知该地方教育过去之历史、现在之实况及将来之

---

① 教育杂志社.法令[J].教育杂志,1913,5(3).
② 参见:教育杂志社.教育法令选[M].上海:商务印书馆,1925:95—98.
③ 同上:109—110.

企划"。① 同年 9 月 23 日公布的《教育部督学办事细则》第四条规定,督学于出发前,关于视察规划及进行事项,应呈请部长、次长召集参事、司长开会研究之;关于视察上应行准备事项,应由各督学自行集会研究之;关于特殊事项,应约集主管各司处或各科人员特别研究之。第五条规定,督学出发前,得依本部管理卷宗暂行办法第十七条至第二十条之规定,具备调卷条,署名盖章,向本部掌卷室调阅与视察有关之案卷;与必要时并得摘抄之。其中第六条还规定,督学出发前,应就订定之区域及期间,预计经过及所往地点,拟定各省视察先后及返部日期,呈候部长核定。1943 年颁行的《教育部督学服务规则》规定,督学出发前,得由部次长召集视导会议商讨视导规划及进行事项。召开视导会议时,各司处会室主管人员均应出席参加。②

督学外出视察前召开视学会议的制度,对于督学视导工作的实施和开展究竟有多大作用,从《教育杂志》上的一条消息中或许可窥一斑。

教育厅之省视学员,上半年视察各县教育,仅及二十余县;下学期开学后,本应即行出发,继续视察。现在下学期过去已将四月,而视学犹未能出发,其原由则半因时局所关,半因视学员之本身,有发生事故者,如赵视学患病,李视学丁艰,四视学不能齐全出发,遂相待而迟迟未行。外间由此多有怀疑,以为因经济所关,本年省视学或竟不出发者,其实教育当局之意,并不如此。以各地省立县立各学校、小学完全未经停滞,中学虽有停止者,亦仅居少数,视察之举,本年仍不可少。且近日赵视学病恙已愈,李亦治丧完毕,四视学可以一齐出发,分赴各县视察。所有出发旅费,亦即行筹备齐妥。各视学奉命,连日均在掤挡各务,准备成行。至二十二日上午十时,教厅长卢殿虎氏,特召集各视学及本厅科长在厅会议,讨论各视学此行视察之要领。届期视学王延康、赵纶士、谢家禧三人俱出席,惟李盛豫因事未到,教厅三科科长均出席,由卢氏主席,当指派第一科科员沈修镛为临时书记,记录议事。首由卢氏报告开会,并叙述本人意旨,及谕嘱各视学事务,继续演说,其辞甚长。大意略谓本人此次长皖教育厅,本预定三层步骤:第一维持,第二整理,第三发展。进行期限,亦预拟每半年为一步骤。固自谓已属极缓,庸知履任以来,瞬经十月,教育现状,仍日在维持之中。各视学

---

① 教育部.教育法令汇编(第一辑)[M].上海:商务印书馆,1936:10—11.
② 教育部参事室.教育法令[M].南京:教育部参事室,1946:23—25.

此行视察各县教育,应于整理上着手。至到各县后,有两种问题,料必有人问及,则应为说明其经过,为职务应有之答复。(一)烟酒加一层捐款问题,此款本定充义务教育之用,现经财教两厅会呈,指作安徽大学基金,恐各县疑为漠视义务教育,此则应告以其中实有困难情形,异常复杂,既不易言,亦不便言。总之不如此改变办法,则其款将不为教育所有,今如此乃得保其卒归教育,究犹差强于乌有也。以后各县之义务教育经费,决计设法另筹,不使无着。现已正在与财厅筹商,待至有成,即当宣布。(二)各县教育问题,现各县教育局,有成立,有未成立,未成者必问局长何时发表,已成者或对于职权及经费上有所疑问。可告以未成各县之局长人选,期于年内完全发表;已成局所之职权,规定尚未完备,现在暂照劝学所原有权限,维持办理,经费亦暂按劝学所原有款费收支,如已有另行筹得款项者,不妨增加,否则不必移挪他项款费,致引起纠纷。至此行动身之期,因此行已属迟晏,总以愈速愈好。然以各种手续与准备之事甚多,亦未克即日成行,预计约在五日之内,各事当为齐妥,刻且假定二十八日出发,诸君可及早准备云云。嗣由王视学发问,各县义务教育辅助费定千元,县究如何办法,当经众讨论,以各县此项补助费。有领得者,有未领得者,领得各县,有动支调查学龄儿童经费五百元,业经财政厅承认其余有作代用者,财厅概不肯承认,致县知事交代时发生问题。现在已用之款,自应竭力向财厅交涉,必求有着落。至其用途有不可停止者,如办理师范传习所、讲习所等,均未可遽停,亦力向财厅交涉,勿予停止云云。嗣又有某君提议,新学制实施后,各县纷纷办初中学校,要求认可,按实施新学制讨论会,曾定有初中认可标准,各视学出行应注意查察情形报告,视其能否适合标准,以定办法。嗣又议视学区域分配,议由各视学自商决定。商酌结果,以上半年已查二十余县,不必再到,尚有应到三十余县,大概分配如下。谢视学视察滁、来、全、合、庐、巢、舒、六、英、霍等县。王视察宣、郎、宁、泾、旌、铜、太平等县。赵视察秋、望、芸、太湖等县。李视察桐、怀、潜、涡、蒙、亳等县。此外尚有数县,因有匪警,暂从缓查。所至省立、县立各校,一并查视,各省立学校之设各县者,即由各视学按所分区域视察之,省垣方面之省立学校,则由四视学会同查察。照例视学出发,教厅应特下委令,并行文知照各县知事及各校,现此项文件,已于二十三日拟稿矣。①

---

① 教育杂志社. 东南战事结束后之皖省教育[J]. 教育杂志,1924,16(11).

从这条报道中可以看出,督学行前会议,一方面由教育官厅主管交代视察中应行注意和特别需要办理的事项,统一向下级教育行政机关和办学机关宣达教育政策的口径;另一方面,安排视察区域、行程,预测视察中可能出现的问题,并商讨应对措施等。督学行前会议的召开,提高了教育督导工作的计划性和针对性,亦有助于督导效率的提高。

(二) 确定视导时间和内容

1. 视导时间

民国时期,不管是教育部还是各地方教育行政机关,对督学外出视察周期、视察时间都有比较具体的规定,甚至具体到何时出发,何时应到达某地,何时返回,等等。就教育部督学而言,教育部规定,部督学对各省教育工作的视导以每年普遍视察一次为原则;每年分上下两期派员视察。通常上期于 3 月出发,7 月返部;下期于 10 月出发,翌年 1 月返部,每期视察 3—4 个月。① 教育部 1913 年 1 月 20 日颁行的《视学规程》规定,定期视察每年自 8 月下旬起至次年 6 月上旬止。② 教育部 1913 年 3 月 28 日颁行的《视学处务细则》规定:"定期视察每省,约在 2 个月以上 5 个月以下,但遇特别情形不在此限。"③1931 年 8 月 31 日,教育部颁行《教育部督学规程》,规定定期视察每年 2 次,每期 2—5 个月。临时视察依部长临时命令行之。④ 1943 年 11 月 29 日颁行《教育部督学服务规则》,其中第二章对督学出发视导前应行注意事项及视导前之准备作了更加详尽的规定:督学于出发前应拟定视导要项,制成表册,会同各有关司处会室呈请部次长核定。应依派定之区域、视导对象及时间,预计经过及所往地点,拟定视导行程及返部日期,呈候部次长核定。甚至对领用密码电本、印电纸、护照及公用信纸、信封等都作了要求。⑤

就省视导人员而言,对视导时间的规定亦比较严格,一般都要求自奉令出发之日起,每学期应在外视导 4 个足月,并至少视导本区内县份之半数。县市督学每月至少应有三分之二时间在外实施视导,余时作为拟具计划及整理报告之用。每学期视导指定之县私立中等学校、中心学校及其他教育机关一次,并

---

① 参见:教育部教育年鉴编撰委员会.第二次教育年鉴(第二编)[M].上海:商务印书馆,1948:107.

② 参见:教育杂志社.法令[J].教育杂志,1913,5(3).

③ 教育部总务厅文书科.教育法规汇编[M].北京:教育部总务厅文书科,1919:25—27.

④ 参见:教育部.教育法令汇编(第一辑)[M].上海:商务印书馆,1936:10—11.

⑤ 参见:教育部参事室.教育法令[M].南京:教育部参事室,1946:23—25.

抽查国民学校及私塾至少三分之一。① 如《浙江省教育厅二十三年度第二学期视察计划》规定,督学出发视察日数,每省立学校以3日或4日为准,私立学校以2日为度,各县地方教育以视察3日或4日为限。各督学应于3月21日起,视察本市各省立学校,于4月1日起出发各县视察,如遇有特别事故,得呈请核准改期出发。② 江苏省第二师范区无锡师范附属小学规定,本学期视导时间,除准备和结束时间外,定为3个半月,以每3周视导2县为原则。③ 浙江省亦根据《省视学条例》第八条,对督学外出查学的日期、在被督导单位停留的时间都做了规定。限定督导时间,一方面可以在一定程度上防止督学在督导工作中走马看花,搞形式主义;另一方面,也可以防止督学借口交通不便、民风彪悍、战事频仍、局势动乱或天气恶劣而蛰伏署中,无所作为,靡费公帑。④

　　2. 视导内容

　　民国时期对督学外出视导的内容已细化到具体事项,每个事项设定分值,视学员对照条目量化打分。以1931年6月颁布的《省市督学规程》为例,督学应视察及指导之事项为:关于教育法令推行事项;关于地方教育行政事项;关于地方教育经费事项;关于地方教育事项;关于社会教育事项;关于义务教育事项;关于教育人员服务及考成事项;关于主管教育行政长官特命视察或指导事项。⑤ 比较有代表性的是安徽省教育厅,1934年制定的小学评点表,将视学应行视察事项分为"校址、校舍、设备、经济、行政及其他设施、教学及训育、教员、学生八大类,74个小项,共1 000分。然后根据学校得分确定各校办学成绩"。⑥ 浙江省教育厅甚至把督学每年应行视察的具体学校分配到人:第一路视察省立高级蚕丝职业学校等11校;第二路视察省立医药专科学校等9校;第三路视察省立杭州女子中学等12校;第四路视察省立杭州初级中学等12校;第五路视察省立金华中学等12校。⑦ 并附有对每个学校应行视察的具体内容。1932年,北平市社会局督学室规定,督学视察学校时应视察的内容包括:教室授课各级人数与出席及学习上之各种状况;学生课外活动之情形及各项活动之组织与指导;校长对于局定任课标准与开始计划及学年报告之施行;行政人员对于职务的努力程度;各科教员教学实况及优缺点;宿舍、图书室、运动场等

①③⑦　参见:章柳泉.四川新教育视导之实际[M].成都:西南印书局,1941:119—120.
②　参见:孙邦正.教育视导大纲[M].上海:商务印书馆,1944:94.
④　参见:教育杂志社.教育界消息[J].教育杂志,1927,19(6).
⑤　教育部.教育法令汇编(第一辑)[M].上海:商务印书馆,1936:119—120.
⑥　安徽教育周刊经理处.各县督学定期出发视导[J].安徽教育周刊,1935(3).

各项设施之概况；学生行动之考查方法及校外寄宿生之指导；体育与军训、卫生之设备及施行状况。①《江苏省第二师范区无锡师范附属小学二十二年度第二学期初等教育视导大纲》规定，本学期视导中心为学校行政、公民训练、复式教学、儿童活动、教师进修、乡土研究。具体内容包括：调查各县初等教育概况；调查各县小学设施状况；调查各县小学教员生活状况；演讲教育方法，或举行交互参观及示范教学；调查各县初等教育上困难问题；指示小学教师进修方法；指示各小学应行改进之点；举行通讯指导；介绍教育书报及优良小学。②

　　虽然视导内容因时因地有所不同，但总体而言包括如下各项：该地方的教育行政系统；学校制度（如学校种类、学生入学年龄资格、毕业年限及各校就学的人数等）；学校经费来源及保管方法；学生职业指导和介绍机关；社会教育（如通俗讲演、戏剧、电影等）；公共游戏及体育场；学校组织管理及学生自治机关；学校建筑及设备；各科设备（如仪器、标本、图书、用品等）；教职员胜任问题；功课分配和钟点排列方法；学生成绩考核方法；校中应用各种报告方法（如统计表、簿记、点名册等）；学生体格检查及智慧和教育测验等统计。③

　　值得一提的是，民国教育视导内容广泛，一个学校或一个教育机关的各项设施皆囊入其中，而这些设施非有长久的视察不能得其全貌，但视察人员有时因时间、精力所限，不能久驻一处，常采用选取对象的方法。"选取对象有两种意义，一种是就各学校机关原有进行状况挑选可代表的对象来视察，例如，要看学生团体生活情形，可以视察他们举行集会时的秩序；要看教室常规的训练，可以特别选取一个班级发本子的课去视察；要看教学的全貌，可分别选几种不同方式的教学活动去看，如选一班单元刚开始的，另选一班正在复习的，再选一班讨论研究的等等。另一种是变更学校或机关原有进行状态，好像做实验的一样，像方才所说的几种对象，如果在正常的情况下选不出来，就特别请学校或机关在可能条件之下变更一二，使这些对象能在你有限的时间内看到。"④在视学人员不足的情况下，选取对象的方法尤其实用，一方面可以节省视导时间，另一方面可以使视导内容更有针对性，避免面面俱到。

---

① 参见：北平市社会局督学室视察校馆处所注意事项[M]//北平市社会局教育科.北平市教育法规汇编.北平：北平市社会局,1933：44.
② 参见：章柳泉.四川新教育视导之实际[M].成都：西南印书局,1941：95.
③ 参见：郝耀东.学校视察与教育政策[J].教育杂志,1924,16(8).
④ 沈慰霞,章柳泉,刘百川.教育行政[M].上海：中国教育研究社,1942：126—127.

（三）编制视导计划

"教育是一件有计划的工作，也是按步实施、逐渐推行的，则促进教育事业的视导工作，安有不循秩序任意观察之理？"①为保证教育视导工作循序进行，督学在视导前，都要拟定视导计划大纲和视导日程，详细开列所欲视察的事项，以备视察时详细访问填注，不致挂一漏万。关于视导计划的重要性，民国教育专家沈慰霞、章柳泉等人认为："教育视导要有中心的计划，计划的效用很大，第一能使全体视导工作人员有了准绳，第二能使事业机关有了努力的方向，第三能因全体工作人员向一个目标努力，切实收效。"②

1. 拟定视导计划大纲

教育视导工作范围甚广，事前若无计划，则视导者临事仓卒，顾此失彼；被视导者亦将张皇失措，无所适从。如事前有周密的计划，则每次视导有一定的视导目标和事项，每年有通盘筹算的改进方案。这样视导的效率既易于表现，视导人员和教育人员的努力也可以协调。民国时期教育视导计划大纲的编制一般遵循下列几个步骤：第一步，根据教育现状，找寻待解决的问题；第二步，根据问题决定视导目的；第三步，草拟简明的计划大纲；第四步，草案的修正；第五步，正式计划的印发。民国教育视导计划大纲的制定在内容上大致相同，一般都包括本年度（次）视导目的、视导时间、视导次数、视导程序和步骤、视导所采用的工具和方法等。以《湖北省教育厅二十三年度教育视察计划》为例：

本厅曾于上年度分派督学、视察员、鄂西教育专员及清理学款学产专员，将全省省立教育机关及各县教育作普遍之视察。所有利弊得失，应兴应革各点，业经根据视察报告，分别指示改进。本年度视察人员较为减少，除省会各教育机关仍随时普遍视察外，关于县区教育暂采集中视察原则，择定若干县份分期详细视察，以觇其是否遵令改进，及改进至何种程度。并从推广设施及改善训育方面，予以积极的指导，俾临近各县，亦得闻风兴起，收相互观摩之效。兹拟订本年度视察计划如次：

甲、关于县区教育者

一、县区教育，除第十行政督察区各县，由鄂西教育专员视察外，暂于各区择定一县至三县为集中视察之县份。

---

① 陆传籍.国民教育行政[M].上海：交通书局，1942：205.
② 沈慰霞，章柳泉，刘百川.教育行政[M].上海：中国教育研究社，1942：107.

二、每月由督学两人合为一组,视察两县,每县视察时间以半个月为原则,遇必要时,得延长之。

三、县区教育自十月份起开始视察,除寒暑假不计外,计八个月内应视察十四县。视察县份及时期分配如下:

十　月　武昌

十一月　沔阳　嘉鱼

十二月　宜昌　嘉陵

一　月　汉阳

三　月　应城　黄陂

四　月　钟祥　天门

五　月　浠水　广济

六　月　襄阳　郧县

四、视察各县教育,应驻县详细指导改进,如遇有紧急事故发生,视察人得依据法令,商同当地行政长官处理具报。

五、视察人员视察完竣后,应编制报告书,呈报厅长核办。

乙、关于省会各教育机关者

一、省会各教育机关,每届开学时,由全体督学分别作初步视察。

二、每月就省会各教育机关地址之便利,分为若干区,由留厅督学分别随时前往视察。

三、视察省会各教育机关,应特别注意教职员、学生之工作及生活状况。

四、视察人应将视察所得拟具报告书,或填视察表,呈报厅长核示;遇有重要事项,应随时签请核办。

五、除经常视察外,如有临时应行视察之特殊事项,由厅随时指派督学及其他职员详细视察,具报核查。①

民国各级教育视导计划制定后,根据视导工作实施主体的不同,还要呈报不同的上级主管机关审核备案。例如,四川省要求全省教育视导计划于每学年开始时由省府制定;省视导区的教育视导计划由驻区省督学或视察员于省视导会议时制定,并呈报省府备核;师范学校之辅导计划于省视导区视导会议时订定,并须报省府备核;县市教育视导计划由县市政府于县市视导会议时订定,并

① 孙邦正.教育视导大纲[M].上海:商务印书馆,1944:92—93.

须呈报省府备核;县市视导区教育视导计划由县市驻区督学于每学期第一次县市视导会议后订定,并呈报县市政府备核;中心学校之辅导计划于每学期开始时订定之,并呈报县市政府备核。教育视导计划还有大小之分:"大的视导计划是一学期或一学年的,把这一学期应视察的单位用合理的路线排入日程,把最重要的政令依着次序定成视察要项,把应准备的资料、应捎带的物品开成清单,先期搜集齐备,如此按着计划执行任务,自然是从容不迫,有条不紊。小的计划是在一个地方一个机关的视察计划,预先把这一天或这几天的工作次序安排好,照着次序进行,也自然不会手忙脚乱的。"①

2. 排定视导日程

民国时期的教育视导工作,不仅要求每年、每学期编制视导计划,而且每一次的视导日程都要事先排定,以便视导工作按部就班地开展。在安排视导日程时,要求每个视导人员"应将所任工作编订日程,某日视察某校,某日视察某馆;每一学校中,某日视察行政管理,某日视察教学,某一时视察某科教学,皆应决定程序,定好日程表,以免临时张皇"。② 以浙江省长兴县教育局1929年第一学期视导工作日程为例:

第一期　八月二十六日至九月二十九日

一、调查区内各小学的各种统计材料。

二、视导各小学的行政组织。

三、视导各小学行政历的编制、职位的排列。

四、视导各小学本学期计划。

五、视导各小学课程及日课表的编制。

六、视导各小学表簿的种类及记载。

七、视导各小学环境的布置、设备及卫生等事项。

八、视导各小学参加全县运动会。

九、会同教育局召开区内各小学校长会议。

第二期　九月三十日至十一月三日

一、继续前项未完工作。

二、调查及取缔私塾。

---

① 沈慰霞,章柳泉,刘百川.教育行政[M].上海:中国教育研究社,1942:125—126.

② 孙邦正.教育视导大纲[M].上海:商务印书馆,1944:103.

三、视导各小学各科教学法。

四、视导各小学选择教材。

五、视导各小学教具的制作及运用。

六、联合区内各小学举行讲演竞赛会。

第三期　十一月四日至十二月八日

一、继续前项未完工作。

二、视导区内各小学儿童生活的训练。

三、指导各小学与家属联络办法。

四、指导区内各小学教师相互参观。

第四期　十二月九日至一月二十三日

一、继续前项未完的工作。

二、视导各小学各科成绩的考查。

三、指导编制各教育机关经济报告。

四、调查统计各小学的成绩，呈请教育局分别奖惩。

…………①

民国教育视导在排定日程时有一个约定俗成的原则，即时间的经济与便利，强调"做视察工作最要会利用时间。在定计划的时候要注意利用时间，比如在儿童节那一天，使自己能在一个较大的地方，好参加集会，从甲地到乙地的旅程，多利用星期日，各单位的视察要排得能在假期前一周结束等，都是例子。在某一单位视察时也要注意利用时间，有时间限制的事，如某教师的某科教学、升降旗集合、课外某活动、民教班训练、夜课等必须优先视察。和教师谈话必须利用教师闲暇，其余无时间限制的事才自由支配。还有较繁重的视察工作放在上午做，简易一点的视察工作放在午饭以后一两点以内做，集体谈话或个别谈话放在晚上等等"。② 这些看似琐碎细小的设计和安排，实则反映了民国教育视导工作务实和讲求效率的一面。

（四）订定视导标准

教育视导之成功，"固有赖健全之视导组织，充足之视导人员，适当之方针、章则、表册，客观之视导标准"。③ 民初视导规程只笼统列出视察事项，没有具体

---

① 孙邦正.教育视导大纲[M].上海：商务印书馆，1944：103—105.

② 沈慰霞，章柳泉，刘百川.教育行政[M].上海：中国教育研究社，1942：126.

③ 孙邦正.战后中国教育视导[J].教育杂志，1947，32(4).

标准。有时候,在同一季度、同一学校,因省、区、县视导人员的观点、视导标准不同,评报成绩时优劣相差很大,引发许多矛盾。这不仅使上级行政部门举措难置,而且让被视导者无所适从。还有些视导人员,因学识、才力、经验、办法等不同,在视察中所持的标准也千差万别。因此,在督导工作中,督导人员往往凭主观印象或个人好恶对视导对象随意加以评判。由于缺乏统一尺度,对不同督导对象的评价缺乏可比性,这也使评价失去了公正性、公平性、合理性。对此,时人多有指摘:"细考中国现行视学制度,其最不满意之点,约有三端:一是近来各专门科学日形发达,视察各种科学都须聘请专家,绝非'万能式'的视学员所能胜任。二是视察各项事实须用有标准的科学方法去测量,不能凭视学员个人的主观评判。三是报告须有系统、有主张,对于一地方的全体学校制度下批评,不应限于一人一事。"①孙邦正亦批评教育视导人员,于视察时无客观的标准;有所批评,往往凭主管见解;有所指示,往往拘守成法。关于事实的调查、成绩的考核,鲜能应用科学方法。② 西方亦有学者指出:"偏僻地方的学校视导员要兼顾巨细,每难办到地方教育的统计事实之调查技术活动的分析、教学方法的估值指数,至今不曾有可靠的适应地方特殊情形的东西,所以事务繁重的地方,视导员不得不处处因地制宜,侧重教学视导之普通的步骤与原则,而忽略细微的地方了,他应当博览教育视导专家所著的书籍或杂志、论文,寻求可以适应本地特殊情形的知识。"并认为视导人员特别要注意视导的估值方法,即用标准的方法测验学生的学业成绩,并直接观察学生态度的改进;另一种是直接观察教师对视导态度之改变及教法之改良。他们认为,"除了标准测验以外,其余的都是主观的方法"。③

还有人提出,学校视察有普遍视察与特殊问题视察两种,无论哪一种视察,都应求对本问题全部事实的了解。最好订一种视察的标准或量表,事先将所欲知的事实,详订项目;视察时逐项访问填注,自可免于遗漏,否则,凭临时的冲动与思想所及,难免挂一漏万。④"有了客观的标准,批评始克公允,指导始能合理",而"这个客观的标准,在事前必须拟定"。⑤

针对社会上如潮批评,如何确定视察标准,并将其转换成具体的、量化的、

① 郝耀东.学校视察与教育政策[J].教育杂志,1924,16(8).

② 孙邦正.战后中国教育视导[J].教育杂志,1947,32(4).

③ W. F. Himmelreich.地方教育视导的方法(Elements of Supervisory Techniques Feasible in a Small School System)[J].陈友松,译.教育杂志,1936,26(3).

④ 李清悚.小学行政[M].上海:中华书局,1935:461.

⑤ 陆传籍.国民教育行政[M].上海:交通书局,1942:205.

便于操作的实施细则,成了民国教育督导工作中的一个难题。对此,教育部曾专门发文,征求各地意见与建议,征集各地已定之视导标准,以为参照。1936年,《教育部令征集各省市县中小学现行视导标准》云:"查各省市县现行督学、指导员之视导标准,殊不一致,甚或漫无标准,任意视察批评,不切实际,无凭遵守,殊失视导制度之本旨。本部为改进视导制度,增加中小学教育效率起见,拟制定中小学划一视导具体标准,庶几视导有所准则,不致陷于主观,而各中小学平时亦有所遵守,藉资改进。合行令仰该厅局于文到十日内,将省市县督学及指导员视导中小学标准具报,如尚无规定标准者即便拟定,径送本部普通教育司以便汇核编制,是为至要。"①

其实,当时许多省市教育厅局、县教育行政机关早就在这方面开展了一系列探索和尝试。如1923年5月13日,奉天省教育厅制定《奉天省订定视学视察标准》,列出十项视察考核标准,②供视导人员视导时参照执行。还有些省份依据视察标准,制成统一的调查表格。有了这些标准,视学巡视各地不仅有了统一的评判尺度,而且易于操作。1924年8月,奉天省教育厅召集所有省县视学讨论视学标准,在原有基础上又补充三条:一是注意学校中一切重要之设施,如图书馆、阅览室、游艺室、校园等。二是注意学生真精神所在,视其是否活泼畅快,具有向学之趣味,而非出于教师之片刻鼓舞,或学生一时之造作。三是注意常识之灌输,视各学校中是否注意于人生之各方面,而使学生皆知各种新事物之发现,及其求学之究竟,并"对于社会国家各种变迁之常识,亦兼收并采"。③1931—1934年,江西省也把订定视导评点标准作为年度督导工作的重点,并"由督学指导员随时分赴各小学实地指导,或为集会研究或为个别指示"。④

除了各地教育官厅组织订定教育视导标准外,当时许多民国学者、教育行政人员、教育研究人员和督学也就教育视导的标准化问题开展了专题研究,并提出自己的设想、建议和主张。如贾丰臻提出,视察时应对视察内容制定标准,使视导人员的视导工作不至失于主观,并提出自己的设想:第一,视察设备建筑

---

① 教育部秘书处公报室.教育部公报(第八卷第33—34期)[G].教育部秘书处公报室,1936:23.
② 这十项视察考核标准点为:考核设备标准点;考核教师标准点;考核校长标准点;考核劝学所所长标准点;考核劝学员标准点;考核县知事标准点(此条省视学适用);考核教育会会长标准点;考核区长标准点;考核学董及村长标准点;考核县视学标准点(此条省视学适用)。每个标准点又分若干细目。参见:齐红深,徐治中.中国教育督导纲鉴[M].沈阳:辽宁大学出版社,1989:134—138.
③ 教育杂志社.记事[J].教育杂志,1924,16(7).
④ 程时煃.最近两年来江西教育之设施[J].教育杂志,1936,26(7).

时应注意教室之光线、空气及桌椅,注意教室以外之设备,注意全校之清洁。第二,视察教室时应注意教授方法若何,直观之教授设备若何,职业教育之设备若何。第三,视察训练时应注意训练方法若何,童子军之效能若何。第四,视察体育时应注意学校卫生、体操课若何,小学校运动会应若何办理,等等。①

盛朗西提出:"试办乡村标准学校,应规定视察乡村学校之标准,以督促乡村学校之改进。"并介绍"在美斐②各邦,其教育行政人员所使用之乡村学校评点表,即为其视察乡村学校之标准"。他列出了各项评分标准:校地及校舍(100分)、教室(100分)、设备(100分)、课程(100分)、教员(250分)、学生(100分)、活动事业(150分)共七个一级指标,每个一级指标下又有若干二级指标,并在表后附加说明,解释表格用途和表格适用人员:"本表之主要用途:一用为视察乡村学校之标准;二用为慎择乡村标准学校之标准。本表之使用者:一省教育厅长;二县教育局长;三省视学;四县视学;五教育委员;六其他(如教育官厅所聘任之考察专员等)。本表至少须经过两种以上教育行政人员之评判,然后将其总评点平均计算之。"③

廖世承为了便于视学进教室视察教师授课情况,专门制作了一份甚为详细的"参观教授表格",④从教师授课的声音、语气、教态、仪表到学生听课的神情及回答问题的次数,从教师知识水平到教授方法等,列举详细要点,供视导人员视察评判时对号入座,量化打分。

当时还有一种观点认为,视导标准既然是视导工作的标尺和依据,必须具有权威性,应由教育部牵头研究并制定颁行全国,以为划一。如孙邦正曾建议:"视导标准,可由教育部委托师范学院研究厘订,再召集专家加以修改,然后分发各级教育视导人员试用,并征求各级视导人员及教育机关之意见,作最后之订正。此项视导标准中,须定出最低限度之要求与最高之标准,以为各地教育人员努力之目的,并可觇各种教育事业之进步。"⑤此话亦阐述了订定视导标准的意义,即视导标准既可为视导人员视察评判学校、教员及各地教育机关优劣提供统一的标准,还可为被督导单位或个人自我检查、自我改进提供依据和参照,作为努力的方向和改进的目标。

---

① 参见:贾丰臻.视学管见[J].教育杂志,1918,10(6).
② "斐"指"斐律宾",现通译"菲律宾"。
③ 盛朗西.视察乡村小学之标准[J].教育杂志,1927,19(3).
④ 雷震清.教育视导之理论与实际[M].南京:教育编译馆,1934:108—113.
⑤ 教育杂志社.战后中国教育视导[J].教育杂志,1947,32(4):52.

为保证各级视导人员在视察时有统一的评判标准和依据，从 1942 年 5 月起，教育部分别委托国立中央大学师范学院、国立社会教育学院，拟订中学、师范和社会教育的视导标准。同时，又指定部内督学及有关人员分别拟定职业学校、省市教育行政、县市教育行政和国民学校的视导标准。后来将中学、师范、职业三部分合并为中等学校视导标准。1946 年 4 月，教育部将上述订定好的视导标准颁行全国，冠名《教育部视导试行标准》，供各地试行、修改。试行标准共分省市教育行政、地方教育行政、中等学校、中心国民学校、国民学校、社会教育六个部分。省市教育行政视导试行标准包括组织机构、人事、工作效能、设计、经费款产、业务实施、视导考核、法令推行八项。县市教育行政视导试行标准包括组织及人员、各级地方人员办理教育情形、人事管理、一般行政设施、经费及款产处理、各项事业设施、视察与辅导、研究及活动等八个方面。①

作为民国教育督导制度走向成熟的重要标志，教育视导标准不仅为各级各类视导工作提供了可资参照的标准，也是民国教育督导科学化的重要标志。正如沈慰霞等人所言："视察的工作最忌的是用主观的判断，主观是不公允的，而且以意为之，总免不了疏漏。理想的视察是要应用客观的标准的。标准是经过较久的缜密考虑，根据法令办理或统计方法制定的各种项目非常完备，每项到如何程度方能得分，也都有具体的规定，根据这个标准去视察，既无挂一漏万的毛病，也无法能以主观的成见来左右。客观的视察标准也可以说是一种学校或机关成绩的量表，不但视察的人应用方便，事业机关也可以照着标准办理，以求完善。"②

二、 督导中的问题及改进

民国时期，无论是地方教育行政机关、学校、教师，还是教育研究人员，对当时教育视导的方法，特别是视导人员的态度都颇为不满，要求视导人员改进视导方法、改变视导态度的呼声不绝于耳。特别在民国中后期，随着教育视导的目的从监督检查逐渐转向辅导教师、策进教学，视导方法的转变势在必行，这也是教育视导科学化发展的必然要求。

（一）评价方法从主观渐趋客观

民国前期的教育视导主观色彩浓厚，当时的"教育视导人员，往往于视察时

---

① 参见：教育部教育年鉴编纂委员会.第二次中国教育年鉴（第二编）[M].上海：商务印书馆,1948：131—133.

② 沈慰霞,章柳泉,刘百川.教育行政[M].上海：中国教育研究社,1942：128.

无客观的标准;有所批评,往往凭主观见解;有所指示,往往拘守成法。关于事实的调查、成绩的考核,鲜能应用科学方法"。[1] 李清悚认为,视导人员应该"有纯粹的客观的态度,不受私人感情的蒙蔽"。[2] 可见,无论是视导人员、被视导对象,还是教育研究人员,都希望在视导过程中采用科学的评价方法。所谓科学的评价方法,主要指在视导时采用测验、量表等手段和工具,对视导对象做客观的评价。如孙爱棠所言:"现在一切业务的处理皆应用科学方法。教育视导亦不应例外而墨守成法。""视导时应利用智力测验及各种测量行政效率之量表,为实际调查之工具。"[3]杜佐周亦认为:"应用智力测验及各种测量行政效率的量表等为实际调查的工具,近年来这种科学日见精密,估定成绩,衡量造诣,均应利用之。近年教育之进步,大抵因为这种方法的发明。督学不特应利用之以为调查的工具,且应介绍之于教师及办学人员,以为改进教学及行政的利器。从前比较教学的效率及行政的成绩,往往任凭主观的见解,其结果必不能真确与公平。今若用教育测验的方法,根据客观的事实为之比较,则自可更益真确与公平了。"[4]可见,孙爱棠、杜佐周等学者都强调在视导工作中采借现代科学方法开展教育视导与评估的必要性。

此期,国外对教育视导的研究亦已转向怎样用科学的方法视导教师教学,怎样用科学的方法检测课堂教学效果,怎样用科学的方法观察教师日常活动,怎样用科学的方法评价新教师的教学工作等。如胡祖荫在其节译的《教育视导之科学的研究》一文中,介绍了当时美国学者在教学视导方面的研究成果。[5] 首先是美国威斯康星大学罗士芬(E. P. Rosenow)编制的"优良教师与低劣教师教学活动研究结果表"。在这张表上,教师上课时所有的教学活动都被归类排列,然后按不同类别进行定量分析。分别统计其发现次数和消耗时间,从中发现优良教师与低劣教师在教学活动上的差异。有了这张表,督学不仅可以客观地评定教师的成绩,而且教师也可自省本人的工作,以谋教学的改进。其次,他还介绍了马立逊(H. C. Morrison)编制的"学生个人及团体注意力计算表"。该表以每分钟为单位,逐一记载学生注意力集中的人数。通过这张表,视导人员可以了解教师在课堂上是否能够有效地吸引和保持学生的注意力。同时,教师也能

① 孙邦正.战后中国教育视导[J].教育杂志,1947,32(4):45.

② 李清悚.小学行政[M].上海:中华书局,1935:460.

③ 孙爱棠.行宪时期教育视导工作之检讨[J].教育通讯(复刊),1948,5(2).

④ 杜佐周.教育与学校行政原理[M].上海:商务印书馆,1933:52.

⑤ 参见:A. S. Barr, W. H. Burton.教育视导之科学的研究(The Supervision of Instruction)[J].胡祖荫,译.教育杂志,1935,25(4).

从中总结出学生注意力集中与分散的规律，以改进自己的教学方法。此外，胡祖荫还介绍了布鲁克勒(Leo. J. Brueckner)的"教学活动时间种类分析表"、巴尔(A. S. Barr)的"每堂课教师与儿童活动的种类与时间分析表"、威普尔斯(Douglas Waples)的"中学新教师最初四月间教学困难表"等。上述各种表格虽然编制办法各异，但都试图用数据统计、量化分析的方法来评价教师的教学活动，是教学视导采用科学方法的尝试和成果。对这些研究成果的译介，表达了这样一种思想，即教学视导必须采用测验、统计、定量分析等技术手段，才能谈得上教育视导的科学化。[1] 正如陈友松所言，统计、测验、调查、实验等科学研究对于教育行政的贡献巨大，使"教学的组织与行政不再是主观的摸索了。教学视导之科学化，实以此为基础"。[2]

民国教育视导的科学化发展，使教育视导与评估从主观渐趋客观。这主要表现在三个方面。其一，视导内容细目化。无论是视导教育行政机关的工作还是各级学校的办学情况，在视导前都要将需视导的内容分门别类，甚至列出具体细目。例如，四川省在视导评估教师课堂教学时，专门印制了"读书教学计分表"，按课前准备、教室管理、教师的态度及语言、教学过程、教学状态等项目细化后对照打分。其中，课前准备包括：教师对本课教材已有充分了解，对生字、生词作最好的解释和应用(10分)；教授本课所必需的教具和图表已于事前准备或自行制作，如系复式教学，学生自动作业之题目已事先写在小黑板上(15分)；准备好本节课要用的生字卡(10分)；保证对于本节课之推进事先准备有简案(15分)等项内容。关于教室管理方面，包括：教师、学生上课按时进教室，下课按时出教室(5分)；课堂上注意学生坐立行动均有正确之姿势(10分)；教室座位之排列有适当之标准(5分)；注意提醒学生看书时目光与书面保持相当之距离(15分)；从上课到下课教室中始终保持良好之秩序，教师不用教鞭击桌子(10分)等项目。关于教师的态度及语言方面，包括：教师自始至终都精神饱满，而且感到愉快(10分)；教师的言语浅显、清晰、正确而有条理，教学读书的时候尽量能使用标准语及标准音(15分)；教师常能以自己的言语态度，引起学生自己努力学习的兴趣(10分)；教师讲话时不随便走动，目光能注意全体学生(10分)等细目。关于教学过程：注意每一个教学环节的自然衔接(15分)；先用欣赏的过程，次用练习的过程，再次用发表的过程或思考的过程(10分)；能活用教学过

---

[1] 参见：江铭. 中国教育督导史[M]. 北京：人民教育出版社，1994：190.
[2] 陈友松. 五十年来美国之教育科学运动的贡献[J]. 教育杂志，1940，30(9).

程及简案(10 分)等。关于教学状况,包括:提示教材能引起学生强烈的动机,并能活用教科书(10 分);发问的时候面向全体学生,然后指名回答,指名回答的机会应普遍均等(15 分);黑板板书时迅速、正确、清楚,且板书的内容不是太多(10 分);读书时一句一句读,而不是一字一字读,不要求学生用手指着一字一字读(10 分);练习读书的方法要多变,而且多用表情帮助理解及记忆(10);在教学进行时注意给学生一种自动习作及思考的机会(10);学生自动作业的时候,教师在教室内来回巡视,并注意指导劣等生(10 分);能用演说或讲述大意的方式替代枯燥的背书(10)等项目。视导人员通过对照表格中所列细目及细目后面的标准分数,根据视察时所看到的实际情况量化打分,"如果只做到几分之几,即照标准分数依做到之成数折减记入"。① 再以这个分数作为视察教师教学行为表现好坏以及评定、选拔优良教师的依据,如实得分数占总分 80% 以上者为优等,70% 以上者为上等,60% 以上者为中等,50% 者为劣等。这种做法虽然有不足之处,但在某种程度上可以避免视导人员在视导过程中凭借主观印象、个人好恶等对视导对象笼统打分的弊端,并且可以帮助视导人员发现教师在教学过程中存在的不足,有针对性地指导他们加以改进。

其二,评价过程标准化。民国教育视导评价方法渐趋客观的另一个表现是全国教育视导标准的制定和统一。"以前视察失败的原因虽有多端,缺乏具体的客观的标准也是重要原因之一。"②因此,民国学者沈慰霞、章柳泉、刘百川等指出,教育视导"顶顶要紧的是要有客观的标准。有了客观标准至少有下面几种好处:一是有现成的格式和说明,便于考核;二是有确定的尺度,可以免去主观偏私模糊影响的判断;三是有确定的项目,不致有缺漏忽略的弊病;四是被考核的学校或机关自己可以检讨自己"。③ 随着教育部根据各地意见、建议和实际使用情况而制定的视导标准在全国的推行,各地视导开始有了统一尺度,避免了"甲用这个标准,乙用那个标准,甲用这个格式报告,乙用那种格式报告,甲如此考核,乙如彼考核,不特纷乱不堪,也全没有效率。统一的办法能增加行政效率,能使教育事业达到整齐划一的目的,且能使教育事业不致因人事或地域的限制而发生差异"。④ 当一切的指示有了科学的根据,一切的批评有了客观事实的依据,一切督导的事项都标准化起来了,衡量好坏便容易,指示改进也方便,

① 沈慰霞,章柳泉,刘百川.教育行政[M].上海:中国教育研究社,1942:156—157.
② 辛曾辉.地方教育行政[M].上海:黎明书局,1935:132—133.
③ 沈慰霞,章柳泉,刘百川.教育行政[M].上海:中国教育研究社,1942:136.
④ 同上:108.

主观的、片面的、偶然的等毛病也自然可以免除。

其三,教育视导技术的科学化。教育事业本是一种专业,地方教育视导又须侧重辅导,担任视导工作的人员,"不但要有专业的学养,而且视导的技术也要科学化"。[①] 教育视导技术的科学化,一方面指视导人员应"具有教育科学的技能,包括教育心理学、教育测验、教育实验等学理";另一方面指"须有应用的工具。在出发视导之先,必须将应用的工具预为准备",这里所指的应用工具,"举凡视导表格、乡土地图、测量仪器、测验材料以及各种教育资料等均属之"。[②]

(二)视导方式从单一到多元

从民初教育督导制度建立开始,各省市就比较普遍地使用分区视导的方式。所谓分区视导,指各省将省内各县区按地域远近、交通便利及学校数众寡,划分为若干区域,然后派视导人员轮流视察或抽查,以每年一次为原则。到民国中后期,各省市除了分区视导外,还根据本地情况,采用了其他一些新的视导办法。一是驻区视导,即按省内督学人数,将全省划分为若干区域,每区派督学常驻,督学在区域内指定地点办公,一学期或一学年后再互易地点。驻区督学通常一人,另有地方教育视导员或教育厅所派职员若干协助之。驻区督学先对全区教育作普遍视察,然后选择教育较落后的县区进行特殊视导。当时,四川、安徽、山东等省都采用过这种办法。二是集中视导,即按需要临时增派人员,组织教育视导团,集中力量对某种教育(如义务教育、体育卫生等)进行视导。三是分级视导,视导范围以某一阶段教学为限,如专门视导中等教育、小学低年级教育或幼稚园教育等。四是分类视导,视导范围依性质分类,如社会教育之视导、教育经费之视导或边区教育之视导等。五是巡回视导,即在指定之若干视导单位内往复循环视导。六是交换视导,将甲区域之视导人员调至乙区,或将甲县之视导人员调至乙县工作。七是临时视导,即为解决某种纠纷、学潮、矛盾或其他影响较大的问题,由教育行政机关随时派人视察、解决。

这些方式没有好坏之分,它们不是互相冲突而是互相补充,在视导过程中,重在根据视导对象的不同或视导目的的需要选择适宜的方式。"地方教育的视导,应以分区视导为主;经济文化发达的县市不妨增设专门视导人员,举行分科分级的视导;集中视导不是经常的;交换视导有互相观摩、摆脱人事关系的长处,从侧重辅导的立场看,也不必视为必要的手段;巡回视导最好是有一个组

① 沈慰霞,章柳泉,刘百川. 教育行政[M]. 上海:中国教育研究社,1942:108.
② 陆传籍. 国民教育行政[M]. 上海:交通书局,1942:204—205.

织,否则一个人担任一区的视导工作,也是要轮流到被视导的机关去的。"①上述几种方式,有时数种并用,有时在同一时间、同一年度根据视导对象和视导目的的不同,先后采用不同的视导方式。如广西省 1931 年采用分区视导方式,1933年改用分科视导方式,1937 年又恢复分区视导方式,1941 年则在施行分区视导的同时,兼采专科视导的方式。

无论采取哪种方式,其最终目的都是为了能够了解实际情况,以便对症下药。但要了解学校、教师以及其他教育机关的真实情况,还须多方诊断,因为"视察和诊病一样,不能专看表面的现象,因为表面的现象不能代表真实的内容,必须多方探索,洞见症结,方才能发现真实原因。做视察工作的人,要想真能看出法令有无缺陷、事业机关的困难所在以及优点和缺点,必须一方面要做深入的工夫,另一方面还要做多方印证的工夫,最好是能在一个学校或机关多驻一些时候,仔细视察。其次便要多和学校或机关的工作人员谈话,明白他们做法的用意。还有个人的态度也很重要,你如果能态度诚恳、不骄不矜,各教育工作人员自然愿意把真实的情形向你说明"。②

民国教育视导方式多样化的另一个特点是分科视导。分科视察可以避免只对学校大概情形的了解,而从行政、学校、社会三个方面,对照一定的标准量化打分。分科视导即视导范围以某一学科为限,按学校开设的教学科目,抽调某一学科的专家,着重视察该学科教学及学生学习情况,如专门视导中等学校理科教学,专门视导学校体育训练或卫生,专门视导职业教育、自然科学教育、师范教育,专门视察中小学国语、算术、地理、历史等学科的教学等,这一举措实际上反映了民国教育视导内容的课程化趋势。课程是学生在学校应学习的学科总和及其进程与安排,广义的课程是指学校为实现培养目标而选择的教育内容及其进程的总和,它包括学校教师所教授的各门学科和有目的、有计划的教育活动。狭义的课程是指某一门学科。教育视导内容的课程化使视导工作有了预定的进度,每项进度又有确定的内容,视导人员可以按进度逐步开展视导,帮助教师改进教学方法。分科视导及教育视导内容的课程化,"乃有方法可循,有标准可言,决非走马看花之可比,且时间尤可经济,效率亦必提高",③对促进学校教学质量有实质性的推动作用。这种以教育教学为主,以帮助教师提高教学效率为主,以促进教师能力提升为主,以学生个体发展为主的视察,抵抗了以

---

① 沈慰霞,章柳泉,刘百川.教育行政[M].上海:中国教育研究社,1942:125.
② 同上:127—128.
③ 邵鸣九.学校各科视察之研究[M].上海:商务印书馆,1933:1—2.

往的消极视察,体现并主张用一种建设性的监督制度来取代的倾向,开创了中国教育视察和监督制度的一个新时代。①

(三) 视导方法从虚到实

民国初期视导方法的"虚"有两层含义。一是指视导人员高高在上,为免舟车颠簸之苦和酷暑严寒、风雨雪霜等恶劣天气,疏于对下级教育行政官厅、学校或社会教育机关进行实地察看,缺少与学校管理人员的密切交流,失于对教员的了解,更谈不上与学生的互动。他们蛰伏署中,弄虚作假,凭报表报道,假借想象填写表格,杜撰视察报告。二是指视导人员"所做的工作完全偏重在视察方面,走到一个学校或社会教育机关,在形式上约略看过一遍,与校长或主任作片刻的询问,在视察表上记上几句笼统的评语以外,其余时间都消费于酬酢之上。机关的主持者只肯宣扬自己的长处,隐匿自己缺点,并且有些设施空有计划,并未实做。闻其议论津津有条,实则一点未办。而视学以耳代目,任凭校长或主任信口开河,作不切实的批评。这种视察其效率可说等于零。"②

民国视导方法的"实"指的是视导重心下移,视导人员走出署衙,走进校园和社会教育机关,走进课堂,贴近教师,贴近学生,甚至参与师生的活动,把视导活动带入教育场域,在教育情境中开展视导活动。这具体体现在以下四个方面。

其一,实地察看。视导人员到教育现场察看,可以对学校和社会教育机关有直观印象,对学校和教育机关的运作管理,作出符合实际的判断。例如,教育部视学伍仲文到无锡视察教育状况,由无锡县第三科科长蒋仲怀陪同,至第三师范学校及女子师范、县立第一高等小学、县立第二高等小学,市立第一小学、市立第二小学各视察一周,翻看簿册,与教员座谈,认为这些学校尚合规范。无锡县视学张鉴在外视察时,往往"手一簿记,目视、耳听、手疾书,移时始去"。③其视察市立第十六校,觉得该校"校舍虽不甚合,略敷作用",认为私立泾皋学校,"房屋宽敞";④为了检查开化乡第一国民学校二十周年纪念筹备情况,应学董、学委之招,偕劝学所长冒雨开船,傍晚抵方泉镇,与学委、校长等人"谈翌日纪念会、运动会,事毕归寝"。⑤ 视学张杏邨在开原乡立第五国民学校视察时,与

---

① 参见:陶行知.陶行知全集(第六卷)[M].成都:四川教育出版社,1991:282.
② 辛增辉.地方教育行政[M].上海:商务印书馆,1941:43.
③ 张鉴.辛庐拾存(下)[M].铅印本,1926:4.
④ 张鉴.无锡县视学服务概况(民国八年)[M].铅印本,1921:10.
⑤ 同上:1—2.

校长交流校中状况及教授方法、职员履历、年薪若干、学生人数、学费收入等,第二年再次到校视察时,"商榷学生增多,添办分校事宜"。① 视学秦铭光视察启明小学时,"周阅校舍",觉得该校"屋宇焕新",体察"校董苏镇寰之规划及校长周渠清之办事苦衷"。② 秦铭光在视察扬名乡第十一校时,发现有村妇在学生上课时段闯入校园,干扰教学活动正常进行,遂严加制止,并要求该乡学务委员"严行告诫,随时查察,以肃校规"。③ 秦铭光视察启明中学时,"先查经费表册,后查平时成绩,再看学生读法、书法之联合配置教授,周历全校,翻看学生之日记本、笔记簿、读本、自习本、缀法底稿本,计查三小时之久"。④ 其视察开原乡支巷第八国民学校时,"课毕,复入成绩室,披阅各科成绩,甚为赞许"。⑤ 从这些日记和新闻报道中不难发现,视导人员只有走出城厢,才能了解实际情况并赢得社会认可。正如时人所评,视学常年奔波在外,风餐露宿,日常生活甚是艰苦,"薪金纤博,不足自给","餐风宿雨,循行乡僻","里师村董,耐心考察",视学并非名实兼美,而是"更游方僧之奇贫苦者也"。⑥

其二,坐堂听课。听课是了解教员责任心、专业能力、业务水平、综合素质的重要手段,也是评判学校教学管理情况的主要依据。视学只有进入课堂才能了解教员教了什么,怎么教的,学生怎么学的,才能发现问题并加以辅导,才能达到视察的效果和目的。同时,深入课堂听课也是视导人员工作重心下移的主要体现。例如,视学孙仲襄在无锡塘头镇视察第八小学时,"适该校已行落课,孙君随即观览各项表册及学生作文抄本,未几,由该校教员庄君上体操课,操场系在校外,当即偕主任过君同至操场观览,站立久时,毫无倦容,直至课毕,始行返校"。⑦ 孙仲襄到市立第六初等小学校视察,一到学校便坐到课堂听复式班上课。"李教员课国文,二、三年级填句,一年级缀字,师书'食''饮'二字于黑板,先讲明字义,用举手办法,问一年级学生饮饭与食茶通否?多数答不通。乃令生徒自择通者缀之,旋缀得食饭、食粥、食糕、食饼及饮汤、饮茶、饮水、饮酒等,均令书于石板;不能书者,师指示之,教态殷勤,学生亦活泼可喜。"视察后他给出的意见是:"是校课程支配适宜,成绩清浅合度,国文、算术、图画、手工、大楷

---

① 锡报编辑部.县视学之行踪[N].锡报,1920-3-31,1923-5-13.
② 锡报编辑部.视学员视察小学校[N].锡报,1922-10-6.
③ 锡报编辑部.县视学视察扬名乡学校状况[N].锡报,1922-7-7.
④ 新无锡编辑部.启明中学视察报告[N].新无锡,1922-10-6.
⑤ 锡报编辑部.县视学行踪续志[N].锡报,1922-3-12.
⑥ 徐仲翔.县视学之地位及责任[J].教育杂志(安庆),1915,5(1).
⑦ 新无锡编辑部.县视学尽职[N].新无锡,1916-12-23.

一律用练习簿,均由教员手订,整齐异常,益见热心服务。"①对照上述记述,这一评价是中肯可靠的。

其三,褒奖生徒。民国时期视导人员工作重心下移、深入教育场域的另一个表现是贴近学生,与学生对话互动,鼓励学生,奖励优秀学生。如张鉴视察江溪桥江陂小学时,走进教室、食堂、宿舍与生徒攀谈,询问家住何处、课业负担、学习中有何困难,问询教员授课态度、授课方式等。在第五校视察时,专门腾出下午时间与生徒开座谈会。② 有的视学不仅与生徒交流,如果发现优秀学生,当即加以褒扬。例如,视学孙仲襄到景云第九小学视察,考核验收该校学生成绩时,发现二年级以华晋贤、郭晋贤二生为最优,一年级生以华德贞(女生)为最优,③建议公开表扬。在开元乡第一国民学校视察,发现四年级学生陆伯麟书法优雅端庄,在其习字本上留下批语"颇有笔力,加意用功";在朱云翔习字本上书"大致匀称"以示鼓励。在无塘门乡立第十小学视察,恰逢二年级学生上作文课,有郑桂生的小学生在一小时内能造数十句,有二百四十余字之多,认为这是他视学多年"从未见有此种成绩,尤可敬者",于是在作业本上亲自撰写批语,并请学务委员将原本油印传阅,"以为劝学者劝"。④ 视学与学生交流互动时,对学习用心、成绩突出者还会赠以观览券、水笔、习字本、字帖、墨锭、铅笔、明信片、书籍等实物以示奖励。受到鼓励和褒奖的学生"自得奖之后,均喜形于色,对于功课益加勤勉"。时人对此举亦给予较高评价,认为视学人员"循循善诱,可谓热心教育者"。⑤

其四,参与活动。视学到学校、社会教育机关视察,时常会遇到其正在举行运动会、恳亲会、校庆等活动,在时间允许的情况下,他们也乐于参加,并把这些活动作为深入了解学校和社会教育机关的好机会。如私立尚友国民学校举行开校仪式,县视学孙仲襄欣然参加并致辞:"学校之良不良,悉以学生为主位,务各奋勉勿怠、勿荒。"⑥视学不仅参加活动,还会利用在学校、社会教育机关视察或滞留乡村的闲暇时间,亲自组织学生开展活动。如孙仲襄至扬名乡视察私立青圩国民学校时,于星期日率领学生十余人,"各带铅笔至高子水居,登可楼览

---

① 锡报编辑部.县视学视察怀上市各学校之评语[N].锡报,1913-5-29.

② 新无锡编辑部.县视学视察学务之忙碌[N].新无锡,1917-11-4.

③ 新无锡编辑部.县视学视察景云市之状况[N].新无锡,1915-4-15.

④ 锡报编辑部.县视学又奖励学生[N].锡报,1917-10-27.

⑤ 锡报编辑部.县视学奖励学生[N].锡报,1917-10-20.

⑥ 新无锡编辑部.私立尚友民国学校开校纪事[N].新无锡,1916-2-16.

湖水之胜,问答高子水居之原因,令学生分抄对联,尽兴而返"。①

视学工作重心的下移,视导方法因时因地的变换,将视学行程延伸至校园,使视导活动真正融入教育场域。视导人员在视察中不仅听到教育行政官员、学校管理者的声音,也听到了教师和学生的声音,这使视导活动逐渐从远走到近,从虚走向实,符合"以经济为合宜"②的视导效果。

(四) 视导性质从重督查转向重辅导

当时人们对视导的不满还指向侦探式的"突袭"和"密查"检查。民国时期颁布的教育督导法规几乎都有这样一条规定,即督学至各地方视察学校或其他教育机关毋庸先期通知。有些地方甚至采用"密查"的方式。例如,江苏省教育厅长在一次教育局长会议上曾推介并提倡"密查"的视导方式:"我们又觉得抽查的效率远不如密查之来得大,故抽查不够,复继以密查。最近正进行密查。有一次到武进民众教育馆去,不仅局里的人不知道,连馆中人皆不知道,一直等到馆长接奉厅中免职令,才觉得人在家里坐,祸从天上来似的。""已经密查过的县份,还要继续去密查,不是抽查过一次就算了的。不过在密查的时候,负责密查的人,就应十分注意。以为厅里赋予他的权力甚大,如付托非人,大可招摇撞骗的。应另派人出去,除兄弟自己及主管科长外,无人知道,且同科之中,仅知其请假,而不知其因何事请假。而且历次所派出的人,都十分可靠。从今以后,厉行此种神出鬼没的密查工作,我想全省教育行政人员工作的效率与办事的精神,或者因为严厉的密查,将要日形紧张了。这种视察的方法,希望各位回县后也要仿行。"③

由于视导过程过分强调"视察所至毋庸先期通知",甚至采用"密查"的方式,造成了视导人员与教师之间关系的紧张和教师对视导人员的反感。为了迎合视导人员,下级教育行政机关、学校、教师视视导人员为密探,视导人员则把"视导"当成施展权威的尚方宝剑。这也是很多学者认为民国时期我国教育视导只有"督政"而没有"督学",或"重监督视察而少辅导意味"④的原因所在。洪石鲸认为,这种教育视导是失败的,当一矫此种错误的观念。⑤

---

① 无锡商务日报编辑部.县视学之西行踪[N].无锡商务日报,1916-11-30.

② 饶上达.新师范小学组织及行政[M].上海:中华书局,1933:160.

③ 洪石鲸.国民教育视导[M].上海:商务印书馆,1941:43—44.

④ 庄泽宣.改造中国教育之路[M].上海:中华书局,1946:64.

⑤ 参见:洪石鲸.国民教育视导[M].上海:商务印书馆,1941:44.

尽管这种做法的出发点是为了防止被视导单位弄虚作假,①以求视导的真实性,但视导人员"用侦探式的手段,乘人不知不觉,或没有准备的时候,找寻他的缺点和优点,作为奖惩的根据,流弊所及,使教育人员不能安心工作。所以,除了特殊视察外,视导人员应将视察的时间通知被视导者,使他们事先有所准备,然后视导人员加以视导,替他们解决困难问题,向他们搜集必须(需)的材料;倘若考查出教师的缺点,即以同情的态度,予以切实的指导。这样一来,一般教师对于视导人员不但不怨恨、不畏权,反而欢迎了"。②

还有人认为,教育视导即便是以辅导为主,也要注意辅导方法,并列举出谈话面商、示范、外出参观、文字指令等辅导方法。其中"辅导最简单的方法便是谈话",③被辅导者的优点、缺点以及如何方能发挥优点、改善缺点,都是谈话的内容。谈话可以用集体的方式也可以用个别的方式,看需要和实际情况而定。概括地说,公共的问题集体会谈,个人独有的问题宜单独谈。谈话虽很简单,但如果技巧不好,不但难以见效,反会引起误会,所以应注意下面几个要诀:"态度要诚恳;要尽量给被辅导者发言的机会造成研究的空气;要设法引起讨论兴趣;要使谈话集中一个问题;指导者要多作积极的建设的指示,少作消极的批评,就是有所批评也要赞许在前指责在后;指导者的指示不但要积极,还要切合实际,不要陈义过高,使被辅导者无法接受;谈话以前要有准备,谈话结果要有记录。"④在谈话时,无论是团体面商还是个体面商,都要设法使教师主动提出自己在教学中遇到的问题,并充分允许教师对督学在视察中提出的批评或建议作辩护,⑤且指导谈话之时,"语言尤必谦恭而有礼貌"。⑥

谈话虽然简单易行,但有时也不能使被辅导者完全理解和明白,因此,"在这种情形下示范是最好没有的了"。⑦ 因为,百闻不如一见,许多事情说了半天都不能明白、了解,但是一看到实际的动作,马上便能理解和仿行。示范教学虽是最通常的做法,不过也有几点须加以关注:一是视导人员如能示范,应当自己示范,即便找优良教师示范,自己也要切实指导一番。二是举行示范教学必须

① 例如江西教育司为迎接部视学莅省视察,于1913年3月专门召开司职员会议,要求厅内各司职员抓紧弥补、编造材料。参见:教育杂志社.记事[J].教育杂志,1913,5(5).

② 孙邦正.教育视导大纲[M].上海:商务印书馆,1944:170.

③ 沈懋霞,章柳泉,刘百川.教育行政[M].上海:中国教育研究社,1942:128.

④ 同上:128—129.

⑤ 参见:辛增辉.地方教育行政[M].上海:黎明书局,1935:143—144.

⑥ 饶上达.新师范小学组织及行政[M].上海:中华书局,1933:160.

⑦ 沈懋霞,章柳泉,刘百川.教育行政[M].上海:中国教育研究社,1942:129.

有一个简明的教案,好让被辅导者明白整个教学过程。三是教案要切合需要,要使被辅导者容易仿行。四是示范要立刻有个公开讨论的集会,使被辅导者能有质疑问难的机会。五是示范后最好让被辅导者在辅导人员的指导下仿行一次。

参观学习也是督学对教师进行指导的方法之一。① 外出参观学习主要是组织教师到本埠邻近学校相互学习,到指定中心小学参观,到本埠省立小学参观,或"精选优良教职员赴外埠参观"。"参观出发前由省督学拟定参观大纲,分发各教职员并由督学或教育委员督率。"②

文字指令也是辅导的方法之一,但仅能作为公文上的手续,若仅仅用此一法,乃非善意指导之本旨。另外,像举行辅导会议,设立教育参考室等,都是对教师进行辅导的好方法。"督学与教职员是两个地位而不是两个阶级,在教育上自易收分工合作之效。否则肆其偏见,滥用权威,党同伐异,不问是非,只顾厉害,都是教育的罪人。"③然而,尽管方法各种各样,但在具体视察指导过程中,辅导方法"应时常变换,以经济为合宜"。④

(五) 视导目的从奖惩教师转向策进教育

民国时期,教育视导人员的态度受批评最多。对这种现象,当时学者及学校教员都感同身受。孙邦正认为:"视导人员之态度,往往欠佳,或则威风凛凛、盛气凌人,或则冷讽热嘲、阴险叵测,或则吹毛求疵,或则窥伺侦探,以致被视导者望而生畏,难与合作。"⑤张哲农指出,我国教育行政机关所设的"视学",其职务在视察学校,看看它的办法是否合于机关的陈规,其侧重似在督察方面。因其偏重督察,故多消极的指摘与破坏的批评,而少积极的指示与建设的商量。教育比较发达的省区,近来有改视学为学校指导员的,又难免没有抹杀事实、偏重成见之弊。⑥ "现在中央及若干省虽对于视察事项有较详规定,以减少批评,但仍注重考查各校是否遵行部章,而对于有新方法、新教材或新设施之学校或教师并无鼓励办法。"⑦因此,有人提出"视察不可专为消极的批评与指摘,应多为积极的表扬与指导",⑧而且视导人员要"了解视导的意义,多为善意的指导,

---

① 参见:辛增辉.地方教育行政[M].上海:黎明书局,1935:142.
② 辛增辉.地方教育行政[M].上海:黎明书局,1935:144—145.
③ 李清悚.小学行政[M].上海:中华书局,1935:461—463.
④⑧ 饶上达.新师范小学组织及行政[M].上海:中华书局,1933:160.
⑤ 孙邦正.战后中国教育视导[J].教育杂志,1947,32(4).
⑥ 参见:张哲农.城市平民学校视导法[J].教育杂志,1927,19(10).
⑦ 庄泽宣.改造中国教育之路[M].上海:中华书局,1946:64.

勿事恶意的吹求"。①

　　针对这些批评,民国学者、教育研究人员和督导人员开始从增进视导效率的角度关注视导方法并在督导实践中加以改进。正如民国教育专家邵鸣九所说:"现行视学制度,殊不一致:各省市县督学处之视察计划方针,无一相同,有以督学担任视察者,则以关于行政方面为主体,而于各科精密之视察则未暇兼及也。又有以指导员担任视察者,名为以科目为单位,而视察指导混而言之,实则为行政视察兼各科视察耳。此外,亦有以视察员担任视察者,名义虽未尝不顺,而以言乎视察则范围太广;盖上承长官命令,而可指挥行政机关所管辖之一切附属机关,且有时以视察员之职权对于校长、教员、学生等,均使之服从其命令也。"②也有人认为,教育视导,顾名思义,一方面"视",一方面"导","视"与"导"应是相辅而行,联络应用的。但事实上,一般的教育视导并不这样,都只是注重"视"而忽略了"导",甚至连"视"的方面都有些奇特,不是"走马看花",即是"猫捕老鼠"。③

　　吴研因等人指出,视察是手段,视察是要谋教育之改进,所以在视察之后,必继之以指导,拟具改进的计划,对于所有的优点,应加以奖励,使负学校行政责任者能勇往迈进,对于视察时发现的缺点,应建议改革替代的办法。视察时要指摘别人的缺点是很容易的,但是建议改革或代替的方法,却非人人能做得到。④

　　周邦道直接提出:"教育视导乃依据视导的原则和标准,运用科学方法对于教育事业和教学活动,由精密的观察、调查和考核,进而作审慎的考量、明确的评判,更给予妥善的指示、同情的辅导,并计划积极建设改进的方法,使教学效能增加,教育日在改造、扩充、伸长和进展的历程中,得以有效地达到美满完善的境地。"⑤

　　罗廷光认为:"视导需能鼓励教师尽量贡献他们的见解和热忱,并需给他们各种良好的动机;帮助教师的成长,并使他们尽量帮助学生的成长;视导有助于

　　① 　李清悚.小学行政[M].上海:中华书局,1935:460.
　　② 　邵鸣九.学校各科视察之研究[M].上海:商务印书馆,1933:1.
　　③ 　洪石鲸.国民教育视导[M].上海:商务印书馆,1941:43.
　　④ 　参见:吴研因,吴增芥.新小学行政[M].上海:儿童书局,1934:271.还有人说得更直白:"视察不过一种手段,不可与目的相混。"参见:饶上达.新师范小学组织及行政[M].上海:中华书局,1933:160.
　　⑤ 　周邦道.教育视导[M].南京:正中书局,1935:2.

教学的改进。"①而视导要发挥启发的作用,重在辅导,"视察只是手段,如果视导人员以上司自居,只有自己的批评,不许被视导者发言,那便错了。优良的视导人员不但尽量地允许被视导者发表意见,还要和被视导者互相研究、互相讨论,不但就某一个问题研究讨论,还要引导被视导者从一个问题自动地研究到其他的问题,不但引起被视导者的研究欲,还要激发被视导者的自信心,从理论归到实际,使他对于所从事的工作发生内在的兴趣,如此辅导才算深入",②视导才有成效。

综上所述,教育视导的方法应该具有建设性、示范性,对教师的教学和学生的学习有促进作用。

因此,就学生学习而言,有效的视导应"观其最后效力为如何。如儿童学得之分量、教师发言之影声及教学间消极浪费之有无多寡,皆必计及"。③ 浪费主要表现在:教材无实际价值;教学无明了之目的与计划;处理教学事务无系统方法;无益练习过于重复;所教不彻底,儿童不能实行利用;经济之学习法未能灌输;枯燥无味有如苦工。"凡此皆非良好之教学法所应有",④督导人员在视察指导时应帮助教师努力克服、避免。

就教师而言,有人提出教育视导有效的、值得提倡的方法应该注意以下五点。第一,以参加实际工作为起点:视导的方式不采取视察的形式,只相机参加各学校的工作,与各学校的教师共同计划、共同实施,寓指导于工作之中,借参加工作以达到辅导的目的。第二,以研究报告为手段:每月开研究会,开会时视导人员要报告他的主张和意见,被辅导的人也要报告自己的心得和困难,这样彼此对于应该改进的地方,都可以有一个明白的认识;研究会上所研究的题目,大多根据视导所得的材料,研究之后便可以帮助事实的改进。第三,以融洽感情增效率:在视导之前,就要联络感情,要将彼此间的隔阂打破,更希望进一步把视导人员同被视导者的关系变成最好的朋友关系,这样,以后再实行辅导,不但容易收到效果,而且也不至于发生其他误会。第四,以指导进修为经常工作:平常的指导,都是暂时的、偶发的,而所得的效果也只限于一时。因此,需确定以指导进修为经常工作。进修的工作,如阅读书籍、担任专题研究、做工作日

---

① 罗炳之.罗炳之教育论著选[M].南京:江苏教育出版社,1987:112—131.

② 沈慰霞,章柳泉,刘百川.教育行政[M].上海:中国教育研究社,1942:109.饶上达亦持有相似观点:"视察最好避免直接的指示,宜设法使教师自行发现要点",并"培养教师之独创力,使达到有效之发展"。参见:饶上达.新师范小学组织及行政[M].上海:中华书局,1933:160.

③④ 饶上达.新师范小学组织及行政[M].上海:中华书局,1933:164.

记、通讯讨论、问题研究会等,每人都要做,并且由视导人员领导大家做,帮助大家,使教师自己在那里不断地求进步,而视导便可以发生永久的效能。第五,以精神鼓励增兴趣:视导人员要用种种方法,鼓起教师对于教育的兴趣,希望大家以做教师为终身的职业,愿意永久在乡村里做教师。不仅希望教师埋头苦干,并且要进一步埋头乐干、不怕困难,从困难中去求经验;不怕辛苦,从辛苦中去求快乐。教师精神的振奋,便是视导工作的成功。① 这一点不管在过去、现在还是将来,恐怕都是教育视导工作的最高境界。

三、 督导后的报告与反馈

教育视导的最后环节是视导工作报告、视导情况反馈以及督促被视导单位和个人加以改进。关于视导的经过、视导所得的事实、视导人员的建议等,都应当用文字作翔实的报告,呈报教育行政机关,并由行政机关转饬被视导机关和个人查照改进。"若将所有视察之记载束之高阁,则不如无视察。"②"视导报告是考核教育机关和教育人员成绩的根据,应当确实详明,既不虚构事实,亦不含糊其词,而应根据事实作详明的陈述;有所批评,宜求确切中肯,切忌含糊笼统,或过甚其词;且应注意积极的建议,而不可专作消极的批评。"③民国教育督导制度在建立之初,便确立了视导报告制度,从视导报告的撰写格式到视导报告的内容,再到问题的反馈以及视导意见的检查落实等,形成了一个较为完整的体系。

(一) 视学规程与督导报告制度

我国近代教育督导制度从建立之始,便对视察后的报告、反馈提出了具体要求。例如江苏省要求,视学"出省考查约半月,须以所到地方及考查概略函告学务公所一次,由普通科转呈提学使。如有重要之事,应专禀请示办理。尤重者,并得电达。俟每起查竣回省,应汇录表说,呈后核夺。除函牍报告及分治表格嘱令各校照填呈报外,并将逐日经行考查所在地风气通塞之大略,另书日记,于查毕回省时呈阅"。④ 浙江省则规定,视学员除特别事务须专函报告外,每调查一县毕,须作一个完整报告,将全县学务情形据实报告,以凭核办。其于地方

---

① 参见:洪石鲸.国民教育视导[M].上海:商务印书馆,1941:44—45.
② 邵鸣九.学校各科视察之研究[M].上海:商务印书馆,1933:35.
③ 孙邦正.教育视导大纲[M].上海:商务印书馆,1944:268.
④ 直隶学务处.江苏省视学暂行规程[J].直隶教育杂志,1907(8).

官关于学务应须改良之处,亦应随时随事,或面告,或函达,相与接洽,以便就近督饬,从速改良。① 视导报告制度的建立,一方面使视导结果书面化,利于对视导时所发现的问题作进一步跟踪检查;另一方面利于监督、规范视导人员的视导行为,更有效地发挥视导作用。

民国教育督导报告制度的建立体现在历次颁布的视学规程及相关规章、细则中。

1913 年的教育部《视学规程》第十六条规定,视学应"切实调查,随时报告,至视察完毕,除面陈概要外,应提出本年度总报告书"。② 年度总报告应分省撮要说明,并要求视导人员在视察报告上签名盖章。1913 年的《视学处务细则》规定,视学报告分为三种:甲种报告,适用于学事之普通视察,一月或两月报告一次;乙种报告,适用于特别事项,如陈请总长咨行及颁发训令或指令等,不拘次数时期;丙种报告,适用于以书函表示意见者。1914 年 12 月的《视学室办事细则》针对视学报告的管理提出要求:第一,视察报告应调案照抄一份汇存本室,以供讨论之资料。第二,关于视察报告已办理之件得调案记录其事实,以备考核。第三,各省视学报告应由本室函知,各该省教育行政官饬抄一份,邮寄本室,分行阅视,以为视察之预备。

1918 年 4 月 30 日,教育部颁布的《省视学规程》规定,省教育行政长官应将省视学报告摘要汇送教育部。③ 教育部同时颁布的《县视学规程》也明确要求"县知事应将县视学报告,摘要呈报省教育行政长官"。④

1920 年 12 月 31 日颁布的《专门以上学校视察委员会规程》规定:"视察委员回部后应开会报告视察所得情形,公共讨论,再行呈报教育总长。"⑤1921 年 2 月 1 日,教育部又颁布《专门以上学校视察委员会视察细则》,规定视察委员在外视察时,应将各种状况依照视察表格详细填注,回部后连同报告书呈报教育总长。遇有特别事项,应向主管各司科陈述视察概要。1928 年 2 月颁布的《大学院驻外华侨视学员条例》规定,视察委员调查华侨学校子弟求学情形,及所办通俗教育事业,应依据华侨教育委员会所定表格,随时填报。1929 年 2 月 2 日,教育部颁布《督学规程》,其中第十三条规定,督学关于第四条视察及指导之事

① 参见:浙江学务公所.文牍[J].浙江教育官报,1908(3).
② 教育杂志社.法令[J].教育杂志,1913,5(3).
③ 参见:教育杂志社.教育法令选编[M].上海:商务印书馆,1925:102—105.
④ 教育部总务厅文书科.教育法规汇编[M].北京:教育部总务厅文书科,1919:105—108.
⑤ 同上:95—98.

项,应详细报告主管教育行政长官,并由各该主管教育行政长官摘要汇送教育部。

1931 年 8 月 31 日,教育部公布的《教育部督学规程》再次重申,督学"视察完毕,除面陈概要外,应造具详细报告,并附改进意见,呈送部长核阅,并得呈请部长发交关系司处核议"。① 同年 9 月 23 日,教育部公布的《教育部督学办事细则》规定,督学视察完毕,除依据《教育部督学规程》第十四条之规定办理外,应约集参事、司长开谈话会,报告视察概要。督学之报告及表册,须本人签名盖章,如系机密事件,并须亲笔书写。督学视察所得,如有重要材料,得送登本部公报,并得编辑视察特刊。②

1943 年 11 月 29 日颁行的《教育部督学服务规则》亦明文规定:督学视导情形应于视导终了时,缮具详细报告及表册,并附改进意见及应行奖惩事项,送呈部次长核阅后,发交有关司处会室办理。遇有特殊事项,得随时专案呈报,前项报告及表册,应于回部后一个月内办竣,并须本人签名盖章,如系机密事件应亲笔缮写。督学视导终了回部时,由部次长召集视导会,由各督学汇报视察所得,各司处会室主管人员均应出席。③ 1945 年 11 月 13 日,《教育部设置边疆教育督导员办法》规定,督导员每次视导工作完毕后,应编具详细报告,并附改进意见,呈报核夺。④

从上述规程中可以看出,民国教育督导非常重视视导后的反馈与汇报,有视导就有报告,而且对视导报告的格式、内容和完成期限都作了具体规定。不仅如此,为了跟踪视导人员的视导活动,甚至还要求视导人员填写《行程与计划报告》,随时报告视导行程,视导人员何时到达某地、何时离开某地、现往某地等均须据实简单报告快邮寄部,遇有紧要事件并应发电报告。此举看似琐碎细小,实则反映了民国教育视导过程的规范性:一方面便于主管长官及时了解、掌握视导人员在外视导过程,以利对视导人员及视导活动的管理;另一方面可以限制视导人员的权力,防止视导人员在视导过程中滥用职权、公权私用、虚假视导;再者,视导报告的数量和质量也能体现视导人员的工作业绩、勤惰智愚,是考核视导人员工作绩效的依据之一。

---

① 教育部.教育法令汇编(第一辑)[M].上海:商务印书馆,1936:10—11.
② 参见:教育部中国教育年鉴编审委员会.第一次中国教育年鉴(乙编)[M].上海:开明书店,1934:6.
③ 参见:教育部参事室.教育法令[M].南京:教育部参事室,1946:23—25.
④ 参见:阮华国.教育法规[M].上海:大东书局,1946:545—546.

（二）督导报告的种类与内容

民国初期，视导人员在撰写视导报告时并无统一的格式和要求，视导报告"大多不明晰、不真确、不切实际，主管机关仅视报告为例行公文，照例令发被视导机关知照，至于被视导者是否遵照改进，并无人经常加以督促考查"。① 民国中后期，各省市对视导人员填写的视导报告类别、视导报告内容、统计表格等开始有了统一的要求。

就视导报告的种类而言，按时间分，有学年终了报告、学期终了报告、月终报告、每次视导终了时的分单位报告、临时报告或紧急报告等；按对象分，有教育部视导人员的《省中等学校视察报告简表》《省市县国民教育设施概况表》《县教育视导报告表》《学校视导报告表》，地方教育视导人员的《乡镇中心学校视导报告表》《保国民学校视导报告表》等；按报告的性质分，有一个区域的教育总报告，各教育行政机关或办学机构的分报告，各学科分科视导的报告；按撰写体例分，有篇章式报告、纲要式报告、表格式报告等。

就视导报告的内容而言，民国学者、省督学郝耀东认为，视察学校的建议与报告"按视学的职务，约可分为三部分：第一部分，监督与考核各校教职员及其他办学人员的勤惰是否称职；第二部分，调查各地方实在的教育状况，编制统计，以备公众参考；第三部分，建议应行的教育政策，以备行政及立法机关采择"。② 这三部分应涵盖的内容包括：某地方上之教育问题；教育行政系统；学校制度及各校就学人数统计；教育经费来源及保管方法；学生职业指导及介绍机关；社会教育；公共游戏及体育场所；学校组织管理及学生自治生活；学校建筑及设备；教职员资格薪金的比较研究；课程分配方法；学生成绩考核方法；校中应用各种报告方法；学生体格检查及智慧和教育测验等统计的比较研究；建议将来应采的教育方针和计划。民国教育督导报告的内容基本包括这几个部分，其撰写体例往往根据个人偏好和实际需要而定。

也有一些省份对督导报告的内容作了硬性规定。例如，湖北省规定省督学的视导报告须包括"视导概况"和"视导意见"两个部分。"视导概况"须包括三个方面的内容：一是教育行政，包含组织、人事、经费、工作状况、计划；二是教育事业，包含国民教育、社会教育、其他；三是结论，包含优点、缺点、总评。③

为了杜绝视导报告的随意性，1933 年 11 月 18 日，教育部统一制定了省市

---

① 孙邦正. 战后中国教育视导[J]. 教育杂志,1947,32(4)：45.

② 郝耀东. 学校视察与教育政策[J]. 教育杂志,1924,16(8).

③ 参见：江铭. 中国教育督导史[M]. 北京：人民教育出版社,1994：164—166.

督学报告要点,作为全国省市督学编制督导报告的格式,其内容包括七个方面:

一、本期视导工作:

1. 时期;2. 区域;3. 工作之分配;4. 所视导县市教育行政机关之名称;5. 所视导中等学校之名称及所在地;6. 所视导初等学校名称及所在地;7. 所视导社会教育机关之名称及所在地。

二、教育沿革:

1. 初办及已往情形;2. 现在情形;3. 兴替之原因;4. 各区教育之比较。

三、教育行政:

1. 各市县教育行政机关之一般组织;2. 人员服务之精神;3. 任免及考试标准;4. 视导方法;5. 学区之划分;6. 学龄儿童及失学儿童数;7. 各级学校之分配与分布;8. 校产设备之登记;9. 各种会议之组织及其进行情形;10. 章则统计及规划;11. 其他关于教育行政之状况。

四、教育经费:

1. 来源;2. 总额;3. 与其他政费之比较;4. 经费用途之分配及其百分比;5. 薪俸标准;6. 学生纳费;7. 奖学金及各项津贴;8. 其他关于教育经费之状况。

五、学校教育:

1. 各级(高等、中等、初等)学校总数;2. 各级学校教职员及学生数;3. 校长教职员资格任用考成及服务情形;4. 学校经费之分配;5. 校舍之建筑及容量;6. 图书设备及管理;7. 课程及教材;8. 教学状况及学业成绩;9. 风纪及训育状况;10. 课内外活动;11. 体育卫生;12. 童子军及军事训练;13. 师资之养成及盈缺;14. 教员之进修;15. 义务教育及短期学校;16. 仪器设备及科学教育;17. 劳作及社会教育;18. 毕业生升学就业状况及其指导;19. 其他关于学校教育之状况。

六、社会教育:

1. 各项机关之种类及数量;2. 经费之数量及来源;3. 各项事业设施要目;4. 各项事业推行效果;5. 扩充计划;6. 其他关于社会教育之状况。

七、改进意见。[①]

---

① 孙邦正.教育视导大纲[M].上海:商务印书馆,1944:268.

虽然教育部以及各地教育行政机关对视学报告的内容作了具体规定,但在具体执行过程中,督导报告的内容一般会随督导对象的不同或督导工作重点的不同有所变化,不过下面四个要素是各种督导报告必须具备的:一是教育事业的概况;二是教育事业的优点和缺点;三是考核的结论;四是改进的意见。

(三) 督导报告的真实性与客观性

客观性指在个体意识之外,不依赖个体主观意识而存在。教育督导报告的客观性诉求是指按照督导对象的本来面目去考察反馈,不掺杂个人偏见和主观判断。因此,讨论民国教育督导报告的客观性必然涉及另一个预设的前提,即督导报告的真实性。所谓真实性,是指与客观事实相符合。只有依据真实的报告,才有可能作出客观、公允的评价。

真实客观地撰写督导报告是教育视导过程的重要环节。一是因为视导报告对教师及地方教育行政人员而言是终结性、鉴定性的评价,可以决定其进退升降;二是教育督导报告对上级教育行政主管部门而言是制定和修正教育政策的重要参考依据;三是教育督导报告对视导人员而言是其开展视导工作的证明书。为了保证视导报告的客观性和真实性,民国时期对督导报告的撰写从形式到内容都提出了具体要求,但由于在执行过程中贯彻不到位,教育督导报告的客观性和真实性大打折扣,受到时人质疑。如有人批评说:“报告中难得看见具体的批评,差不多统是敷衍模棱的话。”①因此有人提出:“督导报告是评断的根据,报告的方法至少有三,包括文字的报告,表格的报告,统计数字的报告,三者均不可或缺。但文字应以申述事实为主,以文害义者不取。而且‘报告方法要科学化,不仅以笼统的评语作断论’。”②

为了保证督导报告的客观性,当时有学者认为,视导报告的撰写应遵循下列原则:一是完整性。每一份视导报告至少应包含三个要素,即视察时的实况、与周围学校的比较、将来的需求及改进意见。二是科学性。在撰写视导报告时,要有科学的态度、客观的叙述、具体的提示、简明确要的证据、详细的统计资料。三是真实性。为了保证视导报告的真实性,视导人员首先要广泛搜集材料,包括参观的笔记材料、表格上的材料,以及学校、各教育处出版品上公布的材料,都要一一搜集齐备;其次要审查资料,将所有搜集的材料重新审查,以便增加删减;如有疑义,须重新考核研究,务求翔实完备,事实清楚;然后即可撰写

---

① 何炳松.浙江小学教育的现状及其罪人[J].教育杂志,1923,16(9).

② 李清悚.小学行政[M].上海:中华书局,1935:460—461.

视导报告,报告的内容可根据视察对象而定。报告的各节段应有顺序,条目多时,用各种号码贯串起来,前后互相照应。报告的格式,以清楚简明为宜。所提改进意见,务求合于当时情境,在事实上有实行的可能,力戒好高骛远。如附有统计图表及附属事业的概况等,以简明扼要为好,切勿喧宾夺主。[①]

虽然时人对督导报告的客观性大干物议,但笔者认为,整体而言,民国时期的督导报告是真实客观的。其真实性缘于上下左右的牵制:第一,受到教育督导计划的制约。民国时期的教育督导活动,行前都有周密的计划,其行程安排具体到某月某日,且要求督学在督导过程中随时汇报所至何处,将往何处。如果督导报告胡乱编造,就可能与计划不符。第二,民国时期为了防止督学虚假视导,要求督学在被视导单位留下一式两份的视导意见,这种做法既便于被视导单位对照改进,也是督学"到此一游"的书面凭证。第三,民国时期虽然部、省、县三级督学之间在行政上没有隶属关系,但根据当时的督学规程,下级视学应定期将上级视学莅临视察以及本级督学在辖内开展的工作撮要汇报,这种垂直对口汇报制度可以从另一个角度验证督学工作的真实性。第四,民国时期各级教育行政机关有刊行教育公报的惯例,便于及时公布、通报辖内教育事业状况以及重大教育新闻、教育事务等,并通过类似于今天的教育年报向上级机关汇报辖内有关教育一切事宜。教育公报、年报可以和督学的督导报告相互印证,相互牵制。

民国教育督导报告的客观性缘于三方面的考量:第一,民国教育督导报告多为写实性质,亦即据事直言,甚至有点像工作日志或"流水账",主要记述某年某月某日在何机关查学,该机关有多少教职员,开设了多少课程,有多少学生,置有多少册图书以及多少件实验仪器和教学设备,等等。或者记述某省某市某县有多少所学校,多少所民众教育馆,经费是否有保障,等等。这些内容大多不涉及督学个人的主观判断和价值取向。第二,民国时期对督导对象的评价多按照事先制定好的统一表格量化打分。比如,通过教师上课提问的次数,讲话声音的大小,讲解是否清晰,辅导学生是否有耐心,设计问题是否有启发性等项目评价教师课堂教学;通过观察学生上课是否精神振奋,回答问题是否声音洪亮,学习用品摆放是否有序等项目评价学生的听课情况;通过观察教师上课前是否点名,上课中途是否离开教室,教学过程中是否组织学生讨论,每节课是否有巩固性练习等项目评价教师的课堂效率,等等。这些评价项目也许会顾此失彼,

---

① 参见:江铭.中国教育督导史[M].北京:人民教育出版社,1994:190—191.

但毕竟可以引导督学对视导对象的评价按图索骥，有据可依。第三，民国教育督导报告对督导对象提出具体批评和表扬，或提请主管机关惩罚或奖励时，都要开列详细事由。如 1918 年教育部视学王孝缉金事视察无锡私立法政学校后，在其报告中提出，该校惟以在堂听课诸生只寥寥数十人，特嘱监学冯世德君须加取缔，并列出名单要求开除经常缺课且不参加考试的学生。① 第四，民国时期颁行的督学规程，不仅明确了督学对被视导对象的评价考核权和奖惩权，而且授予被视导对象申诉辩解权。如果被视导对象认为督学的评价不公正，可以当场进行解释申辩，甚至可以向上级机关申诉，这在一定程度上可以保证督导报告的客观性。

---

　　① 　参见：教育杂志社.记事[J].教育杂志,1915,7(1).

第七章

民国教育督导述评

本书对民国教育督导的研究主要包含两方面内容：一是对民国教育督导制度的考察，即考察教育督导制度自身的运行，以及该制度在运行过程中对教育事业所发挥的作用，并讨论其在运行过程中暴露出的问题以及针对问题提出的改进意见和措施；二是对民国教育督导研究现状的考察，即考察教界学界及其他研究者对民国教育督导这一课题从教育学、行政学、管理学、社会学等角度进行的思考，从而为现代教育督导研究提供思路和范式，并为教育督导制度建设提供理论支持。

一、 民国教育督导制度述评

民国教育督导制度继承了历史传统，在视察内容和范围、视学权限、视学前的准备、视学经费等方面，大多沿袭了清末的做法，有所改动的是：重新划分了视学区域，将原 12 个区域改为 8 个；明确将视学活动分为定时视学与临时视学两种；规定了视学任用资格；首次在中央教育行政机关内设置专门的视学机构；成立专门以上学校视察委员会，开展对专门学校和高等教育的视导；规定了部视学所提呈的视学报告的种类和格式；设置专门的视学人员，改变了清末视学不设专员，根据需要临时差委各司人员充任的做法。省、县两级视学章程的颁布，更是开我国现代由国家颁布省、县教育视察规程之先河，在我国教育督导发展史上留下了浓重的一笔，说它具有里程碑意义，一点也不为过。作为教育行政和教育管理工作的重要组成部分，民国教育督导制度为我国现代教育督导制度的创立奠定了基础，推动了民国教育事业的发展。纵观民国教育督导的发展历程，其总体呈螺旋式上升态势，其中既有成功的经验，也有失败的教训。

（一）视学制度与民初教育新气象

中华民国临时政府的成立，标志着代表资产阶级利益的政治势力登上了中国的历史舞台。南京临时政府在教育领域废除了几千年的封建礼教,确立了新的教育宗旨,颁布了一系列有利于现代教育发展的法令与法规,一度使中国教育在诸多领域出现了新气象。而民初不断变化的政治格局,也使得教育政策与教育方针在许多时候沦为各派政治势力争权夺利的工具。政治势力的干扰、办学资金的匮乏,给民国初年的教育带来了重重阻碍。也正是在各方政治势力争权夺利、对教育的控制显得力不从心之时,民国的教育谋得了独立发展的空间。五四运动前后,随着各种新教育思潮的传播,新教育实践活动纷纷登上历史舞台,推动了中国教育的革新与发展。

1. 废除私塾,倡办新式学校

民国时期,为了推进新教育,废除前清学堂以读经为主的封建教育内容,以及带有帝制色彩的教育制度,废除私塾、改造塾师被作为一项重要工作。教育部于1914年2月颁布了改良私塾的草案,各地纷纷响应。福建省巡按史莅任之始,于教育方面认真督率,注意取缔私塾,为普及教育做准备,曾先后规饬省视学会同警厅一再调查私塾情形。江西省巡按使据总视学宋育德条陈整理江西教育意见书,通饬各属学务委员调查全境私塾,以为将来改立学校之预备。① 湖北省对于私塾及私立学校,要求每月由省视学员考察一次,考察事项包括:教授是否合法;教员是否通达;教材是否充足;学生是否足额;程度是否整齐;成绩是否相符;校舍是否合宜;管理是否整齐。要求视学将视察私塾情况按月汇报一次。② 北京则专门设私塾视察指导员3人,市区2人,乡区1人,分别视察指导,以利义教推进及私塾改良。这些史料说明,视学员在取缔和查禁私塾的工作中担当了重要角色,为民初推进新教育扫清了道路,新式学校的数量迅速增长。据清末学部和民国教育部的统计资料,全国新式学校的发展状况见表7-1。③

表 7-1　清末和民初全国新式学校情况

年 份	学校数(所)	学生数(人)
1907 年	37 888	1 024 988
1908 年	47 795	1 300 739
1909 年	59 177	1 639 641
1912 年	87 272	2 933 387

① 参见:教育杂志社.记事[J].教育杂志,1915,7(9).
② 参见:教育杂志社.记事[J].教育杂志,1917,9(1).
③ 转引自:史全生.中华民国文化史(上)[M].长春:吉林文史出版社,1990:230.

年　份	学校数(所)	学生数(人)
1913 年	108 448	3 643 206
1914 年	122 286	4 075 338
1915 年	129 739	4 294 251

从表 7-1 可以看出,民国成立后的几年里,无论是新式学校数量还是学生人数,增长速度都明显加快,教育改革成效显著。

2. 取消私立法政学校

自清末废除科举取士,法政学校成为新的做官途径后,法政学校呈锐增之势。一时间,许多学校不问程度地滥收学生,以致无高小程度者,只要交了钱即可取得法政专门学校甚或法政大学的入学资格。民国建立后,其势不减。各省私立法政学校异常发达,仅南京一地,即有私立法政学校 7 所,学生 5 000 人以上。这种状况一则助长了做官思想,再则造成专门学校种类比例严重失调。尽管一般人士的理想是借法政学校的创办,以输入法政知识为当务之急,但是法政学校兴学者多持营利观点,滥收学生而不注重学科。而法政学校的学生多抱做官思想,志在文凭而不热心向学,以致流弊百出、有名无实。因此,取缔私立法政学校成为民初社会各界对教育事业反响最大的一件事。有鉴于此,教育部即委派视学,分赴各地督察纠正。例如,为考核各省私立法政学校的办学资格及办学宗旨,教育部于 1913 年特派临时视学员王家驹、张谨二人赴江苏、江西、浙江、安徽、湖北、湖南、直隶等七省考察私立法政学校,以资整顿。① 张谨、王家驹奉部令至江苏、浙江、安徽等省察视各私立大学、私立法政学校。途中,每到一校即"轮日赴各校讲堂听讲,并研究各校所发讲义","于教授、课程、管理规则详细察视,录为笔记,尤于学生程度及求学之宗旨特改意焉。故查阅平日所做论说文字外,又于临时出题考试"。张、王视察结束后,"回京报告情形,大致以各校无基本金,仅恃学费收入支给校用,此种学校全系营业性质,实无存在之必要。又报告校中内容、教员资格不合,学生程度甚差,规则违背部章,教授毫无成绩,学额任意填报,学生来去无常,教习时常缺席,实属办理敷衍,贻误青年"。② 教育部遂根据张、王二视学的报告,立即咨行各省,严令所有私立法政大

---

① 参见:教育杂志社.记事[J].教育杂志,1913,5(10).
② 教育杂志社.记事[J].教育杂志,1913,5(11).

学或专门学校,"限日遵照部令,一律停办"。① 1918 年,部视学王孝缉金事由常州、无锡一带到江苏执行公务,赴私立法政学校视察,不仅检查学生人数、学校办学概况,还进课堂听课。"惟以在堂听讲诸生只寥寥数十人,特嘱监学冯世德君须加取缔。""并将久不到堂及未应学年考试之学生数十人名单开去,以备开除。"②经过教育部视学对各地法政学校生源情况、经费来源、教员资格、课程开设、校务管理等方面的督察,一大批有名无实、以营利为目的的私立法政学校被取缔或关闭,一批管理混乱的公立法政学校也受到震动,开始严格招生,严抓教学管理,慎聘教员,精选课程。

3. 整顿专门学校

在取缔整顿私立法政学校的过程中,视学还加强对专门学校招生工作的检查与监督。民国初期,各地私立学校为了多收学生,以图盈利,往往降低入学考试的难度。1917 年,教育部咨行各省:"六年份专门以上学校新生入学试卷,前经调部察阅,以观程度,现据审查试卷,本部视学张宗祥等呈称,专门以上学校招生,部章限定中学毕业及中学同等程度,则各校试题自当按照中学毕业程度命题,方为合格,乃统阅诸卷,合格者固多浅易者亦复不少。"③1919 年 12 月 16日,教育部因中等各校在招生时,往往借口同等学历,任意滥收学生,致使学生程度参差不一,所授课程难尽领悟,致全体学生同受不良之效果,于是咨各省区师范助学暨甲种实业等校招收未经高小毕业学生,并将该生试卷等件呈由本省教育行政长官复核。并规定,"嗣后收受此项学生应于名额取定后,迅将入学试卷及履历表册等件呈由本省教育行政长官复阅,省视学视察时并应随时考验,如有程度不合者,即令退学"。④ 1917 年,教育部视学刘以钟、王祖彝在视察福建省工业专门学校、实业学校时,发现该省"所设乙种讲习科多招年龄幼小又无实业的基础者,甚至以乙种为甲种之预备,殊与初等实业之精神相背驰,饬令注意改良"。⑤ 部省视学开展的一系列视导活动,在招生考试的报名资格、试题命制、阅卷过程等方面对学校招生管理发挥了监督作用。

4. 积极参与兴办、整顿实业教育及职业教育

民国时期,在实业救国思想影响下,各地大力兴办实业教育。1913 年 8 月

① 教育杂志社.记事[J].教育杂志,1913,5(10).
② 教育杂志社.记事[J].教育杂志,1915,7(1).
③ 教育杂志社.记事[J].教育杂志,1918,10(5).
④ 教育杂志社.记事[J].教育杂志,1919,11(2).
⑤ 教育杂志社.记事[J].教育杂志,1917,9(7).

15 日,教育部颁布了《实业学校令》,指出"民国新立,尤以实业为急务"。① 由此带来职业学校数量猛增,教学质量急剧下降。于是各地纷纷采取措施,加强督察指导。例如,江苏为促进实业教育和职业教育的发展,由省教育会函请省视学随时注意督促实施职业教育,并就已办之职业学校或设有职业科之小学,将其状况通知该会。② 为了加强职业教育,江苏、浙江、江西、云南四省于 1923 年联合提出,鉴于当时各省职业学校已逐渐发达,在未设总机关,未有系统计划之前,教育官厅应请专家分任各种职业教育指导员,前往各县职业学校及职业教育机关视察指导,以期早收实效,"较诸普通省视学之视察,必更为得益,并认为,此制江苏省已在试行,各省职业教育机关亦甚发达,或可参考办理"。③ 蒋维乔在视察湘省甲种工业学校后评价说:"方今实业学校办理方法多与社会不相应,是校独能注重日用物品,庶几能取信于社会。"④教育部视学人员在视察吉林省立甲种商业学校后认为,该校办理不甚合法,未见发达。乙种实业学校由于款项支绌,教员缺乏,致使规模狭小,功课亦缺完备。而江西省实业教育除农林专门学校、工业专门学校外,该省应有之甲种实业学校、县立应有之乙种实业学校未见一处,亦未筹划及此,视学要求该省振兴实业学校。湖南省甲种工业学校,"学生勤于实习",但"工场管理未甚注意"。甲种农林学校、甲种商业学校,"或校长未得人,或教授未得法,均须大加整理。湖北省实业教育养成所校长得人、编制有法,各科教授尚见精神。甲种农林学校,器械、标本极形缺乏。甲种工业学校,工场实习颇能整齐"。⑤ 1936 年 12 月 7—9 日,教育部召开全国职教讨论会,提出《各省厅局应设专任办理及视察职业教育之人员案》并由会议议决:"就督学或指导员中须指定一人或二人,并临时聘请专门人才,专任视察各级职业学校。"可见当时督学对职业教育的督导不但责无旁贷,而且"急不容缓"。⑥ 教育部在 1935 年度行政计划中,还"专门安排督学继续视察各省市职业教育,并编印视察报告第二册"。⑦ 为了推动各地重视职业教育的发展,督学也奔走呼喊其间。章伯寅在参观江苏省立第二工业学校后认为:"各科工场设备

① 中华教育界杂志社.法令[J].中华教育界,1913,2(8).
② 参见:教育杂志社.记事[J].教育杂志,1916,8(10).
③ 教育杂志社.全国教育联合会之苏浙赣滇四省提案[J].教育杂志,1923,15(10).
④ 教育杂志社.教育界消息[J].教育杂志,1916,8(4).
⑤ 视察学务总报告[M]//璩鑫圭,童富勇,张守智.中国近代教育史资料汇编·实业教育 师范教育.上海:上海教育出版社,2007:255—261.
⑥ 教育杂志社.记事[J].教育杂志,1935,25(2).
⑦ 教育杂志社.记事[J].教育杂志,1936,26(3).

完整,实习便利,引擎间尤为机械发动之枢纽。校之附设土木学会,有杂志发行。学生方面有织物花样印行,均系极有价值之作。"①民国实业教育和职业教育能在短期内有所发展,并逐步走上正轨,除了得益于国家政策的引导以及有识之士的倡扶外,与视导人员的监督检查、辅助策进也是分不开的。

5. 筹划办学经费

教育经费是发展教育事业的基本物质前提,"对于近代中国来说,确立有效的教育经费制度,在发展教育事业方面显得尤为重要"。② 一方面,中国人口众多,国民受教育程度普遍低下,想要改变这一面貌,就必须加大基础教育的投资力度,具体来讲就是扩大学校规模,扩大教师队伍,提升办学条件,而这些都需要政府和民间投入大量的资金;另一方面,要加快经济发展速度,人才是关键,而人才的培养离不开中等和高等教育的发展,面对近代中国中等技术人才和高等专业人才匮乏、亟须改变的现实,拓展教育规模,提高教育质量刻不容缓,这些同样需要大量经费。民国初期,由于清末西方列强掠夺、割地赔款,国内战争连年、经济衰败,农业落后,工商业刚刚起步,国家经济已处崩溃境地,加之清政府原有的税收系统在革命中已完全瓦解,而新的税收体系又无法一蹴而就,当时的教育经费捉襟见肘,筹措无着,民国教育改革和发展举步维艰,面临着无米之炊的局面。

北京政府甫成立,各地就开始统计军兴以来教育损失状况,迭报中央请求拨款重振教育。教育部接报后,立即回复地方各民政长,"本部成立伊始,凡学制系统、学校规程务欲草订颁行,惟事体重大,条理繁复,非征集全国教育家意见,折中厘定,不能推行",并承诺赶在暑假以前召集教育会议,颁布各项命令。在各项命令未颁布以前,"请饬所属主管官署筹集经费维持现状,勿使全国学子有半退废学之患"。③

蔡元培到部后,在与部员谈话时强调,"国家无论如何支绌,教育经费万难减少"④,并通过各种渠道竭力扩大教育经费数额,增加教育收入。根据民国初年中央和地方税划分标准,确定了各级教育经费的分派:中小学经费由省县地方负担;大学经费由中央负担或逐渐由中央负担;专科学校除少量直辖者由中

① 璩鑫圭,童富勇,张守智.中国近代教育史资料汇编·实业教育　师范教育[M].上海:上海教育出版社,2007:489.
② 李国钧,王炳照.中国教育制度通史(第七卷)[M].济南:山东教育出版社,2000:230.
③ 教育部请饬各省维持教育现状等电[N].政府公报,1912-05-11,11(1):139.
④ 蔡元培.蔡元培全集(第二卷)[M].杭州:浙江教育出版社,1997:164.

央负担外,省设立者由省负担,私人设立的大学与专门学校以及各种学术团体,由中央酌量补助。① 为了了解各地方及学校经费筹措情况,教育部1913年1月公布的《视学规程》要求,视学每至一地应视察"学校经济状况"。如1913年教育部视学对第一区(直、奉、吉、黑)进行了学务考察,在学务视察报告中对直隶教育经费就有确切记载:"该省教育经费,民国二年份收入支出应有百五十余万元,唯原设四路师范学校经费,明年尚需续筹。即此一端,已见该省教育经费支绌之一般。据报经费表中,天津县小学经费就中开支者达十余万元,清苑县小学经费仰给省款,数亦甚多;此外补助私人或私人设立之学校,为数亦巨。"②"各县与市乡的教育费之筹集方法虽各不相同,大致县有学务自县公产筹出;如书院旧产及其他旧产之类,另以他费略补助之。市乡小学则分市乡均摊亩捐两种:市乡均摊系市乡自由筹集,其款多不可靠;亩捐则依一定钱数缴纳,收数较有把握也。"③

视学在视察过程中发现,各地方教育发展多滞碍于经费不足,于是或多方呼吁,或出谋划策。1915年,袁希涛作为教育部视学至湖南、江西两省考察,发现江西省地方附加税提归中央多至七成以上,以致该省各县所存公益费数目极少,通常每年只有数百千文留供教育、实业二者之用。袁希涛认为,江西省"教育经费最绌"的原因在中央。归京后,袁希涛"即具报告书呈经总统亲予批阅,颇蒙嘉奖,提出数节,交财政、教育等部核办"。④ 1917年,教育部视学李步青至湖北省视察学务,见湖北教育现状颓败至极,主张地方附加税与川鄂汉米捐股一并争回,为扩充学务之用,并在省署特别召开的由各校长及省道各视学列席的教育会议上提出争款办法。"谓湖北学款困难,现在五五附捐,仅足为省区中学之供给,亟应退还各县,另筹大款补救",并建议汉冶萍公司欠鄂之款共500余万、川鄂汉路米捐百余万,应努力索还,则湖北教育方可扩张。⑤

6. 平息学潮

民国初期由于各种原因引发的学潮在全国范围内此消彼长,督学通常临时受命,处理学潮、罢课、罢免不称职校长教师等突发事件,或参与处理视察中发现的个别、局部问题并提出改进意见。如1923年江苏省海门中学因不满校长

---

① 参见:李国钧,王炳照.中国教育制度通史(第七卷)[M].济南:山东教育出版社,2000:230.

② 舒新城.中国近代教育史资料(上册)[M].北京:人民教育出版社,1981:309.

③ 同上:309—310.

④ 教育周报社.中央纪闻[N].教育周报,1915:10(102).

⑤ 参见:教育杂志社.记事[J].教育杂志,1917,9(4).

行为,要求罢免之,但地方当局敷衍祖护,因此学生与学校及地方教育主管机关发生冲突,为了平息事端,江苏省教育厅派省视学前往处理。省视学与学生多次商谈未果,一直到"省视学允换校长"①,学生才复返课堂。同年,省立安徽第四师范学校学生因反对校长,该校长乃开除学生十余人,又请知事拘押学生数人,学生请愿撤校长。省视学调停无效,厅令暂行停办。② 最典型的是 1925 年,北京女子师范大学学生因不满校长杨荫榆任人唯亲、独断专行、排斥异己的行径,要求当局罢免杨及杨的后台(即教育总长章士钊),引发了冲突与风潮。8 月 6 日,教育部派部视学张邦华等人赴国立女子师范大学,才暂缓紧张气氛。③ 1926 年,长春第二师范学堂忽发生组党,张作相得报后,严令教育厅彻查究竟,从严惩办。一时教育界方面大起恐慌,教育厅派省视学张书桥赴该校查办。旋经该视学详查具复,据称此事仅刘某与少数学生同谋,其余并不知情,亦未有入党情事。惟该校张校长事前毫无觉察,咎实难辞,业经教育厅撤换,另委赵雨琴接充。④ 1935 年,因东北渐失,学生爱国热情高涨,沪市各校请愿学生 2 000 余人,地方当局本拟劝导学生返沪,但是学生坚不允从,致两列火车一止于昆山,一止于苏州。教育部遂派简任督学郝更生、孙国封等赶赴昆山、苏州两地劝导学生。河北省于 1936 年在划定视导区时甚至作出规定:"按照该省实际情形,划为保定、北平、正定、邢台、大名、泊镇等六视导区,每区设督学一人,除负视导专责外,遇有学潮或其他危急事件发生,并得协同当地行政机关迅速解决。"⑤此外,视学的建议对中央教育政策的制定也有直接影响。如教育部在得到"近年来各省小学,其教授法多不合宜"的反馈后,重新制定小学教育概要 11 条。⑥

综上所述,民国初期,教育事业在各个领域有所革新和发展,虽然得益于多方面的原因,但视学发挥的作用不容忽视。

(二) 民国教育督导制度的不足

如前文所述,民国教育督导在运作过程中出现了各种各样的问题,也不断受到各方面的批评和指摘,这里不赘述,仅就制度本身在运作过程中存在的问

---

① 教育杂志社.民国十一年度学校风潮表:中等学校(三)[J].教育杂志,1923,15(7).

② 参见:教育杂志社.民国十一年度学校风潮表:中等学校(一)[J].教育杂志,1923,15(7).

③ 参见:教育杂志社.北京女子师范大学之解散与停办[J].教育杂志,1925,17(9).

④ 参见:教育杂志社.赤化名词与全国教育界之恐怖[J].教育杂志,1926,18(12).督学的此种活动实际上阻碍了进步的革命青年追求真理的热情,阻碍了马克思主义在中国的传播,充当了反动政治势力的帮凶。

⑤ 防范学潮[N].大公报,1936 - 11 - 22.

⑥ 参见:教育杂志社.记事[J].教育杂志,1915,7(6).

题作一评述。

1. 机构重复

民国教育督导机构从中央教育部到地方教育官厅,既有普通的视导组织,也有特设的视导组织,如教育部 1921 年设立的专门以上学校视察委员会,1928 年设立的驻外华侨视学员等。1937 年 7 月 1 日,教育部颁布《省市义务教育视导员规程》,规定各省市教育厅设义务教育视导员若干人,视导及推进全省义务教育事宜。省市义务教育视导员于指定之视导区内长时川驻,并对各省市义务教育视导委员会负责。同日,教育部颁布《县市义务教育视导员规程》,规定县市教育局或县政府教育科设义务教育视导员若干人,分区视导全县义务教育,县市义务教育视导员以原有区教育委员或中心小学校长充任为原则,其未设上项人员或已设而员额不足分配之县市,应以县市督学、指导员、教育局科内适当职员及优良小学校长等兼任义务教育视导员,并由县市政府给予义务教育视导员名义。①

1939 年 2 月 15 日,教育部颁发《各省市实施分区辅导职业学校办法大纲》,要求各省市组织辅导委员会,由教育厅局长、专管科长、督学、各专科学校校长、大学农工商医等学院院长及生产建设军事、工业机关主管人员为委员。各大学专科学校之辅导工作,由学院院长或校长、科系主任及教授,会同区内生产建设、军事工业机关主管技术人员,组织实施辅导工作委员会处理之。其办事机构设于相关大学或学院。②

1940 年 8 月,民国政府教育部公布《师范学院区中等教育辅导委员会组织通则》,规定中等教育辅导委员会由师范学院院长、教授,教育厅局长、主管科长、督学及由教育厅局指派的中学校长组成。其办事机构设于相关大学或学院内。根据 1940 年《师范学院辅导中等教育办法》和 1943 年《师范学校辅导地方教育办法》等法令,在各省市教育厅局设立辅导员。1945 年,为切实推进边疆教育,教育部特设边疆教育督察员,对教育部边疆教育委员会负责。由此可见,当时既有设立于各级教育行政机关内的视导机构,还有设立于各级师范院校或大学内部担负视察指导之责的教育辅导组织,民国教育督导机构设置的繁杂重复可见一斑。

2. 名称混乱

民国教育视导不仅机构重复、队伍庞杂,而且名称混乱。教育部的视导机

---

① 教育部.教育法令汇编(第三辑)[M].南京:正中书局,1939:9—10.
② 教育部.教育法令[M].上海:中华书局,1947:264—265.

构有称视学室、视学处、督导室的,视导人员有称视学、查学、督学、视学员,或称专门教育视察员、社教督导员、边疆教育督导员,等等,名称繁多;省市教育官厅的视导机构名称有视学处、督学室、视导室,视导人员或称视学、督学、指导员、视导员,或称专科视察员、社教督察员、义教督导员等;县市教育局、教育科视导机构称督学组、视导室、督学室等,视导人员称视学、督学,而县以下的学区视导人员则称为区教育指导员、教育委员等。教育部 1921 年设立的专门以上学校视察委员会,其工作性质虽然等同于当时的教育部视学,仅因视察对象不同,其称呼及所隶部门也不相同。1928 年颁布的《大学院驻外华侨视学员条例》,称调查及倡导华侨教育的视导人员为驻外华侨视学员。1945 年颁布的《教育部设置边疆教育督导员办法》,称检查督促边疆教育的视导人员为边疆教育督察员。甚至还有体育督学、美术督学、卫生指导员、音乐指导员等,这些称呼有的缘于某专项教育督导,有的则是对教育视导人员的泛称。总之,民国视导人员名称混乱确是不争的事实。

3. 职责不清

就职责而言,一方面,民国教育视导人员的视导任务宽泛、笼统、繁重,举凡教育行政、教育经费、学校行政、课程、教法、训导、卫生、各级教育之视导,均由一二视导人员负责;另一方面,教育视导任务显得交叉重复。如,1937 年 7 月 1 日教育部颁布的《县市义务教育视导员规程》规定,县市义务教育视导员,对于所担任视导区内之各种实施义务教育之小学应作个别详细视导,每一学期至少视导两次以上,并对区内实施义教的一切事宜,应负主持督策之责。此外,并得"兼视导区内之初等教育、民众教育及其他特种教育事项"。[①] 这无疑与县市本已设立的普通督学的督导工作发生重叠。

另外,根据当时教育法规,一方面,乡镇中心学校有辅导各保国民学校之职责;另一方面,师范学校设置地方教育辅导委员会,对同一行政区内的国民教育也有实施辅导之任务,而各县市督学仍要按章程规定,视察其所辖范围内的国民教育。1939 年颁布的《各省市实施分区辅导职业学校办法大纲》规定,辅导委员会由教育厅(局)长、专管科长、督学等来组织,实际上又增加了普通督学的工作任务。另外,对各级督学规程稍作比较可以发现,督学视察的任务基本相同。分析当时督学的视察报告亦可发现,无论是教育部督学、省市督学还是县督学,他们的视察对象几乎都包括各级教育行政机关,如教育厅、教育局、教育科及地

---

① 教育部.教育法令汇编(第三辑)[M].南京:正中书局,1939:9—10.

方政府和各级有关系之官员,也包括各级办学机关,如各级各类学校、教员、学生等。由于教育部督学、省市督学、县督学的视察重点不明确,不突出,无形中造成了上级督学与下级督学在视察对象上的重复、交叉。此类现象正如时人所评:"这等看来,我国现行教育视导制度,不免有重复之嫌。"[①]而且因"各级视导人员的名义庞杂,职权难以划分清楚,以致时有越俎代庖或相互推诿之事发生"。[②] 总的说来,从所颁行的法令看,"教育行政部门自始至终都侧重于执行部门的权责,视导部门有变为执行部门附庸的趋势"。[③]

4. 行政与视导未能密切联系

就视导组织而言,民国时期虽然在形式上建立了中央、省、县三级视导网络,"但是各级教育视导机构之间缺乏一贯的系统和有机的联系","视导组织既有松懈脱节之病,视导效率自无法提高",[④]主要表现在以下两个方面。

从纵的方面看,中央和各省、各县视导组织未能有机串联起来,形成一个互通声气、上下联系的网络,各级视导人员之间缺乏联络,以致各自为"视"。部督学与省督学间、省督学与县督学间,缺乏相互联络与沟通。再加上视察任务时有重复,省督学与县督学的主张经常不一致,而使被视察对象无所适从,甚至出现县市督学与辅导人员因观点不同,意见不一,反使一般教师不知所措。

从横的方面看,甲省督学与乙省督学间、甲县督学与乙县督学间亦缺乏相当的联络。如甲县试行某项制度已告失败,乙县犹茫然试行,乙县已解决之问题,甲县尚无方法以应付。就视导人员与行政机关而言,他们之间亦缺少沟通。一方面,表现在行政机关对视导人员之报告与建议,往往视为官样文章,重视程度不够或不予理会,而视导人员亦视其所视、导其所导,不以教育设施、教育计划、教育法令为依据,以致教育政令无法推行,视导中发现的问题无法纠正,视导建议无法见诸实施;另一方面,教育行政机关与视导人员的工作不合拍。例如,教育行政机关急于了解甲校的办学实际情况,而视导人员却去了乙校;教育行政机关欲了解教员的教学情况或某种教材的使用情况,而视导人员可能重点检查了校舍建筑、学校卫生、在校学生人数;教育行政机关欲办理社会教育,视导人员可能着重视察了国民教育,诸如此类的情况往往使视导工作缺乏针对性和时效性。

① 吴培元.基本教育推进声中我国国民教育应有之觉悟[J].教育杂志,1948,33(10).
② 孙邦正.教育视导大纲[M].上海:商务印书馆,1944:51.
③ 孙培青.中国教育管理史[M].北京:人民教育出版社,1997:442.
④ 孙邦正.战后中国教育视导[J].教育杂志,1947,32(4).

（三）民国教育督导制度的特点

民国教育督导在建立之初就非常注重制度建设,在机构设置、督学资格、队伍管理、视察方法、视察标准等方面都有详细规定,为现代教育督导制度的建立奠定了基础。这是民国教育督导的成功之处,前面已有详细分析。在此,拟从教育行政学、教育管理学等学科视角,对民国教育督导制度的特点作一分析,以为当今教育督导制度的借鉴和观照。

1. 具有直接和间接的行政权力

一般认为,"权威是指得到普遍承认的组织、集团或者个人对一定社会生活领域所起的影响。这种影响所产生的后果是,其他人在自己的生活和观点中服从或依赖于这个组织、集团或者个人"。[①] 从伦理学的角度来看,"权威是表示个人品性和人际关系的道德概念"。"从道德意义上讲,权威的含义是作为对社会发生影响的一种力量,它能使人们信服和服从,并指导着人们在一定范围内的活动,因而具有一种纪律的形式;作为人和人之间的一种关系,表现出大多数人对个别人(权威体现者)的仰慕、崇敬和追随。"[②]从这些解释中可以看出,权威是一个表示社会关系的概念,它体现为一种支配与服从,或影响与被影响的关系。据此,教育督导权威可以理解为教育督导机构和督导人员对被督导者所产生的使之信赖、服从的力量。而"行政乃是为完成或实现一个政权机关所宣布的政策而采取的一切活动",[③]是"国家的组织活动",[④]代表国家行使权力,执行国家的意志,从事国家的管理活动。行政的特性表现为行政必属于国家,行政的权限由法律规定,行政行为必须依据法规,行政必须是处理公务。[⑤] 教育行政是"权力机构使教育政策现实化"或"使国民的教育和学习活动有组织化,并使之有体系地展开,公共权力机构按照教育政策,配备完善教育诸条件之行政过程"。[⑥] 教育行政的管理对象是教育事务,教育行政是对教育事务的管理;教育行政的目的在于达到教育的目的;教育行政应兼顾有效及经济两个方向,即中央和地方对所属教育机构,以计划、执行及督导等项工作,以经济有效的方法促

---

① ［德］阿·科辛(A. Kosing).马克思列宁主义哲学词典[M].郭官义,等,译.北京:东方出版社,1991:286.

② 宋希仁.伦理学大辞典[M].长春:吉林人民出版社,1989:323.

③ 转引自:彭和平.公共行政管理[M].北京:中国人民大学出版社,1995:4.

④ 马克思恩格斯全集(第一卷)[M].北京:人民出版社,1965:479.

⑤ 参见:王健刚.行政领导学[M].济南:山东人民出版社,1985:24.

⑥ 陈永明.教育行政新论[M].上海:华东师范大学出版社,2002:206.

进教育事业的发展,实现国家教育目的。① "教育行政管理也是国家意志和权力的重要体现,教育宗旨、教育政策法规的制定和贯彻执行都带有明显的强制力",教育行政管理具有"政治性、公共性和强制性"。②

教育督导作为教育行政的作用之一,③"总是要反映统治阶级的意志"。④从历史起源来看,教育督导在我国教育史上从来就是作为一种体现统治阶级教育意志的权力形态出现的。因此,为国家行政权力所支持的教育督导被赋予了"社会关系中的某一行动者能处在某个尽管有反抗也要贯彻他自己的意志的地位上的可能性"⑤的行政权威。行政权威是一种合法性权威,"在现代社会中主要来源于法律"。⑥ 在行政组织和制度体系中,通过教育法律、法规的确立,各级政府和教育部门的行政人员具有法定的职位和行使职责的权力。民国教育督导人员依据各级各类教育视导法规获得一定的职位,同时获得与其职位相应的行政领导权威。这种权威的合理性,建立在个人自愿服从的基础之上。自愿服从又以形成个人价值氛围的"信仰体系"为基础。韦伯把个人自愿服从的体系视为合理性和合法性体系,在这种正当性和合理性的"信仰体系"支持下,任何来自领导权威的命令都会得到个人的遵从。因此,个人对统治者的服从不是基于其血统、世袭地位或感情依恋,而是根据人们所认可的合法秩序或法律法规。服从不是对个人个性的服从,而主要体现在对法律规定的某个职位上的领导者的服从。⑦

从行政学的立场看,教育行政是"指令性行政",它通过制定教育管理的强制性措施,发布行政决策命令等行政手段,直接指挥教育工作。教育督导则属"指导性行政",它对教育工作所进行的视察、监督、检查、评估、指导等督导行

---

① 参见:陈永明.教育行政新论[M].上海:华东师范大学出版社,2002:203.

② 国家高级教育行政学院.新中国教育行政管理五十年[M].北京:人民教育出版社,1999:3.

③ 陈永明引用美国教育行政专家的观点,认为教育行政作用有四:一为立法或计划;二为行政或设施;三为视察;四为指导。参见:陈永明.教育行政新论[M].上海:华东师范大学出版社,2002:295.

④ 国家高级教育行政学院.新中国教育行政管理五十年[M].北京:人民教育出版社,1999:3.

⑤ "现代社会学之父"、德国社会学家马克斯·韦伯(Max Weber)给权力下的定义:"权力是一种社会关系中的某一行动者能处在某个尽管有反抗也要贯彻他自己的意志的地位上的可能性。"转引自:吴志宏.教育行政学[M].北京:人民教育出版社,2000:144.

⑥ 黄崴.教育管理学:概念与原理[M].广州:广东高等教育出版社,2002:209.

⑦ 参见:魏娜.转型时期我国行政领导权威的特征与发展趋向分析[J].中国行政管理,2001(7).

为,均非"行政指令",都是通过科学的说理、论证等阐明正确的观点与方法,甚至进行示范性指导,使督导者心悦诚服,自觉接受,从而内化为行动以改进工作。它向行政首长提供的"督导报告"只是作为一种反馈咨询意见,只有在被行政领导采纳,成为行政决策的内容并发布实施之后,才能发挥直接的行政作用。因此,教育督导行为所产生的是一种间接行政作用。

通过对相关史料的整理分析可以看到,民国视导人员有相当的权力。民国时期制定颁布的教育督导法律、法规赋予并保证了督导人员具有较强的行政权力,特别是指令性行政权力。例如,视导员对教育行政机关、各级各类学校、学校校长、教职员等办学人员的办学成绩具有直接或间接奖惩权、检定权和考核权。对克尽厥职的教职员和办学完善、管理有序的学校,视导员可以转请该管机关给予表彰奖励;对热心教育事业并具有成绩和声望的地方人士,视导员可以转陈该管地方政府给予褒奖。又如,凡学校一切兴革规划,均由视导员督促实行,有不合处,可以立即加以指导。视导员所辖的学区,以该视导员为领袖,所有关于教育行政事项,均由该视导员酌量办理。甚至视导员对于学校经费的支给、用具教具的购置或领取等具有批核之权。再如,视学员视察学校、教育行政机关时可以随时查阅相关簿册、教师的备课笔记、作业批阅情况,甚至可以事先不告知即进课堂听课,检查教师课堂教学组织能力是否合格,课堂教学内容是否合规,课堂教学方法是否得当,甚至为了视察需要,有权改变学校的作息时间。视学还具有对学生的测验考试权,以检查其学业水平,对于不思学业进取,生性顽劣的学生,甚至可以直接勒令开除。由此可见,民国教育督导不仅具有直接的和间接的行政权力,而且其直接行政权力更加突出。

2. 专业化特征明显

民国教育督导的专业特征指来自督导机构及督导人员自身的专业威信,即学术权威。学术权威就其一般意义而言,"指学者在其专长的学科领域中,由其学术水平、学术资历和学术贡献所决定的学术地位和学术影响,以及与此相联系的学术声望和在相应学术组织承担的角色"。[①] 学术权威形成的基础是专家的学术专长,其行使的只能是基于行使人从其学科专业背景出发所形成和达到的专业水平和学术能力。学术权力主要来自专家、学者的学术声望,它属于个人魅力型权威,不是法律赋予的,也不是来自组织的委派和任命,它是"专业的和学者的专门知识,是一种至关重要的和独特的权力形式,它授予某些人以某种方式支配他人的权力"。① 换言之,学术权力是一种感召力,它的合法性在于非凡的个人魅力,如学识、能力、人格、气质等。

教育督导的专业权威(或称学术权威),是指教育督导领域的专家和学者们掌握了教育督导理论,其学术水平、学术资历和学术贡献在教育督导领域具有一定的影响,并享有一定的地位。学术权威的确立有利于引领教育督导理论研究的开展,提高教育督导理论水平,为教育督导的健康发展提供理论保障。同时,教育督导学术权威可以凭借其在教育界的声望和影响力,对先进的教育督导理论和教育督导方法进行广泛宣传,调动社会各界参与教育督导工作或关注教育督导工作。更为重要的是,教育督导学术权威可以组织学术力量开展攻关研究,解决教育督导领域的难点和重点问题,促进教育督导理论体系的深入发展,指导教育督导工作方法更加完善有效。

民国教育行政机关通过对督学任职资格的不断调整,实现督学任职资格从官僚型到学者型,从注重行政经验到偏重专业素质的转向,②并通过对督学任职前的考试、任职中的考核、培训,不断提升、强化教育督导工作者的专业能力和教育督导工作的专业特色。比如,部督学要求曾任教育职务四年以上并具有公务员资格,或任大学校长、教育厅长一年,或任大学教授六年方可任职。省视学要求大学教育科、高等师范学校或师范大学毕业,且有教育经验,或国内外专门以上学校毕业,具有教育学识及两年以上教育经验者方可任职。县督学要求大学校教育科、师范大学毕业且具有一年教育经验,或师范学校专修科毕业,曾任教育职务两年,或大学校或专门学校毕业,曾任教育职务三年以上方可任职。可见,民国时期对视学的学历、教育经历、教育行政经验等都有比较高的要求,这在一定程度上保证了教育督导队伍的专业素质和能力。

3. 组织网络健全

我国近代教育督导制度始于清末,但发展并不成熟,没有建立专门的督导机构。至民国初期,部、省、县三级教育督导体系及督导机构开始逐步完善(见表7-2)。

① [美]伯顿·克拉克(Clark Burton R.).高等教育系统[M].王承绪,等,译.杭州:杭州大学出版社,1994:186.

② 例如,教育部1931年修正公布的《省督学规程》,明显兼具了学识、经验两项。参见:薛人仰.中国教育行政制度史略[M].台北:中华书局,1983:191.

表7-2　民国初期的教育督导体系

督学名称	委任机关	督导机构名称	督学人数	督导内容	督导权限
部视学	教育部	视学室	4—6人	全国教育事宜;教育法令推行事项;学校教育事项;社会教育事项;地方教育行政事项;其他与教育有关事项;部长特命事项等。	视察前毋庸提前通知;必要时可变更教授时间;查点学生名额;试验学生成绩;查阅各项簿册;随时纠正违法事项。
省视学	巡按使省长	督学室视导室	4—8人	全省教育事宜;教育法令推行事项;中等以下学校教育事项;社会教育事项;地方教育行政事项;地方教育经费事项;义务教育事项;地方教育人员服务及考成事项;主管教育行政长官特命事项等。	视察前毋庸提前通知;必要时可变更教授时间;查点学生名额;试验学生成绩;查阅各项簿册;随时纠正违法事项。
县视学	县知事	督学组督学室视导室	1—3人	全县教育事宜;各区教育法令施行事项;各区学务计划进行事项;各区教育经费及学校经济实况;各区学龄儿童就学及出席实况;各校卫生体育及卫生健康状况;社会教育及其设施状况;幼儿教育及特殊教育设施状况;学务职员执务状况;主管长官或省视学指定事项。	查阅各项簿册;试验学生成绩;可变更教授时间。

民国时期虽然成立了三级督导机构,但机构名称并不一致,且隶属关系也各不相同。除部视学机构隶属于教育部外,地方视学机构有的独立于同级教育行政部门而与其并列,有的隶属于同级教育行政部门并受其辖制。由于隶属关系不同,督导机构执务的权威和效率受到影响。

从表7-2可以看出,民国各级教育督导机构职责清晰,虽然督导内容时有重叠交叉,但督导重点不尽相同。部视学主要督查地方各级政府、教育行政部门和办学机构对国家教育方针、教育政策的贯彻落实情况,同时对地方各级视学有辖制权。省视学主要对本省辖区内的教育教学情况进行督查,包括辖区内的教育行政、办学经费、办学设施、学务人员的检录考评等,对辖区内县视学有辖制权。县视学主要督查所在县域范围内各区对教育法令施行情况、学务计划执行情况、教育经费及学校经济情况、各区学龄儿童就学及出席情况、各校卫生体育及卫生健康状况、社会教育及其设施情况、幼儿教育及特殊教育设施情况等。概言之,民国教育督导从宏观——检查国家教育政策和法令的执行落实情况,到中观——检查地方政府教育行政,再到微观——检查办学机构的日常教育教学常规管理和教师教育教学能力,形成了一个重点突出、相互补充的视导网。

4. 法律体系完备

教育督导法制建设是衡量教育督导制度完善与否的重要标志,它对确立教育督导的法理性权威和开展教育督导工作发挥着重要作用。[①] 民国时期,从督学的职责权限到薪酬待遇,从旅费川资到仪容仪表,从在署办公到外出巡视,均制定了一系列法规章程。如为了规范部、省、县视学督导工作,教育部先后颁布了《视学规程》(1913)、《省视学规程》和《县视学规程》(1918)、《督学规程》(1929)、《教育部督学规程》(1931)、《省市督学规程》(1931)、《教育部聘任督学及专门人员选用规则》等,对各级督学的视察内容和范围、视察权限和程序、视察经费和任职资格等作了具体规定。

为了保证教育督导工作的有序开展,提高教育督导的针对性和工作效率,教育部还颁布了许多工作细则。如《视学处务细则》(1913)规定了视察时间、视察前的研讨与准备、视察行程和顺序、视察报告的格式与种类。《视学公费规程》(1915)和《修正视学公费规程》(1917)明确了督学外出所用经费项目及额度,甚至连督学外出费用的报批时限都作了规定。《视学室办事细则》和《教育部督学办事细则》(1931)、《教育部督学服务细则》(1943)等对督学留部时间和外出视学时间作了规定,以防虚图其位,耗糜公费。

为了加强对高等专门以上学校的督查,教育部 1920 年颁布《专门以上学校视察委员会章程》,次年又颁布《专门以上学校视察委员会视察细则》,在教育部成立专门以上学校视察委员会,规定了视察委员会委员的任职资格和视察学校时应注意的事项。1937 年,为了推进义务教育,教育部颁布了《省市义务教育视导员规程》,令各省市增设义务教育视导员,常驻各义教区,视导法令推行、计划实施、设备改进等事项,并兼理各区初等教育、社会教育及其他特殊教育事宜。为了推进边疆,教育教育部还颁布了《教育部设置边疆教育督学员办法》。

从条文上看,这些法规有如下特点:一是具体明确,且具有很强的可操作

---

① 王璐.教育督导制度法制建设的国际比较研究[J].比较教育研究,2011(3).

性;二是内容缜密周全,事无巨细;三是由中央政府及教育部颁行的法令多,各省市自行颁布的规程和法令少;四是针对教育部督学的法令多,针对省市县督学的法令少;五是法律规章前后重复,甚至朝令夕改,缺乏统筹规划,有仓促应急之嫌。这些规章制度连同地方出台的相关规定,构成了民国教育督导的法制网络。虽然这些法规在执行中不免会走样,有的规程甚至交叉重复,但不可否认的是,这些法规章程保障了民国教育视导工作有法可依,有章可循。

5. 督学督政并行,监督指导并重

教育督导的任务是对同级或下级政府及其有关职能部门的教育工作、下级教育行政部门、学校和其他办学机构及其举办者的工作进行监督、检查、评估、指导,保证国家有关教育方针、政策、法规的贯彻执行和教育目标的实现。教育督导工作的对象包含三个层面:下级政府,下级教育行政部门,学校和其他办学机构及其举办者。因此,"普通教育行政的督导对象既有下级政府和教育行政部门,也有学校,即既要'督政',也要'督学'"。[①]

(1) 督学与督政并行

督学,就是依据法律法规规范学校的办学行为,包括教育、教学、管理等各个方面。这是教育督导的一项长期的、经常的、不可或缺的工作。督政与督学是一个有机的整体,两者缺一不可。督政是为了督促政府加强对教育的宏观领导,落实教育法规,为教育的改革和发展营造良好的环境。督政的效果要落实在学校建设、人才培养、事业发展上。督学是为了督促学校加强管理,全面贯彻教育方针,全面提高教育质量。两者紧密关联,互为前提和依靠。只有督政与督学并行,才能更有效地推动教育事业的发展和教育质量的提高。同时,督政与督学在不同历史时期、区域和管理层次,工作的侧重点也不尽相同。

(2) 监督与指导并重

从字面上看,"督"包含"监督""督察""督查""督促"之义,"导"则有"教导""开导""导扬""指导""引导""导向""辅导"之义。因此,教育督导的职能可以归纳为两个方面,即监督和指导。也就是说,教育督导是通过对督导对象的检查评估,督促和引导其全面准确地贯彻落实国家有关教育方针、政策、法律法规,保证教育目标的实现。监督具有强制性,以法律法规为尺度去衡量、要求、纠正、规范督导对象的行为,也具有鉴定性。相比之下,指导不具强制性,它是友好的、民主协商式的帮助、批评、辅导。但两者又辩证统一。首先,两者的根本

①　萧宗六,贺乐凡:中国教育行政学[M].北京:人民教育出版社,2004:453.

目的都是为了保证教育目标的实现,这就决定了教育督导不是消极的检查、监督,不是惩戒性的结果处理,而是动态地分析研究问题,积极地引导、指导以改进工作。其次,"督"与"导"始终贯穿教育督导活动的全过程,两者互相渗透、互相促进、相辅相成,所谓"督之于前,鉴之于后,导贯其中"。如果仅以监督为主,督导人员就成了"钦差大臣""教育警察",容易给督导对象造成心理压力和畏惧感;如果教育督导仅立足于"导",则未能发挥其监督检查,从而陷入"失之于偏"的"督""导"关系一元论。

民国时期,教育政策的转向、法律章程的规定、社会对督导人员专业知识的高位期待、国内外教育督导理论的影响、教育改革和发展的实际需要,促使民国教育呈现督学与督政并行,监督与指导并重的趋势。特别是民国中后期,教育督导的指导与辅助功能更加突出,表现为:督学任职资格注重督学求学、治学经历与教育工作经验,督学名称由视学改为督学,督导观念淡化视察检查,提倡辅助指导,督学言行从官样批评到示范帮助等。仅以法律文本为例,1931年《教育部督学规程》中,"设督学4—6人,内二人简任余荐任,视察及指导全国教育事宜",与1913年教育部视学规程相比,多了"指导"二字。而该规程第三条也改为"视学应视察指导事项"。在地方上,江苏省教育厅增设分科指导员,加强对省内教育的视察指导,改变了以往"视学人员,系代表主管教育官厅,分往各地,对于各地下级教育官厅及所属学校,为居高临下之督察"。①

6. 视导方法以科学性代替主观随意性

科学方法是人们认识自然或获得科学知识的程序或过程,是人类所有认识方法中比较高级、复杂的一种方法。它具有以下三个特点:一是鲜明的主体性,体现了科学认识主体的主动性、创造性以及具有明显的目的性;二是充分的合乎规律性,使以合乎理论规律为主体的科学知识程序化;三是高度的保真性,以观察和实验及其与数学方法的有机结合,对研究对象进行量的考察,保证所获得的实验事实的客观性和可靠性。

"科学管理之父"泰勒在其所著《科学管理原理》(1911)中提出,管理是一门建立在明确的法规、条文和原则之上的科学。泰勒认为,科学管理的根本目的是谋求最高工作效率,而达到最高工作效率的重要手段就是用科学化的、标准化的管理方法代替经验管理。科学管理理论使人们认识到,管理学是一门建立在明确的法规、条文和原则之上的科学,它适用于人类的各种活动,从最简单的

① 常导之.增订教育行政大纲[M].上海:中华书局,1935:317—318.

个人行为到经过充分组织安排的活动。

无论从哲学方法论的角度还是从科学管理理论的角度看,工作方法的科学性既意味着特定的科学门类所使用的或对其来说恰当的探究的程序、途径、手段、技巧或模式,通常在步骤上是比较系统的、有序的、合乎逻辑的和有效的排列,又意味着处理科学探究的原则和技巧的学科,大体相当于"科学方法论"。

基于上述理解,我们认为民国教育督导的科学性体现在三个方面。

其一,督导制度的缜密与合理性。民国教育督导从教育部 1913 年颁布的《视学规程》《视学处务细则》《视学留部办事规程》等法规,到 1943 年的《教育部督学服务规则》、1947 年的《修正教育部组织法》,再到 1945 年教育部为推进边疆教育颁布的《教育部设置边疆教育督导员办法》等,共颁布了近五十部法律法规,涉及教育督导的各方面,大至教育部督学职数配置、任职资格、工作职责,小到视学进入教室听课时衣着要整洁,脚步要轻巧,面色要温和等行为规范,甚至连视学人员外出时需要领用多少张公文纸等都有明确规定。

其二,督导过程的系统性和有序性。民国教育督导的系统性和有序性主要体现在两个方面:一是编制视导计划。在每学年每学期末编订下一学年下一学期的视导计划大纲,拟定下一年度下一学期的视导计划。视导计划大纲具体到视导次数、被视导单位的数量、视导目的、视导日程等,以便视导工作按部就班地开展,避免视导工作的随意性和盲目性。二是督学行前准备,如召开行前会议,确定视导期限,明确视导内容,安排视导日期,以便在视导过程中遵照执行。在择定视导对象,选择视导方法,确定视导内容等方面,督学出发前进行充分论证筹划,甚至连外出视察时行走的路线、被视导单位的先后顺序、在被视导单位停留的天数、返回日期、视导中可能出现的问题、需要注意和特别需要办理的事项、需要统一向下级教育行政机关和办学机构宣达的教育政策,以及视导所需的各种表格等,都要在行前做好预案和准备。

其三,督导工具与评估方法的客观性。科学方法的特征之一就是不单凭主观经验。当时,社会对教育督导普遍有这样的批评,即督导人员常常凭主观印象或个人好恶对视导对象随意加以评判。由于缺乏统一尺度,针对不同督导对象的评价往往缺乏可比性,使评价失去了公正性、公平性、合理性。为了解决这一难题,教育部制定了视导标准,并将其转换成具体的、量化的、可操作的实施细则,还印制成视导表格,便于视导员分项目按要点量化打分。其实,在民国教育部于 1936 年专门发文征求各地意见与建议,征集各地已定之视导标准,作为嗣后颁布的《教育部视导试行标准》参照之前,许多省市教育厅局、县教育行政机关早就在这方面开展了一系列探索和尝试。如1923年5月13日奉天省教育厅制定《奉天省订定视学视察标准》,供视导人员视导时参照执行,有些省还依据视察标准,制成统一量表,便于逐条逐项对照打分。

7. 行政管理功能突出

美国管理学者认为,管理是通过发挥自身某些职能,"以便有效地获取、分配和利用他人的努力和物质资源,来实现某个目标",①或"为在集体中工作的人员谋划和保持一个能使他们完成预定目标和任务的劳动环境"。② 吴志宏和冯大鸣等人认为,管理就是"在组织中,有关人员对各种资源进行适当领导、组织和安排,以完成预定的目标和任务",它具有四个不可或缺的要素,即组织、目标、资源、效率。组织是管理活动的场所,目标是管理活动的方向,资源是管理活动的依靠,效率是管理活动所要追求的结果。③ 教育管理作为"人们在教育领域所从事的管理活动",其存在的意义不单单是为了领导教育,更主要的是为教育服务。正如有学者所指出的,"学校行政不是为存在而存在,它不过是一种手段,而不是目的……因此,学校行政只是为学生而存在,它的功效,必须通过它对教学作出的贡献来衡量;它永远必须是教学的仆人"。④ 也有学者认为,教育行政是服务于教与学的,是支援教与学的,是导引教与学的。没有教师的教学与学生的学习,教育行政就没有存在的必要。

教育督导作为教育管理的职能之一,其重要性首先体现在教育管理机关的工作职能中。刘文修认为,教育管理机关的主要职能有三大项:一为行政职能,包括工作的计划、执行、检查和总结,以及人事、财务、基建等具体工作。二为研究职能,包括调查研究和指导科学试验,发现新问题,解决新问题,并预测未来,找出发展改进方向。三为督导职能,就是把教育业务权深入到教育和教学的具体工作领域中去,派专职督导人员或业务主管人员到基层学校或下属单位去直接视察指导工作。"在这三项职能中,督导工作是重要的职能之一。通过督导工作,帮助各校具体地改进和提高教育质量。"⑤其次,教育督导的重要性体现在

---

① [美]丹尼尔·A·雷恩.管理思想的演变[M].孙耀君,等,译.北京:中国社会科学出版社,1986:2.
② [美]哈罗德·孔茨,等.管理学[M].黄砥石,等,译.北京:中国社会科学出版社,1987:11.
③ 参见:吴志宏,冯大鸣,周嘉方.新编教育管理学[M].上海:华东师范大学出版社,2000:4.
④ 转引自:吴志宏,冯大鸣,周嘉方.新编教育管理学[M].上海:华东师范大学出版社,2000:10.
⑤ 刘文修.教育管理学[M].石家庄:河北教育出版社,1999:320.

教育管理领导的方式中。刘文修认为："教育管理领导工作的方式主要有三：一是会议讨论的领导，二是书面文字的领导，三是到基层视察指导的领导。在这三种方式中，最重要而有效的是到基层去督导。"①此观点与民国学者的观点不谋而合："教育视导在教育行政中是占了很重要的地位，尤其是地方教育，如果不从视导上下功夫，一切设施必不能收到良好的效果。""要想教育行政实施尽利，除周详的设计、切实的执行而外，必须有严密的视导，才能克尽全功。"②

民国教育督导制度不仅在建立之初就具有了管理所必备的四个要素，而且在实际运作过程中，从教师授课、学生学习、学校设施、行政机关工作效率，到课程设置、教育政策法规的制定与修改，从监督检查学务，到帮助辅导教师增进教学效率，从查禁私学到推广义务教育等，都发挥了应有的管理功能，推动和促进了民国教育事业从旧到新的变革和发展。

二、 民国教育督导研究述评

通过对相关文献的分析，我们发现，虽然民国教育督导研究的方法仍然以比较单一的文献分析为主，但研究成果令人鼓舞。就研究内容而言，体现在对民国教育督导制度历史沿革的梳理，对民国教育督导制度得失的评析，以及对民国教育督导制度和视学规程的解读。就研究视角而言，从侧重对民国教育督导制度文本的描述，到开始尝试运用教育管理学、行政学、社会学、法学等多学科的视角审视民国教育督导。就研究重点而言，从侧重中央视学到开始转向注重地方视学，使民国教育督导的研究内容更加充实，民国教育督导制度的展现得更加生动丰富，并越发具有立体感，这是一个可喜的现象。就研究主体而言，亦呈现多元化趋势，涵盖了教育行政人员、专兼职教育督导工作者、高校和研究机构的专家学者，还有高等院校研究生和中小学教师。

（一）研究内容

通过对相关文献和研究成果的梳理发现，民国教育督导研究的内容呈多元化趋势，体现在以下六个方面。

1. 制度史研究

即以时间为主线，对清末视学制度到民国视学制度的历史沿革进行梳理和

---

① 刘文修.教育管理学[M].石家庄：河北教育出版社，1999：320.
② 沈慰霞，章柳泉，刘百川.教育行政[M].上海：中国教育研究社，1942：104.

分期。研究者基本循着两条路径探讨中国近代教育督导制度的历史渊源和时代背景。

一个是纵向路径。从清末中国近代教育制度创立,到近代教育行政体系建立,再到中国近代视学制度创立,研究者往往以重要法规的颁布为标志,勾画中国近现代教育督导制度发展的脉络。例如,《清末新政中的教育视导制度》对教育视导制度产生的背景、视导制度的标准、视导制度的影响和评价等方面进行深入研究,揭示晚清新政中视导制度对中国新式教育发展的促进作用,从正面肯定新政改革的积极作用。① 《论清末民国的视学制度》以借古鉴今为研究宗旨,重新审视中国视学制度的历史,以助对现行督导制度的思考。② 而《我国教育视导制度的历史沿革》③和《教育评估和督导》④抓住中国近代教育督导史上的几个关键事件,如《学部官制》(1906)、《视学官章程》(1909)、《视学规程》(1913)、《教育厅暂行条例》(1917)、《省视学规程》(1918)、《县视学规程》(1918)、《督学规程》(1929)、《教育部督学规程》(1931)、《教育部督学办事细则》(1931)等的颁布,清晰地梳理了我国教育视导制度的历史沿革脉络。《近代中国教育视导制度之沿革及研究述略》侧重于概述民国教育督导研究状况,对民国教育督导发展仅做粗线条的介绍。⑤ 研究比较深入的是《民国时期教育视导制度的再审视》,其可贵之处在于对民国教育视导制度发展的阶段作了具体划分:(1) 萌芽期(清末至民国建立),意在寻求建立教育视导制度以促进教育事业的发展,最终实现救亡图存;(2) 建立期(1912—1918),初步建立了统一的、完善的三级视导网络;(3) 发展期(1918—1949)。虽然这种分期方式有待商榷,但见仁见智,不失为一种有益的探索。黄崴的《现代教育督导引论》(广东高等教育出版社,1998)把民国教育督导制度的历史演进划分为两个阶段:第一阶段从1911年到1930年,即建立民国初期的教育视学制度;第二阶段从1930年到1949年,即建立民国后期的督学制度,但未作详细介绍。刘淑兰的《教育评估和督导》(华东师范大学出版社,2000)把民国教育督导的发展分为两个时期,即以南京国民政府建立为界,分为民国前期和民国后期,这种划分与黄崴的观点大致相同。

另一个是横向路径。从西学东渐到近代西方教育督导制度的引入,再到本

---

① 参见:闵晶.清末新政中的教育视导制度[D].长春:吉林大学,2009.

② 参见:黄克利.论清末民国的视学制度[J].郑州师范教育,2014(1).

③ 参见:毛家瑞,汪仁.我国教育视导制度的历史沿革[J].教育评论,1986(6).

④ 参见:刘淑兰.教育评估和督导[M].上海:华东师范大学出版社,2000.

⑤ 参见:周茂江,李丽华.近代中国教育视导制度之沿革及研究述略[J].求索,2007(11).

土化,研究者的笔墨主要落在西方教育制度的输入对中国近代教育行政制度的影响,特别是对清末民初教育督导制度的影响。例如《清末新政中的教育视导制度》用大量篇幅介绍了留日、留美有识之士在引介西方教育制度,推进中国教育督导制度发展进程中发挥的作用。《中国近代教育督导发源探析》则通过一些发达国家的教育立法和教育视导的经验研究中国近代视学制度。[①]

2. 民国督导制度解读与评判

这方面的研究在目前关涉民国教育督导的研究成果中占较大比重。研究者的旨趣在于通过对民国教育督导的得失比较分析,为今天教育督导工作的改进与提高提供可资借鉴的理论依据和实践经验。其研究特点是以民国教育视导规程的具体内容,特别是各时期所颁行的视学规程为切入口,对其文本进行解读、比较和评判。较有代表性的是《近代中国视学规程的产生、演进及其启示》,该研究通过对清末《视学官章程》和民初《教育部视学规程》《教育部视学支费暂行规则》及《视学处务细则》等一系列视学章程内容的描述、比较,分析我国视学规程的产生、演进及其对当今督导制度构建的启示。[②] 再如《民国时期教育视导制度的再审视》总体上以对民国时期视导制度相关历史资料的搜集与整理为基础,以制度变迁理论和社会角色理论为支撑,对教育视导制度的构建进行深层剖析;以视导制度的发展路径为核心,对实施者的角色进行定位和解读,总结视导制度发展的历史经验,针对现实需要,提出可资借鉴的经验。[③]

对民国视学规程阐释比较全面的是江铭主编的《中国教育督导史》(人民教育出版社,1994)。该著以清末民初几部具有标杆意义的视学规程为核心,对民初视学制度与清末视学制度逐条进行梳理,并比较异同,如民国中央视察区域的划分、中央及地方视学人数的众寡、视学机构的设立、视学任职资格、视学人员的管理、视察内容和范围、视导过程、视察方法等。该著述及民国教育督导的亮点在于,对民国中央和地方视导制度的建立、运作及其在中国教育现代化过程中的地位给予充分肯定,并对视学的效果与存在的问题进行考察,持论亦比较平实。

熊明安的《中华民国教育史》(重庆出版社,1990)、申晓云主编的《动荡转型

---

① 参见:聂好春.中国近代教育督导发源探析[J].华北电力大学学报(社会科学版),2006(3).

② 参见:董双.近代中国视学规程的产生、演进及其启示[J].吉林省教育学院学报旬刊,2013(29).

③ 参见:孙秋实.民国时期教育视导制度的再审视[D].呼和浩特:内蒙古师范大学,2013.

中的民国教育》(河南人民出版社,1994)和李华兴主编的《民国教育史》(上海教育出版社,1997)对民国教育督导制度均有评述,但出于研究方向和学科建设的需要,这些论著对民国教育督导只作了概括性总体评价,未在点上展开。

3. 民国教育督导队伍管理研究

对民国教育督导队伍管理的研究,就笔者目力所及,其成果还不丰富。其中向宏业主编的《现代教育督导学》(湖南教育出版社,1995)从教育督导机构及督导法规制定、督学队伍管理、督导工作实施三个方面介绍了民国教育督导制度,但因为研究重点不同,对民国督导队伍管理的置评未能展开。《民国时期教育督导制度的特点及启示》则从民国教育督导法律体系建设的角度,讨论民国督导队伍的管理。① 再如《监督之监督——论民国时期在视导员管理上的得失》,介绍了民国时期对视导员管理的具体措施,总结其经验教训。② 由于篇幅所限,该研究对民国视学队伍管理的若干制度和规程介绍不够全面和精确,以致内容略显单薄,分析略欠厚度。

4. 民国教育督导机构研究

对民国教育督导机构的研究主要是澄清与补充。所谓澄清,是避免把视学设置与视学机构设置混为一谈。所谓补充,是指目前对民国督导机构的研究还比较少,且多糅杂在对民国教育部或教育行政机关研究的文献中。如《民初教育部研究(1912—1916)》主要研究 1912—1916 年教育部的基本情况,考察了民初教育部的建立、中央和地方教育行政机构的改革,以及教育部领导层的任职情况等。③ 因其研究重点是通过教育部颁布的各项法令政策、规章制度,探讨民初教育部对中国教育现代化的影响,为近代的教育改革和政治改革提供有益的启示和借鉴,故对民初教育部督导机构的设置只是一笔带过。《晚清学部与民初教育部之比较研究——以机构设置为中心》通过政体变革和教育方针的改变,分析晚清学部与民初教育部机构设置的异同。④ 虽然名曰"以机构设置为中心",但析及视学机构的内容仍以视学员职务为主,对视学机构关注较少。《南京国民政府教育部及其行政制度研究》从教育部的自身构架入手,首先,对不同

① 参见:齐春丽.民国时期教育督导制度的特点及启示[J].现代教育科学·普教研究,2015(2).

② 参见:汪明舟,盛海生.监督之监督——论民国时期在视导员管理上的得失[J].文教资料,2007(16).

③ 参见:王艳芝.民初教育部研究(1912—1916)[D].西安:陕西师范大学,2010.

④ 顾悦.晚清学部与民初教育部之比较研究——以机构设置为中心[M].北京:北京大学,2010.

时期教育部的各种机构(常设机构、直属机构、附属机构以及与其他各部会联合建立的机构)作比较分析,对各机构的职能界定状况进行综合阐述,并分析了各时期教育部的人员编制状况;其次,从立法建制、规划统筹、经费资助、学术奖励、视察指导及教育辅导等方面对教育部的基本职能、组织构成与具体运作进行专题性考察,总结和分析中央教育行政的经验和教训。① 虽然把作为统帅全国教育总枢纽的教育部作为研究对象,但对教育部视察指导及教育辅导组织机构的介绍也别有见地。王建军的《中国教育管理史教程(第二版)》(广东高等教育出版社,2003)以国民政府的国家教育机制、教育宗旨和政策为背景,考察民国教育行政机构的嬗变和教育视导制度的恢复以及督导机构的设立。

研究比较详细的是《万县地区教育志》,它虽是研究地方教育督导,但详细介绍了民国时期重庆万县教育视导机构的设置、人员变化、职责分工等。② 由于编写体例所限,书中历史回顾与文本呈现多于评述。另外,熊明安的《中华民国教育史》(重庆出版社,1990)、程斯辉的《中国近代教育管理史》(武汉工业大学出版社,1989)、梅汝莉的《中国教育管理史》(海潮出版社,1995)、孙培青的《中国教育管理史》(人民教育出版社,1996)、李才栋等主编的《教育管理制度史》(江西教育出版社,1996)、孙成城的《中国教育行政简史》(地质出版社,1999)、王建军的《中国教育管理史教程》(广东高等教育出版社,2003)等着意从文教政策、教育行政、教育制度等管理学角度考察问题,对民国时期教育行政和教育督导都有介绍,但涉及教育督导机构的内容也多是介绍视学职务设置,论及督导机构的不多。

对民国教育督导机构作详细考察的是《民国中央视学机构的历史考察》,其特点是根据中央教育行政机关的变迁,探讨民国中央视学机构兴废。如民初教育部取代清末学部,教育部只设视学职务而无专职机构,后因需要在教育部设署挂牌办公;从教育行政委员会到大学院,中央教育行政机构发生变化,教育督导机构被取消;至恢复教育部建制,教育督导机构也随之恢复,且督学人数不断增加。③ 因为民国督学机构是教育部内设部门,这种分析的切入点有其合理的一面,但因篇幅所限,对其兴废的背景和督导机构发挥的作用未见交代。

5. 民国教育辅导制度研究

国民政府时期教育辅导制度作为教育视导制度的基本内容,是在教育管理

---

① 参见:广少奎.南京国民政府教育部及其行政制度研究[D].武汉:华中师范大学,2005.

② 参见:陈继荣,等.万县地区教育志[M].重庆:重庆出版社,1997.

③ 参见:吴长宏.民国中央视学机构的历史考察[J].山西师大学报(社会科学版),2011(38).

运行中逐步形成的一种指导辅助教育恢复与发展的机制,它的出现、发展、组织构成、具体运作以及职能的发挥,既反映了国民政府时期教育政策的转变,也反映了当时政界、教界在全民抗战的危急关头,在战火纷飞的苦难岁月改进与发展教育的努力。研究比较全面也具有代表性的是《国民政府时期教育辅导制度之研究》,研究者采用文献分析法、历史分析法和比较法等研究方法,从制度史的角度梳理"民国教育时期教育辅导制度"的出现、扩展、调整历程,并就当时教界学界对其的研究状况进行评述,①既有国家宏观层面对制度的顶层设计,又有具体实施的案例分析。虽然有些说法和观点有待进一步厘清,但研究的方向与厚度值得肯定。

《抗战初期四川省教育视导网制度之建立》讨论了抗战初期四川省兼采浙江教育辅导制度与山东、安徽等省教育视导制度的长处,结合省情创立了教育视导网制度,并以此为契机选拔优秀的视导人员,不断充实和完善视导制度,使得抗战初期的教育视导制度对全省教育的发展起到了一定作用。② 不过该研究似有以教育辅导制度代替教育视导制度,或以视导制度兼采辅导制度之优而合二为一之嫌。事实是,为适应"抗战建国"的需要,配合新县制的实施,实现国民教育普及计划,四川在全国率先执行国民教育辅导制,使国民教育辅导制度和教育视导制度互为补充,不仅直接推动了战时及战后国民教育的发展,对整个教育事业的发展也起了重要作用。③

熊明安的《中华民国教育史》(重庆出版社,1990)以民国教育辅导四级网络构成为切入口,围绕辅导主体与辅导对象、辅导组织与辅导内容、辅导目的与实际效果评述民国教育辅导制度,对民国中后期推行教育辅导制度的实际效果的评价也比较客观。著者将民国教育辅导制度与教育视导制度分别论述,有其合理的考量。

6. 民国教育督导理论述评

民国教育督导在实践上的不菲成就引起了研究者的广泛关注,但相较而言,目前学界对民国教育督导理论的研究关注不够。实际上,在 20 世纪 20—40 年代,我国学者就开始对教育督导理论进行了深入思考和探讨,且颇有见地地提出了对今天依然有参考价值和借鉴意义的观点。这方面比较有代表性的研究是《二十世纪四十年代我国教育督导的理论探讨及其启示》。研究者概述了当

---

① 参见:王楠. 国民政府时期教育辅导制度之研究[D]. 南京:南京师范大学,2014.

② 周茂江. 抗战初期四川省教育视导网制度之建立[J]. 民国档案,2008.

③ 周茂江. 四川省教育视导制度研究(1938—1949)[D]. 成都:四川大学,2008.

时学者就教育督导与教育行政的关系、视察与指导的关系、教育督导民主化,以及加强教育督导队伍建设,实现教育督导队伍专业化等问题开展的理论探索。①

在研究中国教育管理思想史的论著中,对民国教育督导理论的研究也有大量评述。如孙云龙的《中国教育管理思想史》(东北财经大学出版社,2014)、刘德华的《中国教育管理史》(河南教育出版社,1990)、孙培青的《中国教育管理史(第2版)》(人民教育出版社,2013)等。虽然这类论著出于学科建设需要,或出于教学需要,基本按教材体例编写,不专论民国教育督导,但对民国教育督导理论在民国教育管理思想中所应有的地位,给予了充分笔墨。

另外,在介绍民国教育家、民国学者、民国督学的论著、研究报告中,对民国教育督导理论研究的情况也有评析。如《试论夏承枫的教育行政思想及其当代价值》介绍了曾任江苏省督学、南京市教育局科长的夏承枫构建理想教育行政组织,重视视导中心理论,改善教育经费分配的教育行政思想,对夏承枫包括教育督导理论在内的一系列研究成果进行了分类评析。②《民国初期的江苏籍督学》描述了民国时期江苏籍督学群体求学、著述、工作的情况,对他们的督导理念也有述及。③

(二) 研究视角

研究视角是研究者主体意识介入研究客体的一条途径。任何文章,任何研究都有自己的角度,由于角度不同,同一个研究对象可能展现出不同的风貌。而对相同的研究对象,不同的研究者常常会选取不同的角度进行研究,这取决于研究者的研究经验、生活感触、对研究方法的掌握程度等,不同的研究角度所获得的研究结论也不相同。

从学科属性看,教育督导是教育学或教育管理学的分支,但从目前研究成果看,研究者开始尝试站在不同学科的立场分析、解释民国教育督导。

1. 社会学的角色理论

角色理论是阐释社会关系对人的行为具有重要影响的社会心理学理论。它强调人的行为的社会影响方面,而不是心理方面。人在社会关系中的地位规定了人的社会行为,类似于脚本规定了演员的行为。人的社会角色是人在一定社会背景中所处的地位或所起的作用。在民国教育督导研究中,常常涉及教育

---

① 李帅军.二十世纪四十年代我国教育督导的理论探讨及其启示[J].国家教育行政学院学报,2008(131).

② 参见:华娟.试论夏承枫的教育行政思想及其当代价值[D].南京师范大学,2007.

③ 参见:金建陵.民国时期江苏籍督学[J].江苏地方志,2007(2).

视导人员与视导对象的关系问题,这一问题的研究模式往往局限于通过文献资料呈现时人的不满和批评,进而提出自己的主张。如《民国时期教育视导制度的再审视》从整体上探讨在视导制度联结政府与教育的过程中,视导制度的实施者如何扮演纽带角色;再从视导制度的具体内容切入,分析在各级各类教育组织中,视导人员角色的构成与纽带作用的发挥。其研究亮点在于,总体上以对民国时期视导制度相关历史资料的搜集与整理为基础,以制度变迁理论和社会角色理论为支撑,对民国教育视导制度的构建进行深层次剖析。再以视导制度的发展路径为核心,对视导制度实施者的角色进行定位和分析,总结视导制度发展的历史经验,并针对现实需要,提出可借鉴的经验。既揭示一种制度是如何形成的,又可以理解在不同社会群体之间发生的教育制度的迁移和传播,以及在各种制度环境交互作用下出现的制度创新。[1] 这种以角色理论为研究视角的方法,让人耳目一新。

2. 政治学的权力理论

"权力"是政治学的学科之眼。权力是影响他人行为的能力。权力分析法即通过权力主体、权力行为、权力关系和权力的运行机制等,对某种行政体制的运行机制进行解析。如《滑轨与嬗变——民初安徽教育视导制度述论》围绕民国初期安徽教育督导的创立、嬗变、建立三个主题,根据省府主官的人事变动,讨论安徽省民国初期教育督导制度的嬗变。[2] 从安徽都督兼民政长柏文蔚提交议会通过《省视学规程》和《暂行县视学规程》,安徽成为全国较早初步建立完整省县视学体系的省份,到其继任者倪嗣冲主持制定新的《省视学规程》和《县视学规程》,以撙节经费,加大巡视力度,提高巡视效果,再到倪嗣冲的继任者韩国钧再次修订视学规程,使视学能更好地发挥其应有的作用。由于三位地方政府主官对教育的重视,对教育视导作用的重视,在他们的直接推动下,安徽省从1913年至1915年完成了教育督导体系从无到有,从创立到完善的嬗变。这一过程呈现明显的权力介入的背景和痕迹,有着权力主体对制度的充分认识的因素。在受官本位思想统治千年的民初政治环境中,研究者通过权力的参与研究安徽教育视导制度的初创、改进与完善,不失为一个聪明的选择。

3. 法学理论

有人认为,"教育立法,是指国家立法机关依照法律程序制定有关教育的法

---

① 参见:孙秋实.民国时期教育视导制度的再审视[D].呼和浩特:内蒙古师范大学,2013.

② 参见:郝芹,郝天豪.滑轨与嬗变——民初安徽教育视导制度述论[J].合肥师范学院学报,2013(5).

律的活动"。① 也有人认为,教育立法有广义和狭义之分。广义的教育立法,是指国家权力机关按照特定职权和程序制定各种教育法的专门活动。狭义的教育立法,是指国家最高权力机关或立法机关制定法律的专门活动。② 根据广义的教育立法,最高国家权力机关制定颁布的宪法中有关教育的条款和有关教育的法律,包括国家地方权力机关制定颁布的地方性教育法规,国家行政机关制定颁布的教育命令、章程、条例、决议等规范性文件,以及国家元首发布的命令等,都属于教育立法。在民国教育督导研究的文献中,运用法学理论分析民国教育督导的成果并不少见。如《民国时期教育管理制度的变迁及其分析》以 1912 年 8 月临时政府公布《参议院议决修正教育部官职》,以法令形式确立民国初期教育行政管理框架为起点,到民国教育部在 1913 年 1 月颁布《视学规程》;从 1917 年 9 月临时政府公布《教育厅暂行条例》,到 1918 年 4 月教育部公布《省视学规程》;从 1912 年 2 月临时大总统孙中山公布《划一现行各县地方行政官厅组织令》,到 1918 年 4 月教育部颁布《县视学规程》,等等,研究者一直站在教育立法的角度,考察民国教育行政制度的变迁。③ 由于该研究的研究重点是民国教育管理,对民国教育督导阐述并不多,但也倾注了足够的精力。

4. 管理学的效率理论

效率原本是经济学的概念,然而随着科学管理理论的普及和运用,人们在从事某项工作时,不是单凭经验办事,不是靠个人主义,而是通过科学的方法和愉快的合作,使每个人都获得最大的成功。因此,效率问题便成为而且一直是管理学研究的核心问题。在任何管理系统中,人都是唯一具有能动性的因素。因而管理过程并非单纯的机械性过程,而是以人为主体和客体的过程,是"人的管理"和"对人的管理"。人无疑是管理问题的核心,只有管好人,才能提高工作效率,实现组织目标。通过对相关研究成果的分析,我们发现不少研究者正是站在效率的视角研究民国教育督导。研究者通过研究民国时期的督学任职条件、督学队伍专业化建设、督学队伍管理等,探讨民国教育督导制度的得失。如《监督之监督——论民国时期在视导员管理上的得失》以防止视学人员腐败和建立专业性强的视学队伍作为研究的切入口,论证视导队伍的清廉和专业化与

---

① 周欢.中国教育立法略论[J].社科纵横,2013(3).
② 参见:李露.中国近代教育立法研究[M].南宁:广西师范大学出版社,2001:4.
③ 参见:冯晓敏.民国时期教育管理制度的变迁及其分析[J].江苏教育,2014(11).

督导效率的关系。①《民国时期教育督导制度的特点及启示》围绕民国教育督导组织体系的独立性、执务活动的权威性、督导队伍的专业性,讨论民国教育督导如何为了提高督导效率,②避免在督导过程中因督学"走马看花,略加批评,大抵皆不着边际语",③使视学制度沦为"骈枝机关"④,而在制度建设方面作出的努力。《重庆市教育视导实施研究(1943—1949)》研究民国时期重庆教育督导为了提高工作的科学性、实效性而建立的以视导报告为主的问题反馈机制、以辅导为主的问题改进机制等。⑤ 这些研究的出发点都是教育督导的效率。

(三)研究重点

目前,教育督导的研究方向开始从宏观的中央层面转向中观的省市和微观的县区,甚至有研究者以教育督导的某一个环节或某一次具体活动为切入口,⑥展开民国时期地方教育督导的研究,并取得了较好的成果,有些研究成果甚或成为地方教育史研究的补白。这类研究基本上多采用文献分析法,通过对相关史料的搜集整理,回顾、梳理地方教育督导制度发展历程,并对其在地方教育事业发展中所发挥的作用作出评价。如《上海解放前教育督导制度的回顾与研究》介绍了解放前上海教育督导组织机构及人员设置、督导职责等。⑦《湖南教育督导史》通过对史实的陈述与思辨,梳理了湖南教育督导发展脉络,准确把握历史发展的主线、主体和本质,全景展示了湖南教育督导改革和发展历程。⑧

《辽宁近代督导制度的演变》通过介绍清末学部视学制度的建立及辽宁视学工作的起步,阐述辽宁视学机构的设立、地方视学章程的颁布、视学制度的实施、视学人员的新要求,以及视学制度的规范化五个方面,梳理清末辽宁视学工

---

① 参见:汪明舟,盛海生.监督之监督——论民国时期在视导员管理上的得失[J].文教资料,2007(16).

② 参见:齐春丽.民国时期教育督导制度的特点及启示[J].现代教育科学·普教研究,2015(2).

③ 江澄.改革视学制之意见[J].中华教育界,1926,15(12).

④ "骈枝机关"是夏承枫在论述民国教育督导制度建立的必要性时提出。参见:夏承枫.现代教育行政[M].上海:中华书局,1932:4.

⑤ 参见:王浩旭.重庆市教育视导实施研究(1943—1949)[D].重庆:重庆师范大学,2014.

⑥ 例如:罗慧的《重要的是官员个体的素质——从一份视察报告所见抗战期间的湖南教育》(载《文教资料》2010年第20期)通过对民国时期一份湖南省教育厅督学的教育视察报告,呈现当时省级教育督学对一所私立中学的视察过程,反映该校教育教学各方面面貌,以及督学对此作出的评价。再由此透视抗战期间湖南教育在艰苦的抗战期间所创造的辉煌与当时湖南教育行政人员的个体素质密切相关。

⑦ 参见:刘关袁.上海解放前教育督导制度的回顾与研究[J].上海教育科研,1989(1).

⑧ 参见:向宏业,等.湖南教育督导史[M].长沙:湖南教育出版社,1995.

作的起步和近代辽宁视学制度的历史发展轨迹,概括近代辽宁视学及督导制度的主要特征,总结历史经验与教训,给当代中国督导制度以启示。① 《近代河南教育督导制度演变与效能评述》从河南督学制度在理论和实践方面暴露出来的缺陷,讨论民国教育督导效能问题。② 比较有代表性的是《四川省教育视导制度研究(1938—1949)》,该研究着力于全面抗战爆发后,四川省作为民族复兴根据地,为振兴大后方的教育而对教育视导制度进行的改革。③ 该研究的特点是把四川教育督导制度的发展变化置于当时政治、经济、社会的大背景中加以考察。例如全面抗战爆发后,四川省在全国抗战中的地位进一步受到国民政府的重视,京津文化教育机构尤其是沿海高校内迁,教育厅长易人,为调整和充实县以下各级组织,促进地方自治,进而达到控制地方政权目的而推行的新县制,以及国民政府的极力支持,都是四川教育视导制度纠正原来教育视导中"重行政视导,轻教学辅导"倾向而走向完善的直接原因。

还有研究者对民国时期地方教育督导过程中存在的具体问题进行剖析,使研究的重心再下沉,讨论的问题更具体。如《民国前期(1912—1937)省级教育视导活动及其困境》剖析了由于地方不靖,差旅费无着,地方学界不合作等问题的困扰,省级教育视导活动的开展在取得一定成绩的同时,也遭遇了重重阻力。④ 《民国时期乡村基层教育督导实际困难考察》则分析了经费不足、交通食宿不便、名额不足、职责范围太广等诸多现实困难,提出这使得基层教育督导难以取得预期效果。⑤

综上所述,作为连接中国近代和现代教育督导制度发展史上的重要一环,民国教育督导仍然是研究者关注的话题。尽管研究志趣各不相同,但研究者在研究内容上对各种史料的挖掘,在研究方法上多视角的尝试,使民国教育督导研究富有活力和生机。

三、 民国教育督导研究展望

根据民国教育督导研究的现状来对民国教育督导未来的研究方向作出合

① 参见:董双.辽宁近代督导制度的演变[D].沈阳:辽宁师范大学,2013.
② 参见:杨光辉.近代河南教育督导制度演变与效能评述[J].河南大学学报(社会科学版),2015(55).
③ 参见:周茂江.四川省教育视导制度研究(1938—1949)[D].成都:四川大学,2008.
④ 参见:田正平,张寅.民国前期(1912—1937)省级教育视导活动及其困境[J].社会科学战线,2014(4).
⑤ 参见:刘崇民.民国时期乡村基层教育督导实际困难考察[J].江南大学学报(人文社会科学版),2007(6).

理判断,不是一件容易的事。一方面,民国教育督导研究属于记录某一时期历史的断代史研究范畴,民国短暂的存续历史所留下的资料以及给研究者发挥想象的空间不大;另一方面,民国教育督导研究属于对某一特定学科的历史演变和发展过程进行研究的专门史研究范畴,其研究范围相对狭窄,史料有很大的局限性。但是,任何事物只要存在,就有其合理性,有其存在的历史需求及扎根的土壤和生长所需的养分。再加上每个人的学科视角和立场不同,就相同的历史素材也会产生不同的联想和观点,获得不同的启发和借鉴,这就使教育督导研究有话可说。更可喜的是,教育督导研究队伍越来越壮大,其成员涉及各级各类专兼职督学、教育行政机关工作人员、教育管理学领域的专家学者、高校及中小学教师、高校教育管理专业的学生等。研究队伍的扩大以及研究人员的多样性,为民国教育督导研究提供了人力和智力上的保证。

仅此,还不足以让我们有信心对民国教育督导未来研究方向作出合理判断,还有一点必须弄清楚,即当代研究者对教育督导研究的学术旨趣何在?顺着这个脉络和线索,或许能为展望民国教育督导的研究方向提供平台,为研究判断提供依据,确保不会偏离方向。因此,要对民国教育督导研究的未来走向作出判断,首先需要在一个更加开阔的学科背景下,考察教育督导研究的现状、教育督导理论研究的新进展,从中理解和把握学界和教育界的学术旨趣。

(一) 教育督导研究现状

目前,无论是出于教育管理学、教育督导学等学科建设的需要,还是出于服务教育督导实践的需要,教界学界、教育行政人员、高校学生、中小学教师等对教育督导的理论探索从未停步,并表现出浓厚的兴趣。区域性督导、分类督导、发展性教育督导等新的教育督导理念不断出现,教育督导研究成果精彩纷呈。

就研究方法而言,研究者摒弃了惯常的文献分析法,尝试通过实地研究、问卷调查和访谈的方法探讨教育督导存在的问题。例如,《我国教育督导工作存在的问题与政策建议》对国家教育行政学院第 36 期全国省地督学培训班全体学员进行了问卷调查,发放问卷 96 份,回收有效问卷 87 份,分析我国教育督导工作存在的问题并提出政策建议。[①] 有研究者通过个案研究的方法,如《中国教育行政督导制度创新路径分析——基于山东省的个案研究》综述了山东省各市

---

　　① 参见:高政.我国教育督导工作存在的问题与政策建议[J].基础教育改革动态,2013(7).

级政府教育督导制度的创新实践及成效,探讨我国教育行政督导制度创新的方向。[①] 有人运用比较教育的研究方法,在介绍国外教育督导制度的同时,从中吸取对我国教育督导工作有借鉴意义的因素。如朱家存、周毛毛的《教育督导:中国与新西兰的比较研究》,[②]孙杰明的《英格兰教育督导制度的现状、特点及启示》,[③]刘朋的《荷兰教育督导监督职能演变及其启示》,[④]陶秀伟的《中法教育督导体制比较研究》,[⑤]等等。还有人通过实地研究的方法,不再仅以研究者和学者的身份,而是以教育督导工作人员的身份调查我国教育督导现状。

就研究内容而言,搜集、整理相关文献发现,目前教育督导研究的主题集中在以下八个方面。

1. 关于教育督导权力来源和教育督导组织机构独立性的研究

研究者往往带着强烈的问题意识,从对督导工作的地位和作用缺乏正确认识,教育督导机构的设置形式比较混乱,教育督导机构的性质定位不明,教育督导工作的实施缺乏行政权力的保障等现实问题切入,[⑥]或借助个案研究方法,对某一个体、某一群体或某一教育行政机构或教育督导组织在较长时间跨度内连续进行跟踪调查,从而研究教育督导行为发展变化的全过程;或借助实地研究的方法,在真实、自然的社会生活环境中,综合运用观察、访谈、问卷和实验等方法收集数据,探讨客观、接近自然和真实的教育督导活动规律。

陈应鑫、贺慧、王小琴、李卓、苏君阳等人通过实地调查的方法发现,我国教育督导机构虽然经过了几十年的探索和发展,但由于督导机构权利缺失,其职能的发挥并不理想,权利缺失主要体现在权限不明确和权力缺乏独立性,[⑦]而教育督导机构独立性的缺乏,又严重影响了督导职能的行使,[⑧]其原因在于我国教育督导机构名称不合理,隶属关系不明确,教育督导权力软化、泛化与离散化现

---

① 参见:张志勇.中国教育行政督导制度创新路径分析——基于山东省的个案研究[D].北京:北京师范大学,2011.

② 朱家存,周毛毛.教育督导:中国与新西兰的比较研究[J].比较教育研究,2007(9).

③ 孙杰明.英格兰教育督导制度的现状、特点及启示[J].基础教育研究,2011(10).

④ 刘朋.荷兰教育督导监督职能演变及其启示[J].基础教育研究,2011(10).

⑤ 陶秀伟.中法教育督导体制比较研究[J].沈阳师范大学学报(社会科学版),2004(4).

⑥ 穆岚.我国教育督导制度存在的问题与改革对策[J].教育探索,2006(12).孙玉洁.我国教育督导制度存在的问题与改进建议[J].教育研究,2004(12).

⑦ 参见:贺慧,王小琴.我国教育督导机构中的权力缺失问题及其对策[J].科学论坛,2007(9).

⑧ 参见:李卓.我国教育督导机构独立性之探讨[J].教育探索,2004(9).

象比较严重,尤其在区县更加突出,这使得教育督导职责定位不合理。① 对于这类问题,张济正等人提出的建议是,建立由政府直接管理的教育督导组织机构,以加强其督导工作的权威性。他们认为,衡量教育机构设置是否合理的标准之一,就是考察该机构的层级关系是否清楚,是否符合统一领导与统一指挥的原则,避免多头领导与多头指挥。②

也有研究者运用比较教育的研究方法,通过对比中外各国在政治、经济、文化和教育等方面的差异,分析教育督导制度的不同特点以及各自在发展过程中存在的一些共通问题。例如,美、日教育督导在教育行政管理中的地位、权威和作用是在实践中不断得到加强和完善的,教育督导机构的建立也不是一蹴而就的。③ 俄联邦教育督导组织机构与教育行政体制相一致,且教育督导组织机构的内部分工更加细致严谨,权限更加明确,督导实施程序的可操作性、民主性更强。④ 而专业性和独立性是英国教育督导制度的两大特点,这一方面是由英国教育管理体制的传统所致,在分权和自治的同时,需要国家的监督,在实行国家监控的同时,又要保持对专业人员的尊重和对专业自治精神的保护;另一方面是对教育督导性质的认识所致,督导的性质是一种专业性问责模式,是一种高度专业化的问责制度,督导制度的影响和核心权威来自督导制度专业化程度的高度发展。⑤《六国教育视导比较》则从1806年拿破仑在帝国大学(兼具教育部职能)设督学一职,到1852年法国在公共教育部内始设教育督学处,及其对英美等西方国家的影响下笔,站在教育督导职务和督导组织机构的视角讨论教育督导的权力来源和教育督导组织机构的独立性。⑥

值得一提的是,对教育督导权力来源和教育督导组织机构独立性的研究已经从宏观国家层面的教育督导,发展到涉及微观区县层面的督导,研究的方式也从文献走向实践,从书斋走向田野,研究者通过实地研究的方法,通过参与式的观察,从正在进行的活动过程中发现有意义的事情,通过对认为是有意义的

---

① 参见:苏君阳.我国区县教育督导体制的现状、问题及对策[J].国家教育行政学院学报,2008(4).
② 参见:张济正,周立,李榷.教育行政学通论[M].上海:华东师范大学出版社,2000:96—98.
③ 参见:郭德侠.中日美三国教育督导制度比较研究[J].西北师大学报(社会科学版),2000(5).
④ 参见:肖甦,王健红.试析俄联邦教育督导制度新变化[J].比较教育研究,2007(7).
⑤ 参见:王璐.英国督学的权威性与专业性及其对我国督导制度的思考[J].外国教育研究,2008(12).
⑥ 袁祖望.六国教育视导比较[J].外国教育研究,1994(4).

事情进行反复、深入的观察和实地调查后形成观点。例如陈应鑫的《教育行政执法研究——扶绥县的个案考察》，张兆安的《加强督导评估制度建设推进县域教育均衡发展——山东省宁阳县中小学教育督导评估制度建设纪实》[①]等研究均属此类。由于走出了书斋，摆脱了书卷气，这类研究给人以亲切感和新鲜感。

这类研究的基本思路就是通过对现行教育督导制度运行状况的考察，分析其利弊，并提出相应对策。由于个案研究具有研究对象的典型性（个别性）、研究过程的深入性、研究成果的可操作性（综合性）等特点，研究者通过和视导人员面对面的访谈，切身感受和体验教育督导工作的实际情况，因此，他们的论据比较充分，观点也具有说服力。

2. 关于教育督导立法的研究

这类研究的理论基础是，教育督导制度的法制建设是教育督导的法源，是教育督导制度发展的重要方向，具有确立教育督导法理性权威和构成督导制度法律依据两方面的重要意义。这方面研究多通过文献分析法，在宏观的国家政策层面，分析教育督导制度变迁的特点、原因，以及教育督导政策转向给教育督导工作带来的影响。通过对政策法规文本的解读以及和之前政策的比较，分析教育督导的服务取向、治理取向、规范取向、法治取向等，在此基础上进一步分析教育督导政策的得失，为今后政策的完善提出建议，为教育督导立法提供理论支撑，以促进教育督导法制建设。例如，陈良雨、[②]杨润勇、[③]高政、[④]丁蓓[⑤]在研究中提出，构建完善的教育督导政策体系是教育督导制度有效落实的关键环节。他们认为，当前我国教育督导政策体系还存在结构不完整、数量不充足、内容不完善等问题，教育督导的立法急需明晰构建思路，在制定相关政策，扩展体系涵盖范围的同时，还要对现有的教育督导政策进行必要的调整，才能最终形成科学的、完善的，有中国特色的教育督导政策体系和督导制度。

还有人通过比较研究的方法，对中外教育督导政策进行条分缕析，作为提出政策建议的依据。这类研究的思想基础是，中国教育督导制度是西方教育行

---

① 陈应鑫.教育行政执法研究——扶绥县的个案考察[D].北京：中央民族大学，2007.张兆安.加强督导评估制度建设推进县域教育均衡发展——山东省宁阳县中小学教育督导评估制度建设纪实[J].领导科学论坛，2012(7).

② 陈良雨.制度变迁视野下的教育督导发展探析[J].现代教育科学，2013(5).

③ 杨润勇.关于构建我国教育督导政策体系的思考[J].教育研究，2007(8).

④ 高政.我国教育督导工作存在的问题与政策建议[J].基础教育改革动态，2013(7).

⑤ 丁蓓.我国义务教育督导评估政策的演变与走向我国教育督导评[J].教育科学论坛，2013(4).

政体制特别是教育督导制度的本土化,随着历史变迁和社会进步,西方教育督导制度也在发生变化,只有在与国外教育督导制度的比较中,才能发现相互间的异同,为中国教育督导的与时俱进提供参照。他们从教育政策学和法学的学科视角,论述不同国家教育督导法制体系的结构,分析各层次法律法规在教育督导法制建设中的不同作用,对各国教育督导法制建设的特点与趋势作出归纳,以期为我国教育督导制度的法制建设提供借鉴。① 如有研究从我国教育督导法制的历史沿革中把握我国教育督导制度未来的发展方向,并借鉴英、美教育督导法制建设的经验,分析我国教育督导存在的主要问题,对我国教育督导法制建设提出可行性建议。②

3. 关于教育督导专业化的研究

这类研究分为三个层次:其一,对教育督导队伍专业化概念的解读及相关概念的界定,探索教育督导队伍专业化的标准,为教育督导队伍专业化提供参考标准,探讨教育督导队伍专业化建设的价值取向。③

其二,以问题为导向,依据现行教育督导政策的相关规定,讨论教育督导队伍专业化建设的具体措施,并就教育督导专业化问题提出政策性建议。例如:汤春林的《教育督导专业化初探》、尹后庆的《教育督导呼唤专业化》、杨颖秀的《教育督导的职能定位与督学专业化》,从专业化的内涵、内容以及队伍建设中普遍存在的问题提出对策建议。

其三,围绕教育督导资格制度以及教育督导职级制度建设,研讨教育督导人员的专业素质和督导工作专业化。④ 就教育督导人员专业素质而言,研究者提出构建督导人员的准入、培训、职级、评估、交流等一系列机制,以提升督导人员的专业素质,保证督导活动的有效开展。⑤ 甚至有学者依据《国家中长期教育改革和发展规划纲要(2010—2020 年)》及《教育督导条例》等政策、法规,探索相对独立的教育督导机构,以健全我国教育督导选拔和培训制度,提高我国教育督导队伍专业化水平。⑥ 就教育督导工作专业化而言,研究者反对督导人员在教育管理中扮演多样角色,担负繁多的职责,认为教育督导人员的核心角色应

---

① 参见:王璐.教育督导制度法制建设的国际比较研究[J].比较教育研究,2011(3).
② 参见:胡延玲,高桂林,胡延辉.论教育督导体制的法制化建设[J].学术论坛,2011(6).
③ 孙健.我国教育督导队伍专业化建设研究[D].新乡:河南师范大学,2011.
④ 参见:王桃英.教育督导专业化的政策性探讨[J].现代教育管理,2009(3).
⑤ 参见:卢盈.教育督导人员专业化及其制度保障[J].教育导刊月刊,2014(4).
⑥ 参见:孙健.我国教育督导队伍专业化建设研究[D].新乡:河南师范大学,2011.

呈现一种回归态势，①这是一种"必要而迫切的专业自觉"。② 而于慧等人指出，根据教育督导工作的专业性质和职能范围，仅将其专业化限于提升督导人员的专业化水平是不够的，"还需要注重教育督导发展专业技术、强化专业权力和服务的专业化"。③ 这种说法使教育督导专业化研究又向前迈进了一步。

4. 关于教育督导行为的角色关系研究

研究者基于社会关系对人的行为具有重要影响，而人的行为又具有社会影响力的角色理论，围绕督政与督学的关系、主导与主体的关系、督导机构与政府及其教育行政部门的关系、上下级督导机构之间的关系等，讨论教育督导主体的态度、方式对督导对象的影响。研究的出发点是，教育督导行政属指导性行政，而非指令性行政，它对被督导单位所需解决的问题，通过督导报告提出评估、指导与督办意见和建议，而非直接行政处置。在教育督导的过程中，督导机构及督导人员只有检查、监督、评估、指导的权力，而无行政处置的权力。所以，教育督导行为要寓"督"于"导"之中，使"督"与"导"相结合，以"导"为主。例如，刘朋等认为，教育督导机构要树立服务意识，促进学校教育的整体发展。④ 提倡从以督政为主走向督学与督政并重，逐步走向以督学为主，督政为辅的教育督导模式。⑤

有人从教育督导的目的出发支持上述观点，认为"视导的真正用意是在改进现状，使之更臻于理想"，而"不只要改进被视导者的处事待人或工作技巧，同时要改进被视导者的思想、观念或心理状态，使之更为正确或健全"。⑥ 教育督导的"最终目的在增进学生的学习效果"。"教育视导固然直接在改善被视导者的行为，但这并非是终极的目标。其终极目标仍在增进学生的学习效果，亦即提高学生在德、智、体各方面水平。因为教育组织是为学生而存在的，任何教育行政工作（包括教育视导）的终极目标，都是在促进受教育者（学生）的学习效果，以达成国家的教育目标及人类的理想。"⑦因此，从根本上说，"教育视导包括视察与辅导两个层面"。"辅导必须根据视察，视察之后必继之以辅导。"⑧

---

① 参见：冯刚，王晓庆. 美国学区督导的角色探析[J]. 教育与教学研究，2009(6).

② 参见：王海燕. 发挥督导职能 加强专业建设——《教育督导条例》之文本分析[J]. 北京教育（普教），2012(12).

③ 于慧. 我国教育督导工作专业化探析[J]. 教育发展研究，2009(15).

④ 参见：刘朋. 区域教育督导服务机制的实践探索[J]. 中国教育学刊，2008(12).

⑤ 参见：乐毅. 我国教育督导与评估亟待解决的三大问题[J]. 上海教育科研，2008(2).

⑥⑧ 谢文全. 教育行政学[M]. 台北：高等教育文化事业有限公司，2004：389.

⑦ 同上：390.

《现代教育视导角色面面观》则是国内同类研究中较早以社会学的角色理论讨论教育视导人员是什么、应该做什么的研究。该研究通过分析现代视导的角色功能,帮助我们较为全面地认识教育视导的职务特点,以便更有成效地发挥其职能。① 刘文君等人通过对西方现行教学督导系统及其特征的考察,也提出了相似观点,认为教学督导应为教师提供服务,通过向教师提供改进教学的专门帮助,来改进学生的学业成绩,并认为"去行政化"②以及强调服务和帮助,是欧美等西方国家教学督导的一大共性。③

也有不少学者站在行政学的立场,从监督的价值取向、对象、范畴、方式等方面探索适应公共教育权力变迁的监督机制,提出加强教育督导的监督职能,是建立公正、规范、高效的教育行政管理体系的基本要求,也是推进公共教育管理改革的必然选择。他们认为在传统的"教育行政管理"向"公共教育管理"发展的形势下,必须对教育督导的监督职能进行调整。④ 如萧宗六等强调"教育督导的基本性质是属于政府监督范畴的执法监督",⑤政府的执法监督亦即行政监督,是"一切行政机构的活动受到行政机构内部的监督以及整个政治体系包括立法机关、司法机关、利益集团和公众舆论的监督"。⑥ 行政监督以国家强制力为基础,目的是防范和制约实践中可能产生的各种违反国家法律法规的行为。依法建立教育督导制度,正是要求督导机构依靠国家强制力,代表本级政府对下级政府、教育行政部门和学校贯彻国家有关教育方针、政策、法规的情况及教育教学质量情况进行监督、检查。所以"监督是督导最根本、最核心的职能",⑦教育督导理应立足于"督"而非"导"。在这种理论指导下,督导主体与督导对象的关系就是监督与被监督、检查与被检查的关系。

5. 关于教育督导基本特点的研究

有学者从教育督导行政的指导性、教育督导范围的广泛性、教育督导任务的综合性、教育督导作用的间接性、教育督导行为的自主性等方面研究教育督导的基本属性。也有学者运用综合比较的方法,按教育督导的所有(或多种)属

---

① 参见:张复荃.现代教育视导角色面面观[J].教学与管理,1987(7).
② 李小艳.美国教育督导制度的历史发展研究[D].成都:四川师范大学,2010.
③ 参见:刘文君.美国现行教学督导系统及其特征[J].比较教育研究,2007(7).
④ 参见:骈茂林.教育督导监督职能的发展:以公共教育权力变迁为背景[J].中国教育学刊,2006(8).
⑤ 萧宗六,贺乐凡.中国教育行政学[M].北京:人民教育出版社,2004:451.
⑥ 吴肇基.公共管理学[M].北京:中国戏剧出版社,2001:143.
⑦ 赵连根.区域发展性教育督导评估概论[M].成都:四川人民出版社,2001:26.

性,对不同国家或地区的教育督导制度或实践进行比较,以探求教育督导的普遍规律和特殊规律。例如,顾明远的《外国教育督导》介绍了英国、苏联等 6 个国家的教育督导制度的基本特征。① 黄崴的《教育督导学》概略地介绍了美国、英国、法国、德国等西方主要八国的教育督导制度历史和特点。② 钱一呈的《外国教育督导与评价制度研究》对英国、俄罗斯、美国、日本、加拿大、印度和瑞典七个国家的教育督导与评价制度作了详细的介绍,而且作了全面、系统、深入的研究和分析,通过中外比较分析提出了值得我们学习借鉴的意见,不仅有理论的研究,还有实用性很强的案例分析。③ 杨天平通过对英、法、日、美四国教育督导组织之比较指出,英、法、日、美四国的教育督导对我国的教育督导事业曾有过启蒙借鉴作用,今天,我国正在构建社会主义市场经济,认真研究和分析这些发达的市场经济国家教育督导的经验和做法,无疑具有重要的现实意义和参考价值。④

6. 关于教育督导队伍管理的研究

这方面的研究基本围绕三个主题:其一,关于督学的聘任,讨论督学应该由谁管理,由谁授权。研究者运用个案研究、比较研究或文献分析的方法,通过对我国现行督学聘任政策的全面细致分析,指出督学管理实践中的一些弊端,提出政府应成为督学聘任的统一主体,实行督学资格制度和职级制度,对督学予以行政编制等新的督学聘任政策,从而以新的督学聘任政策来规范对督学队伍的管理,提高教育督导工作的权威性和实效性。⑤ 其二,关于督学的任职资格,讨论应该由什么样的人担任督学。研究者通过对国内督学选任主要路径的调查,发现目前国内通行的官方行政任命的方式难以体现督学的专业性、工作的不可替代性。而且,这些督学在从事督导工作之前,没有参与或甚少参与教育督导活动,也没有督导经验及相关的知识背景,甚至是在不知情的情况下,通过教育局的人事调动被任命到督学岗位的。⑥ 研究者通过中外教育督导人员聘任路径的比较提出,随着教育事业发展,教育督导人员的资格和任职条件也应不

---

① 参见:顾明远.外国教育督导[M].北京:人民教育出版社,2002.
② 参见:黄崴.教育督导学[M].北京:中国人民大学出版社,2011.
③ 参见:钱一呈.外国教育督导与评价制度研究[M].北京:中央广播电视大学出版社,2006.
④ 参见:杨天平.英、法、日、美四国教育督导组织之比较[J].教育导刊,1995(5).
⑤ 参见:何宏伟.我国现行督学聘任政策分析[J].江苏教育研究,2008(9).
⑥ 参见:蔡雯卿.上海市 A 地区与英国英格兰地区教育督导的比较分析[J].华东师范大学学报(哲学社会科学版),2004(13).

断提高,其选拔程序应逐步走向科学化和规范化,教育督导工作的内容和方式方法应日趋完善,教育督导工作的水平、质量和效果才能提高。① 其三,关于督导人员的培训,即讨论如何提升督学的专业技术。研究者比较赞同在中央集权的教育行政体制背景下法国教育督导所建立的十分严格的各级督学聘任、培训与考核办法。②

7. 关于教育督导实效性的研究

对教育督导实效性的研究是近来出现的新内容,通过对相关文献的梳理发现,此类研究涉及三个方面:其一,研究者多以个案研究方法或实地研究方法,选择某个区域、某所学校或某个问题为切入点,讨论教育督导在推动区域教育事业发展和学校教育教学质量提高方面的贡献度。例如,史燕来等通过研究吉林省教育督导评估在"两基"评估验收、"两基"复查和县级政府教育工作督导评估三个阶段所发挥作用,认为县域教育督导评估具有鉴定、促进和指导作用,是推进区域教育改革与发展的有效机制。③ 值得肯定的是,他们还选择了某个区域对研究成果进行例证分析和推广价值论证,以推动县(区)政府履行公共教育职能,推进县(区)域教育均衡发展,实现区域教育公平,提高学校的教育质量和办学水平。④ 这种从理论走向实践,用理论指导实践的探索精神尤其珍贵。李祥斌、张兆安等从素质教育入手,讨论教育督导在推进县域教育均衡发展,把素质教育真正落到实处,对学校办学加以监督,确保其沿着正确方向前进等方面所发挥的不可替代的作用。⑤

其二,对教育督导实效性的研究从国内转向国外。例如,有人对英国现行学前教育督导制度进行了考察,认为英国学前教育督导植根于其历史悠久的教育督导制度,具有良好的发展基础。该制度以儿童发展为核心,以市场竞争机制作为学前教育督导运作模式,在指导方面具有较强的时效性,在监管方面具有较强的实效性。⑥ 而英国学校发展性督导评价体系的改革亦标志着英国学校

---

① 参见:郭德侠.中日美三国教育督导制度比较研究[J].西北师大学报(社会科学版),2000(5).
② 参见:石灯明.中央集权体制下的法国教育督导制度[J].当代教育论坛,2009(11).
③ 参见:史燕来.县域教育督导评估是推进区域教育改革与发展的有效机制——吉林省县域教育督导评估工作调研报告[J].现代教育科学·普教研究,2006(12).
④ 参见:罗宇钧.中国县(区)域教育督导工作机制研究[D].广州:华南理工大学,2010.
⑤ 参见:李祥斌,张兆安.加强督导评估制度建设推进县域教育均衡发展——山东省宁阳县中小学教育督导评估制度建设纪实[J].领导科学论坛,2012(7).
⑥ 参见:江夏.英国现行学前教育督导制度的内容、特点及其对我国的启示[J].外国教育研究,2014(5).

质量保障体系的形成。①

其三,借助对教育督导方式的研究,讨论督导的实效性。这方面研究的范式往往是通过对我国现行督导评估模式的否定,推出自己的设想。例如研究者普遍认为当今以鉴定性评估为主的方法具有同质化、少个性、重奖惩的特点。督导部门按照统一的评价标准将学校各项工作量化,评价结果不能完全体现被评价者的劳动价值,往往出现一些学校付出努力不少,却因硬件条件不好,评估成绩上不去,“无形中挫伤了他们的办学积极性”。② 正是在这样的背景下,一些研究人员、教育行政部门和基层学校提出发展性督导评价理论,并在某些地区试行。这种理论以帮助、指导学校自主发展为宗旨,对学校发展现状和潜能进行价值分析与判断,指导学校制订科学合理的发展规划,提高学校自我评估、自我改进的能力,依据学校自身发展规律、现有办学水准和学校发展目标,增强学校可持续发展能力,使学校最终发展成为各具特色的办学主体。“改进”而非“证明”,促进发展而非简单分等定级,成为教育督导工作的根本价值取向。③

也有人提出专项督导和综合督导相结合,即通过对单一的专题或某个时期产生的热点问题进行督导,如对学校德育、学生课业负担、学校乱收费等某一专项问题展开的专项督导,具有针对性强、问题比较集中、督导时间短的特点。而综合督导是督导人员对被督单位的多项或全部工作进行检查,具有内容广泛、涉及面宽、指标完整具体等特点。我国开展综合性督导评估的地区还比较少,但已成为我国教育督导发展的一种趋势。④

还有人对异地督导进行了理论探讨和实践尝试,认为异地教育督导的实施提高了教育督导工作的实效性和可信度,促进了教育热难点问题的解决。为推进教育教学改革与发展发挥了重要作用。⑤

8. 关于教育督导概念的探讨

研究者主要通过思辨性论证,阐释教育督导的基本属性。其出发点是对概念的重视,研究者认为,概念是人们在实践的基础上,从事物中抽象出的特有属

---

① 参见:丁笑梅.英国学校发展性督导评价改革及其启示[J].比较教育研究,2003(8).

② 祝秀丽.构建教育督导新机制,促进区域教育均衡发展[G].第四届山东教育督导论坛征文.

③ 参见:丁莉.论发展性督导评估对学校自主发展的促进作用[J].现代中小学教育,2011(2).

④ 参见:马顺林.试析我国教育督导的历史、现状与未来[J].当代教育论坛,2008(3).

⑤ 参见:慕国辉.小议异地教育督导及其作用[J].吉林教育·综合,2012(9).

性的结果。① 人借助所创设的概念体系认识自然、社会和人自身。人们从生动的直观到抽象的思维，形成一系列概念，这些概念的真理性再返回实践中接受检验。概念既反映事物的特有属性，也反映了具有这些属性的事物。前者是概念的内涵，后者是概念的外延。概念是思维的起点，有了概念才能形成判断，进行推理，作出论证。同时，人们从判断、推理、论证中获得知识，又会形成新的概念或赋予原有概念以新的意义。任何现象或事物都有比较稳定的概念，但概念又随着人类认识的深化和事物本身的发展而变化。概念越深刻、越正确，就越能完全地反映客观现实，并能有效地指导实践。学界对教育督导概念的界定和再认识一直没有停步。

其一，目前，西方学者大多以对学校教学工作的督导为对象，其逻辑思路基本上都是围绕提高教师教学效率，改进教学，促进教师专业成长，增进受教育者的学习效果，最终达成国家的教育目的。这方面的研究主要以伯顿与布鲁克纳 (Burton ＆ Brueckner, 1955)、艾氏与那泽（Eye ＆ Netzer, 1965)、谢林 (Sahling, 1981)、哈里斯（Harris, 1985）等为代表。他们的观点集中在三个方面：一是以教育对象为目标，认为教育视导是一种由专家、教育行政机关的行政人员、师资训练机构提供的技术服务，其主要任务是以合作的方式去研究及改进所有影响儿童生长及发展的各种因素，致力于塑造具有自主能力、探究精神以及自我实现的公民。二是以教师和学校为目标，认为教育视导是学校行政的一部分，它主要处理有关学校教育中所期盼达成的适当教学成就水平，其目的在于影响教师，使教师获得专业的成熟，使课程得到开发，教学有所改进，学校与社区建立团结，从而达成所期盼的教学目的。三是以教育行政为目标，认为教学视导是学校内的人员充分运用人与事的资源，致力于维持或改变学校的运作方式，希望借此直接影响和改善教师的教学历程，进而增进学生的学习效果。他们将视导工作的任务规定为发展课程，安排教学，提供教职人员，提供设备，提供教材，安排在职教育，指引新进教师，提供有关特殊学生之服务，发展公共关系以及评鉴教学效果等。② 这些研究往往对督导主体的认识过于泛化，有些概念甚至对教育督导的实施者缺少明确的界定，如上述研究中提到的提供技术性服务的专家、学校内的人员等，概念的界定比较模糊。从教育督导的实际需要看，并非所有与教育有关的研究者、研究机构或教育行政人员都能担当教育

---

① 参见：简明社会科学辞典[M].上海：上海辞书出版社,1984：1042.

② 参见：邱锦昌.教育视导之理论与实际[M].台北：五南图书出版有限公司,1999：20—25.

督导工作,因为教育督导作为一种职务或职业,具有工作的专业性和特殊性。而且西方学者对督导概念的界定涉及其基本性质的不多,鲜少从教育行政和教育管理的视角出发,至多在表述中将教育督导(视导)作为学校教育行政的一部分。

其二,以雷国鼎、谢文全、陈金进、李祖寿、吕爱珍等为代表的我国台湾学者的观点与西方学者大致相同。他们认为,教育视导是教育视察与辅导的简称。视察是根据预定的目标,对教育事业作精密之观察,借以明了实际之状况或程度。辅导是根据观察的结果加以详密的诊断,予被辅导者以积极的指导及同情的辅导,两者相辅相成,不容偏废。① 或则认为,教育视导是教育行政的一环,系视导人员基于服务的观点并有计划地运用团体合作,借视察与辅导来协助被视导者改进其行为,以提高其工作效能,进而增进受教育者(即学生)的学习效果,达成国家的教育目标与理想。② 也有研究者认为,就狭义而言,教育视导系指增进教学效果的所有努力,包括人(父母、学生、社区、教师)、事务或活动及教材、设备与资源等。就狭义而言,系指校长或视导人员运用团体调适关系,协助教师的专业成长以改进教学的一种努力。甚或认为,教育视导系指教育行政人员依据一定标准,对教育事业的实施情形做有效评鉴,进而领导教育工作人员研究教育问题,改进行政设施及教学活动,以提高教学效率的一种行政行为。③ 上述研究"在观念上不是失之过狭,就是失之过偏,无法描述视导的整个概念","应该渐被放弃"。这里所说的"狭",是指把教育督导局限于对教师的辅助指导,促进教学效率的提高,甚或称教育督导就是校内督导,近似于目前比较流行的校本培训的意味;所谓"偏",是指督导本身所具有的两层含义被强行拆散,要么只剩"导",要么强调"督"。

其三,近些年来,我国出版的教育督导著作对教育督导概念有多种理解。如刘淑兰认为,教育督导是教育督导机关及其工作人员依据党和国家的教育方针、政策,按照督导的原则和标准,使用科学的方法,对教育行政工作和学校工作,通过精密的观察、调查和考核,进而作出审慎的分析和评价,指出成绩和缺点,并提出积极的改进意见,使教育工作质量不断得到提升的活动。④ 黄崴认

① 参见:雷国鼎.教育行政[M].台北:正中书局,1996:571.
② 参见:谢文全.教育行政[M].台北:文景出版社,1986:320.
③ 参见:邱锦昌.教育视导之理论与实际[M].台北:五南图书出版有限公司,1995:25—29.
④ 参见:刘淑兰.教育评估和督导[M].上海:华东师范大学出版社,2000:193.

为,教育督导是由教育督导组织及其成员根据教育的科学理论和国家的教育法规政策,运用科学的方法和手段,对教育工作进行监督、检查、评估和指导,以期促进教育效率和教育质量提高的过程。① 程培杰认为,教育督导是指县以上各级人民政府授权给所属的督导机构和人员,代表本级政府及教育行政部门对下级政府的教育工作、下级教育行政部门和学校的工作,依据国家的有关方针、政策、法规,按照督导的原则和要求,运用科学的方法,进行监督、检查、评估和指导,并向本级或上级人民政府及其教育行政部门报告教育工作的情况,提出意见和建议,为政府的教育决策提供依据,对教育活动进行调控,以使教育和教学工作遵循教育规律,保证教育目的的实现。② 洪煜亮等人认为:"教育督导,实质上是一种行政监督和管理的重要职能,是国家对教育实行监督和指导的有效机制和有力的手段,也是现代教育管理体系必不可少的重要的组成部分。它的特定的含义是指县以上各级人民政府授权给所属的教育督导机构和人员代表本级政府及教育行政部门对下级人民政府的教育工作、下级教育行政部门的工作和学校的工作,依据国家的有关方针、政策、法规,按照督导的原则和要求,运用科学的方法,进行监督、检查、评估、指导,并向本级和上级人民政府及其教育行政部门报告教育工作情况,提出建议,为政府的教育决策提供依据。"③ 这些定义虽然表述不同,但其核心思想大同小异。由于将概念表述得过细、过繁,把"下定义"变成了对教育督导实施过程的具体描述及对教育督导任务、职能的具体分解,或者变成了对相关条款的解释。

目前对教育督导概念的研究,出现了一种新的说法,即"教育督导是县以上人民政府依法对其辖区内教育工作实施的行政监督,是教育行政机关依法对其辖区内学校工作实施的教育行政监督"。④ 这一概念使用了"行政监督"和"教育行政监督"两个关键词,将教育督导的性质定位在行政监督上。行政监督是公共管理、行政管理中的重要环节,是现代政府管理中必须强化的重要职能之一。对此,有学者认为"在概念中很鲜明地体现教育督导'行政监督'的性质,无疑会

---

① 参见:黄崴.现代教育督导引论[M].广州:广东高等教育出版社,1998:2.

② 参见:程培杰.教育评价和督导[M].沈阳:辽宁师范大学出版社,1999:190.

③ 洪煜亮.教育督导及教育督导评估[M].北京:北京师范学院出版社,1993:1.该定义的根据是原国家教委1991年颁发的《教育督导暂行规定》第一章第三条:"教育督导的任务是,对下级人民政府的教育工作、下级教育行政部门和学校的工作进行监督、检查、评估、指导,保证国家有关的方针、政策、法规的贯彻执行和教育目标的实现。"这说明,该定义似乎是对这条规定的解释,而不是对概念的科学界定。

④ 国家教育督导团办公室.现代教育督导原理[M].北京:中国青年出版社,2003:60.

对教育督导未来的发展产生积极的影响"。①

还有学者提出了另一种见解,即"视导就是一种领导的技巧"。亦即教育督导的领导属性。这一观点来源于杜宾(Robert Dubin)在《视导与生产力》中对视导概念的阐述:"视导者即是任何组织中一组织团体的领导者,其一切努力皆导于获致组织之目的。"②对此论点,有学者认为,"从杜氏所下定义来看,视导就是一种领导,领导的对象是一个有组织的团体,同时领导是导向组织的目的的"。他还引用教育词典上的定义加以论证:"指派教育行政人员所从事的努力,旨在提供教师及其他教育工作者以领导,以改进教学。"并认为"此一定义,虽嫌广泛,却似明确指出视导即在提供领导","是教育工作人员改进教学,以提高教学效率之一种行政行为"。这是一种新的越来越被接受的观点,"是视导工作的新趋势"。③

杜宾所说的领导,无论指的"是一种影响力,带领和引导他人(包括他人的集合形式——群体、集体)以实现组织目标",还是"管理人员影响个体或群体去努力实现既定的目标的过程",④或"引导与影响组织、群体、个体,使之在一定条件下实现固定目标的行动过程",⑤究其本质,就是"行使权威与决定",⑥是"管理的核心部分"。⑦ 其实,无论是教育督导的"行政监督"属性还是"领导"属性,与其说新,更准确地说,是对教育督导概念理解的回归。

综上所述,目前的教育督导研究,就研究方法而言,虽然大多数研究仍然侧重于文献分析,但是建立在对现状调查分析基础上的实证研究、实地研究、个案研究也渐成风气,这使我国教育督导的研究方式呈现多元化的格局。就研究视

---

① 朱琦,杨辛,蔡雯卿.问题与探索:当代教育督导研究[M].天津:天津教育出版社,2006:6.

② Robert Dubin. Human Relations in Administration. Prentice-Hall Inc. N. J.:Englewool,1968:450.西方管理学界亦持有相同或类似观点,例如哈罗德·孔茨和海因茨·韦里克就认为,领导是"影响人们心甘情愿地和满怀热情地为实现群体的目标而努力的艺术或过程。"(参见:[美]哈罗德·孔茨,海因茨·韦里克.管理学[M].郝国华,译.北京:经济科学出版社,1993:496)。韦恩·K·霍伊和塞西尔·G·米斯克尔也认为,领导是"一个社会过程,在此过程中,群体或组织成员影响着对内部和外部事件的解释,影响着预期目标或结果的选择,影响着各种活动的组织,影响着个人动机和能力,影响着权力关系,也影响着共同的取向。"参见:韦恩·K·霍伊,塞西尔·G·米斯克尔.教育管理学:理论·研究·实践[M].范国睿,主译.北京:教育科学出版社,2007:377.

③ 张济正.学校管理学导论[M].上海:华东师范大学出版社,1990:20.

④ 陈孝彬.教育管理学[M].北京:北京师范大学出版社,1990:307.

⑤ 俞文钊.领导心理学[M].上海:上海人民出版社,1987:2.

⑥ 黄志成,程晋宽.教育管理论[M].上海:上海教育出版社,2001:194.

⑦ 黄崴.教育管理学:概念与原理[M].广州:广东高等教育出版社,2002:296.

角而言,研究者跨越了教育学、教育管理学、教育行政学的藩篱,开始尝试从多学科的视角来分析教育督导问题,例如运用管理心理学、行政法学、教育经济学、教育政策学、课程论、教学论等多学科知识开展综合研究。就研究的重点而言,开始从宏观督导(中央一级督导),走向中观督导(省、直辖市、地市一级督导)和微观督导(督导区县甚至某个乡镇、学校)。就研究内容而言,从教育督导的概念、内涵、特征,到教育督导队伍的管理,从教育督导法规到教育督导专业化,几乎涵盖了教育督导的所有领域。

(二)民国教育督导研究未来的方向

通过上述对当今以民国教育督导和教育督导为主题的相关研究成果的回顾,我们对今后的民国教育研究充满期待,其研究方向和研究重点有以下三方面。

其一,研究民国教育督导制度得失并为当今教育督导提供借鉴,仍然是民国教育督导研究的主流,其原因不言而喻。一方面,随着时代的进步、社会治理模式的变化、教育事业的发展,现行教育督导制度已不能适应需要,人们对教育督导有了更高的期待;另一方面,在教育系统内部分工不断细化,系统内部监督机制不断完善的情况下,人们甚或对教育督导的目的、功能及其存在的合理性和必要性产生了怀疑。因为现有的教育督导功能无论是督政、督学,还是检查指导,无论是辅助教学还是促进教师业务提高,无论是从行政管理的角度强调对教育系统中适当的教学目标的达成,还是从课程的角度强调对课程的编制和改进,以便为教学提供依据和评价,在目前教育行政系统内部分工日益细化、全面的今天,几乎都能找到教育督导现有功能的替代执行机构。如提升教师业务能力有教师发展研究中心或教师培训中心或教师进修学校;检查指导教师上课、备课等执教情况以及对教材的审定有各级教研室;检查指导教师的教学研究情况有教科室或教育科学研究院;督查下级政府、教育行政机关、各级各类学校办学情况及工作纪律和工作作风有纪检监察室;检查财务运行及资金使用情况有教育系统内财务部门及系统外的财政、物价等部门。甚至有人提出,教育行政部门各职能处(科)室在执行具体任务时,本身就有监督、检查、指导的职责,何必还要设立专门的督导机构?[①] 正是在变化的形势和质疑的声浪中,人们开始把目光转向过去,试图在历史中寻找观照,得到启发。

其二,对民国时期中国共产党领导的红色根据地、抗日根据地和解放区教

---

① 参见:褚骏良.几种督导机构组织效能的比较[J].天津教育,1988(21).

育督导的研究。由于战争形势瞬息万变,根据地分布零散,范围此消彼长,民国时期红色根据地、抗日根据地和解放区教育督导研究的空间难以界定;由于政局动荡不安,教育政策缺乏稳定性和连贯性,政策执行的效果更难以评估;根据地或解放区分布在不同区域,各地文化教育发展水平参差不齐,教育政策的内容和标准也不同,这既增加了史料搜集的难度,也使研究赖以参考的史料缺乏相对统一的尺度。众多因素使得关于民国时期中国共产党在红色根据地、抗日根据地和解放区开展的教育督导的研究起步较晚,成果较少,特别是专题研究近乎空白。

目前,零星的成果散见于研究中国教育史、中国教育管理史的论著中。如《中国教育管理史教程》(王建军著,广东高等教育出版社,2003)主要论述国家教育机制的历史演变、学校管理制度的历史沿革、中国教育管理思潮等。在述及民国时期的国家教育机制时,专门讨论革命根据地的教育管理机制并略述根据地教育督导制度。黄仁贤的《中国教育管理史》(福建人民出版社,2003)以贯穿中国上下 5 000 年的教育管理作为研究对象,从宏观的行政管理、微观的学校管理和教育家的管理思想三个层面勾勒出我国教育管理发展的脉络;同样略述了革命根据地的教育管理。而李才栋的《中国教育管理制度史》(江西教育出版社,1996)在论述中国革命根据地的教育管理制度部分,详细介绍了苏区的教育管理制度、抗日根据地的教育管理制度和解放战争时期各解放区的教育管理制度,有不少述及教育督导的内容。孙培青的《中国教育管理史》(人民教育出版社,2013)介绍了中国共产党领导下苏区的教育管理和抗日战争与解放战争时期革命根据地和解放区的教育管理,其中有些内容也述及教育督导。不过,这些论著出于研究的专业方向或教学需要,不可能对某一时期或某一制度作详细、系统的研究和评述。

随着越来越多相关史料的发掘和整理,教育督导的专题研究将得到关注。就研究意义而言,在中国共产党的领导下,各革命根据地或解放区的人民教育事业在中国现代教育史上写下了光辉的一页,为中国革命作出了重要的贡献。研究苏区教育发展的历史、理论和方法,具有深远的历史意义,也填补了学术研究上的空白,这使教育督导研究的内容更加完整。此外,关于民国时期中国共产党领导的红色根据地、抗日根据地和解放区在政治、经济、社会、教育等方面的专题研究已取得丰富成果,其研究思路、研究范式等可引以为鉴。如《民国时期中共根据地的群众性体育活动研究》,以《红色中华》《新中华报》《解放日报》等中央机关报的相关体育报道作为主要的史料来源,考察 20 世纪 30—40

年代中国共产党领导下的群众性体育活动,通过文献分析的方法,揭示其完全由无产阶级领导的、人民大众为主的、具有浓郁生活气息和强烈军事色彩的特征。① 《中央苏区话金融》以经济学和金融学的视角专题研讨苏区共产党人如何立足偏僻落后的赣闽边区,一手抓枪杆子,一手抓钱袋子,白手起家投入资金融通实践,励精图治致力于探索经济运行规律,重新建构一种以低利为特征的信贷基本制度。② 《中央苏区妇女权益保障研究》则从法学和政治学的角度研究讨论中央苏区通过法治建设和群众运动为保护妇女权益付出的努力及取得的成就。③

值得一提的是,目前述及中国共产党领导的根据地或解放区教育的研究成果也非常丰富,更具借鉴价值。如《安徽抗日民主根据地教育研究》,从教育学的视角研究在"抗战教育"思想的指引下,安徽抗日民主根据地党委和政府面对教育基础极其落后的现状,进行艰辛的教育拓荒工作,建立起包括干部教育、社会教育和普通教育在内的较为完备的教育体系,以及在教育对象、教育体系、办学路线、教育模式、管理制度以及加强教育统战和注重党的领导等方面的时代特点。④ 该研究的可贵之处在于,对安徽抗日民主根据地的教育存在的不足和缺陷也做了实事求是的评价。《鄂豫皖革命根据地的教育管理浅论》则从教育管理学角度介绍通过实施有效的教育管理,培养大批优秀人才,为鄂豫皖革命根据地的巩固和发展作出的巨大贡献。⑤ 但文章对革命根据地教育管理的组织形式、管理方式等并没有深入研究。比较有代表性的是《鄂豫皖苏区教育述略》,文章站在教育行政的立场,分析当时苏区政府如何制定鄂豫皖苏区的文化教育宗旨和政策,创立独特的教育体系,建立行之有效的教育领导系统和管理制度。⑥ 《抗战时期沧州敌后抗日根据地教育述评》介绍了沧州敌后抗日根据地在艰苦的环境中,通过制定正确的教育方针和务实的教育任务,建立各种类型的学校,施行有效的教育管理,在干部教育、儿童教育、群众教育等方面形成的经验。⑦

---

① 参见:李鸿鹄.民国时期中共根据地的群众性体育活动研究(1931—1945)[D].长春:东北师范大学,2008.

② 参见:王卫斌.中央苏区话金融[J].党史纵横,2013(9).

③ 参见:李如英.中央苏区妇女权益保障研究[D].长沙:湖南师范大学,2010.

④ 参见:姚尚右.安徽抗日民主根据地教育研究[D].合肥:安徽师范大学,2007.

⑤ 参见:邱龙.鄂豫皖革命根据地的教育管理浅论[J].教育,2014(12).

⑥ 参见:霍文达.鄂豫皖苏区教育述略[J].教育评论,1987(3).

⑦ 参见:焦以爽,童广俊,张振铎.抗战时期沧州敌后抗日根据地教育述评[J].沧州师范学院学报,2008,24(2).

总的说来,这类研究史料的收集与呈现还不够丰富,评述还不够平实,但其研究思路和方法为革命根据和解放区教育督导研究提供了范例。

其三,对民国时期地方教育督导制度的研究。随着民国教育督导研究重心下移,民国教育史以及民国督导史的研究开始从宏观的中央层面走向中观的省市层面,更出现了专门研究县区乡镇甚至学校或某一次具体督导活动的倾向,这使民国教育督导研究的内容更加丰富多彩。从现有文献看,已取得了可喜成绩。例如《抗战前山东教育督导制度研究》以 20 世纪 30 年代初山东省政府教育厅编辑的三集《山东省政府教育厅视察报告》为史料,[1]梳理抗战前山东教育督导制度的发展历程,分析抗战前山东教育督导制度及其运行机制,探讨山东督学在推动全省教育发展方面所发挥的重要作用。与以往同类研究不同的是,它没有对山东省教育督导制度按照由上至下的顺序进行解读,而是通过权威性、写实性和指导性较强的督导报告,分析山东省教育督导制度,这是研究方法上的“倒叙”,研究的素材亦比较生动鲜活。《抗战前十年湖北县级教育研究(1927—1937)》从教育行政视角对抗战前十年湖北县级教育发展的背景、教育行政和教育视导、教育经费、初等教育、中等教育、社会教育等方面进行了考察。[2]《近代河南教育督导制度演变与效能评述》介绍了近代河南教育督导制度的发展情况,其研究的视角仍然是对制度史的梳理,但研究者似乎更多地着墨于中央视学制度的变迁,而对河南的情况在深度和广度上涉及不多。另外像《上海解放前教育督导制度的回顾与研究》(刘关袁,载《上海教育科研》,1989 年第 1 期)、《湖南教育督导史》(向宏业等,湖南教育出版社,2013)、《辽宁近代督导制度的演变》(董双,辽宁师范大学硕士论文,2013)、《四川省教育视导制度研究(1938—1949)》(周茂江,四川大学博士论文,2008)以及《近代河南教育督导制度演变与效能评述》[杨光辉,载《河南大学学报(社会科学版)》,2015,55(2)]等,都是不错的研究范例。

丰富的可资借鉴的研究范例,增强了我们持续探究民国时期地方教育督导的信心,而且研究的重心会继续下沉,指向对民国教育督导具体问题或具体环节的探究。我们作出这样的判断出于两方面考量。其一,目前随着我国地方社会经济的发展,人们开始关注地方文化、教育事业的开发和建设,这种建设不仅是硬件设施的修葺、重建、新建,也包括对方志的修订和补充,越来越多的包括

---

[1]　参见:孙运梅.抗战前山东教育督导制度研究[D].济南:山东师范大学,2010.

[2]　参见:刘军.抗战前十年湖北县级教育研究(1927—1937)[D].武汉:华中师范大学,2009.

教育史料在内的地方史料被发掘整理,这就为民国时期地方教育督导研究提供了可资参考的第一手资料。其二,各地开始重视对地方教育史或教育管理史的修订。目前我国许多省、直辖市或省会城市及一些传统文化教育名城已修订出版了地方教育史,如《湖北教育史》(熊贤君,湖北教育出版社,1999),《南京教育史》(徐传德主编,商务印书馆,2006),《安徽教育史(上下)》(陈贤忠等,安徽教育出版社,2006),《江苏教育史》(陈乃林等,江苏人民出版社,2007),《天津教育史六十年》(黄立安,何建芬,中国物资出版社,2010),《山东教育史》(李伟,山东人民出版社,2011)等。地方教育史的编撰无疑会推动作为教育行政重要组成部分的教育督导研究的开展。

(三) 历史的观照与启示: 教育督导走向何处

德国"近代史学之父"兰克(Leopold von Ranke)在其成名作《拉丁和条顿各族史》的序言中宣称:"历史向来把为了将来的利益而评论过去、教导现在作为它的任务,对于这样崇高的目的,本书是不敢想望的,本书的目的不过是要如实地说明历史而已。"这段话被认为是近代历史学的"独立宣言"。兰克认为,"如实地说明历史"不是一个一般的治史态度和方法,而是史学独立的一个根本原则,是研究历史的首要目标。他强调历史学家的任务"只不过是要弄清历史事实发生的真相,按照历史的本来面目写历史",一切外在的目标追求,都只能妨碍史学独立,无助于史学的致用。他说:"欲使科学能发生影响,必先使其成为科学……必先去其致用之念,使科学成为客观无私者,而后可于致用,而后能发生影响于当前之事物"。① 英国史学家汤因比(Arnold Joseph Toynbee)也有类似观点,他说:"历史学家在社会里生活或工作,他们的职责一般只说明这些社会的思想,而不是纠正这些思想。"②其实,"如实地说明历史"本身就是在为现实服务,因为现实与历史之间并没有固定的分界线,一切现实都处于正在成为历史的过程之中。正确地解释历史,就是在解释现实。历史学家是通过关注过去来认识未来,而绝不是为了关注未来才去发现历史,也绝不可牵强附会为迎合现实而编写历史。

正如本书导论中所讲,研究民国教育督导,不仅仅是为了描述那段历史,更重要的是汲取经验教训,为今天的教育改革与发展服务,为认识教育督导的未来提供知识。

---

① 参见:刘昶.人心中的历史[M].成都:四川人民出版社,1987:48—50.

② [英]汤因比.历史研究[M].曹未风,等,译.上海:上海人民出版社,1997:1.

为今天的教育改革与发展服务,就是要回答作为一种制度的教育督导有无需要反思和改进的地方,甚或有无存在的价值。实践证明,"教育事业的改革与发展,只有决策与执行是不够的,对决策和执行的情况必须严格监督,对教育发展水平和质量必须科学评估。对于我国教育事业来说,教育督导尤其显得重要"。要推进素质教育,需要督导。要办好让人民满意的教育,需要高水平的督导。"哪个地方的教育督导工作开展得好,哪个地方的教育改革和发展就会得到有力的促进和保障,哪个地方的人民群众就比较满意。当前,教育监督保障的责任更加重大,完善督导评估制度成为实施素质教育的迫切需要,规范办学行为的任务越来越重,建立监控和沟通制度已是当务之急,必须在改革和发展中不断完善中国特色的教育督导体系。"①

为认识教育督导的未来提供知识,就是要回答教育督导的未来是什么。

1. 教育督导职业化是趋势

从社会学的角度分析,职业是个体在社会中用以谋生的工作。社会学家休斯认为,现代人在人际对应的诸多角色中,是以职业角色为主角色,这个角色决定了个体的生活形态、人生价值取向及他人对其的评价。《中华人民共和国职业分类大典》认为,职业是从业人员为获取主要生活来源而从事的社会工作类别。职业具备以下特征:一是目的性。职业活动以获取报酬为目的。二是社会性。职业是从业人员在特定生活环境中所从事的一种与其他社会成员相互关联、相互服务的社会活动。三是稳定性。职业在一定历史时期内形成,并具有较长的生命周期。四是规范性。职业活动必须符合国家法律和社会道德规范。五是群体性。职业必须有一定的从业人数。② 教育督导职业是人类社会和教育

---

① 教育部. 中国教育年鉴2008年[M]. 北京:人民教育出版社,2008:171. 在2007年1月举行的第八届国家督学会议上,教育部提出按照建立健全"决策、执行、监督相协调"的行政管理体系的要求,以保障教育改革与发展为中心,以理顺督导体制和创新工作机制为重点,以建立一支专业化的督学队伍为关键,以完善督导法律法规为基础,坚持督政与督学并重、监督和指导并重,统筹规划、分步推进,不断开创督导工作的新局面。同时提出五项措施:一是抓紧建立科学的评估标准体系,对县级政府教育工作的督导评估等工作围绕推进实施素质教育这一中心工作进行,扭转当前以考试成绩和升学率为主要标准评价学生、教师和学校的做法;二是建立教育发展水平与质量监测体系,逐步形成国家、省、市、县四级基础教育监测网络;三是改革和创新教育督导工作机制,包括完善督导检查限期整改制度、建立督导检查结果公报制度;四是提高督导队伍素质和水平;五是健全督导法规,实现教育督导工作法制化,抓紧制定《教育督导条例》。参见:教育部. 中国教育年鉴2008年[M]. 北京:人民教育出版社,2008:171.

② 国家职业分类大典和职业资格工作委员会. 中华人民共和国职业分类大典[M]. 北京:中国劳动出版社,1999:3.

活动发展的必然产物。教育结构的分化和教育规模的扩大对教育管理提出更高要求,使得教育督导工作从教育行政管理中逐渐分离出来,促使教育督导具备相对独立性与有效性,也使得教育督导人员从一般的教育行政人员中逐渐独立出来。随着社会和教育的发展,教育督导工作越来越具有独立性,并具备职业的所有特性。

任何一种具有职业特性的工作都有其特殊的区别于其他工作的职能定位。教育督导的实质是行政监督,"所谓行政监督,是指行政组织内部的某些人对另一些人的了解、协助、指导和控制"。① 因此,现代行政监督的内涵不仅包括检查、监督、考核、督促,还包括指导、建议、协调、沟通、服务等内容,即监督不是以惩处为主要目的的与被监督者对立的消极行为,而是友善的、合作的、建设性的,以改善工作为主要目的的积极行为。可见,教育督导的基本职能是监督和指导,其他的可以看作是这两种职能的延伸、作用、结果或者方式、手段。随着社会对学校教育质量和效益关注的增强,教育督导职能的指导性、服务性和建设性会日益凸显。

2. 教育督导专业化是必然

"专业"同样是一个社会学概念,"专业"由职业发展而来,"是指一群人经过专门教育或训练,具有较高深的和独特的专门知识和技术,按照一定标准进行职业活动,从而解决人生和社会问题,促进社会进步并获得相应报酬待遇和社会地位的专门职业"。② 专业与非专业的区别在于,专业必须达到某个专业的标准。专业标准一般包含以下六个方面:一是有专门的知识技能体系;二是有长期的专业训练和持续的在职成长;三是有专业的伦理规范;四是有专业自主性;五是有专业资格的限制;六是有较高的社会声誉和经济地位。"专业化"是一个动态的过程,包括职业群体的专业化和职业个体的专业化两个方面。

教育督导专业化是指教育督导这一职业逐渐符合专业标准,成为专门职业并逐渐获得专业地位的动态过程。从职业群体的角度看,教育督导专业化强调教育督导职业外在的专业性提升,反映了教育督导职业逐步达到专业标准,向专业阶段不断发展的过程。它首先要求教育督导工作的专业性、专业地位得到社会的充分认可,并拥有较高的社会声誉和经济待遇;其次要求教育督导有明确的从业标准,进入教育督导行业有严格的资格限制,必须取得专业资格证书。

---

① 张国庆. 行政管理学概论[M]. 北京:北京大学出版社,1990:451.
② 褚宏启,杨海燕. 校长专业化及其制度保障[J]. 教育理论与实践,2002(11).

从个体的角度看,教育督导专业化表现为教育督导人员的专业化发展,是教育督导人员个体内在的专业品质不断提升、发展和完善的过程。教育督导专业化的核心是教育督导人员的专业化。教育督导人员的专业化直接制约和影响教育督导职业的专业化程度,教育督导专业化的程度要在教育督导人员身上得到体现。

就现实而言,教育督导工作的重要性和教育督导的现状也体现了教育督导的专业化诉求。其一,教育督导专业化是教育职业专业化发展的必然。早在1966 年联合国教科文组织和国际劳工组织颁布的《关于教师地位的建议》就提出:"应把教育工作视为专门的职业,这种职业要求教师经过严格的、持续的学习,获得并保持专门的知识和特别的技术。"①把教育工作视为专门的职业,不仅要求教师工作的专业化,也要求教育督导工作的专业化。正如美国学者赛克斯(G. Sykes)所指出的:"所有的教育类职业都力求专业化,并倾向于在专业化的策略上相互借鉴。"②所以,教育督导专业化顺应了教育职业专业化的趋势,符合教育职业专业化发展的要求。教育督导专业化,使教育督导成为不可替代的专门职业,发挥了教育督导的专业性作用。

其二,教育督导专业化是教育管理发展的必然。根据现代教育管理理论,对教育事业实行科学管理的保障,是形成由教育决策系统、执行系统和监督系统所组成的三位一体的教育行政管理系统。教育督导作为教育行政管理活动,是现代教育管理的重要组成部分,关系到教育管理系统的效能。教育督导的重要性在于实现教育管理的科学化,以保证教育方针政策、教育法规的有效贯彻,推动教育工作的改进,提高教育工作的质量,促进教育和谐有序发展。教育督导专业化有利于提高教育督导的专业地位和专业声誉,形成教育督导工作的权威性和独立性,这反过来将推动教育管理的专业化发展。

其三,教育督导专业化是教育督导自身发展的必然。从世界教育督导的发展历程看,一个核心的问题是教育督导观念的转变,即越来越强调教育督导的指导性与服务性。教育督导指导性功能的加强与扩大,必然要求教育督导走专业化之路,教育督导人员必须向专家型方向发展。如美国在教育学科领域设教育督导博士学位,招收具有教育实践基础的学生,教育督导人员一般都具有博士学位,并有多年教育实践经验。我国教育督导的对象具有广泛性,既要督政,也要督学;督导内容具有综合性,既包括宏观督导,又包括微观督导。而且随着

---

①② 褚宏启.对校长专业化的再认识[J].教育理论与实践,2005(1).

我国教育事业的不断发展,教育督导的对象、任务、内容与技术等日趋复杂,对教育督导的要求势必越来越高,教育督导的专业性也将变得越来越强,教育督导的专业化发展是必然趋势。

3. 教育督导"去行政化"与开放性是理想

去行政化,简单地说就是淡化行业、职业或某项工作的行政色彩,尽可能地突破行政的束缚,突出行业、职业的主导地位。行政化不仅是一个习惯的问题,行政权力往往还代表真切的利益和话语权。去行政化的精髓不仅是取消行政级别,更在于规范行政权力,督促权力恪尽职责,恪守边界。英国政府所设立的督学是"标准的守护者",①他们最重要的使命就是确保每一所学校的教育质量。它是为了实现国家的教育目标、教育标准而设置的一种自上而下的监督、指导和评估机制。就我国来说,教育督导是与教育行政体制紧密结合在一起的,比如有些地方由教育局长兼任督学室主任,各级督学也往往有"副县级""副厅级""副部级"等行政级别。这种情况是现实的必然。但是,也正是由于有这样的体制背景,督学也许能够"看守"住具体的教学标准,却不可能超越现有教育体制的认识局限和利益局限,提出和解决真正的教育问题。也就是说,每一级、每个地方的教育行政部门能够容忍和已经容忍的教育问题,督学们就都能够容忍,或者说变得"熟视无睹"了。因为前者不仅是他们的权力来源,而且可能就是他们自己。

既然如此,人们自然要追问:能不能把这种管理和监督性质的制度发展成一项教育民主和社会参与的制度?因为中国教育存在的问题,已经为全社会普遍关注,仅仅依靠教育行政系统内部的自我管理与监督似乎很难解决这些问题。比如现在愈演愈烈的应试教育倾向,学校举办的各种各样的提高班,学前教育中的高收费问题等,都是在已经实施多年督学制度的情况下形成的。现行教育管理体制的局限在于:没有"外人"与"外在"的观念、热情、权利、利益进来,难以形成与沉闷的甚至有点自话自说的行政运作体系不同的、更为灵活、开放、

---

① 1992年,英国通过国会立法,使国家现代教育督导制度发生了重大改变。改变的标志就是将当时的英国教育标准局从教育部门独立出来,成为一个与国家教育行政部门同级的、能够单独行使教育督导权力的教育督导机构。英国国家教育标准局的主要任务是:(1)制订评估标准,建立高效的评估体系;(2)根据教育大臣提出的要求进行教育督导评估;(3)制订督学撰写督导报告的规章,公布督导报告;(4)对督学的工作进行监督;(5)加强教育标准局自身建设,使之有效运行。教育督导评估的范围包括:(1)全国所有中小学校和幼儿教育;(2)资格大纲委员会管理的师范学校、教师培训工作和中等及中等以下私立学校;(3)地方教育行政部门的教育工作。

多元且充满生气的社会参与机制。而教育的世俗化①、终身教育的需求、教育赋予受教育者的文化资本在当今社会分层和社会流动中显现出来的对个体越发重要的作用，也期待着社会普遍参与的"去行政化"的教育督导制度。

就教育的世俗化而言，教育这种社会资源和社会机会由过去仅为少数人享有和垄断，逐步走进普通百姓的生活世界；由过去大多数人与之无缘因而无权支配的事物，变成他们有机会享有并可支配的事务的过程和状态。教育世俗化表现在多个方面：首先是教育目的的变化，即教育不再像过去那样，仅仅培养少数的政治人才或宗教人才，而是转向培养社会所需要的各级各类劳动者，因而教育目的趋于复杂化、多样化，以致形成一个比较庞大的教育目标体系。其次是教育结构和教育规模的变化，在传统社会，教育不仅结构简单，而且规模甚小。例如，直到18世纪前半期，西欧仅有教会办的少数初等学校、少数城市学校、少数文科中学和实科中学，这种结构和规模的教育显然只能为少数人享有。进入现代社会后，社会发展的客观需要及其所提供的物质支持促使教育的结构和规模迅速扩张，构成了由学前教育、小学、中学、大学及夜校、函授教育、远程教育、老年大学等构成的一个复杂的教育体系，这个体系涵盖了家庭教育、学校

① 世俗化通常指"文艺复兴以来西方文化从宗教统治中逐渐解脱出来的过程"（参见：吴忠民，刘祖云.发展社会学[M].北京：高等教育出版社，2002：157）。在西方社会学中，世俗化起初特指过去被奉为神圣且崇高的上帝、神灵或人们只能祈求恩赐的造物主，后来不再需要所谓的教职人员作为沟通的中介，人们可以通过自身的反省或静思等形式直接与之对话；人们也不是被动地等待着上帝的选择，可以通过自己本身的辛勤劳动和积累去获得上帝的救赎。后来世俗化概念被引入政治学、文化学、社会学等研究领域。政治学家阿尔蒙德在谈到世俗化的内涵和实质时指出："在过程层次上，世俗化指对于（政治）机会的意愿"；"一方面是因为世俗化给公民带来了对合法性的新看法，另一方面也是因为世俗化给公民带来了新的资源。但归根结底是因为世俗化强调了个人具有可利用各种机会来改变自己处境的能力。"（参见：[美]G. A.阿尔蒙德.比较政治学：体系、过程和政策[M].上海：上海译文出版社，1987：57）。究其实质，世俗化意味着某种事物、资源或机会不再仅仅由少数人把持，不再是仅为少数人所享有的奢侈品，也不再是为大多数人所敬畏并受之束缚的身外之物，相反，大多数人有能力接近它、支配它，从而使其具有了大众化的品格。进一步看，世俗化意味着普遍主义和理性原则取代神学教条，也意味着一种消费主义和享乐主义；世俗化是传统社会向现代社会转变的尺度，也是现代社会的一个重要特征，它反映的是社会成员整体上一种新的内在取向，具体说来，世俗化具有"现实性""理性化""普遍收益性""市民社会化"等特征（参见：吴忠民，刘祖云.发展社会学[M].北京：高等教育出版社，2002：157—158）。所谓现实性，指世俗化过程造就了人们的一种普遍的现实感，使社会成员注重现实的日常生活，注重现实生活的质量。所谓理性化，指随着社会的分化和整合过程的向前推进，现代社会越来越注重用客观、理性化的标准与规范来建构社会。所谓普遍收益性，指世俗化过程使人们参与社会事务的程度越来越高，人们越来越普遍关注并普遍受益于这一社会公平进程。而市民社会化，指世俗化使现代社会成员越来越感到过问社会事务之必要，这样市民越来越重视对于社会事务的参与。

教育和社会教育等诸多方面。如此结构和规模的教育显然超出了少数人享有的范围而和几乎每个社会成员都产生了关联。再次是教育功能的变化。进入现代社会以来,教育不再仅仅是少数人的晋身之阶,它开始成为大多数社会成员确立、改变自己的命运与社会地位,改善自己的生活质量的重要手段;教育也不仅一如既往地具有政治功能,还发展出了更多的经济功能、人口功能、环境功能等。此外,教育的世俗化还表现在教育内容、教育过程等方面的变化上。在内容方面,教育开始突破传统教育仅仅重视人文知识的局限,增加了大量自然科学、社会科学知识,不仅重视受教育者品德的培养和人格的塑造,更重视培养受教育者的基本技能和各种能力,注重和促进受教育者的全面发展。在教育过程方面,参与和介入教育过程的主体已是社会大众,他们开始拥有影响教育进程的决定权和选择权。概言之,教育已经"成为所有人的事情"。①

就终身教育而言,它"是对教育理念重新审视,对教育思想重新清理的结果,它是对教育的重新认识、全新理解"。② 它改变了人们传统的教育观念,即把学习和教育概念等同起来的观念,对教育概念作了新的理解和定义。首先,终身教育是一种教育哲学思想。正如朗格朗(Paul Lengrand)所言,数百年来把人生机械地分成学习和工作两个阶段,是毫无科学根据的。教育应是每个人从出生到死亡持续进行的全过程,是一生中所有教育机会的统一,它包括婴幼儿、儿童、青少年和中老年等各阶段的教育、学习活动,也包括家庭教育、学习、社会一切正规的、非正规的,正式的、非正式的教育和训练。从实质上说,教育的价值和使命在于对受教育者进行永无止境的"解放"或"提升",使其从一种有限的文化存在逐渐过渡到一种相对无限的文化存在;在于帮助受教育者学会生存,学会认知,学会做事,学会共同生活;在于以"科学的人道主义"为教育宗旨,培养和塑造"完人",③使受教育者的个性和人格得以充分、完美地发展和形成。其次,终身教育意味着教育责任主体的转变。终身教育从"教育"角度和社会层面出发,强调国家和社会的教育制度应整合各种社会资源,建立各种教育机构,提供各种教育机会和场所,自上而下地为每一位公民创造能够终身参与学习活动的可能性。"任何时候不只提供定时制的成人教育,而且以学习、成就、人格形

---

① 联合国教科文组织国际 21 世纪教育委员会. 学习:内在的财富[M]. 北京:教育科学出版社,1998:101.

② 陈乃林. 终身教育略论[J]. 教育研究,1997(1).

③ 联合国教科文组织国际教育发展委员会. 学会生存:教育世界的今天和明天[M]. 北京:教育科学出版社,1996:192.

成为目的而成功地实现着价值的转换,以便实现一切制度所追求的目标的社会。"①它意味着学习将成为人自身发展的一种需求;学习将成为一切社会成员整个生命期的活动,②即"每个公民享有在任何情况下都可以自由取得学习、训练和培养自己的手段,因此从他自己的教育而言,他将基本上处于一种完全不同的地位。教育不再是一种义务,而是一种责任了",③而且责任的主体已经从单一的政府转向政府、社会各界乃至每一个社会成员。

就文化资本而言,教育也是一个比较恒定地对人们的社会地位升迁起干预作用的变量,更是划分社会阶层的一个重要指标。传统社会特别是漫长的农业社会基本上是一种"社会身份",在这种社会,身份(出身)与人的社会地位、权利、利益密切相关,"成为确定人们地位高低、权利大小、义务多少的根本标准",④也是一些人获取权利和特权的主要途径。但是随着社会知识化、信息化程度的日趋提高,以知识和信息为基础的文化权利开始成为一种重要的社会权利,而文化权利又以文化资本为基础和源泉。对社会流动产生重要作用的文化资本往往是教育赋予并以教育资格的形式被制度化的,通常表现为学历和文凭证书等形式。所以,在今天,如果一个人不接受最起码的教育和训练,不获得必要的文化资本,必然会在激烈的社会竞争中处于不利地位,不仅不能很好地适应社会的瞬息万变,也不大可能营谋高质量的社会生活。"这一方面是由于科技的发展使越来越多的复杂劳动(因而报酬较高)的职业需要教育程度较高的人来承担,由此提高了教育的重要性;另一方面,由于现代人事制度的不断分层化,人事选拔需要建立在一种既适应社会发展的要求又提供均等机会的客观标准之上,教育正是具有这种功能的一项客观标准。"⑤在我国,"经济体制的转型和市场经济的发展,改变了原有的身份本位的社会分层标准,中国日趋走向强调能力本位的开放社会。教育、学历不仅是当代社会人们获得社会地位的象征,而且也是大多数人获得不同职业的最重要的依据与凭证,是个人未来职业和收入最重要的决定性因素"。⑥ 正因为如此,满足公民的"基本学习需要"在今

　　①② 历以贤.终身教育、终身学习是社会进步和教育发展的共同要求[J].教育研究,1999(7).

　　③ 联合国教科文组织国际教育发展委员会.学会生存:教育世界的今天和明天[M].北京:教育科学出版社,1996:221.

　　④ 邱本.从身份到契约[J].社会科学战线,1997(5).

　　⑤ 景跃军,张景荣.社会分层研究与中国社会分层现状[J].人口学刊,1999(5).

　　⑥ 赵利生.高等教育与社会分层的动态考察[J].兰州大学学报(社会科学版),1997(4).

天业已成为一个基本的国际共识,①足量高质的教育成为人们激烈角逐的对象。毋庸置疑,随着教育成为人们获取和更新文化资本的重要手段和必要途径,今天,教育对个人的意义已不能与过去相提并论。② 教育对于个体意义的这种变化,恰恰能很好地解释为何今天会出现人人关心教育的局面。这种局面期待所有关心教育的社会成员超越体制内的观念羁绊、利益羁绊,把更多改革的气息和热情带到教育的监督与管理之中。基于这样一种现实和期待,包括教育督导在内的教育管理体制向社会开放权利,是教育改革的题中应有之义,也是教育督导未来的一个选项。

---

① 参见：赵中建.教育的使命：面向二十一世纪的教育宣言和行动纲领[M].北京：教育科学出版社,1996：15.

② 参见：陈振中.论教育的身份赋予[J].华东师范大学学报(教育科学版),2004(4).

　　《民国教育督导研究》的撰写有两条线：一是论述，主要呈现民国及当代学者从不同视角、不同立场对民国教育督导的发生背景、发展路径、发挥的作用等方面的考察、认识和评价；二是实践，侧重对民国教育督导规程、条例、细则、办法等法规文本及其实施过程等史料的收集整理，力求真实、全面地反映民国教育督导的原貌，并结合史料，尽可能厘清问题的来龙去脉。在整理、分析文献特别是在表述文献的过程中，力求详尽地注明各种材料和观点的出处。这样做既是出于对他人研究成果的尊重，也有方便本书读者或其他对此课题感兴趣的学者开展后续研究的考虑。

　　本书的内在逻辑遵循综合——呈现——分析的顺序，摆脱按时间先后解析历史的模式，围绕机构、人员、过程等教育管理学的主要因素谋篇布局。每析及民国教育督导某个具体问题，都力求先对相关概念作详细介绍，并通过对概念的阐述呈现自己的观点和理解，也为问题的讨论提供理论依据和分析框架。

　　本书得以顺利完成，首先要感谢南京师范大学张新平教授在我遇到困难时给予的鼓励和帮助，在本书写作过程中给予的指导。感谢江苏教育学院王铁军教授、南京师范大学张乐天教授、上海师范大学陈韶峰教授，他们分别就教育问题史研究怎样观照现实，怎样把民国教育督导政策的制定及政策施行的效果置于当时的政治、经济、文化等社会背景中加以综合考察，怎样界别教育督导法规的层次以及不同层级法规的效力等方面提出了宝贵建议。南京师范大学陈学军教授将自己收集的相关资料无私地提供给我，并就书稿中的一些细节问题提出修改意见和建议，在此表示诚挚感谢。

　　本书得以付梓印行，还要感谢上海教育出版社副总编袁彬就书稿相关章节内容的调整所提出的宝贵建议，以及在审校中付出的辛勤劳动。

吴长宏

2018 年 3 月于南京

图书在版编目(CIP)数据

民国教育督导研究/吴长宏著. —上海：上海教
育出版社,2019.12
ISBN 978-7-5444-6793-3

Ⅰ.①民… Ⅱ.①吴… Ⅲ.①教育视导—研究—中国
—民国 Ⅳ.①G526.4

中国版本图书馆 CIP 数据核字(2019)第 257329 号

策划编辑　袁　彬
责任编辑　廖承琳　钟紫菱
装帧设计　陆　弦

中国近代教育管理研究系列
张新平　主编
民国教育督导研究
吴长宏　著

出版发行　上海教育出版社有限公司
官　　网　www.seph.com.cn
地　　址　上海永福路 123 号
邮　　编　200031
印　　刷　上海展强印刷有限公司
开　　本　700×1000　1/16　印张 20.75　插页 5
字　　数　355 千字
版　　次　2019 年 12 月第 1 版
印　　次　2019 年 12 月第 1 次印刷
书　　号　ISBN 978-7-5444-6793-3/G·5602
定　　价　69.00 元

如发现质量问题，读者可向本社调换　　电话：021－64377165